文化执法
阅案笔记

杨明 著

WENHUA ZHIFA YUEAN BIJI

天津社会科学院出版社

图书在版编目（ＣＩＰ）数据

文化执法阅案笔记 / 杨明著. -- 天津 ： 天津社会
科学院出版社，2024.1（2024.3 重印）
　　ISBN 978-7-5563-0936-8

　　Ⅰ．①文… Ⅱ．①杨… Ⅲ．①文化市场－行政执法－
研究－中国 Ⅳ．①D922.164

　　中国国家版本馆 CIP 数据核字(2023)第 209298 号

文化执法阅案笔记
WENHUA ZHIFA YUEAN BIJI
责任编辑：吴　琼
责任校对：付聿炜
装帧设计：高馨月
出版发行：天津社会科学院出版社
地　　址：天津市南开区迎水道 7 号
邮　　编：300191
电　　话：（022）23360165
印　　刷：北京盛通印刷股份有限公司
开　　本：710×1000　　1/16
印　　张：27.5
字　　数：436 千字
版　　次：2024 年 1 月第 1 版　　2024 年 3 月第 2 次印刷
定　　价：98.00 元

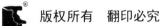

序

首先，祝贺杨明同志《文化执法阅案笔记》的出版！该书应该是国内第一部以文化综合执法为研究对象的著作。这是文化市场综合行政执法队伍的一件喜事。

《文化执法阅案笔记》集纳了杨明同志近年来发表的文章，内容丰富，既有对行政执法普遍共性问题的探讨，更有对文化、文物、新闻出版、版权、广播电视、电影和旅游等领域行政执法法律适用的研究，是杨明同志多年从业经验的思考和总结，体现了他坚持"依法行政、精益执法"的执法理念。本书通过大量真实案例，对文化执法业务中的很多问题进行了深入浅出的精彩阐释，对文化执法工作有着现实的指导意义和借鉴作用。

多年前，我与杨明同志曾经是同行，相识也是那个时候，但相熟却是在近些年，特别是在杨明同志发表文章的这些年。这段时间，我们既研讨执法业务，也分享人生经验，因此也对杨明同志有了更深的了解。

杨明同志曾经在天津市委宣传部宣传处、新闻处工作十几年，担任过天津记者协会、新闻学会的常务副秘书长等职务。用他自己的话说，这段经历对他非常重要和宝贵，大大提升了他认识问题、分析问题和解决问题的眼界、格局和能力，也为他后来从事文化执法工作奠定了世界观、价值观和方法论。对此，我是认同的。从杨明同志的文章来看，他在评析案例、讨论法律问题、处断案件时，更全面、更综合、更平衡。

杨明同志勤于学习、善于学习。他长期工作在行政执法一线,拥有十几年的文化执法工作经验,积极在执法一线学法、用法、说法,为天津市乃至全国的文化执法工作做出了贡献。

杨明同志善于学法。在天津市文化执法总队,他不论是担任法规处长还是副总队长,认真研读行政法、部门法、著作权法等,对文化综合执法涉及的文化、文物、出版、版权、广电、电影、旅游等领域的部门法律、法规、规章、规范性文件等有了深入的学习和理解。杨明同志连续三届被文化和旅游部聘为全国师资库特聘专家师资。2022年杨明同志入选天津市第一届全面依法治市专家库,据我了解,这应该是全国文化执法机构中首位入选省级此类专家库的人员。

杨明同志善于用法。他审阅、评阅的执法案卷近五千件,并组织、指导、参与查办了多起大案、要案。在长期的文化执法工作实践中,他非常注重复杂法律适用问题的研究,积累了大量法律适用的经验和技巧,他尤其注重行政执法工作中合法性与合理性的兼顾与平衡。正如杨明同志在探讨交流中常说的那样,执法之难,并不在于照着法条所谓的依法办案,最难的是在依法办案过程中,让每个行政相对人和第三人,都能在案件中感受到公平正义。这一点在他的文章中有充分的体现。

杨明同志善于说法。他把工作中碰到的各种法律问题不断进行梳理、分析、总结、研究,创设了以案说法的普法模式,先后在自媒体公众号《网舆勘策院》发表70多篇文章。他的文章得到了中央部局领导的肯定。中宣部版权局于慈珂局长称赞杨明同志"善于思考总结,而且紧密联系执法实践,难能可贵!"并向中国版权协会的《版权理论与实务》推荐发表了杨明同志的文章。杨明同志的文章被业内主要媒体转载,成为业界学习、借鉴的重要材料。一些文化执法机构负责人还将他的文章转发到相关执法工作群,作为队内业务学习资料。

习近平总书记在《坚定不移走中国特色社会主义法治道路 为全面建设社会主义现代化国家提供有力法治保障》一文中指出,"行政执法工作面广量大,一头连着政府,一头连着群众,直接关系群众对党和政府的信任、对法治的信心。要推进严格规范公正文明执法,提高司法公信力。""强调严格执法,让违法者敬法畏法,但绝不是暴力执法、过激执法,要让执法既有力度又有温度。"本书的理念与总书记的讲话精神是一致的。行政执法不是小事情,细节决定成败,不能简单粗暴,要注重法律适用问题的研究,兼顾行政执法的合法性与合理性,不仅要做到依法行政,还要同时做到精益执法,让执法既有力度又有温度。

杨 勇

2023 年夏于上海

为本书作序者系华东政法大学知识产权法律与政策研究院研究员

目　录

执 法 基 础

文 化 文 物

出 版 版 权

广 播 影 视

旅 游 执 法

执法基础

执法基础

闲话"行为+结果"违法行为

——以文化市场综合行政执法为例

摘　要

　　类似于《刑法》里的结果犯,行政处罚中也存在一种"行为+结果"违法行为。这是指当事人实施了一个违法行为,该行为必须造成法条所预定的危害结果,从而构成一个完整的可处罚的违法行为。这种违法行为在构成要件、立法目的、执法取向等方面都有一些特点。在认定损害结果方面,由于标准的不具体,更成为执法的难点,遵循专业优先、依法认定、案例指引、经验法则等或可成为执法者不错的选项。

　　《刑法》里有一类犯罪称为结果犯。结果犯,是指犯罪行为必须造成犯罪构成要件所预定的危害结果的犯罪。如在杀人罪中,必须是杀人的行为造成了被害人死亡的结果,才构成杀人罪既遂,反之,如果基于杀人的目的,但未将被害人杀死,则为杀人罪未遂。行政处罚的违法行为也有类似情况。以文化市场综合行政执法为例,《文物保护法》①第六十六条确定的违法行为"擅自修缮不可移动文物,明显改变文物原状的"即为一例,笔者将此类违法行为概括为"行为+结果"违法行为。

---

　　① 本篇文章中所涉及的《文物保护法》指 2017 年版。

一、"行为+结果"违法行为的主要情形

文化市场综合行政执法领域主要包括文化、文物、新闻出版、版权、广播电视、电影和旅游。据笔者的粗略梳理,在文化市场综合行政执法领域600条左右处罚项中,"行为+结果"违法行为大约有以下几条。

1.《文物保护法》第六十六条:有下列行为之一,尚不构成犯罪的,由县级以上人民政府文物主管部门责令改正,造成严重后果的,处五万元以上五十万元以下的罚款;情节严重的,由原发证机关吊销资质证书:(二)在文物保护单位的建设控制地带内进行建设工程,其工程设计方案未经文物行政部门同意、报城乡建设规划部门批准,对文物保护单位的历史风貌造成破坏的;(四)擅自修缮不可移动文物,明显改变文物原状的。

2.《电影产业促进法》①第五十一条:电影发行企业、电影院等有制造虚假交易、虚报瞒报销售收入等行为,扰乱电影市场秩序的,由县级以上人民政府电影主管部门责令改正,没收违法所得,处五万元以上五十万元以下的罚款;违法所得五十万元以上的,处违法所得一倍以上五倍以下的罚款。情节严重的,责令停业整顿;情节特别严重的,由原发证机关吊销许可证。

3.《旅游法》②第一百条:旅行社违反本法规定,有下列行为之一的,由旅游主管部门责令改正,处三万元以上三十万元以下罚款,并责令停业整顿;造成旅游者滞留等严重后果的,吊销旅行社业务经营许可证;对直接负责的主管人员和其他直接责任人员,处二千元以上二万元以下罚款,并暂扣或者吊销导游证:(一)在旅游行程中擅自变更旅游行程安排,严重损害旅游者权益的。

4.《著作权法》③第四十八条:有下列侵权行为的,应当根据情况,承担停

---

① 本篇文章中所涉及的《电影产业促进法》指2017年版。
② 本篇文章中所涉及的《旅游法》指2018年版。
③ 本篇文章中所涉及的《著作权法》指2010年版。

止侵害、消除影响、赔礼道歉、赔偿损失等民事责任;同时损害公共利益的,可以由著作权行政管理部门责令停止侵权行为,没收违法所得,没收、销毁侵权复制品,并可处以罚款;情节严重的,著作权行政管理部门还可以没收主要用于制作侵权复制品的材料、工具、设备等;构成犯罪的,依法追究刑事责任: (一)未经著作权人许可,复制、发行、表演、放映、广播、汇编、通过信息网络向公众传播其作品的,本法另有规定的除外。(二~八项略)

从以上 4 个法条可以看出,所谓"行为+结果"违法行为,是指当事人实施了一个违法行为,该行为必须造成法条所预定的危害结果,从而构成一个完整的可处罚的违法行为。

二、"行为+结果"违法行为的主要特点

(一)构成要件必须满足"行为+结果"

此类法条都是两句话结构,前一句是具体行为,后一句是行为的结果,整体构成一个完整的违法行为。仅仅有前一句的具体行为,但没有达到后一句所预设的结果,不构成该违法行为。例如,上述《文物保护法》第六十六条第(二)项"在文物保护单位的建设控制地带内进行建设工程,其工程设计方案未经文物行政部门同意、报城乡建设规划部门批准,对文物保护单位的历史风貌造成破坏的"。前一句"在文物保护单位的建设控制地带内进行建设工程,其工程设计方案未经文物行政部门同意、报城乡建设规划部门批准"是具体行为,后一句"对文物保护单位的历史风貌造成破坏的"是预设的结果,两句构成一个完整的违法行为。

(二)立法和执法的价值取向是防范并消除危害

《行政处罚法》[①]第一条开宗明义,"为了规范行政处罚的设定和实施,保

---

① 本篇文章中所涉及的《行政处罚法》指 2017 年版。

障和监督行政机关有效实施行政管理,维护公共利益和社会秩序,保护公民、法人或者其他组织的合法权益,根据宪法,制定本法。"分析上述文字,一是从行政处罚取向上看,其根本目的是"维护公共利益和社会秩序,保护公民、法人或其他组织的合法权益",其前提是违法行为具有社会危害性,具有可处罚性。二是维护公权利和保护私权利要平衡。行政处罚设定和实施,必然影响被处罚人的权利和义务。行政处罚的过度适用,不仅达不到立法者的预期效果,还会增加行政相对人对行政处罚制度的误解,甚至增加对政府的不满。因此,在立法时,应遵循在实现公共利益的前提下,最小减损相对人的私权利。例如,上述《电影产业促进法》第五十一条"电影发行企业、电影院等有制造虚假交易、虚报瞒报销售收入等行为,扰乱电影市场秩序的"。首先,法律最终维护的是电影市场秩序。其次,兼顾公共利益和私权利的平衡。在尚未对电影市场秩序造成扰乱的情况下,对行政相对人的行为不再处罚。这一精神,在《行政处罚法》也有体现。该法第二十七条第二款规定,"违法行为轻微并及时纠正,没有造成危害后果的,不予行政处罚"。

(三)立法和执法的力度上追求谦抑和克制

《刑法》上有谦抑原则,是定罪的基本原则之一,是指用最少量的刑罚取得最大的刑罚效果,具体是指立法机关只有在该规范确属必不可少——没有可以代替刑罚的其他适当方法存在的条件下,才能将某种违反法秩序的行为设定成犯罪行为。作为与《刑法》衔接的、同样具有公法性质的行政处罚,克制、适度、合理、必要也是基本理念,因此谦抑原则也应在行政处罚的立法和执法之中得到贯彻和体现。上述"行为+结果"的几个法条也体现了立法者对这一原则的追求。行政相对人的若干行为,虽然也违反了法律所规定的义务性和禁止性条款,但在未达到某种对公共利益损害的情况下,可以通过民事调解、民事诉讼来解决的,不必要通过行政处罚的方式来规范,则不规定为可处罚的违法行为。例如,旅游方面的"擅自变更旅游行程安排",著作权方面的"未经著作权人许可,复制、发行、表演、放映、广播、汇编、通过信息网络向公众传播其作品"等行为。

（四）违法行为不必然导致危害后果

上述 4 条违法行为，大多是日常的民事、商事活动，修缮房屋、提供观影服务、提供旅游服务、复制发行出版物，等等，虽然违反了相关法律规定的义务性或禁止性义务，但并不一定导致法律所预设的危害后果。

例如，《文物保护法》第十八条规定"在文物保护单位的建设控制地带内进行建设工程，不得破坏文物保护单位的历史风貌；工程设计方案应当根据文物保护单位的级别，经相应的文物行政部门同意后，报城乡建设规划部门批准"。第六十六条规定，"在文物保护单位的建设控制地带内进行建设工程，其工程设计方案未经文物行政部门同意、报城乡建设规划部门批准，对文物保护单位的历史风貌造成破坏的"，由县级以上人民政府文物主管部门予以处罚。显然，"在文物保护单位的建设控制地带内进行建设工程"，工程设计方案未经相关部门审批，违反了法律的义务性规定，但该行为并不一定破坏文物保护单位的历史风貌。例如，某文保单位（四合院）坐落在居民区之中，其周围有大量的居民院落，文保单位门口悬挂标牌，注明周围新建房屋限高。如果周围的居民修缮自家院落，翻盖甚至新建房屋，如果未超出限高，不构成对历史风貌的破坏，应该不构成该违法行为。

再如，《旅游法》第一百条规定，旅行社"在旅游行程中擅自变更旅游行程安排，严重损害旅游者权益的"由旅游主管部门予以处罚。该法第六十九条规定"旅行社应当按照包价旅游合同的约定履行义务，不得擅自变更旅游行程安排"。显然，"在旅游行程中擅自变更旅游行程安排"违反了第六十九条的禁止性规定，但并不一定"严重损害旅游者权益"，而且有些变更旅游行程的安排，也许还有利于旅游者，至少没有达到严重损害游客利益的情形，如此，对于没有"严重损害旅游者权益"的，不构成该违法行为。

三、"行为+结果"违法行为执法难点

"行为+结果"违法行为一般由两句话组成，前一句是具体行为，后一句

是具体结果。执法实践中,由于后一句具体结果在处断标准上的不"具体",往往成为此类案件处理的难点。

本文第一部分列举了5个具体的危害结果,即"对文物保护单位的历史风貌造成破坏的""明显改变文物原状的""扰乱电影市场秩序的""严重损害旅游者权益的""损害公共利益的"。应该承认,认定是否达到法律所预设的危害结果是一个复杂的过程,考验着执法者的智慧、能力和水平。笔者有四点建议。

一是专业的事情交给专业的人做。例如,文物保护工作具有很强的专业性。对文物保护单位的历史风貌是否造成破坏、是否明显改变文物原状等专业性问题,原则上应该由专业人员给出权威意见。对此,《文物行政处罚程序暂行规定》①第二十五条指出,"对案件处理过程中需要解决的专业性问题,文物行政部门应当委托专门机构或者聘请专业人员提出意见。"

二是有法可依地依法行政。例如,《著作权法》第四十八条"同时损害公共利益的"。何为"损害公共利益的"?国家版权局《关于查处著作权侵权案件如何理解适用损害公共利益有关问题的复函》(国权办〔2006〕43号)做出了明文规定,"就一般原则而言,向公众传播侵权作品,构成不正当竞争,损害经济秩序就是损害公共利益的具体表现。"该文件尽管还有需要完善的地方,但毕竟是唯一的依据。

三是踏着前人胜利的足迹前进。我国虽然不承认判例法,但成功的案例特别是经司法审理的案例,仍然具有很强的指导意义。例如,如何认定"扰乱电影市场秩序的"?北京市文化市场行政执法总队查办的全国电影院虚报瞒报销售收入第一案——北京米瑞酷电影院日坛店瞒报电影收入,扰乱电影市场秩序案不失为成功的一例。

四是实事求是认定违法事实。例如,如何认定"严重损害旅游者权益的"?"X旅行社集团有限责任公司在旅游行程中擅自变更旅游行程安排,严重损害旅游者权益案"即为典型一案。2018年7月19日—7月29日,游

---

① 本篇文章中所涉及的《文物行政处罚程序暂行规定》指2005年版。

客唐先生一行 3 人及王女士一行 2 人在 X 旅行社集团有限责任公司报名参加了精致俄罗斯全景 11 日游,在旅游过程中,当地地接导游擅自变更行程安排,并且随团领队也按照地接导游安排对行程进行调整,导致游客最终未能参观克里姆林宫、亚历山大花园、无名烈士墓,并将沿着伏尔加河散步改成了沿着沃尔霍夫河散步。西安市文化和旅游局认为当事人上述行为符合"在旅游行程中擅自变更旅游行程安排,严重损害旅游者权益的"规定,给予当事人罚款 4 万元、责令停业整顿三天的行政处罚,对直接负责的主管人员处两千元罚款。此案当事人提起诉讼,法官支持了行政机关。(案例引自西安铁路运输法院《X 旅行社集团有限责任公司与西安市文化和旅游局其他一审行政判决书》)法官认为,根据人们的生活经验和常识,克里姆林宫、亚历山大花园、无名烈士墓等景点是赴俄罗斯旅游最重要的景点,因改变行程未能参观上述景点显然是"严重损害旅游者权益"。行政机关认定当事人"虽擅自变更行程,导致遗漏多个景点,也采取了补救措施,但违法事实已不可纠正,给游客带来了巨大的损失"是正确的。

参考文献

1. 国家版权局. 关于查处著作权侵权案件如何理解适用损害公共利益有关问题的复函:国权办〔2006〕43 号〔EB/OL〕. 〔2023-05-30〕. https://www. shdf. gov. cn/shdf/contents/708/202935. html.

2. 西安铁路运输法院行政判决书,(2019)陕 7102 行初 458 号。

2020 年 7 月 11 日　发表于网舆勘策院

《中国文化报》2021 年 4 月 13 日以《准确把握文化市场综合执法的难点——以"行为+结果"违法行为的认定与处理为例为题》刊发本文

听证后改变行政处罚种类的程序思考

摘　要

从处罚种类的性质看,停产停业、吊销许可证是较重的处罚。但是罚款、没收等处罚是否一定比停产停业、吊证轻,恐怕还要看金额的大小,还要具体问题具体分析。仅以"停业整顿的处罚性质要重于罚款",就得出听证后改变处罚种类(新增罚款)的决定轻于原拟处罚决定的结论从逻辑上值得商榷。听证后基于新的事实、证据以及适用法律做出的处罚决定改变了原拟处罚决定,是一个新的处罚决定,应履行独立的告知程序,没有履行的话,法院在审理中应认定为未告知,且应以违反法定程序为由予以撤销。

一、基本案情

经查,2015 年 6 月 4 日,B 市 F 网吧(合伙企业)接纳 6 名未成年人进入营业场所。B 市文化执法大队经立案、调查,依据《安徽省文化市场管理条例》①第四十二条"违反本条例第十八条第一款规定,互联网上网服务营业场所接纳未成年人的,由县级以上人民政府文化行政部门给予警告,并按每接

---

① 本篇文章中所涉及的《安徽省文化市场管理条例》指 2006 年版。

纳 1 名未成年人罚款 2000 元的标准处罚,但罚款总额不超过 15,000 元;第二次接纳未成年人,或者一次接纳 3 名未成年人的,除按上述规定罚款外,责令停业整顿,停业整顿时间不少于一个月;第三次接纳未成年人,或者一次接纳 8 名以上未成年人,或者在规定营业时间以外接纳未成年人的,除按上述规定罚款外,吊销许可证。"做出拟处罚决定,停业整顿 60 日,并制作行政处罚事先告知书告知了当事人。F 网吧提出听证。听证后,执法大队经集体讨论,采信 F 网吧的意见,2015 年 8 月 31 日做出行政处罚决定书,改变原拟处罚决定,给予 F 网吧责令停业整顿 30 日,并处罚款人民币 12,000 元的行政处罚。

F 网吧不服,提出行政诉讼。其诉求之一是,B 市文化执法大队在听证、告知等环节中,对 F 网吧仅拟处停业整顿 60 日的处罚,并没有罚款,而在处罚决定书中却突然出现了停业整顿(由 60 日降为 30 日)并处罚款 12,000 元。显然属于对 F 网吧不服其处罚的报复性加重处罚。执法机关对 F 网吧处以巨额罚款而不事先告知,仅从程序上看,也是违法的。

此案经一审、二审,F 网吧均败诉。

针对上述 F 网吧提出的诉求,执法机关在二审答辩时认为,"虽然在处罚前的告知程序中,告知上诉人拟对其做出停业整顿 60 日的处罚,但举行听证后,考虑到上诉人的违法情况及网吧经营情况,酌情对其减轻处罚,改为停业整顿 30 日,罚款 12,000 元。被上诉人没有因为上诉人陈述申辩而加重处罚,因此,处罚程序合法。"一审法院认为符合法定程序,驳回诉讼请求。二审法院认为,"文化和旅游局在处罚前的告知程序中,虽然告知上诉人拟对其做出停业整顿 60 日的处罚,但举行听证后,依据《安徽省文化市场管理条例》第四十四条规定,改为对其停业整顿 30 日,罚款 12,000 元的处罚。从上述规定可以看出,停业整顿的处罚性质要重于罚款,被上诉人没有因为上诉人陈述申辩而加重处罚。因此,处罚程序合法。"最终,驳回上诉,维持原判。

二、与行政执法者和法官商榷两点意见

虽然本案法官支持了行政执法者,但关于上述行政相对人与行政机关的争议,笔者认为还有值得商榷的地方。

(一)停业整顿的处罚是否重于罚款?

本案二审法官认为"停业整顿的处罚性质要重于罚款,被上诉人没有因为上诉人陈述申辩而加重处罚"。笔者不敢完全苟同。从处罚种类的性质看,笔者基本同意法官的意见。行政处罚的几种处罚种类,警告,罚款,没收违法所得、没收非法财物,责令停产停业,暂扣或者吊销许可证、暂扣或者吊销执照,行政拘留。从排列顺序上看,似乎是由轻到重。法官的结论大概也是与这个逻辑有关。关于处罚种类的轻重,警告属于比较公认的较轻的处罚,停产停业、吊销许可证是较重的处罚。这在很多实体法中也可以看出,例如,很多实体法都规定,"情节严重的,责令停业整顿或者由原发证机关吊销许可证"。但是罚款、没收等处罚是否一定比停产停业、吊证轻吗?这恐怕还要看金额的大小,还要具体问题具体分析。例如,2014 年,深圳市市场监管局对快播盗版侵权一事处以 2.6 亿元罚款,再例如,对于复制盗版光盘企业没收盗版光盘生产线,这恐怕都不比停业甚至吊证轻吧!再有,从符合听证条件的角度看,较大数额罚款、停业整顿、吊销许可证都被列入需要听证的范畴,从这个意义上讲,较大数额罚款的处罚至少不比停业整顿、吊证轻。甚至,对于短期停业整顿和许可证等不是"紧俏货"的情况,停业和吊证往往比较大数额罚款的处罚在实质上更轻。因此,法官仅仅从所谓的"停业整顿的处罚性质要重于罚款",就得出"被上诉人没有因为上诉人陈述申辩而加重处罚"的结论从逻辑上、法律上都值得商榷。

具体到本案,行政执法者由拟处罚决定的停业整顿 60 日,到最后决定停业整顿 30 日,罚款 12,000 元,是否加重了处罚,还要结合涉案网吧月收入来

衡量。例如,网吧所在地区的经济发展水平,网吧的规模、所在区域的消费能力等等。

(二)本案的实质是修正原拟处罚决定,应履行告知程序

《安徽省文化市场管理条例》第四十二条规定,违反本条例第十八条第一款规定,互联网上网服务营业场所接纳未成年人的,由县级以上人民政府文化行政部门给予警告,并按每接纳 1 名未成年人罚款 2000 元的标准处罚,但罚款总额不超过 15,000 元;第二次接纳未成年人,或者一次接纳 3 名未成年人的,除按上述规定罚款外,责令停业整顿,停业整顿时间不少于一个月;第三次接纳未成年人,或者一次接纳 8 名以上未成年人,或者在规定营业时间以外接纳未成年人的,除按上述规定罚款外,吊销许可证。

显然,本案的处罚依据的是该条"一次接纳 3 名未成年人的,除按上述规定罚款外,责令停业整顿,停业整顿时间不少于一个月"。据此,对于本案的违法行为,执法者应先罚款 12,000 元(这是规定动作),再责令停业整顿。本案执法者拟处罚决定只停业整顿 60 天,显然不符合规定。听证后改变的处罚决定,实际上是对原拟处罚决定的修正。《行政处罚法》①第四十一条规定,"行政机关及其执法人员在做出行政处罚决定之前,不依照本法第三十一条、第三十二条的规定向当事人告知给予行政处罚的事实、理由和依据,或者拒绝听取当事人的陈述、申辩,行政处罚决定不能成立;当事人放弃陈述或者申辩权利的除外。"本案行政机关虽然是在听证后改变的处罚决定,但其增加的罚款属于新的处罚决定,无论这一改变是加重还是减轻处罚,还是既没有加重也没有减轻,都应该履行告知程序,符合听证条件的(如达到较大数额罚款的程度),还应再次告知听证。因为,执法者基于当事人的违法事实、情节等,依法做出拟停业整顿 60 天的处罚决定,当事人也是基于此进行听证和陈述申辩的。如果决定书减轻处罚从 60 天降到 30 天,自然无须再履行听证或者陈述申辩程序。但是,最后决定书新增加了 12,000 元罚款的处

---

① 本篇文章中所涉及的《行政处罚法》指 2017 年版。

罚决定,那么新增加的处罚基于什么样的违法事实、情节? 有什么样的证据? 适用的是哪部法律? 这都是行政相对人应该知晓的,并可以提出陈述申辩的,执法者没有履行告知义务,实际上是剥夺了当事人就此陈述申辩的权利。从这个意义上说,本案在程序上存在缺陷。

三、现有处罚决定书改变拟处罚决定的程序安排

《行政处罚法》只规定了行政机关在做出行政处罚决定前应当向当事人告知有陈述申辩和听证的权利,但未规定陈述申辩和听证后改变拟处罚决定,特别是改变处罚种类,是否应再次向当事人告知陈述申辩和听证的权利。在执法实践中,通说的做法是,如果在陈述申辩或者听证后,对违法行为进行重新认定,采信了当事人的意见,在原处罚决定的基础上作了减轻处罚的,一般不再履行告知义务,直接下达决定书。司法审判也支持这一观点。

如,济南 M 经贸有限公司与济南槐荫区食品药品监督管理局行政处罚案(山东省济南区槐荫区人民法院〔2018〕鲁 0104 行初 10 号)。法官认为:本案中,槐荫食药监局履行了行政处罚事先告知和听取 M 公司陈述、申辩的职责,已经保障了 M 公司陈述申辩的权利。案涉行政处罚决定书罚款数额由行政处罚事先告知书确定的 20,000 元变更为 10,000 元,是槐荫食药监局听取 M 公司的陈述申辩之后,经过自由裁量,做出较之前更轻的行政处罚,陈述申辩权利的意义已经实现,且该处罚决定书中认定的违法事实、采信的证据、处罚的种类和幅度以及法律适用均没有改变。因此,M 公司在庭审中所述"听证通知书与事先处罚告知书金额均为 20,000 元,行政处罚书金额为 10,000 元,属于处罚决定行政内容的变更,依据行政处罚法视为没有告知原告处罚内容,其程序违法",理由不能成立,本院不予采信。

但行政机关根据陈述申辩和听证的情况,重新调查取证,或事实有了变化,或相关证据有了变化,或适用法律有了变化,重新做出处罚决定的,是否需要重新履行告知程序呢? 多数意见认为,行政处罚决定书中的这些改变与

事先告知书中拟定的行政处罚相比,是一个新的行政处罚,应履行独立的告知程序,没有履行的话,法院在审理中应认定为未告知,且应以违反法定程序为由予以撤销。司法审判实践也支持这一说法。

如,海南 S 休闲农业发展有限公司诉海口市国土资源局行政处罚案。法院认为:上诉人市国土资源局向被上诉人 S 公司送达的行政处罚告知书中,告知拟做出的行政处罚为"限期拆除在非法占用的土地上新建的建筑物和其他设施,恢复土地原状"及罚款 203,801 元。但上诉人在经听证后做出的处罚决定中,决定给予的处罚却是"退还非法占用的土地,没收在非法占用土地上新建的建筑物和其他设施"及罚款 203,801 元。上诉人将原先在处罚告知书中告知当事人的"限期拆除在非法占用的土地上新建的建筑物和其他设施"的处罚措施,变更为"退还非法占用的土地,没收在非法占用土地上新建的建筑物和其他设施",而"限期拆除"和"没收"是两种不同的处罚措施,上诉人并未就变更的行政处罚履行法定的告知义务,违反法定程序。①

如,吴某某诉福建省龙岩市公安局新罗分局行政处罚案。法院认为,被告龙岩市公安局新罗分局在对原告做出处罚决定之前,虽然依照行政处罚法的规定对原告进行告知,拟给予治安拘留 15 日,罚款 3000 元,没收赌资的处罚,但在 2007 年 5 月 27 日重新调查后,实际做出的处罚为治安拘留 15 日,罚款 3000 元,并没收非法所得 31,000 元,赌资 25,220 元,与处罚前告知内容不符,没有对原告进行再告知,属于程序违法。②

如,唐某某诉叶县农业局农业行政处罚案。叶县农业局对唐某某的行政处罚告知书告知的处罚内容是:1. 没收种子;2. 处以罚款人民币 20,000 元。原告在法定期限内未行使权利。被告叶县农业局依据《中华人民共和国种子法》《河南省农业行政处罚裁量标准》的相关规定,于 2014 年 10 月 30 日对唐某某做出[叶农(种子)罚〔2014〕003 号行政处罚决定书],处罚决定书的

---

① 海南省海口市中级人民法院〔2013〕海中法行终字第 176 号《行政判决书》,转引自晏山嵘《行政处罚实务判例解释》,法律出版社,2019,第 536 页。
② 福建省龙岩市新罗区人民法院〔2003〕龙新行初字第 29 号《行政判决书》,转引自晏山嵘《行政处罚实务判例解释》,法律出版社,2019,第 542 页。

内容为:1. 责令停止红旗一号(繁育材料)小麦种子的经营、推广;2. 没收红旗一号(繁育材料)小麦种子 4000 公斤;3. 罚款人民币 10,000 元。法院认为,本案被告在做出处罚前虽然履行了事先告知义务,但行政处罚事先告知书与行政处罚决定书上的处罚主体和处罚内容不一致,剥夺了原告对实际处罚事项的知情权。故被告做出的行政处罚违反了法定程序,依法应予撤销。①

参考文献

1. 安徽省亳州市中级人民法院行政处罚二审行政判决书,(2016)皖 16 行终 24 号。

2. 山东省济南市槐荫区人民法院行政判决书,(2018)鲁 0104 行初 10 号。

3. 晏山嵘. 行政处罚实务判例释解[M]. 北京:法律出版社,2019.

4. 海南省海口市中级人民法院行政判决书,(2013)海中法行终字第 176 号。

4. 福建省龙岩市新罗区人民法院行政判决书,(2003)龙新行初字第 29 号。

5. 杨希鸽. 行政处罚事先告知书与行政处罚决定应一致——唐某某诉叶县农业局农业行政处罚案[EB/OL]. http://yxfy. hncourt. gov. cn/public/detail. php? id=1279.

2020 年 7 月 2 日　发表于网舆勘策院

---

① 引自叶县法院网《行政处罚事先告知书与行政处罚决定应一致——唐某某诉叶县农业局农业行政处罚案》。

文化执法视角下《行政处罚法》涉主观过错法律适用的思考

摘 要

新版《行政处罚法》关于过错归责的新规,是对法律精神的回归,体现了人间正道。法律法规罚则中写明"明知或应知"的,主观过错是违法行为构成要件,未写明"明知或应知"的,主观过错是归责要素。当事人证明无主观过错,应达到"排除合理怀疑"的程度。对没有主观过错的违法行为笼统地讲不予处罚未必合适,应具体问题具体分析。

2021 年,《中华人民共和国行政处罚法》(以下简称《行政处罚法》)再次做出修订,亮点颇多。笔者以为,其中最为亮眼的当数关于主观过错的规定。《行政处罚法》第三十三条第二款规定,"当事人有证据足以证明没有主观过错的,不予行政处罚。法律、行政法规另有规定的,从其规定。"此规定的明确,回归了"有过错才受罚"的法律精神,体现了我国行政执法的与时俱进。

一、有过错才受罚是人间正道

首先,有过错才受罚是一条基本原则。行政处罚作为一种制裁手段,是国家特定行政机关依法惩戒违反行政管理秩序的个人、组织的一种行政行为。之所以"惩戒",是由于其犯有错误。这个错误,一方面要行政相对人客观上有错,即实施了违反行政管理秩序的行为,另一方面也要主观上有错,即行政相对人在实施违法行为时明知行为有危害后果而希望或放任行为的发生,或者行政相对人应当预见自己行为可能发生的危害后果,但因疏忽大意或过于自信而导致危害后果的发生。如果一个行政相对人在实施行为时主观上并无过错,对其实施处罚,既不符合制裁手段惩戒错误的初衷,也无法达到处罚是为规范、教育、引导行政相对人的根本目的。

其次,处罚应与过错程度相均衡。行政处罚应与"违法行为的事实、性质、情节以及社会危害程度相当",这是"过罚相当"原则在《行政处罚法》里的具体表述。根据这一原则,当事人的主观过错应与处罚具有某种联系。由于行政相对人的主观状态直接反映其对社会有无危害或危害大小,在实施行政处罚时,应当将行政相对人的主观状态作为量罚的因素,对行政相对人故意违法、过失违法以及无过错情况下违法进行区别对待。行政相对人故意违法主观恶性大,可从重处罚;过失违法主观恶性小,可从轻处罚;完全无过错的,不实施处罚,以体现行政处罚公正原则要求。当然,主观过错原则的普遍适用并未否认无过错原则的存在。与民事责任领域相通,行政法领域也应当承认当事人在某些特殊情形即使主观无过错也应承担法律责任,如在某些涉及公共安全、人身健康、环境保护的事项上,前提是必须有法律的特别规定。

二、文化执法中涉"明知或者应知"的条款

文化市场综合行政执法主要涉及文化(文物)、新闻出版(版权)、广播电视电影、旅游等领域。关于当事人主观过错的规定主要体现在出版和电影法律法规中。

（一）主要条款

例如《出版管理条例》①第六十二条"有下列行为之一，……可以处……万元以下的罚款……：（一）出版、进口含有本条例第二十五条、第二十六条禁止内容的出版物的；（二）明知或者应知出版物含有本条例第二十五条、第二十六条禁止内容而印刷或者复制、发行的；（三）明知或者应知他人出版含有本条例第二十五条、第二十六条禁止内容的出版物而向其出售或者以其他形式转让本出版单位的名称、书号、刊号、版号、版面，或者出租本单位的名称、刊号的。"另外，还有《印刷业管理条例》第三十六条、《音像制品管理条例》②第四十条相关条款、《电影管理条例》③第五十六条等都有类似规定。这些条款主要是对出版物和电影是否含有禁止内容的"明知或者应知"。

（二）构成要件

在此类案件中，"明知或应知"是构成违法行为的构成要件。换句话说，如果不能证明当事人"明知或应知"，则不构成该违法行为。

（三）举证责任

在此类案件中，执法者承担主观过错的调查举证责任，要对当事人是否具有主观过错进行调查取证，否则就是事实不清，证据不足。

例如"某印刷公司印刷违禁出版物案"。2013 年，经查，某印刷公司接受他人委托，印制某书 1 万册。经鉴定涉案书为违禁出版物。当事人知晓涉案出版物未经许可出版，承认了非法承印，但不知道涉案出版物内容违禁。执法人员认为，当事人的行为构成了印刷含有禁止印刷内容的出版物的事实，违反了《印刷业管理条例》第三条的规定，依据《印刷业管理条例》第三十六条对当事人进行了处罚。但纵观整部案卷，没有任何证据证明当事人主观上

---

① 本篇文章中所涉及的《出版管理条例》指 2020 年版。
② 本篇文章中所涉及的《音像制品管理条例》指 2020 年版。
③ 本篇文章中所涉及的《电影管理条例》指 2020 年版。

具备"明知或应知",在构成要件上不能满足主观要件。因此,要准确地定性此案,要么换一个案由,例如接受非出版单位的委托印刷出版物,要么证明当事人主观有过错。

三、关于没有主观过错的,不予行政处罚的理解

(一)违法行为没有主观过错不予处罚,并不改变违法行为的构成要件

按照《刑法》理论,构成犯罪主要有四个要件,即主体、主观、客体、客观。主观过错是人内心的活动,证明一个人的心理活动的对与错非常复杂,取证困难。鉴于行政执法的效率原则,对于绝大多数的违法行为,行政处罚并不把主观过错作为构成要件。按照实体法的规定,只要构成适格的主体,存在客观的法益和客观的侵害法益的行为,无论行为人主观心理是过失还是故意,就构成违法,当事人的主观状态只是作为处罚的情节予以考虑。本次《行政处罚法》的修订,提出"当事人有证据足以证明没有主观过错的,不予行政处罚",从字面上理解,这一规定并没有改变实体法的构成要件。例如,对于发行非法出版物的行为。只要当事人是适格的被处罚主体,具有发行非法出版物的行为,而法律规定不得发行非法出版物,违反要处罚,则当事人在构成要件上就构成该违法行为。

(二)当事人承担没有主观过错的证明责任

正如上文分析,此次修法,确立了有过错才受罚的原则,但没有改变违法行为构成要件的构成。但对于主观过错的证明责任,分配给了行政相对人一方,即"当事人有证据足以证明没有主观过错"。从证明能力角度分析,由于主观过错是人的内心活动,行政相对人距离证据更近,更容易举证,因此将证明责任倒置给行政相对人更符合法律精神,也是实事求是的做法,既保证了

行政执法效率,又保证了当事人的合法权益。

(三)当事人证明没有主观过错要达到"足以证明"的程度

如何理解"足以证明"的程度呢? 笔者以为,应达到"排除合理怀疑"的程度。"排除合理怀疑"是指对于事实的认定,已没有符合常理的、有根据的怀疑,实际上达到确信的程度,也即证据确实、充分,具有较强的客观性,达到主客观相统一,不存在合理的怀疑,形成内心确信。一种情况是,当事人主张尽到了合理注意义务,没有主观过错。例如,一家书店销售了盗版图书,当事人称自己不知道所售图书是盗版。为了证明自己不知道盗版,其提供了相关票据证明自己从合法渠道进货,所售书籍在价格上与正版书也无悬殊差距,书的外观也无明显异常,换句话说,当事人能证明自己尽到了自己合理的注意义务。这个时候,当执法者没有其他证据能证明当事人主观有过错的情况下,达到了内心的确认,可以认定当事人无过错。但假如执法者发现当事人与盗版书的制作者(假定是夫妻关系)或者盗版书的进货来源有千丝万缕的联系,足以达到明知或应知,而当事人又无法给出合理解释,则可不采信其无过错的说法。另一种情况是,当事人存在违法阻却事由。例如在某网吧内发现了未成年人,网吧涉嫌违法接纳未成年人。此时,如果网吧能证明自己并非接纳未成年人上网消费,而是让未成年人使用其场所的厕所。按照违法阻却事由——义务冲突的原理,当行为人同时负有几种义务而不能兼顾时,如果因为履行较高或同等义务,而被迫不履行其他义务的行为,应阻却违法性。网吧的经营者为了满足孩子的如厕问题,违反了网吧不得接纳未成年人的规定。这两个义务相比较,接纳孩子如厕的义务高于(至少不低于)场所不得接纳未成年人的义务,因此,可以阻却违法行为的处罚。笔者以为,此时网吧证明自己无过错达到了"足以证明"的程度。

四、关于没有主观过错,不予行政处罚的争议

　　行政处罚法关于没有主观过错不予处罚的规定,固然是与时俱进的,但笼统的不予处罚未必是全面的考虑。按照行政处罚法,行政处罚的种类包括,警告、通报批评;罚款、没收违法所得、没收非法财物;暂扣许可证件、降低资质等级、吊销许可证件;限制开展生产经营活动、责令停产停业、责令关闭、限制从业;行政拘留。笔者以为,关于没收违法所得和非法财物的处罚项,不可笼统讲不予处罚,要具体问题具体分析。一是从时间上看,违法所得和非法财物是已经发生的事情,是客观存在,没收是对已经发生的违法事实的纠正,是对存量违法事物的消灭。而其他处罚种类,都是事后对当事人的追加性惩戒。二是无论当事人是否有主观过错,违法所得和非法财物都不改变其违法性,特别是非法财物。以出版案件为例,书店发行非法出版物,虽然其主观上无过错,但不改变书的非法出版物的性质,如果不予处罚,不没收,任由非法出版物流存于世,定是社会的隐患。比出版物问题更严重的还有很多,例如非法药品、食品,如果不没收并由公权力组织销毁,很有可能成为更大的社会隐患。笔者以为,对没有主观过错的违法行为笼统地讲不予处罚未必合适,应本着实事求是的态度,具体问题具体分析。

　　　　　　　　　　　　2021 年 1 月 31 日　　发表于网舆勘策院

一起陈年旧案关于举证责任的现实启示

摘　要

行政机关无权要求公民、法人或者其他组织自证其错,不得将应当由行政机关依职权履行的行政调查责任,转变成为由行政相对人自证的责任。行政处罚程序中,行政机关必须查明违法事实才能给予行政处罚是普遍原则;当事人对有利于自己的积极事实依法负举证责任;除有法规明确规定以外,当事人不能证明自己的行为合法,不必然推定其行为违法,不免除行政机关依法查明违法事实的责任;特殊情况,法律赋予了行政机关根据法律进行推定的权力和举证责任倒置。

《行政处罚法》①规定,"公民、法人或者其他组织违反行政管理秩序的行为,依法应当给予行政处罚的,行政机关必须查明事实;违法事实不清的,不得给予行政处罚。"因此,在行政处罚案件中,执法者对待证违法事实承担证明责任。但是,在具体案件中,执法者承担怎样的举证责任,证明到怎样的程度,往往又因案件的不同而不同。本文结合一起涉及新闻出版的陈年旧案,试着做一些分析。

---

① 本篇文章中所涉及的《行政处罚法》指 2017 年版。

一、基本案情

1993 年,黄某甲以自己的住宅为营销场所进行旧书买卖业务,其旧书来源是废品收购处,收购及销售旧书均是按重量交易。收购 1 斤旧书 1 元 ~ 2.5 元不等,卖出时每斤赚 0.1 ~ 0.2 元。每月可赚 1000 元左右。黄某甲的上述经营旧书刊业务未取得出版物发行许可证。

2000 年 3 月 6 日,F 市新闻出版办公室的执法人员到黄某甲的住宅进行检查,在执法过程中,F 市新闻出版办公室的执法人员出具了《暂押收据》(收据内注明无证经营书刊 20 多万本,在"处理情况"一栏中注明了登记保存并抽样送检的书目 33 本),将其住宅一至四层存放的旧书共计 20 多万册予以暂扣,但未制作暂扣物品清单。F 市新闻出版办公室的执法人员还对黄某甲制作了调查笔录。在该份笔录中,黄某甲承认自己在从事旧书批销业务,一个月可赚千余元。F 市新闻出版办公室的执法人员告知黄某甲其行为是违法行为,应受到处罚。然后,将所扣书刊运走。2000 年 3 月 7 日,黄某甲到 F 市新闻出版办公室处,执法人员向其出具了没收图书报刊收据,该收据中"图书报刊名称""出版单位""数量""新旧程度""备注"等栏目为空白。3 月 20 日,F 市新闻出版办公室做出《行政处罚决定书》,该处罚以黄某甲无证经营为事实,决定"没收全部出版物,并处罚款 3 万元"。黄某甲不服,申请复议。省新闻出版局经复议维持原处罚决定。黄某甲仍不服,提起诉讼。一审黄某甲败诉。二审黄某甲胜诉。

二、争议焦点

此案争议点较多,其中一大争议是黄某甲到底有多少书用于交易? 应该由谁来举证证明? 本文重点讨论此问题。

（一）黄某甲主张

自己的"旧书有 20 多万本"并未全部用于经营,而是部分用于经营、部分系个人藏书。为此,黄某甲向一审法院提交了证据:1. 黄某甲委托律师于 2000 年 3 月 25 日对傅某某及邓某某、陈某某所作的两份调查笔录;2. 照片 6 张;3. 藏书名称及数量的目录;4. 黄某甲于 1993、1994、1995、1997、1998 年向 F 市新闻出版办公室申请办理有关书证的申请报告 5 份;5. 报刊文载 4 篇（介绍黄某甲收藏旧书的情况）。

黄某甲认为,一审认定其以自己的住宅为营销场所进行旧书买卖业务,但未明确进行买卖业务的旧书的数量,一审法官不审查其提交的 1、2、4、5 号证据就做出其主张的个人藏书数量无法确定的认定,是事实不清。

（二）行政机关和一审法官观点

F 市新闻出版办公室对黄某甲无证经营书刊的违法行为进行处罚是有法律依据的。

1. F 市新闻出版办公室在对黄某甲的处罚过程中,依法进行立案登记,执法时又按规定对黄某甲的旧书刊进行没收,并出具了暂扣收据、没收图书报刊收据。并按规定对部分没收的书刊进行送检,暂扣收据上所列暂扣书刊 20 多万册与黄某甲自述相符。F 市新闻出版办公室据此依法规规定对黄某甲进行处罚并无不当。

2. 黄某甲所主张的被 F 市新闻出版办公室没收的 20 多万册的旧书中有 131,994 册属私人藏书,用来交易用的计 111,935 册的事实。仅凭其个人所列清单并不能证明其藏书有 131,994 册。黄某甲制作的藏书名称、数量和目录,系单方制作,不能证明 20 万册书中哪些用于经营,哪些用于藏书。黄某甲长期以住宅为经营场所、交易用书的数量较大,其所称藏书的数量无法确定。

（三）二审法官观点

经庭审,二审法官确认了黄某甲在涉案地点存有个人藏书的事实。法官认为：

1. 黄某甲向本院提交的证据可以证明其住宅存有的书刊中有部分为个人藏书，而 F 市新闻出版办公室对黄某甲住宅一至四楼的书刊的数量、品种、范围、性质及二楼以上的图书是经营用书还是藏书等主要事实未作全面的调查取证，所取的证据不能证明黄某甲处的 20 多万册图书均用于违法经营的事实。

2. 行政机关无权要求公民、法人或者其他组织自证其错。F 市新闻出版办公室在未对所扣书刊进行登记造册的情况下，做出所扣押的书刊均为违法经营的出版物的判断，又以此为基础，"告知"黄某甲行使"陈述申辩权"的做法，将应当由行政机关依职权履行的行政调查责任，转变成为由行政相对人自证的责任，是不正当的。因此，F 市新闻出版办公室被诉行政处罚决定对没收对象认定事实不清，证据不足。其在行政执法中，特别是在采取扣押强制措施时未关注相对人的合法财产权益，属程序违法，本院不予支持。

三、一点启示

案子发生在 2000 年。虽然已是陈年旧案，但今天读来，仍觉有很强的现实意义，特别是二审法官指出的举证责任问题，尤为值得关注。

（一）举证责任的基本原则

举证责任，是指由谁提出证据，证明待证事实的义务和责任。谁负有举证责任，谁就应该调查取证，证明待证事实。如果不能拿到证据证明待证事实，就要承担失败的结果。

行政处罚程序中，一般由行政机关负举证责任，这是行政处罚法所规定的基本原则。《行政处罚法》第三十条规定："公民、法人或者其他组织违反行政管理秩序的行为，依法应当给予行政处罚的，行政机关必须查明事实；违法事实不清的，不得给予行政处罚。"这里的举证不仅包括证明当事人从事了某行为,也包括证明该行为涉及物品的数量、性质等。显然本案行政机关在后者做得很不够。正如二审法官所指出的,"行政机关无权要求公民、法人或者其他组织自证其错"。不应"将应当由行政机关依职权履行的行政调查责任,转变成为由行政相对人自证的责任"。

(二)当事人对有利于自己的积极事实依法负举证责任

行政机关在查处违法行为过程中,可以依法要求当事人对有利于当事人的积极事实提供证据。当事人有义务按行政机关的要求提供相关证据,如果当事人不按要求提供,视为当事人的行为没有证据,事实不存在,行为不合法。最高人民法院《关于行政诉讼证据若干问题的规定》①第五十九条规定,"被告(笔者注:行政机关)在行政程序中依照法定程序要求原告(笔者注:行政相对人)提供证据,原告依法应当提供而拒不提供,在诉讼程序中提供的证据,人民法院一般不予采纳。"这从另一角度规定了当事人的在行政调查环节负举证责任以及承担举证不能的后果。本文讨论的案例即为比较典型的一例。如果在行政处罚阶段,黄某甲就 20 万册图书中含有自己藏书进行说明、申诉和举证,即为对有利于自己的积极的事实举证。如果在行政处罚阶段,黄某甲未就 20 万册图书中含有自己藏书进行说明、申诉和举证,一般来讲,其在诉讼阶段再主张这些事实,法官则不予采信。

(三)行政机关依法承担查明违法事实的责任

除有法律明确规定以外,当事人不能证明自己的行为合法,不必然推定其行为违法,不免除行政机关依法查明违法事实的责任。也以本文讨论的案例为例。无论在行政处罚阶段,黄某甲是否就 20 万册图书中含有自己藏书说明、进行申诉和举证,或者虽然申诉但没有举出证据,并不排除行政机关查明违法事实的责任。本案中,关于涉案图书的数量,"执法人员出具了《暂押收据》,将其住宅一至四层存放的旧书共计 20 多万册予以暂扣,但未制作暂

---

① 本篇文章中所涉及的《关于行政诉讼证据若干问题的规定》指 2002 年版。

扣物品清单。"执法人员向黄某甲"出具了《没收图书报刊收据》,该收据中"图书报刊名称""出版单位""数量""新旧程度""备注"等栏目为空白。"这样的做法如何能证明 20 万册书呢?仍然如二审法官所指出的,行政机关不应"将应当由行政机关依职权履行的行政调查责任,转变成为由行政相对人自证的责任"。行政机关仍然要对 20 万册书进行登记造册。

再举一例。2019 年,某市审结一起行政诉讼案件。该案最终以行政机关的败诉而告终。

该案其中一个案由是 N 书店擅自从事出版物发行活动。行政机关在检查 N 书店时,发现 N 书店出版物经营许可证过期。N 书店向行政机关申辩,已经申请出版物经营许可证延续,并经过行政审批部门核准延续,只是因故未及时领取证照。但 N 书店不能提供证据证明。

行政机关认为,N 书店的出版物经营许可证有效期已经过期。N 书店未提供任何证据,证明其向行政审批部门申请延续,并且获得审批部门的延续决定。

法院经审理认定,"本案中,N 书店于 2016 年 3 月到审批大厅对其出版物经营许可证进行年检,而所属区出版局既未对该许可是否准予延续做出决定,亦未因 N 书店的出版物经营许可证有效期届满而未延续办理行政许可的注销手续,且该区出版局已经对 N 书店的出版物经营许可证有效期予以延续并在国家企业信用信息公示系统的行政许可信息中公示。因此,根据上述事实和法律规定,该区出版局提出的 N 书店的出版物经营许可证有效期届满应当认定为该许可证已经作废的抗辩意见,本院不予采纳。"

笔者以为,本案 N 书店虽然不能证明出版物经营许可证经过行政审批部门核准延续,但不必然推定其未经核准延续,不免除行政机关依法查明违法事实的责任。

(四)法律推定与举证责任倒置

行政机关必须查明违法事实才能给予行政处罚是普遍原则,但在一些案件中,查明违法行为十分困难,如果一味地坚持行政机关必须查明违法事实才能给予行政处罚,一是效率上很不经济,不符合行政处罚的基本理念;二是可能导致某些违法行为得不到查处,因此,法律赋予了行政机关根据法律进行推定的权力和举证责任倒置。例如,查办某印厂未经著作权人许可复制其作品的案件。当行政机关查明了某印厂印制了甲书,查明了甲书标明的出版社未委托印厂印制。此时,行政机关还不能完全证明该印厂未经著作权人许可的事实。此时,如果印厂不能证明获得许可,行政机关可以大概率推定印厂未获得著作权人许可。根据《著作权法》[①]规定,"复制品的出版者、制作者不能证明其出版、制作有合法授权的,复制品的发行者或者视听作品、计算机软件、录音录像制品的复制品的出租者不能证明其发行、出租的复制品有合法来源的,应当承担法律责任。"此时,行政机关可以要求印厂举证证明是否获得授权,此时,证明责任倒置,落到了印厂身上。如印厂不能举证证明自己获得授权或者行为合法,则应承担不利责任。

参考文献:

1. 黄某甲与 F 市新闻出版办公室行政处罚案,(2000)×行终字第 74 号。

2. S 市 H 区 N 书店与 S 市 H 区文体广电新闻出版局文化行政管理(文化)一审行政判决书,(2018)×0102 行初 10 号。

3. 何茂斌. 简论行政处罚中的举证责任[N/OL]. 中国工商报,2008−03−01. http://www. wendangku. net/doc/bc7250799. html.

2021 年 4 月 1 日　发表于网舆勘策院

---

① 本篇文章中所涉及的《著作权法》指 2020 年版。

案说文化执法中的牵连违法行为的判定与把握

摘　要

  《行政处罚法》修订后,在原有的"对当事人的同一个违法行为,不得给予两次以上罚款的行政处罚"基础上,增加了"同一个违法行为违反多个法律规范应当给予罚款处罚的,按照罚款数额高的规定处罚。"这涉及违法行为数量的认定,以及如何处断等问题。这是个老问题,包括文化执法在内的很多行政执法者进行了大量的探索。在这些问题中,牵连违法行为的判断和处断是个难点。贯彻落实新行政处罚法,坚持依法行政,切实维护公民、法人和其他组织各方的合法利益,"老问题"应该要有新探索。

一、问题的提出

  某县执法大队在检查中发现,某网吧接纳了未成年人上网,同时该网吧未按规定核对、登记上述未成年人的身份证件,使用他人身份证登录网吧监管系统,为未成年人提供上网服务。因此,该执法大队依据《互联网上网服务营业场所管理条例》①第三十一条第(二)项"接纳未成年人进入营业场

---

  ①　本篇文章中所涉及的《互联网上网服务营业场所管理条例》指 2019 年版。

所"立案,对当事人处罚警告并罚款8000元,又依据《互联网上网服务营业场所管理条例》第三十二条第(三)项"未按规定核对、登记上网消费者的有效身份证件"立案,对当事人处罚警告并罚款8000元。

显然,执法者把在一次检查中发现的两个违法行为,分别立案,分别做出了处罚。

对于上述案件的处罚,有人提出不同意见。意见认为,执法者在一次检查中发现的两个违法行为,应该做一次立案,一并处罚。这个意见比较统一,基本没有异议。但是,在本案是应该两个行为并罚,还是择一重罚方面存在争议。一种意见认为,未验证登记和接纳未成年人应该认定为两个违法行为,分别评价裁量,合并处罚。另一种意见认为,未验证登记和接纳未成年人虽然应认定为两个违法行为,但两个行为之间存在某种联系,类似于《刑法》中的牵连犯,应择一重罚。

争议到这里,实际上已经涉及违法行为数量认定,以及如何处断的问题。这是个老问题,虽然包括文化执法在内的很多行政执法者进行过大量的探索,但一直未得到根本解决。在新行政处罚法修法时,对此也曾有过动议,但未见结果。

关于"同一违法行为",全国人大常委会法工委立法规划室副主任黄海华曾指出,"在修法过程中,对一事不再罚款还有一些修改建议,但综合各方面因素,新行政处罚法未作调整。比较集中的有三种意见。""……第三,建议界定'同一违法行为'。如何界定同一违法行为是一个老问题,情况比较复杂,类似于《刑法》中罪数问题,除了从行政处罚构成要件角度做出规范外,难以在行政处罚法中做出统一规定——有些可以在单行法中规定,有些可以在实践中予以探索总结。"

关于"同一个违法行为违反多个法律规范",黄海华指出,实践中"包括多种类型,如同一个违法行为触犯数个具有包容关系的法律规范,同一个违法行为同时触犯数个不同领域的法律规范,违法行为的实施手段违反另一个法律规范。这三种类型对应于《刑法》中的法条竞合、想象竞合、牵连犯。"

行政处罚法修订后,在原有的"对当事人的同一个违法行为,不得给予两次以上罚款的行政处罚"的基础上,增加了"同一个违法行为违反多个法律规范应当给予罚款处罚的,按照罚款数额高的规定处罚。"适用新行政处罚法,再一次触动执法者的神经,"老问题"应该要有新探索。

事关深奥复杂的理论问题,笔者的学养、文章的篇幅都不足以说清楚,所以本文仅以上述案例为起点,结合文化执法遇到的实际问题,借鉴司法判例、已有的研究成果、不同行业行政处罚案例,对文化执法可能涉及的牵连行为谈一点粗浅的看法,权作抛砖引玉。

二、一个违法行为的判定与把握

谈牵连违法行为,绕不开先明确何为一个违法行为。对此,行政法没有法定的定义,各种文章有很多讨论,比较主流的说法是,借鉴《刑法》罪数理论,满足一个违法行为构成要件就是一个违法行为。

对此,上海市文化市场行政执法总队曾有过调研总结,笔者予以引述:

行政违法行为的构成条件,受《刑法》的犯罪构成标准说影响,目前行政法学界通说认为包括四个方面:一是客观要件,也就是相对人从事了违反行政法规的禁止性义务的行为;二是客体要件,即违法行为侵害了行政法所保护的行政关系,具有一定的社会危害性;三是主体要件,指相对人达到法定责任年龄或具有受处罚的责任能力;四是主观要件,即相对人的违法作为或不作为基于过错产生。但从我国立法实践看,法律、法规对于行政违法行为的构成并非必须具备上述四个要件。在文化市场监管中,有的违法行为构成可能只需主体要件和客观要件,有的只需主体要件、客体要件和客观要件,具体的构成要件要看行政法律、法规对违法行为的具体规定,因此,目前,行政违法行为构成要件尚无绝对的标准,要具体案件具体判断。

2021 年,北京市第一中级人民法院的关于一起广告违法案件的行政处罚判例也值得关注。

2019 年 3 月,海淀区市场监管局处理了一起案件。最终执法者认定,案件当事人在某网站的首页发布了虚假广告,在该网站视频板块发布的广告存在"违背社会良好风尚的违法行为",在该网站"学习内容"发布的广告存在"对教育、培训的效果做出明示或者暗示的保证性承诺"。执法者认为,上述三种情形"应认定为一个违法行为"。其理由是,"判断是否属于一个违法广告行为,应着眼于广告发布活动的媒介、参与主体以及所指向的商品或服务。""涉案三项违法情形属于同一商业广告活动违反多项法律规定的情形,应认定为一个违法行为。依据《行政处罚法》①第二十四条的规定,被上诉人对涉案广告行为同时违反的三项法律规定进行竞合,'从一重'处罚。"最终对第一个行为罚款 20 万元。

案件诉至法院。终审法院认为:

判断是否为"同一个违法行为",关键要看违法行为是否单一。对此,可以从两个层面进行认定,一是行为本身客观上是单一的,为自然的"一行为";二是客观上自然可分的数个行为,因法律的特别规定而被拟制为一个行为予以处断,为处断的"一行为"。对于自然的"一行为",不能给予两次以上的罚款处罚。对于处断的"一行为",因法律的拟制而成为法律上的"一行为",同样不能给予两次以上的罚款处罚。本案中,上诉人分别在某网站的首页、视频板块以及"学习内容"板块发布不同内容的违法广告,该违法广告行为客观上自然可分,分别违反广告法的不同规定,触犯广告法的不同罚则,应当按照三个违法行为分别予以论处。故而,对于上诉人存在违反广告法第二十八条第二款第三项规定的行为,被上诉人依据广告法第五十五条第一款的规定予以罚款处罚认定事实清楚、适用法律正确;而对于上诉人违背社会良好风尚的违法行为以及对教育、培训的效果做出明示或者暗示的保证性承诺的违法行为,被上诉人适用行政处罚法第二十四条的规定不再给予罚款处罚,属于适用法律错误。

综上,笔者以为,关于一个违法行为可以归纳如下:

一是"行为本身客观上是单一的,为自然的'一行为'"。看一个自然行

---

① 本篇文章中所涉及的《行政处罚法》指 2017 年版。

为是否构成违法行为,要看是否符合实体法律规范规定的违法行为的构成要件。一个行为可能是违法行为,也可能不构成违法行为。例如,网吧"接纳未成年人进入营业场所"是违法行为,但接纳孕妇进入网吧就不是违法行为,其原因是法律规范只规定了接纳未成年人是违法行为。再如,法律规定发行盗版书是违法行为,但持有盗版书就不是违法行为。

二是数个自然行为放到一起也可能构成一个违法行为。例如,未按规定核对、登记上网消费者的有效身份证件被规定为一个违法行为,但其中包含了"核对"和"登记"两个自然的行为。换句话说,如果网吧未核对也未登记,按照一个违法行为处理。

三、牵连违法行为与判断原则

按照通说,牵连违法行为应该是违法者出于一个目的,实施了一个违法行为,也称目的行为或者原因行为,其方法行为(不是方法本身)或者结果行为(不是结果本身)又构成另一违法行为。所以,牵连违法行为一定是实施了两个以上独立的行政违法行为。数个行政违法行为表现为两组情况,一组是目的行为与方式行为(手段行为),一组是原因行为和后果行为。我们称这两组行为之间具有牵连关系。这里,目的行为和原因行为是主要行为,手段行为和结果行为是从属行为。判断是否牵连行为以及各行为的主从关系应坚持主客观相统一的原则。对于具有牵连关系的违法行为,在量罚时,一般采取"择一重罚"。

比如,甲演出公司举办了一场营业性演出。执法者检查发现,第一,该场演出的批文系伪造。第二,由于批文系伪造,该场演出属于未经批准的演出。这两个违法行为是否具有牵连关系?应当怎样处罚?

笔者以为,首先,关于违法行为的数量。本案甲公司有两个违法行为。一是甲公司的目的是举办营业性演出,因此,其没有批文而擅自演出的行为,构成《营业性演出管理条例》①第四十四条的"未经批准举办营业性演出"。二是甲公司伪造演出批文的行为,构成条例第四十五条的"伪造、变造、出租、出借、买卖营业性演出许可证、批准文件"。其次,是否构成牵连关系? 本着主客观相统一的原则来分析,当事人实施上述两个违法行为,其根本目的是举办营业性演出,所以上述前一个行为是目的行为,是主要行为。为了给演出披上合法的外衣,当事人不惜违法伪造批文,所以后一个行为是手段行为或者方法行为,是从属行为,两行为构成牵连关系。第三,关于本案的量罚,应比较四十四条、四十五条择一重罚。

关于择一重罚中,罚款"就高"的具体含义,黄海华撰文指出:

"按照罚款数额高的规定处罚"表明"就高"不是以行政执法中具体处以的罚款数额为标准,而是以法律规范中罚款数额规定为标准:对于固定数额的罚款,直接适用罚款数额高的规定给予罚款处罚;对于有幅度的罚款,"就高"先比较罚款上限,适用罚款上限高的规定;没有罚款上限或者罚款上限一致的,适用罚款下限高的规定;对于从形式上难以比较高低的,如一部法律规定罚款以违法所得为计算标准,另一部法律罚款以合同标的额为计算标准,则需要根据案情等实际情况来做出判断。

四、文化执法中可能的牵连行为和判断

从执法实践看,牵连行为的判断是一个难点。文化综合执法涉及七大领域,法律法规规章众多。以笔者之见,牵连行为可能存在以下几种情况。

(一)未履行查验有关证件的义务,后续再实施一个相关
违法行为

例如本文开始讨论的案例。网吧接纳了未成年人上网,且未按规定核

---

① 本篇文章中所涉及的《营业性演出管理条例》指 2020 年版。

对、登记未成年人的有效身份证件。

首先,网吧接纳了未成年人上网,且未按规定核对、登记上述未成年人的有效身份证件,根据条例的罚则,构成两个违法行为。其次,按照主客观相统一的原则,关于主要行为和从属行为也分两种情况分析。

一是当事人明知或者应知上网者是未成年人。例如未成年人特征明显,穿着校服或者戴红领巾,等等。这种情况下,当事人以接纳未成年人上网为目的,接纳未成年人是目的行为,是主要行为。当事人在明知应知是未成年人的情况下,采用使用他人身份证等方式故意不履行实名验证登记手续,最终使得接纳未成年人的行为得以实现,这是接纳未成年人的方法行为或者手段行为,是从属行为。两行为间存在牵连关系,应在条例三十一条、三十二条之间择一重罚。

二是当事人不明知或应知上网者系未成年人。例如,上网者17岁,貌似成年,谎称没带身份证。网吧主出于疏忽大意,同样采用使用他人身份证等方式故意不履行实名验证登记手续,接纳了该未成年人。笔者以为,从主客观两个方面分析,本案未验证登记是原因行为,后续的接纳未成年人是结果行为。两行为间存在牵连关系,应条例三十一条、三十二条之间择一重罚。

由于条例对接纳未成年人和未验证登记的罚则难分轻重,一般来讲,择其一即可。但是,《未成年人保护法》颁布后,对网吧接纳未成年人的行为也做出了规定,并设定了更高的罚款。网吧主接纳未成年人的行为同时触犯条例和未保法,本着优先适用高位阶法的原则,应适用未保法,同时也使牵连行为择一重罚成为可能。

(二)未从合法渠道取得相应产品,后续再传播销售该产品或者提供与该产品相关的服务

例如,小说《人世间》畅销,甲书店看到好卖,但一时又进货无门,就从张三(无出版物发行许可证)手中进货10套进行销售。而后,执法人员检查时发现,该书系盗版书。甲书店的做法构成两个违法行为,一是"未从依法取得出版物批发、零售资质的出版发行单位进货",二是"发行侵犯他人著作权

或者专有出版权的出版物"。从主客观相统一的原则看,前一个行为是主行为,是原因行为,后一个行为是从行为,是结果行为,二者构成牵连关系,应择一重罚。依据《出版物市场管理规定》①,前者应"警告,并处 3 万元以下罚款"。根据《著作权法》,后者应"警告,没收违法所得,违法经营额五万元以上的,可以并处违法经营额一倍以上五倍以下的罚款;没有违法经营额、违法经营额难以计算或者不足五万元的,可以并处二十五万元以下的罚款"。因此,本案宜适用后者。

(三)未按规定变更需要获得许可或者批准的内容,后续出现与之相关的违法行为

例如,某歌舞团(资质合法)举办了一场演出,为了赚钱不惜铤而走险,用色情节目吸引观众。于是其擅自变更演员、演出节目,表演了含有禁止内容的节目。根据《营业性演出管理条例》,歌舞团的上述做法分别构成两个违法行为,一个是"变更演员或者节目未重新报批",一个是"营业性演出有本条例第二十五条禁止情形"。从主客观相统一的原则看,当事人后一个行为是目的行为,是主行为,前一个行为是手段行为,是从行为,二者具有牵连关系,应当择一重罚。从条例罚则看,变更未重新报批的,处"警告,可以并处 3 万元以下的罚款"。演出中含有禁止情形的,"没收违法所得,并处违法所得 8 倍以上 10 倍以下的罚款;没有违法所得或者违法所得不足 1 万元的,并处 5 万元以上 10 万元以下的罚款;情节严重的,由原发证机关吊销营业性演出许可证"。因此,本案应适用后者。

(四)伪造、编造相关许可证或者批准文件,再实施一个需要审批的行为

例如,本文第三部分讨论的伪造批文擅自进行营业性演出的案例。

再举一例。张三为了赚钱,擅自创办了一种刊物,并已出版发行。为了

---

① 本篇文章中所涉及的《出版物市场管理规定》指 2016 年版。

提高刊物的公信力,其伪造了记者证,并以记者身份进行采访活动。结果东窗事发,被执法者查处。依据《新闻记者证管理办法》①和《出版管理条例》②,本案当事人有三个违法行为,一是擅自制作、仿制新闻记者证;二是假冒新闻记者从事新闻采访活动;三是擅自从事出版活动。这三个行为如何量罚呢?

有人认为,本案擅自出版活动是目的行为,是主要行为。擅自制作、仿制新闻记者证和假冒新闻记者从事新闻采访活动都是手段行为,三者构成牵连关系。因擅自从事出版活动罚则较重,应适用《出版管理条例》。

笔者以为,本案应从两方面分别评价,合并处罚。第一个方面是违反《新闻记者证管理办法》的有关行为。这方面,擅自制作、仿制新闻记者证和假冒新闻记者从事新闻采访活动构成牵连关系,前者是方法手段行为,后者是目的行为。可择一重量罚。第二个方面是违反《出版管理条例》的行为。

笔者以为,第一,前两个行为与后一个行为并不构成必然的联系。第二,从《新闻记者证管理办法》和《出版管理条例》保护的法益看,前者是"为规范新闻记者证的管理,保障新闻记者的正常采访活动,维护新闻记者和社会公众的合法权益",这里强调的是记者证的管理和新闻采访秩序。后者是"为了加强对出版活动的管理,发展和繁荣有中国特色社会主义出版产业和出版事业,保障公民依法行使出版自由的权利,促进社会主义精神文明和物质文明建设",这里强调的是出版管理秩序。

参考文献

1. 黄海华. 新行政处罚法的若干制度发展[J]. 中国法律评论,2021(3):48-61.

2. 陈同峰,诸烨鸣,丰赟. 文化市场行政违法行为的事数认定及法律适用问题研究[J/OL]. http://www.doc88.com/p-9985717364066.html.

3. 北京市第一中级人民法院行政判决书,(2021)京01行终191号。

2022年4月17日　发表于网舆勘策院

① 本篇文章中所涉及的《新闻记者证管理办法》指2019年版。

② 本篇文章中所涉及的《出版管理条例》指2020年版

案说文化执法计算违法经营额和违法所得应注意的问题

一直以来,计算违法经营额和违法所得就是行政执法的难点、热点。仅就文化综合执法而言,一方面,苦于缺少上位计算依据。在文化综合执法的七大领域中,目前只有出版领域有规范性文件可供执法者适用。即使新《行政处罚法》①对违法所得的计算做出规定,但也因规定得笼统,造成执行层面的诸多不同理解。另一方面,即使是适用出版领域的规范性文件,计算的结果也因对文件适用的情形理解不同而五花八门。还有,执法者更多地纠结于计算技术层面的问题,忽视了更重要的内容,如,是否存在违法行为? 存在哪些违法行为? 违法行为是否会产生违法经营额和违法所得? 哪些是违法经营额? 违法经营额和违法所得与违法行为之间是否有直接的因果关系? 等等,从而造成计算有误,有失公平。

笔者结合几个案例具体分析一二。

---

① 本篇文章中所涉及的《行政处罚法》指 2021 年版。

一、准确定性违法行为方能准确计算违法经营额

案例一 乙公司擅自出版且发行非法出版物案

经查,乙公司组织人员编写了兽医培训材料并委托印刷 1100 册,印刷费 15,520 元,通过微信公众号宣传发行,售出 985 册,销售额 15,950 元。执法者现场查获涉案图书 28 册,另有 87 册无从查找。执法者认为,当事人存在擅自出版和发行非法出版物 2 个行为。关于违法经营额应分别计算:1. 关于擅自出版行为的违法经营额,即印刷费 15,520 元。2. 关于发行非法出版物的违法经营额:①已经售出的 985 册的销售额 15,950 元。②加上未售出的 28 册的金额(印刷费 15,520÷1100×28＝395)共计 16,345 元。按照择大原则,最终认定违法经营额为 16,345 元。然后,适用《出版物市场管理规定》①和《出版管理条例》②对当事人进行了处罚。

笔者以为,本案在计算违法经营额方面存在两点不足。一是认定当事人存在擅自出版,同时存在发行非法出版物两个违法行为,定性不准,以此为基础认定的违法经营额也就不准确了。二是本案计算违法经营额既缺乏法律依据,也缺乏法理依据。

首先,本案应定性为擅自从事出版业务。涉案图书系培训教材类图书,系当事人乙公司组织编辑出版,并通过自身的微信公众号宣传发行。所以,本案的定性应为擅自从事出版业务,适用《出版管理条例》第六十一条处罚,而不宜再同时定性为发行非法出版物,再适用《出版物市场管理规定》转至《出版管理条例》第六十五条处罚。

《出版管理条例》中的"出版"行为本身涵盖了一个首次发行行为。出版

---

① 本篇文章中所涉及的《出版物市场管理规定》指 2016 年版。
② 本篇文章中所涉及的《出版管理条例》指 2020 年版。

是指编辑、复制作品并向公众发行的活动。作品是出版的前提,编辑、复制是手段,向公众发行是目的。另外,从《著作权法》角度讲,出版指作品的复制、发行。因此,出版活动,除了其文化意义外,还有商业意义,也就是出版是为了发行,是为了卖钱。一个完整的出版行为,必定是包括组织编写、委托印刷、首次发行等。不可想象的是,某出版社组织编写了一本书,然后束之高阁。一般来讲,只有后续的市场主体在流通环节继续批发或者零售的行为才是《出版管理条例》和《出版物市场管理规定》规制的发行行为。

还需要指出的是,出版社的首次发行行为无须再取得《出版物发行许可证》。依据《出版管理条例》和《出版物市场管理规定》"出版单位可以发行本出版单位出版的出版物。发行非本出版单位出版的出版物的,须按照从事出版物发行业务的有关规定办理审批手续。"

其次,本案违法经营额的计算应适用既有的有效的法律依据,即原新闻出版署《关于处理白孝琪非法出版〈半色曝光〉一案中如何计算非法经营数额的批复》(以下简称《白孝琪批复》)。按照《白孝琪批复》,本案的情形符合《白孝琪批复》"委印后部分已发行、部分未发行的"的情形。应按照"委印后部分已发行、部分未发行的,已发行的出版物的总码洋加未发行部分的经营额为总经营款,未发行部分的经营额计算方法为:已发行出版物的平均批发价乘以未发行的出版物的册数"计算。委印后已发行的,即985册的销售额15,950元,委印后未发行的,已发行出版物的平均批发价(15,950÷985)乘以未发行的出版物的册数(1100−985=115)为1862元,最终违法经营额结果是17,812元。

再有,需要指出的是,在计算出版、发行出版物的违法经营额方面,原新闻出版署主要有两个规范性文件,即《白孝琪批复》和《关于刘欣销售非法出版物一案中如何计算非法经营数额的批复》(以下简称《刘欣批复》)。笔者以为,要准确理解和把握这两个批复。《白孝琪批复》针对的是擅自出版行为,如本案的情形。《刘欣批复》针对的是销售非法出版物的行为,主要针对的是流通环节,也就是从上家进货,再销售给下家或者终端消费者的行为。在实际案例中,对这两个批复的适用,往往存在着混淆情况。例如"冉某某与 ZS 市文化广电旅游局、广东省新闻出版局文化行政管理案"。当事人冉某某作为《江湖》的作者,通过中国香港四季出版社取得了版号,在没有获得出版许可和进口许可的情况下,自己在内地联系印刷并组织发行。执法者在计算违法经营额时,同时依据《白孝琪批复》第二点第(二)项和《刘欣批复》第(四)项进行了计算。笔者以为,冉某某的行为实质是擅自从事出版业务的行为,应适用《白孝琪批复》计算为宜。退一步讲,涉案书系境外出版,冉某某在境内仅从事了发行行为,也应按销售非法出版物论处,适用《刘欣批复》计算违法经营额,不宜混用两个批复,这种混用,核心问题还是执法者对违法行为的定性存在模糊认定,对两个批复的适用情形存在模糊认识。

二、违法行为是否会产生违法经营额和违法所得?

案例二 接受他人委托印刷出版物, 未按规定验证印刷委托书案

2015 年 6 月 26 日,经查,某印刷厂印刷《全优测控、期末冲刺 100 分——数学六年级(上)》一书,执法人员检查时印刷厂未能提供印刷委托书、印刷合同等文件。在调查期间,印刷厂补办了相关委托印刷手续。最后,执法者认定当事人构成接受他人委托印刷出版物,未按规定验证印刷委托书的行为,依据《印刷业管理条例》第三十八条第(一)项的规定,根据原告的违法经营额,对当事人作出警告、没收违法所得人民币 560 元、罚款人民币 1 万元。当事人对行政处罚决定不服,向法院提起行政诉讼,请求撤销被告行政处罚决定。

法院认定,执法者适用法律正确,无明显不当。当事人称其由于进度需要不得已先行印刷后补办手续,且未造成危害后果,不应当受到处罚,对此,法院认为,原告补办手续的行为并不影响被告对原告违法事实的认定,且被

告也考虑到原告补办手续的情节,在罚款幅度内从轻处罚,故原告的该项主张,法院不予采纳,其主张撤销被告行政处罚决定的请求,法院不予支持。

尽管法院维持了行政处罚,但细究,未按规定验证印刷委托书一定会产生违法经营额吗?

何为违法经营额? 所谓违法经营额(非法经营额),是指行为人生产、制造、加工、拣选或者经销的全部违法商品的价值。如果这个定义还可以接受的话,那么违法经营额一定是与违法商品或者产品相关的,换句话说,只有因实施了某个违法行为,该行为产生了一个违法商品,该违法商品的价值才是违法经营额。如果该行为不产生一个商品,何谈违法经营额? 如果产生的商品是合法的,何谈违法经营额?

具体到本案来讲,一是"未验证"仅仅是印刷厂承印时未履行应履行的法律义务,其本身并不直接产生一个物,也并不产生一个新的利益,印刷厂也不会因为"未验证"而获利。从违法经营额和违法所得的概念来考量,"未验证"也不会产生违法经营额。二是涉案出版物系出版社合法出版,委托印刷厂印刷,当事人仅仅是"未验证",那么后续生产的出版物应该是合法出版物。换句话说,涉案的出版物并不因印刷厂"未验证"而不合法。那么,印刷合法的出版物哪里会产生违法经营额和违法所得! 正如本案,当事人被没收的 560 元应该是其合法收入。也许有人会说,一旦当事人"未验证"有可能会生产非法出版物,那就产生了违法经营额和违法所得了。这个说法不能成立。因为一旦印刷了非法出版物,那就构成了另一个违法行为,应该适用其他条款进行处罚,比如以"印刷非出版单位出版的出版物"追究当事人责任。

案例三　Y 公司擅自出售演出门票案

2022 年,当事人 Y 公司策划举办一场营业性演出,在演出尚未取得批文的情况下,出于营利的考虑,提前通过网络平台擅自售票,截至执法者检查时,售票金额 2000 元。执法者责令当事人停止违法行为。对于擅自售票的 2000 元,一种看法认为,擅自售票的 2000 元应认定为违法经营额,依据新

《行政处罚法》,"违法所得是指实施违法行为所取得的款项",这 2000 元应视为违法所得,予以没收。第二种看法认为,虽然执法者在查处擅自售票行为时,该演出活动尚未获得批准,但因该演出活动尚未最后开演,理论上存在办理许可或者免费演出从而合法化的可能性,此时认定所售票款是违法经营额并不合适。

笔者支持第二种意见。违法经营额一定对应着一个具有一定价值的违法商品或者违法服务。具体到本案来讲,如果最终未经批准举办了该演出,则该演出是违法的,由此而取得的门票收入是违法经营额乃至违法所得,否则就无从谈起。在营业性演出尚未获得批准提前售票的行为,虽然是违法行为,但该行为本身没有提供实质性的演出服务,不产生与演出直接相关的违法经营额。

三、计算违法经营额应遵循业态规律,违法经营额和违法所得应与违法行为有直接的因果关系

案例四　甲拍卖公司拍卖国有文物案

经查,甲拍卖公司的拍卖会共涉及青铜器等 16 件,其中 2 件属于国家定级文物,该公司无法提供该文物的合法来源证明。拍卖会先行支付场地租赁费、服务费共计 18 万元,进入预展拍卖标的共计 50 件,均未进入正式拍卖环节,未产生实际交易费用,相关图录由拍卖标的委托方自费印制。当事人涉嫌买卖国家禁止买卖的文物。

关于本案违法经营额,执法人员认为,根据法律比例原则与公平原则,该专场中每件拍卖标的所需展柜面积相近,预展拍卖标的保存环境一致,现场服务人员为每件拍卖标的提供均等服务,折合每件拍卖标的的先行支出费用为 3600 元,涉及本案拍卖的违法标的物为 2 件,故违法经营额应为 7200 元。

笔者理解,执法人员的计算逻辑是,将为展会支出的所有费用(成本),平均摊到每一件标的物,即用18万除以50,得出每一件标的物的支出费用,再乘以2,计算出涉案标的物(2件)的支出费用,即为该案的违法经营额。

这样计算有道理吗?

笔者以为,回答这个问题,不宜简单理解为单件标的物的拍卖成本是违法经营额,或者不是违法经营额,要结合案情具体问题具体分析。

首先,从事文物拍卖的人赚取的是佣金,所以,笔者以为文物拍卖的经营额是佣金额,违法拍卖活动的佣金额是违法经营额。所谓违法经营额(非法经营额),是指行为人生产、制造、加工、拣选或者经销的全部违法商品的价值。这里的商品应做扩张解释,既可能是有形物的商品,也可能是无形物的服务。例如,理发店为客人理发,其提供的商品即一种服务。作为有形物的商品,商品的售价就是经营额。作为无形物的服务,其收取的服务费就是经营额。作为拍卖经营活动,其实质是提供一种服务,其收取的费用就是佣金。因此,佣金才是经营额。违法拍卖活动的佣金才是违法经营额。

其次,佣金的法律规定。《中华人民共和国拍卖法》第四章第四节"佣金"第五十六条规定,"委托人、买受人可以与拍卖人约定佣金的比例。委托人、买受人与拍卖人对佣金比例未作约定,拍卖成交的,拍卖人可以向委托人、买受人各收取不超过拍卖成交价百分之五的佣金。收取佣金的比例按照同拍卖成交价成反比的原则确定。拍卖未成交的,拍卖人可以向委托人收取约定的费用;未作约定的,可以向委托人收取为拍卖支出的合理费用。"

再有,本案的违法经营额——佣金,宜依法并结合案情而定。本案涉案文物的拍卖,因特殊原因而中止,拍卖未成交,因此,计算拍卖佣金可以按与委托人"约定的费用"或者"为拍卖支出的合理费用"来计算。当然,这需要进一步调查取证。如果调查结果,拍卖行与委托人未就佣金约定费用,笔者以为,拍卖行为拍卖2件涉案文物所支出的费用(执法者计算的7200元)可以认定为"为拍卖支出的合理费用",从而认定违法经营额为7200元。

案例五　Z公司擅自从事营业性演出经营活动案

Z公司租用某场所举办了"次元文化博览会",博览会期间,Z公司与某电视台一起举办了"街舞比赛",在场地内搭建了舞台进行唱歌、跳舞等活动,场地周围还设有一些展台,有人在展台销售文化类的商品。活动通过现场和网络的方式对外售票。经查,博览会支出场地租赁费、保安服务费、舞台大屏幕搭建使用费、其他人工服务费等成本98,100元,门票收入8460元。执法者认为,Z公司未经许可擅自从事营业性演出活动,违法经营额8460元(门票收入),违法所得-89,640元(8460元-98,100元)。

笔者以为,本案的违法经营额和违法所得的计算不甚合理,其根源主要是对会展业态缺乏认识,违法经营额和违法所得的计算与违法演出并无直接关联。

会展是指会议、展览等集体性的商业或非商业活动的简称。其概念的外延包括各种类型的博览会、展销活动、大中小型会议、文化活动、节庆活动等。会展的营利点主要有参会费用(参展企业需支付展位费用)、门票收入、广告收入、纪念品销售等等。

因此,就本案而言,涉案门票收入8460元应为整个博览会的门票收入,而非营业性演出的收入。其成本98,100元也是整个展会的成本,不应视为演出的成本,因此,用上述收入减去支出算出的营业性演出的违法所得也是不准确的。

在一场展会中增加演出活动,大概率是为了烘托展会的气氛,并非靠演出营利,抑或是演出也是展会的一个卖点,一个盈利点,如果是擅自举办的营业性演出,应该存在违法经营额和违法所得。一般来讲,此类展会举办者邀请演出者演出,是按时间支付演出者报酬的。因演出仅为展会的一部分或者较少的一部分,难以单独计算出哪些收入是直接来自演出,因此,难以计算出演出部分的违法经营额和违法所得。本案来讲,仅就在案证据而言,收入只有门票,但基于场地内的活动,演出仅仅是一部分,甚至是很小一部分,购票者进门并非仅仅是观看演出,甚至看演出都是次要的,因此,这部分门票不能只算作演出的收入。同时,本案的成本支出也不仅仅是演出的成本,其主要还是整个博览会的成本。因此,本案单独计算演出的违法经营额和违法所得,几乎是无法做到的。本着疑点利益归于当事人的原则,本案的违法所得宜认定为无法计算。

此类违法经营额和违法所得难以计算的情况还可能发生在诸如酒吧驻唱演出。作为酒吧,邀请驻场演出的目的是烘托气氛,吸引人流,其收入主要来自卖酒,因此,难以计算哪些收入直接来自演出。或许还有一种情况,即演出活动单独售票。这种情况在景区出现较多。演出者向景区缴纳一定费用,在景区内设置场地,单独售票,景区的门票不包括观看演出。此类情况,演出门票可以认定为经营额。如果演出未经批准,门票收入可以认定为违法经营额。

四、计算违法经营额和违法所得应查明案件事实

案例六　某印刷厂未经许可擅自复制他人作品案

执法人员在对某印刷厂(无出版物印刷资质)检查时,发现印刷厂现场有6万册图书和部分散页,经鉴定为盗版书。在6万册图书中,有3万册书(被鉴定为盗版书)据当事人和案外人田某陈述,是田某收来的废旧图书,委托印刷厂对书进行"洗背",然后作为废品处理。执法人员并没有采信涉案人员的陈述,坚持认定当事人涉案印刷盗版书6万册,违法经营额为6万乘以码洋的数额,其行为已涉嫌侵犯著作权罪,决定吊销许可证,移送公安机关。

那么,关于"洗背"那部分书的3万册是否应计入当事人侵权的数量和非法经营额呢?

　　"洗背"或者叫"铣背"是印刷术语,是书刊装订(胶订)中的一个工艺流程,主要是提高书脊的着胶能力。"铣"是指用圆形能旋转的多刃刀具切削(主要是金属)的方法。但,本案的"洗背"实际是"切胶",即切掉书脊部分的胶,然后卖废纸给造纸厂。从这个意义讲,"洗背"应该是废品回收行业的术语。造纸的原材料很多是废旧书本,这些废旧书本须将粘贴书本纸张的胶去掉,才可进行再造处理。这也就衍生出了"洗背"这道工序。

　　本案在移交公安机关后进入司法审判,法官认定,"洗背"的废书,系案外人田某所收购的废弃图书,由涉案印刷厂代为加工,去除背胶后交还田某作为废纸出售。这部分书不能作为定罪及量刑依据。

参考文献

1. 行政判决书,(2019)粤 2071 行初 572 号。

2. 行政判决书,(2016)沪 0230 行初 3 号。

3. 刑事判决书,(2019)冀 0602 刑初 218 号。

2022 年 8 月 7 日　发表于网舆勘策院

从一起案件谈新《行政处罚法》没收违法所得

摘　要

以新《行政处罚法》①颁布实施为节点,此前,没收违法所得的设定主要体现在各实体法。在具体案件中,是否没收违法所得,执法者只需按照实体法的罚则执行即可。此后,新行政处罚法对没收违法所得进行了普遍授权。如果原先实体法已经规定了没收违法所得的,继续执行即可。但是,对于实体法没有规定没收违法所得的,就要判断违法行为是否会产生违法所得、是否存在违法所得、有多少违法所得、是否要没收违法所得,等等。这些既考验执法者对法律条文的熟悉程度,也考验执法者法理知识的积淀,更考验执法者的智慧与胆识。

一、一起案件折射出的问题

案情概要:2013 年 1 月 9 日,A 公司(出版物发行企业)将自己的出版物经营许可证出租给 B 公司,租金 3 万元。此后,B 以 A 的名义竞标成功某县教育局采购《新华字典》事宜。再后,贪财的 B 竟然向学校发行盗版《新华字

---

① 本篇文章中所涉及的《行政处罚法》指 2021 年版。

典》以致事发。关于 A 公司，执法人员认为，其行为构成出租出版物发行许可证，违反了《出版物市场管理规定》①有关规定，依据《出版物市场管理规定》第三十八条第（六）项，对其警告，罚款 3 万元。

阅罢，不免哑然失笑。面对活生生的生活，法律有时也有不足。这个案子非常有意思。A 公司违法出租出版物发行许可证，获利 3 万元，而《出版物市场管理规定》对此类违法行为的处罚是警告、罚款 3 万元以下。本案 A 公司不赔不赚，没有损失。如果 A 公司当初要价再高一点，还可以赚钱。这样的法有空子可钻，至少应该没收非法所得吧，但《出版物市场管理规定》就是没有这个规定。这是为什么呢？能否通过修订《出版物市场管理规定》来解决呢？

细思，这事还真不是修改《出版物市场管理规定》能解决的。从法律层级上讲，《出版物市场管理规定》属于部门规章。按照 2013 年《行政处罚法》第十二条，"国务院部、委员会制定的规章可以在法律、行政法规规定的给予行政处罚的行为、种类和幅度的范围内做出具体规定。尚未制定法律、行政法规的，前款规定的国务院部、委员会制定的规章对违反行政管理秩序的行为，可以设定警告或者一定数量罚款的行政处罚。罚款的限额由国务院规定。"由于作为《出版物市场管理规定》上位法的《出版管理条例》②未对出租出版物发行许可证的行为设定处罚，那么，作为规章，只能"设定警告或者一定数量罚款的行政处罚"。而按照 1996 年《国务院关于贯彻实施〈中华人民共和国行政处罚法〉的通知》，"国务院各部门制定的规章""对经营活动中的违法行为，有违法所得的，设定罚款不得超过违法所得的 3 倍，但是最高不得超过 30，000 元"。

其实，其他行业也有类似的违法行为，相关法律法规设定的行政处罚，基本上都设定了没收违法所得的处罚。例如《电影产业促进法》③第四十八条规定"有下列情形之一的，由原发证机关吊销有关许可证、撤销有关批准或

---

① 本篇文章中所涉及的《出版物市场管理规定》指 2016 年版。
② 本篇文章中所涉及的《出版管理条例》指 2020 年版。
③ 本篇文章中所涉及的《电影产业促进法》指 2017 年版。

者证明文件;县级以上人民政府电影主管部门没收违法所得;违法所得五万元以上的,并处违法所得五倍以上十倍以下的罚款;没有违法所得或者违法所得不足五万元的,可以并处二十五万元以下的罚款:(一)伪造、变造、出租、出借、买卖本法规定的许可证、批准或者证明文件,或者以其他形式非法转让本法规定的许可证、批准或者证明文件的"……。

看来问题出在两个地方。一是《出版管理条例》没有设置上位依据。二是国务院规定的罚款上限时过境迁,太少了。毕竟 1996 年设定的 3 万元罚款上限放在今天,其震慑力实在是不足了。解决这个问题,就 2013 年当时的情况而言,一是修改《出版管理条例》,增加没收违法所得的条款。二是由国务院出台新的政策,提高规章设定罚款的限额,再修改规章。

二、新《中华人民共和国行政处罚法》直接授权没收违法所得

2021 年 1 月,《中华人民共和国行政处罚法》(下文简称《行政处罚法》)由中华人民共和国第十三届全国人民代表大会常务委员会第二十五次会议于 2021 年 1 月 22 日修订通过,自 2021 年 7 月 15 日起施行。该法的颁布,直接授权没收违法所得,一劳永逸地解决了上述案例规章的尴尬。

(一)行政机关可以直接依照新《行政处罚法》做出没收违法所得处罚决定

新《行政处罚法》第二十八条第二款规定,"当事人有违法所得,除依法应当退赔的外,应当予以没收。……"这被看成是对没收违法所得的普遍授权,意味着行政机关可以直接依照新行政处罚法做出没收违法所得处罚决定。"实践中,关于违法所得如何处理,大部分单行立法明确了予以没收,但也有的单行立法未明确,根据本条第 2 款的规定,当事人有违法所得,除依法

应当退赔的外,应当予以没收。"①山东省司法厅在参考全国人大法工委、司法部有关参与修法人员的著作、答记者问、文稿、报告、授课稿等材料以及有关专家学者的著作的基础上,印发了《新修订行政处罚法贯彻实施工作指引》,该指引指出,新行政处罚法"对没收违法所得作了普遍授权。行政机关可以直接依照新行政处罚法第28条第2款做出没收违法所得的处罚决定。这一方面符合任何人不得因违法而获益的基本法理,另一方面也回应了执法实践需求。"

(二)新《行政处罚法》统一设定了没收违法所得的行政处罚

根据《行政处罚法》,作为行政处罚种类之一的没收违法所得,只能由法律和法规设定。通常理解,这里的可以设定行政处罚的法律法规指的是单行实体规范。换句话说,《行政处罚法》作为行政处罚的总纲性的程序法,其主要的作用是就行政处罚的设定和实施做出总体性的制度规定,具体如何设定行政处罚(包括种类、幅度)交由单行实体法律法规。而这次修法,行政处罚法直接规定了"当事人有违法所得,除依法应当退赔的外,应当予以没收",而按照上述《中华人民共和国行政处罚法释义》的解释,"根据本条第2款的规定,当事人有违法所得,除依法应当退赔的外,应当予以没收",相当于《行政处罚法》直接设定了没收违法所得。有观点指出,"一方面,行政处罚法修改前已经制定的单行规范,凡是未设定没收违法所得的,均通过该条弥补了制度漏洞;另一方面,行政处罚法修改后单行规范也无须再设定没收违法所得,行政机关可以径行依据行政处罚法做出没收违法所得的行政处罚。"②

(三)新《行政处罚法》统一设定没收违法所得:
行政处罚的遗憾

有观点认为,新《行政处罚法》之后的任何法律、行政法规、地方性法规,

---

① 许安标主编《中华人民共和国行政处罚法释义》"中华人民共和国法律释义丛书",中国民主法制出版社,2021,第101页。

② 黄锴:《论没收违法所得设定权的分配与收回——基于行政处罚法相关条文的展开》,《法治现代化研究》2022年第1期。

均无权再设定没收违法所得的行政处罚。其认为,新《行政处罚法》统一设定没收违法所得行政处罚,实际上收回了《行政处罚法》第二章行政处罚的种类和设定中没收违法所得的设定权。

对此观点,笔者认为值得商榷。笔者以为,新《行政处罚法》统一设定了没收违法所得的行政处罚,并不意味着《行政处罚法》对没收违法所得设定权的收回,各单行法律法规依然有权设定,只是由于《行政处罚法》的统一设定,实际上架空了单行法律法规的设定权。从这个意义上说,新《行政处罚法》统一设定了没收违法所得的行政处罚,一劳永逸地解决了违法所得该没收而未没收的困境,既是新《行政处罚法》的功劳,也不无遗憾。

三、适用新《行政处罚法》没收违法所得应注意的情形

以往,在办理案件中,是否没收违法所得,执法者只需对照实体法的罚则即可。新《行政处罚法》实施后,如果原先实体法已经规定了没收违法所得的,只要继续执行即可。但是,对于实体法没有规定没收违法所得的,是否要没收违法所得,就不那么简单。不仅需要考虑事实与证据问题,更要判断违法行为是否会产生违法所得、是否存在违法所得、有多少违法所得、是否要没收违法所得,等等。这些既考验执法者对法律条文的熟悉程度,也考验执法者法学理论的积淀,更考验执法者的智慧与胆识。笔者以为,主要把握以下问题。

(一)是否产生违法所得?

1.何为违法所得

所谓违法所得,"是指行为人从事违反国家法律、法规规定的活动(即实施了国家法律、法规禁止的行为,或未履行法定义务)所获得的利益。""违法

所得是指违法行为人从事非法经营等获得的利益。"①这里的行为包括作为——实施了国家法律、法规禁止的行为,不作为——未履行法定义务。

2. 不是所有的违法行为都产生违法所得

例如,《出版物市场管理规定》第二十三条规定"从事出版物发行业务的单位、个人,应查验供货单位的出版物经营许可证并留存复印件或电子文件,并将出版物发行进销货清单等有关非财务票据至少保存两年,以备查验。"违反该规定的,由出版行政主管部门责令停止违法行为,予以警告,并处 3 万元以下罚款。保留进销货票据是很多市场管理方面的要求,未保留票据本身并不产生直接的利益,所以该违法行为不产生违法所得。

3. 什么样的违法行为会产生违法所得

关于违法行为与违法所得的关系,很多专家给出了深刻明晰的解读。"违法与所得之间应当具有因果关系。'实施违法行为所取得的款项'表明所得款项来自违法行为,因此违法行为与所取得的款项之间具有直接的、客观的、常识认可的因果关系。换言之,违法所得应当具有证据价值,对违法行为的发生以及违法行为的严重程度能起到证明的作用"②。"违法所得是违法行为所产生的收益,是违法行为的后果。"③

(二)哪些是违法所得?

这是违法所得如何计算的问题。关于违法所得的计算,新《行政处罚法》规定,"违法所得是指实施违法行为所取得的款项。法律、行政法规、部门规章对违法所得的计算另有规定的,从其规定。"关于"违法所得是指实施违法行为所取得的款项"如何理解,特别是何为取得的款项? 山东省司法厅《新修订行政处罚法贯彻实施工作指引》指出"新行政处罚法明确了违法所得是指实施违法行为所取得的款项,包含了成本。法律、法规、部门规章对违法所得的计算有规定的,按照相关规定计算,如没收业务收入、没收所收取的

---

① 王青斌:《行政法中的没收违法所得》,《法学评论》2019 年第 6 期。
② 黄海华:《新行政处罚法的若干制度发展》,《中国法律评论》2021 年第 3 期。
③ 王青斌:《行政法中的没收违法所得》,《法学评论》2019 年第 6 期。

检验费用、没收所收取的认证费用等。违法所得仅指因实施违法行为所取得的款项,仅指金钱不包括具体的有形物。另外,在具体计算违法所得时,违法行为已经发生,但尚未实际收到的款项,原则上也应计入违法所得。"

但笔者以为,对"在具体计算违法所得时,违法行为已经发生,但尚未实际收到的款项,原则上也应计入违法所得"也应实事求是认定。例如,某印刷厂与委印者商定,某批印刷品印刷费 2 千元。尚未结款之前,因涉案印刷品有问题,被查处。执法者认定印刷费 2 千元虽未结款也是违法所得,给予了没收。结案后,印刷厂与委印者结账,委印者就给了 1 千元。印刷厂实际所得款项就是 1 千元。这时,印刷厂被没收的 2 千元中有 1 千元是其合法财产。这与行政处罚法开宗明义的立法目的"维护公共利益和社会秩序,保护公民、法人或者其他组织的合法权益"并不相符。

另外,笔者以为,计算违法所得时,对于法律法规规章没有规定具体计算方式的,是否一定不扣除成本也应实事求是。新《行政处罚法》只是讲,违法所得是指实施违法行为所取得的款项,至于何为取得的款项,法律并没有具体解释。扣除成本(特别是必要的成本)未必不是所取得的款项。至于参与修法者、专家学者、官员等的论述、报告、文章等,毕竟不能作为法源直接适用。例如,旅行社"安排未取得导游证的人员提供导游服务或者安排不具备领队条件的人员提供领队服务的",依据《旅游法》要没收违法所得,并处罚款。这里的违法所得如何计算和没收?难道没收旅行社收取的全部费用吗?旅游活动涉及多个环节和服务主体,食、宿、交通、门票等等,旅行社收取的团费大多数要支付各环节服务主体的费用,旅行社自身真正"取得"的费用恰是少部分。因此,比较合理、实事求是的计算,应该是扣除旅行社上述支付的费用,不能扣除的是旅行社自身的运营费用(成本),例如房租费、人工费等。

其实,违法所得是指实施违法行为所取得的款项,也未必全面,省下的费用,或者说应付而未付(少付)也可能构成违法所得。例如,按照旅游法,旅行社应该选派有证导游提供导游服务,未履行该义务被法律所禁止,与该行为直接构成因果关系的获利也是该行为的违法所得。例如,选派有资质的导游,旅行社应该支付导游费 500 元,为了省钱,旅行社选派无资质导游,支付了300元。那么省下来的200元是此行为的直接获利,即违法所得。

(三)是否还需要没收违法所得?

实践中应该还有一种情况,法律在设定罚款的时候已经考虑了或者包含了违法所得,若此,还需要再没收违法所得吗?

行政处罚法规定,国务院部门规章可以设定警告和罚款的处罚,但罚款额度由国务院规定。1996年,国务院印发了《关于贯彻实施〈中华人民共和国行政处罚法〉的通知》,在罚款限额的规定中,明确"国务院各部门制定的规章""对经营活动中的违法行为,有违法所得的,设定罚款不得超过违法所得的3倍,但是最高不得超过30,000元"。由于规章不能设定没收违法所得,因此,规章在制定时,按照此规定设定的罚款,有的已经考虑到或者包含了违法所得的因素。此次,新《行政处罚法》对于没收违法所得的普遍授权,打破了过去由单行法律规范设定没收违法所得的局面,形成当下有的规章貌似没有设定没收违法所得,但实质已经考虑或者包含了没收违法所得。那么当下还需要再没收违法所得吗?笔者以为,面对这种情况,仍然要秉着过罚相当、实事求是的原则,如果有违法所得,可认定并没收,另在罚款时,不再考虑已经包含违法所得的因素。还以本文开头的案件为例:执法者可没收违法所得3万元,另对其出租出借许可证的行为本身再视情节给予一定的罚款。

四、举例分析新《行政处罚法》之后文化执法领域没收违法所得的情形

(一)《互联网上网服务营业场所管理条例》①

第三十一条、第三十二条,对于"接纳未成年人进入营业场所的"和"未

---

① 本篇文章中所涉及的《互联网上网服务营业场所管理条例》指2019年版。

按规定核对、登记上网消费者的有效身份证件或者记录有关上网信息的",都设定了警告、罚款,但都没有设定没收违法所得。在新《行政处罚法》之后,笔者以为对于"接纳未成年人进入营业场所的",应没收违法所得。理由是,当事人因接纳未成年人上网而直接获利,"违法行为与所取得的款项之间具有直接的、客观的、常识认可的因果关系",获利部分即为违法所得。而对于"未按规定核对、登记上网消费者的有效身份证件或者记录有关上网信息的",则无须没收违法所得。因为,验证或者未验证本身并不直接产生利益,当事人并不因此而直接获利或者失利。

(二)《营业性演出管理条例》①

第四十七条第(三)(四)项,对于"以假唱欺骗观众的、为演员假唱提供条件的",设定了罚款,没有设定没收违法所得。笔者以为,新《行政处罚法》之后,对此行为应没收违法所得。笔者以为,违法者都将会因上述两个行为而直接获利,获利与违法行为有直接的因果关系。但,这里的困难是,如果仅仅是某一两个节目假唱,能否认定整场演出的获利都是违法所得? 一两个节目假唱如何计算违法所得。或许是因为难以计算违法所得,条例以罚款的方式一概解决。

(三)《印刷业管理条例》②

第四十条第(一)项,对"接受他人委托印刷出版物,未依照本条例的规定验证印刷委托书、有关证明或者准印证,或者未将印刷委托书报出版行政部门备案的",设定了警告,没收违法所得、罚款的处罚。但笔者以为,未验证或者未备案虽然被认定为违法行为,但行为本身并不产生违法所得。一般来讲,违法所得是源于当事人实施了(作为或者不作为)一个违法行为,该行为或者提供了一个产品,或者提供了一个服务,当事人在提供产品或者服务中获得了利益,这个利益具有不当性,因此被认定为违法所得。未验证或者未

---

① 本篇文章中所涉及的《营业性演出管理条例》指 2020 年版。
② 本篇文章中所涉及的《印刷业管理条例》指 2020 年版。

备案本身并不提供产品或者服务,只是怠于履行法律所规定的义务,其从事印刷活动的所得与验证备案的行为并无直接、客观的因果联系,因此不宜认定为违法所得。其他法律法规也有类似情形,当以关注。

(四)《广播电视管理条例》[①]

条例第四十九条,对于"违反本条例规定,制作、播放、向境外提供含有本条例第三十二条规定禁止内容的节目的",设定了 1 万元以上 5 万元以下的罚款和吊证的处罚,未设定没收违法所得。笔者以为,本条违法行为可能产生直接的获利,应当认定为违法所得,予以没收。

(五)《中华人民共和国文物保护法》[②]

第六十六条第(六)项,对于"施工单位未取得文物保护工程资质证书,擅自从事文物修缮、迁移、重建",尚不构成犯罪的,造成严重后果的,设定了罚款的处罚。笔者以为,新《行政处罚法》之后,对此应该没收违法所得。理由是,当事人无资质修缮文物属于违法行为,该行为将因提供了劳动而获利,获利与无资质的行为具有直接的因果关系。而且,纵观其他法律、法规,对于无资质擅自从事经营活动者,绝大部分都设定了没收违法所得。

但这里有一个法律适用的问题。文物保护法和行政处罚法位阶相同,且二者一个是实体法,一个是程序法,不存在特别法和普通法之间的适用原则。应该如何适用呢?笔者以为,按照新《行政处罚法》本次设定没收违法所得普遍授权的立法目的,也按照"任何人不得因违法而获益的基本法理",应适用新《行政处罚法》。

(六)《旅行社条例》

第五十九条第(三)项,对于"欺骗、胁迫旅游者购物或者参加需要另行付费的游览项目的"设定了罚款、吊证的处罚。笔者以为,就常识而言,本项

---

① 本篇文章中所涉及的《广播电视管理条例》指 2020 年版。
② 本篇文章中所涉及的《中华人民共和国文物保护法》指 2017 年版。

违法行为都伴随着直接的获利,应认定为违法所得,尽管不容易查清事实。新《行政处罚法》之后,应该没收违法所得。但是,当初之所以未设定没收违法所得,或许就是考虑到了违法所得无法查清的因素,以罚款的方式一概解决。

参考文献

1. 许安标主编. 中华人民共和国行政处罚法释义[M]. 北京:中国民主法制出版社,2021.

2. 山东省司法厅. 新修订行政处罚法贯彻实施工作指引[EB/OL]. https://www.163.com/dy/article/GQ6QBBQ70524TEUR.html.

3. 黄锴. 论没收违法所得设定权的分配与收回——基于行政处罚法相关条文的展开[J]. 法治现代化研究,2022,6(1):72-85.

4. 黄海华. 新行政处罚法的若干制度发展[J]. 中国法律评论,2021(3):48-61.

5. 王青斌. 行政法中的没收违法所得[J]. 法学评论,2019,37(6):160-170.

2022 年 4 月 3 日　发表于网舆勘策院

案说对行政处罚自由裁量权制度
从轻、一般、从重处罚的理解

近日,国务院办公厅颁发《关于进一步规范行政裁量权基准制定和管理工作的意见》,对新形势下"为建立健全行政裁量权基准制度,规范行使行政裁量权,更好保护市场主体和人民群众合法权益,切实维护公平竞争市场秩序,稳定市场预期"提出了意见。2021年颁布的新《行政处罚法》①也明确指出"行政机关可以依法制定行政处罚裁量基准,规范行使行政处罚裁量权。"可见,无论是法律层面,还是国家政策层面,都对建立健全行政裁量权制度提出了要求。

《关于进一步规范行政裁量权基准制定和管理工作的意见》第(六)条指出,"推动行政处罚裁量适当。对同一种违法行为,法律、法规、规章规定可以选择处罚种类、幅度,或者法律、法规、规章对不予处罚、免予处罚、从轻处罚、减轻处罚、从重处罚的条件只有原则性规定的,要根据违法行为的事实、性质、情节以及社会危害程度细化量化行政处罚裁量权基准,防止过罚不相适应、重责轻罚、轻责重罚。行政处罚裁量权基准应当包括违法行为、法定依据、裁量阶次、适用条件和具体标准等内容。要严格依照《中华人民共和国行政处罚法》(以下简称《行政处罚法》)有关规定,明确不予处罚、免予处罚、从轻处罚、减轻处罚、从重处罚的裁量阶次,有处罚幅度的要明确情节轻微、情节较轻、情节较重、情节严重的具体情形。"

笔者理解,关于行政处罚自由裁量,上述文字讲了两个方面:一是"对同

---

① 本篇文章中所涉及的《行政处罚法》指2021年版。

一种违法行为,法律、法规、规章规定可以选择处罚种类、幅度"的裁量。例如网吧接纳未成年人依法应该处 15,000 元以下的罚款,那么不同程度(接纳不同数量的未成年人)的违法行为,就该对应不同的罚款额度,就需要裁量。二是"法律、法规、规章对不予处罚、免予处罚、从轻处罚、减轻处罚、从重处罚的条件只有原则性规定的"裁量。依笔者观察,有关部门、地区现行适用的自由裁量权制度关于上述两方面的规定,特别是对于"从轻处罚、减轻处罚、从重处罚"规定,在文本表述、具体适用等环节,还存在某些问题,造成执法人员的不同理解、适用困难,值得探讨。

一、问题的提出

经查,2022 年 1 月,甲网吧接纳了 1 名未成年人上网,事实清楚,证据确凿。执法者认为,当事人的行为违反了《互联网上网服务营业场所管理条例》①第二十一条"互联网上网服务营业场所经营单位不得接纳未成年人进入营业场所。"依据《条例》第三十一条"互联网上网服务营业场所经营单位违反本条例的规定,有下列行为之一的,由文化行政部门给予警告,可以并处15,000 元以下的罚款;情节严重的,责令停业整顿,直至吊销《网络文化经营许可证》:……(二)接纳未成年人进入营业场所的……,应给予当事人警告,并处 15,000 元以下的罚款"。

案子发生在 2022 年,在此之前的 2021 年 2 月 9 日,中华人民共和国文化和旅游部颁布了《文化市场综合执法行政处罚裁量权适用办法》②。该办法第十条规定,"法律、法规、规章设定的处罚种类和罚款数额,在相应的幅度范围内分为从轻处罚、一般处罚、从重处罚。……"该条第(一)项规定,"罚款为一定幅度的数额,应当在最高罚款数额与最低罚款数额之间合理划分三个区间,从轻处罚的数额应当介于最低区间范围,一般处罚应当介于中

---

① 本篇文章中所涉及的《互联网上网服务营业场所管理条例》指 2019 年版。
② 本篇文章中所涉及的《文化市场综合执法行政处罚裁量权适用办法》指 2021 年版。

间区间范围,从重处罚应当介于最高区间范围"。第十五条规定,"违法行为不具有从轻或者减轻、从重情形的,应当给予一般处罚。"

基于此,执法者将 15,000 元罚款额度按照从轻、一般、从重分为三个区间,每个区间 5000 元。鉴于当事人无不予处罚、从轻处罚、从重处罚情形,依据办法第十五条,执法者最后决定,给予当事人警告、罚款 7500 元。

案例阅罢,笔者心生不解。首要的问题就是,接纳 1 名未成年人应该罚多少钱? 在这个问题尚未解决的前提下,何以在不具备从轻处罚、从重处罚的前提下,就处罚到 7500 元,这是否加重了当事人的负担,违反了《行政处罚法》过罚相当的基本原则。试问,如果接纳 10 名未成年人呢? 按照中华人民共和国文化部(今中华人民共和国文化和旅游部)早年的规定,接纳 3 名未成年人可以吊销许可证,如果处以罚款的话,至少也要顶格处罚 15,000 元,那么,假如也不具备从轻处罚、从重处罚的条件,按照上述裁量逻辑,则也应该罚款 7500 元。如果当事人有从轻处罚情形的,是否还可以再少罚呢? 这是否意味着对违法行为的放纵,同时也违反了《行政处罚法》过罚相当的基本原则呢?

到底是哪里出了问题?

二、行政处罚自由裁量权的"初心和使命"

(一)行政处罚自由裁量权以及功能作用

行政处罚自由裁量权是指国家行政机关在法律、法规规定的原则和范围内有选择余地的处置权利。它是行政机关及其工作人员在行政执法活动中客观存在的,由法律、法规授予的职权。孟德斯鸠在《论法的精神》中指出,"每个被授予权力的人都易于滥用权力,并且易于将他的权力用到极限。"在我国,由于法律"工具论"的思想长期占据统治地位,行政法体系本身不够健全,加上重实体、轻程序的法制传统,曾几何时,滥用自由裁量权的问题非常突出,行政处罚显失公平,厚此薄彼、前后不一、畸轻畸重、同案异罚、推诿拖延履行法定职责、消极不作为,甚至以权谋私、滥用职权等等。为解决上述问题,行政处罚自由裁量权制度应运而生。

"行政裁量权基准是行政机关结合本地区本部门行政管理实际,按照裁量涉及的不同事实和情节,对法律、法规、规章中的原则性规定或者具有一定弹性的执法权限、裁量幅度等内容进行细化、量化,以特定形式向社会公布并施行的具体执法尺度和标准。"(《国务院办公厅关于进一步规范行政裁量权基准制定和管理工作的意见》)行政处罚自由裁量权制度的建立,对于解决行政执法过程中出现的上述问题,发挥了重要作用。"一是提升行政执法的公正性。裁量虽是在追求个案正义,但如遇相同或相似个案,做出差异性过大的裁量决定,不仅违反法律平等原则,亦与个案正义所追求的目标不相符合。通过制定裁量基准,即可以防止行政裁量中可能出现的"同案异罚",有效地实现行政机关的自我约束。裁量基准的这种内在功能,也构成了其正当性存在的主要现实基础。二是提高行政执法行为的可预测性。行政相对人可以通过裁量基准了解到具体的行政执法标准,从而在一定程度上预测有关行政主体会如何处理与自己有关的行政案件。这有利于行政相对人事先(在有关行政主体做出行政处罚之前)为避免不利而修正自己的行为,也有利于其在行政主体做出行政处理时主张权利和行使抗辩权。三是提高行政效率。行政执法人员面对大致相同的行政违法事实,可以按照裁量基准立即给予恰当的行政处理,取消或者简化了逐级汇报、集体讨论等复杂的办案程序,避免行政执法人员将大量办案精力放在较为简单并且重复性的案件上,从而大幅提高行政执法效率。四是强化对行政执法权的内部监督机制。对行政合法性的监督是行政法治原则的首要要求,而对行政合理性进行监督,则是行政法治原则的深层次要求。通过裁量标准的细化和公开化,使上级行政机关有明确的依据对行政裁量权进行监督,增强了行政执法监督的针对性和可操作性。"[1]

---

[1] 刘平:《行政执法原理与技巧(修订版)》,上海人民出版社,2015。

（二）行政处罚自由裁量权制度最主要的内容是确定裁量阶次，编制裁量基准

笔者以为，尽管如本文开始部分指出，行政处罚自由裁量主要有两个部分，但最主要的还是"对同一种违法行为，法律、法规、规章规定可以选择处罚种类、幅度"的裁量，而其中对罚款的裁量又是最主要的。

《行政处罚法》规定了行政处罚的警告、没收、罚款等多个种类，但，由于警告、没收等处罚种类属于规定性动作，只要法律做出规定，执法者原则上只能依法做出行政行为，基本无须裁量。停业整顿、吊证等处罚种类的适用一般需要满足"情节严重"等特殊条件。因此，规范行政处罚裁量权最主要的还是针对罚款的裁量。之所以这样讲，是因为罚款是行政处罚最基本的、最常用的处罚种类，裁量的幅度相对较宽，最容易被滥用。所以，几乎所有的自由裁量权制度都把罚款的裁量作为裁量权制度的重点。

关于如何裁量罚款，主要有两种模式，即权重累加模式和幅度罚款模式。而最常见的是幅度罚款模式。也就是大多数裁量基准采用的"三段式模式"（也有五段式模式），即把规定的罚款幅度划分为三个几乎均等、依次递进的阶次，每一个阶次对应着一类违法情形（行为、情节、程度）。这些阶次，有表述为：轻处罚、中处罚、重处罚，也有表述为：较轻处罚、一般处罚、较重处罚，等等。幅度罚款模式的"三段式模式"之所以被广泛采用，主要是其既能达到限制权力滥用的目的，又兼顾执法者个案裁量自主权，同时无论是制定还是执行，相对来讲简便高效。

例如，某地文化综合执法部门制定的关于旅游案件的自由裁量权基准。（见下表）该基准以违法次数、违法费用（笔者以为该费用可以理解为经营额）、后果影响等为裁量指标，划分较轻、一般、较重三个阶次，并划定相应的处罚种类和数额。

表 1　关于旅游案件的自由裁量权基准

旅行社未按照规定为出境或者入境团队旅游安排领队或者导游全程陪同的;安排未取得导游证的人员提供导游服务或者安排不具备领队条件的人员提供领队服务的;未向临时聘用的导游支付导游服务	《旅游法》第九十六条:旅行社违反本法规定,有下列行为之一的,由旅游主管部门责令改正,没收违法所得,并处五千元以上五万元以下罚款;情节严重,责令停业整顿或者吊销旅行社业务经营许可证;对直接负责的主管人员和其他直接责任人员,处二千元以上二万元以下罚款:(一)未按照规定为出境或者入境团队旅游安排领队或者导游全程陪同的;(二)安排未取得导游证的人员提供导游服务或者安排不具备领队条件的人员提供领队服务的;(三)未向临时聘用的导游支付导游服务费用的;(四)要求导游垫付或者向导游收取费用的。	较轻	初次违法。	责令改正,没收违法所得,并处五千元以上二万元以下罚款。对直接负责的主管人员和其他直接责任人员处二千元以上五千元以下罚款。
		一般	初次违法,费用在五千元以下。	责令改正,没收违法所得,并处二万元以上三万五千元以下团款,对直接负责的主管人员和其他直接责任人员处五千元以上一万元以下罚款。
		较重	有下列情形之一:1. 两年内再次违法;2. 造成旅游安全事故;3. 造成较大社会影响;4. 费用在五千元以上二万元以下。	责令改正,没收违法所得,并处三万五千元以上五万元以下罚款。对直接负责的主管人员和其他直接责任人员处一万元以上一万五千元以下罚款。

再如,某地文化综合执法部门制定的关于出版案件的自由裁量权基准。(见下表)该基准以违法经营额一万元为界,分为两种情况,即违法经营额一万元以下和一万元以上,分别制定了裁量基准,各划分三个阶次,并划定了相应的处罚数额。

表 2　关于出版案件的自由裁量基准

法定依据		违法行为情节、程度	裁量基准
出版管理条例第六十三条	有下列行为之一的,由出版行政主管部门责令停止违法行为,没收出版物、违法所得,违法经营额 1 万元以上的,并处违法经营额 5 倍以上 10 倍以下的罚款;违法经营额不足 1 万元的,可以处 5 万元以下的罚款;情节严重的,责令限期停业整顿或者由原发证机关吊销许可证 (一)进口、印刷或者复制、发行国务院出版行政主管部门禁止进口的出版物的; (二)印刷或者复制走私的境外出版物的 (三)发行进口出版物未从本条例规定的出版物进口经营单位进货的。	违法经营额 3 千元以下	没收出版物、违法所得,可处罚款 1 万元以下
		违法经营额 3 千元~7 千元	没收出版物、违法所得,可处罚款 1 万元~3 万元
		违法经营额 7 千元~1 万元	没收出版物、违法所得,可处罚款 3 万元~5 万元
		违法经营额 1 万元~3 万元	没收出版物、违法所得,并处罚款违法经营额 5 倍~6 倍
		违法经营额 3 万元~5 万元	没收出版物、违法所得,并处罚款违法经营额 6 倍~8 倍
		违法经营额 5 万元以上	没收出版物、违法所得,并处罚款违法经营额 8 倍~10 倍,责令限期停业整顿,直至吊销许可证

　　上述按照罚款裁量"三段式模式"制定和适用裁量基准,其遵循的核心原则就是过罚相当。就是"对行政裁量权进行科学的、合理的细化和量化。"①再直白一些讲,就是犯了什么错,就承担什么责任;犯了多大的错,就承担多大的责任。裁量权基准就是把违法行为的情形细化、量化,把对应的处罚也细化和量化。例如,网吧违法接纳了 1 个孩子上网,就该承担 5 千元以内的罚款。从事违法出版活动,违法经营额达到什么程度,就承担相应的罚款额度。

---

① 　许安标主编《中华人民共和国行政处罚法释义》,"中华人民共和国法律释义丛书",中国民主法制出版社,2021。

三、如何理解《文化市场综合执法行政处罚裁量权适用办法》的从轻、一般和从重处罚

笔者以为,本文开头讨论的网吧案例之所以出现问题,最核心的是不清楚、不了解或者是混淆了自由裁量的两个部分,把裁量权制度文本中对从轻、一般、从重处罚的裁量,误以为是对法律、法规、规章规定的可以选择处罚种类、幅度的裁量。

(一)《文化市场综合执法行政处罚裁量权适用办法》第九条提出了"对同一种违法行为,法律、法规、规章规定可以选择处罚种类、幅度"的裁量原则

第九条　制定行政处罚裁量基准,应当参考既往行政处罚案例,对具备裁量基准条件的行政处罚事项的下列内容进行细化和量化:

(一)法律、法规、规章规定可以选择是否给予行政处罚的,应当明确是否处罚的具体适用情形;

(二)法律、法规、规章规定可以选择行政处罚种类的,应当明确适用不同处罚种类的具体适用情形;

(三)法律、法规、规章规定可以选择处罚幅度的,应当明确划分易于操作的裁量阶次,并对每一阶次行政处罚的具体适用情形及幅度等做出规定;

(四)法律、法规、规章规定可以单处或者并处行政处罚的,应当明确规定单处或者并处行政处罚的具体适用情形。

在这里,作为文旅部颁发的《办法》,对于"可以选择处罚幅度的"明确的、原则性地规定了"应当明确划分易于操作的裁量阶次,并对每一阶次行政处罚的具体适用情形及幅度等做出规定",但,鉴于各地经济水平、市场情况等实际情况各有不同,《办法》没有具体划分几个阶次(三阶次、五阶次),此权利交由地方有关部门决定。这也是目前通常的做法。

(二)《文化市场综合执法行政处罚裁量权适用办法》(下文
　　简称《办法》) 第十条提出的是对"法律、法规、规章对
　　不予处罚、免予处罚、从轻处罚、减轻处罚、从重处罚的
　　条件只有原则性规定的"裁量

第十条　法律、法规、规章设定的处罚种类和罚款数额,在相应的幅度范围内分为从轻处罚、一般处罚、从重处罚。

除法律、法规、规章另有规定外,罚款处罚的数额按照以下标准确定:

(一)罚款为一定幅度的数额,应当在最高罚款数额与最低罚款数额之间合理划分三个区间,从轻处罚的数额应当介于最低区间范围,一般处罚应当介于中间区间范围,从重处罚应当介于最高区间范围;

(二)罚款为一定金额的倍数,应当在最高罚款倍数与最低罚款倍数之间合理划分三个区间,从轻处罚的倍数应当介于最低区间范围,一般处罚应当介于中间区间范围,从重处罚应当介于最高区间范围。

关于上述第十条,笔者以为,其一,是对《行政处罚法》从轻处罚的补充完善。"从轻处罚,是指行政机关在法定的处罚种类和处罚幅度内,对行政违法行为人在几种可能的处罚种类内选择较轻的种类或者在一种处罚种类的幅度内选择较低的数额进行处罚。"[①]。换句话说,关于从轻处罚,《行政处罚法》只是提出了哪些情形下可以从轻处罚,但是如何才能体现从轻处罚,罚多少钱才是从轻处罚,并没有规定,需要通过裁量基准的方式予以确定。其二,补充了从重处罚和一般处罚,并划定了裁量区间。

还以网吧接纳未成年人为例。按照文旅部早年规定网吧一次性接纳三名未成年人进入营业场所的,处 15,000 元罚款。在没有制定裁量权办法之前,从轻处罚也罢、从重处罚也罢,可以任由执法者裁量。比如,从轻处罚 500 元也行,5000 元也行,8000 元也行。有了裁量权办法,不能随意了。办法要求划定区间,比如划定了从轻处罚的区间就是 0～5 千元。那么,500 元、

---

① 许安标主编《中华人民共和国行政处罚法释义》,"中华人民共和国法律释义丛书",中国民主法制出版社,2021。

5000 元符合要求,8000 元就不符合要求了。

通常的(例如市场监管部门行政处罚裁量权制度),从轻、一般、从重的裁量区间为,从轻处罚区间"罚款的数额应当在从最低限到最高限这一幅度中较低的 30% 部分",从重处罚区间"罚款的数额应当在从最低限到最高限这一幅度中较高的 30% 部分",中间的 40% 为一般处罚区间。[①]

(三)如何理解和适用《办法》从轻、一般、从重处罚规定呢?

还以本案网吧接纳未成年人案子为例。

第一步,按照裁量阶次,裁量接纳 1 名未成年人应该给予多少数额的罚款。例如,按照地方文化执法自由裁量权基准,接纳 1 名未成年人的情形应归为第一阶次,处警告、0~5000 元罚款。

第二步,按照裁量区间,裁量是否从轻、一般、从重处罚。当事人无《办法》第十二条、十三条、十四条的不予处罚、从轻处罚、从重处罚情形,依据《办法》第十五条规定"违法行为不具有从轻或者减轻、从重情形的,应当给予一般处罚。"假如当地裁量基准关于从轻、一般、从重裁量区间也分别是罚款额度的 1%~30%、30%~70%、70%~100%,则可给予当事人警告,罚款区间 5000×30%~5000×70%,即 1500~3500 元均可。

四、关于健全行政处罚裁量权制度的抛砖引玉

关于裁量权制度,之所以在具体适用时会产生理解上的歧义,除了执法者对于裁量权制度不熟悉、不了解,制度文本自身也语焉不详。一是没有就如何制定"对同一种违法行为,法律、法规、规章规定可以选择处罚种类、幅度"的裁量阶次做明确的规定。裁量阶次是裁量基准的核心内容。遗憾的是,在笔者查阅、学习过的众多裁量制度中,鲜有对裁量阶次做出明确规定

[①] 《市场监管总局关于规范市场监督管理行政处罚裁量权的指导意见》

的。二是相比裁量阶次的惜墨如金,反而对于从轻、从重、一般处罚的裁量笔墨丰厚。同时,一些诸如"法律、法规、规章设定的处罚种类和罚款数额,在相应的幅度范围内分为从轻处罚、一般处罚、从重处罚",反而会让执法人员误以为是裁量阶次。本文开头讨论的网吧接纳未成年人的案子即为一例。

笔者作为长期从事文化执法法核工作人员,也曾经参与制定裁量权制度和相关基准,关于制定"对同一种违法行为,法律、法规、规章规定可以选择处罚种类、幅度"的裁量阶次,也做过一些思考,提出过不一定成熟的方案,择一二摘录如下,权作抛砖引玉。

第 A 条 根据违法行为的事实、性质、情节及社会危害程度和主观过错等因素,在法律、法规、规章规定的处罚种类和幅度范围内,违法行为可分为三个阶次:

(一)较轻违法行为;

(二)一般违法行为;

(三)较重违法行为。

第 B 条 对第 A 条三个阶次的违法行为,分别适用以下三种处罚种类:

(一)较轻违法行为适用的处罚种类:

1. 法律有警告处罚的,从其规定;

2. 法律有没收非法所得和非法财物规定的,从其规定;

3. 法律有罚款规定的,适用较小数额的罚款。

(二)一般违法行为适用的处罚种类:

1. 法律有没收非法所得和非法财物规定的,从其规定;

2. 法律有罚款规定的,适用一般数额罚款;

3. 法律有其他规定的,从其规定或在处罚种类和幅度内进行裁量。

(三)较重违法行为适用的处罚种类:

1. 法律有没收违法所得和非法财物的,从其规定;

2. 责令限期停业整顿和吊销许可证。法律有罚款规定的,一般适用较重数额的罚款。

第 C 条 第 B 条所称较小数额的罚款、一般数额的罚款和较重数额的罚款,是指在法律规定的罚款数额幅度内,按比例划分的罚款阶次。

第 D 条　法律法规只规定了一种罚款数额的,其罚款阶次、裁量幅度如下:

(一)较小数额的罚款。先设定违法行为的情形(情节、程度、结果),再设定对应的罚款额度。额度应在法定幅度的下限以上、不超过总幅度值 33%的范围内裁量;

(二)一般数额的罚款。先设定违法行为的情形(情节、程度、结果),再设定对应的罚款额度。额度应当在法定总幅度值 33%至 66%的范围内裁量;

(三)较重数额的罚款。先设定违法行为的情形(情节、程度、结果),再设定对应的罚款额度。额度应当在法定总幅度值 66%至法定幅度的上限范围内裁量。

第 E 条　法律法规规定以一定的违法经营额(违法所得金额)为基准,分成两种罚款额度的(例如,违法经营额 1 万以下的,处 5 万元以下罚款,违法经营额 1 万元以上的,处 5 到 10 倍罚款),分两部分进行裁量:

第一部分,基准 1 万元以下的,按第 D 条划分为三个阶次。

第二部分,基准 1 万元以上的,按下列划分为三个阶次:

(一)较小数额的罚款。先设定违法行为的情形(情节、程度、结果,例如违法经营额 1 万~5 万元),再设定对应的罚款额度。额度下限为违法经营额(违法所得金额)基准的最低倍数,即 5 倍,上限为违法经营额最低倍数加上违法经营额(违法所得金额)基准罚款最高倍数与最低倍数差的 33%,即 $5+(10-5)×33\%=6.65$ 倍。

(二)一般数额的罚款。先设定违法行为的情形(情节、程度、结果,例如违法经营额 5 万~10 万元),下限为违法经营额最低倍数加上违法经营额(违法所得金额)基准罚款最高倍数与最低倍数差的 33%(6.65 倍),上限为违法经营额最低倍数加上违法经营额(违法所得金额)基准罚款最高倍数与最低倍数差的 66%,即 $5+(10-5)×66\%=8.3$ 倍。

(三)较重数额的罚款。先设定违法行为的情形(情节、程度、结果,例如违法经营额 10 万以上),下限为违法经营额最低倍数加上违法经营额(违法所得金额)基准罚款最高倍数的 66%(8.3 倍),上限为罚款总幅度的上限(10 倍)。

实事求是地讲,上述文本也并不完善,只是作为制定裁量基准的一种参考方案。以笔者之见,制定裁量基准最难的地方在于设定违法情形,也就是细化、量化实际生活中的"违法行为的事实、性质、情节以及社会危害程度"。众所周知,现实生活千变万化,成文法律不可避免地存在概念不周延、范畴不穷尽的情况,那么,受制定者、地方案件办理水平等因素的局限,以往由各地制定的裁量制度和裁量基准就更加难以周延和穷尽,需要更高层级例如国家有关部门,站在全国的高度,总览全国的案例,总结全国的经验,制定裁量基准。此次国务院办公厅《关于进一步规范行政裁量权基准制定和管理工作的意见》关于行政裁量权基准制定职责权限,指出"国务院有关部门可以依照法律、行政法规等制定本部门本系统的行政裁量权基准",为建立健全裁量基准提供了更好的制度设计。

参考文献

1. 国务院办公厅. 关于进一步规范行政裁量权基准制定和管理工作的意见:国办发〔2022〕27 号[A/OL]. https://www.gov.cn/zhengce/content/2022-08/17/content_5705729.htm.

2. 刘平. 行政执法原理与技巧[M]. 上海:上海人民出版社,2012.

3. 许安标主编. 中华人民共和国行政处罚法释义[M]. 北京:中国民主法制出版社,2021.

4. 文化和旅游部. 文化市场综合执法行政处罚裁量权适用办法:文旅综执发〔2021〕11 号[A/OL]. https://zwgk.mct.gov.cn/zfxxgkml/whsczhzf/202105/t20210506_924248.html.

5. 市场监管总局. 关于规范市场监督管理行政处罚裁量权的指导意见国市监法规〔2022〕2 号[A/OL]. https://www.gov.cn/gongbao/content/2022/content_5734816.htm.

2022 年 8 月 22 日　发表于网舆勘策院

案说涉诉案件诉权的"利害关系"

——以出版行政处罚案件为例

摘　要

出版行政处罚涉诉案件常见的有两种情形。一是被处罚者不服行政处罚而提起诉讼。二是举报、投诉者认为行政机关怠于履行职责而提起的诉讼。按照《行政诉讼法》①起诉者须符合"与行政行为有利害关系",第一种情形的起诉者符合"与行政行为有利害关系",第二种情形中的举报者之诉,起诉者多不符合"与行政行为有利害关系"而不具备诉权。第二种情形中的权利人之诉,起诉者是否符合"与行政行为有利害关系",是否适格原告,要具体问题具体分析,不可一概而论。

一、问题的提出

案例一:程某某向工商局举报甲公司编发非法出版物,且虚假宣传,并提供了其在甲公司拿到的涉案出版物。工商局确认基本事实后,认为不存在虚假宣传,非法出版物归新闻出版局管理,遂将案件移送新闻出版局。新闻出版局认为移送错误,又移送回工商局,但工商局否认收到回函。至程某某起

---

① 本篇文章中所涉及的《行政诉讼法》指 2017 年版。

诉时,案件未得到查处。程某某认为,二行政机关不作为,遂诉至法院。

程某某是否具有诉权? 新闻出版局认为,程某某不具有本案行政诉讼的主体资格。本案涉及非法出版物管理的职责,程某某与我局是否履行职责没有法律上的利害关系,我局的行为并未侵犯程某某具体的人身权和财产权。

对此,法院认为,本案源起于程某某的举报,作为被举报标的物《春晖》等刊物的实际持有人,程某某与新闻出版行政主管部门是否依法履行对涉嫌非法出版物的查处职责之间存在一定利害关系和诉的利益,本院依法认可其在本案中的原告诉讼主体资格。

案例二:赵某某具有中等职业学校教师资格。2018 年,其向省新闻出版局举报,有几所大学的内部刊物既无国内统一刊号,又无内部报刊准印证,属于非法出版物。有人在这些非法出版物上发表文章并在教师职称评审中作为申报条件提交并通过,客观上营造了非法出版物的市场空间,破坏了国家出版管理秩序,扰乱了社会公共秩序,请求对非法出版物予以清查。新闻出版局收到申请后,分别向有关单位调查情况。相关单位均否认出版过相关刊物。省新闻出版局向赵某某复函,告知了有关情况。赵某某不服,遂提起行政诉讼。

关于诉权,赵某某称:其提出的履行法定职责申请事项与新闻出版局具有直接的法律上的利害关系,新闻出版局不查处非法出版物,将导致以非法出版物评上职称的人挤占职称配额,就会降低自己评上职称的概率,所以其有权提起诉讼。

一审法院认为,赵某某向新闻出版局要求对非法出版物进行查处的行为属于举报,而不是为维护自身合法权益向行政机关进行投诉的行为。新闻出版局如何查处非法出版物及如何向赵某某答复,均不会对赵某某的行政实体法律规范体系所要求保护的合法权益产生影响。因此,赵某某与新闻出版局的查处及答复行为之间不具有符合《中华人民共和国行政诉讼法》所规定的利害关系,不具有本案的原告主体资格。二审法院维持了一审判决。

上述两起案例,都是举报者之诉。案例一的举报者认为行政机关推诿扯皮。案例二的举报者不认可行政机关的处理方式和结果。但关于举报者是否有诉权的问题,法官意见不尽相同。孰对孰错呢?

二、诉权中的利害关系的法律依据和法官解读

(一)诉权的法律依据

《中华人民共和国行政诉讼法》第二十五条规定,行政行为的相对人以及其他与行政行为有利害关系的公民、法人或者其他组织,有权提起诉讼。该法第四十九条第(一)项规定,提起诉讼的原告应当是符合本法第二十五条规定的公民、法人或者其他组织。

《最高人民法院关于适用〈中华人民共和国行政诉讼法〉的解释》第十二条第(五)项规定,为维护自身合法权益向行政机关投诉,具有处理投诉职责的行政机关作出或者未作出处理的,属于行政诉讼法第二十五条第一款规定的"与行政行为有利害关系"。

(二)法官的解读

在上述案例二中,关于诉权和如何理解"与行政行为有利害关系",法官解读道,"行政诉讼本质上是受害人之诉,只有主张维护自身合法权益的人才可能成为行政诉讼的原告。上述条文(笔者注:《行政诉讼法》第二十五条)所规定的利害关系,应当是指当事人的权利受到行政行为的直接影响,存在受到损害的可能性,而与该行政行为形成的法律上的利害关系,不能扩大理解为所有直接或者间接受行政行为影响的当事人均具有原告主体资格,即只有公法领域的权利和利益受到行政行为影响,存在受到损害可能性的当事人,才与行政行为形成行政法上的权利义务关系,才具有原告主体资格。""原告主体资格应当以行政机关作出行政行为时依据的行政实体法律规范体系所要求保护的权益是否受到损害,作为与当事人是否存在利害关系的判断标准。""赵某某的教师职称评定问题由多方面因素决定,但与新闻出版局

对非法出版物的查处行为之间并无直接关联。""赵某某向新闻出版局提出《申请》,要求新闻出版局进行查处的行为属于举报,而不是为维护自身合法权益向行政机关进行投诉的行为,新闻出版局对于赵某某在《申请》中提及的非法出版物如何进行查处及如何向赵某某进行答复,均不会对赵某某的行政实体法律规范体系所要求保护的合法权益产生影响。因此,赵某某与新闻出版局的查处及答复行为之间不具有符合《中华人民共和国行政诉讼法》所规定的利害关系,不具有本案的原告主体资格。

笔者以为,法官的意见可以总结为三条。一是"行政诉讼本质上是受害人之诉,只有主张维护自身合法权益的人才可能成为行政诉讼的原告。"二是"原告主体资格应当以行政机关作出行政行为时依据的行政实体法律规范体系所要求保护的权益是否受到损害,作为与当事人是否存在利害关系的判断标准。"三是赵某某"要求新闻出版局进行查处的行为属于举报。"其利益是否受到损害,与公权力是否行使、如何行使没有直接的因果关系。

笔者支持法官的上述意见。

三、关于诉权利害关系的情形

囿于笔者之见,出版行政处罚涉诉案件常见的有两种情形。第一种是被处罚者不服行政处罚而提起诉讼。第二种是第三人认为行政机关怠于履行职责而提起的诉讼(这部分又分"举报者举报他人违法"和"权利人投诉他人侵权"两类)。第一种情形符合"与行政行为有利害关系",是主要的类型,涉及的案例也比较多。关于诉权问题没有太大争议。第二种情形中的"举报者举报他人违法",这类诉讼的争议主要集中在行政机关的处理未达到其举报的目的上。例如本文第一部分的案例一、案例二。在诉权问题上,这部分的原告大部分不符合"与行政行为有利害关系",往往被判败诉。第二种情形中的"权利人投诉他人侵权",这类诉讼的争议主要集中在权利人认为行政机关怠于履行职责,对被投诉者或没处理,或处理轻了,或没达到其目的,等等。这部分提起诉讼者是否符合"与行政行为有利害关系"人,是否符合适格的原告,要具体问题具体分析,不可一概而论。

(一)"举报者举报他人违法"的情形——不具备诉权

1. 庞某某与 B 文化市场行政执法总队案——庞某某不认可行政机关对非法出版物价格的认定

2015 年 11 月,庞某某向 B 市文化执法总队举报 A 公司向其销售的教材为非法出版物,要求对 A 公司予以处罚。经查,举报人反映情况属实,文化执法总队对 A 公司作出处罚。庞某某对处罚决定不服,认为执法者对于 A 公司所售非法出版物的单价认定太少,直接影响庞某某与他人特许经营合同纠纷中关于非法出版物销售价格的确定,侵犯了庞某某的合法权益,遂提起诉讼。

一审法院认为,"庞某某的诉讼请求没有事实根据和法律依据,不予支持。"二审法院认为,"庞某某与他人特许经营合同纠纷中关于非法出版物销售的价格,应依据相关证据认定。文化执法总队对 A 公司作出的行政处罚,未对庞某某维护其合法权益产生影响,故庞某某的上诉意见无事实及法律依据,本院不予支持。"

2. 黄某某与 N 市文化广播电视新闻出版局案——黄某某不认可行政机关的处理方式

黄某某购买 B 公司的无线机顶盒,并办理了入网手续。2013 年,黄某某向 N 市文化广播电视新闻出版局举报 B 公司擅自从事许可经营项目,要求责令 B 公司召回已销售的产品,保障包括黄某某在内的人身安全。接举报后,文化广播电视新闻出版局向有关单位下发《关于占用广播电视频率开展地面数字电视业务有关问题的通知》,责其限期整改,按规定申报。之后,有关单位完成整改。黄某某认为,文化广播电视新闻出版局应在收到举报后对被举报人依法进行查处,而被告没有依法行政,构成行政不作为,提起诉讼。

法院认为:黄某某"对被告对第三人进行的行政处罚方式存有异议。但是被告如何作出具体行政行为,其行政行为的相对人并不涉及原告,不对原告的权利义务产生法律上的影响,因而原告不是被告查处第三人违法行为的利害关系人,不具备对被告文化广电新闻出版局是否履行职责及如何履行职责提出异议的主体资格。"

(二)"权利人投诉他人侵权"情形——构成法律上的利害关系具有诉权

1. M出版社与S文体局文化行政管理案——M出版社质疑执法者以罚代刑

2015年8月25日,S文体局接到举报,举报H学校使用的教材涉嫌盗版出版物,侵犯了M出版社著作权。经查,举报属实,涉案教材数量达2746册,违法经营额48,332元。S文体局作出处罚:没收侵权复制品2746册,罚款8000元。M出版社不满S文体局的处罚,提起诉讼。

M出版社认为:①H学校以盈利为目的,未经许可,复制发行其图书,涉嫌侵犯著作权罪,S文体局未将其移送公安机关,属于以罚代刑。②即便H学校涉嫌犯罪存疑,但涉案金额高达48,332元,S文体局仅罚款8000元,与法律规定幅度严重不成比例,处罚畸轻。

最终,一审、二审法院都维持了行政机关的处罚。

关于诉权问题,案件审理过程中没有争议。但在案外也有两种看法。

一是认为M出版社没有诉权。理由:行政管理部门行使公权力打击侵犯著作权的行为,一方面是维护权利人的利益,另一方面是维护公共利益,而且主要是维护公共利益。如果行政机关不履职,作为权利被加害的一方,"要求行政机关依法追究加害人法律责任的"①而提起诉讼是可以的。但,行政机关已经责令停止侵权,没收了违法所得和侵权复制品,进行了罚款处罚,已经履职,侵权行为已经得到终止。权利人的利益已经得到维护。至于是否移送公安机关、罚款的多与少,完全是行政机关维护公共利益范畴的事情,已经与权利人没有法律上的利害关系。因此,M出版社无权再就加重处罚或者

---

① 《最高人民法院关于适用〈中华人民共和国行政诉讼法〉的解释》第十二条第(三)项。

移送一事提起诉讼。

二是认为 M 出版社有诉权。理由：根据《刑法》和《著作权法》，侵犯著作权罪保护的客体是国家的著作权管理制度以及他人的著作权和与著作权有关的权益。这就建立起法律与著作权人之间的法律关系。侵权数量的大小，直接影响着权利人利益损失的多寡。因此，根据侵权程度给予行政处罚或是刑事处罚，让侵权者得到应有的处罚，杜绝或者减少侵权行为，既是对公共秩序的维护，也是对权利人利益的维护。如果侵权者触犯了刑律，执法者怠于履行职责，其行为与权利人之间就构成法律上的利害关系。因此，M 出版社有诉权。

笔者支持第二种意见。本案的行政机关未质疑、法官也未拒绝诉权问题，或许也是认可第二种意见。

2. 徐某与 S 新闻出版局案——投诉者质疑行政机关不作为

徐某认为，Q 报《银行"斩客"》的文章与事实不符，影响其声誉，向 S 新闻出版局投诉，要求依法对 Q 报进行处理。新闻出版局接投诉后即要求 Q 报予以调查并对徐某作出回复。Q 报认为稿件符合新闻规范。徐某不满，与报社对簿公堂。徐某败诉。后，徐某又要求新闻出版局对 Q 报进行处理。市新闻出版局答复，对已经通过诉讼等法定途径解决的案件不予受理。徐某不服，提起诉讼。最终，经过两次审判，法院支持了行政机关。

关于诉权，法院支持了徐某。法院认为：徐某作为申请行政机关履行法定职责的申请人，认为行政机关逾期不履行或者不答复的，依法可以向人民法院提起诉讼。笔者理解，徐某作为新闻报道的受影响者，其向行政机关请求对报社进行处理，属于"权利人投诉他人侵权"的投诉行为，徐某与行政机关是否作为、如何作为构成法律上的利害关系。

参考文献

1. 湖北省武汉市江岸区人民法院行政判决书，(2015)鄂江岸行初字第 00035 号。

2. 江苏省高级人民法院行政裁定书，(2019)苏行终 216 号。

3. 北京市第二中级人民法院行政判决书,(2018)京02行终684号。

4. 河南省南阳市中级人民法院行政判决书,(2014)南行终字第00132号。

5. 河北省石家庄市中级人民法院行政判决书,(2017)冀01行终601号。

6. 上海市第三中级人民法院行政判决书,(2015)沪三中行终字第134号。

7. 章剑生.行政诉讼原告资格中"利害关系"的判断结构[J].中国法学,2019(4):244-264.

8. 代温世.如何理解"法律上利害关系"[N].人民法院报,2014-04-22(006).

2021年3月3日　发表于网舆勘策院

擅自从事网络出版服务或者擅自上网出版网络游戏是否构成非法经营罪？

摘　要

认定非法经营罪以违反"国家规定"为前提条件。"国家规定"应指法律法规,部门规章不属于国家规定,所以违反《网络出版服务管理规定》①等规章不构成非法经营罪。文化执法涉及的法律法规明确表明追究非法经营罪的,只有《出版管理条例》②《互联网上网服务营业场所管理条例》③和《电影管理条例》④。对于其他违法行为虽表明"构成犯罪的,依法追究刑事责任",但未表明非法经营罪,有关司法解释也未作明确规定,要严格把握"其他严重扰乱市场秩序的非法经营行为"的尺度,一般不宜以涉嫌非法经营罪移送。对于数额特别巨大、情节特别严重的,应该按照《最高人民法院关于准确理解和适用〈刑法〉中"国家规定"的有关问题的通知》,由有关司法部门"作为法律适用问题,逐级向最高人民法院请示。"

---

① 本篇文章中所涉及的《网络出版服务管理规定》指 2016 年版。
② 本篇文章中所涉及的《出版管理条例》指 2020 年版。
③ 本篇文章中所涉及的《互联网上网服务营业场所管理条例》指 2019 年版。
④ 本篇文章中所涉及的《电影管理条例》指 2001 年版。

一、问题的提出

假如,张某建立了网站,擅自传播网络游戏等网络出版物,获利达 100 万元。对于该行为,《网络出版服务管理规定》第五十一条规定,"未经批准,擅自从事网络出版服务,或者擅自上网出版网络游戏(含境外著作权人授权的网络游戏),根据《出版管理条例》第六十一条、《互联网信息服务管理办法》第十九条的规定,由出版行政主管部门、工商行政管理部门依照法定职权予以取缔,并由所在地省级电信主管部门依据有关部门的通知,按照《互联网信息服务管理办法》第十九条的规定给予责令关闭网站等处罚;已经触犯《刑法》的,依法追究刑事责任……"

按照上述提到的《出版管理条例》第六十一条规定,"未经批准,擅自设立出版物的出版、印刷或者复制、进口单位,或者擅自从事出版物的出版、印刷或者复制、进口、发行业务",除依法追究行政责任外,还可以依照《刑法》关于非法经营罪的规定,依法追究刑事责任。根据最高人民检察院、公安部《关于经济犯罪案件追诉标准的规定》的有关规定,对非法经营案,违反国家规定,出版、印刷、复制、发行非法出版物,个人非法经营数额在 5 万元以上、违法所得数额在 2 万元以上,就应予立案追诉。

问题一,如何理解"已经触犯《刑法》的,依法追究刑事责任"?问题二,上述当事人擅自从事网络出版活动并获利达百万,其行为是否触犯刑律,是否构成非法经营罪?

之所以提出上述问题,缘于在文化执法部门实际办案中存在一种较为普遍的认识,即,《出版管理条例》是《网络出版服务管理规定》的上位法,网络出版应符合《出版管理条例》的规定,网络出版单位的设立须经审批并取得网络出版许可证,网络游戏需持版号才能上网运营。未经批准,擅自从事网络出版,或者擅自上网出版网络游戏的,违反了国家规定,严重扰乱了市场秩序,依据《出版管理条例》第六十一条予以行政处罚,当然还可以"依照《刑法》关于非法经营罪的规定,依法追究刑事责任"。持此观点的不仅有文化执法者,甚至基层公检法相关人员也有类似认识,在实际判例中也有体现。

二、部门规章不属于"国家规定",仅仅违反部门规章不构成非法经营罪

《刑法》①第二百二十五条规定,"【非法经营罪】违反国家规定,有下列非法经营行为之一,扰乱市场秩序,情节严重的,处五年以下有期徒刑或者拘役,并处或者单处违法所得一倍以上五倍以下罚金;情节特别严重的,处五年以上有期徒刑,并处违法所得一倍以上五倍以下罚金或者没收财产:……"。这里如何理解"违反国家规定"是关键。哪些是"国家规定"呢?

《刑法》第九十六条指出"【违反国家规定之含义】本法所称违反国家规定,是指违反全国人民代表大会及其常务委员会制定的法律和决定,国务院制定的行政法规、规定的行政措施、发布的决定和命令。"《最高人民法院关于准确理解和适用〈刑法〉中"国家规定"的有关问题的通知》(法〔2011〕155号)指出,"'国务院规定的行政措施'应当由国务院决定,通常以行政法规或者国务院制发文件的形式加以规定。以国务院办公厅名义制发的文件,符合以下条件的,亦应视为《刑法》中的'国家规定':(1)有明确的法律依据或者同相关行政法规不相抵触;(2)经国务院常务会议讨论通过或者经国务院批准;(3)在国务院公报上公开发布。"

显然,仅仅违反部门规章不构成非法经营罪。《网络出版服务管理规定》系国家新闻出版管理部门制定的规章,其设立相关许可并对擅自从事的行为予以惩罚,是维护市场秩序的行为,违法行为完全可以在行政管理的范畴内予以规范,不一定非要上升到刑罚的程度。

对于上述精神,在广州市"周某某、梁某某等出版、传播淫秽网络文学

---

① 本篇文章中所涉及的《刑法》指 2020 年版。

案"中,法官的审判可为一例。2008 年 3 月,周某某、梁某某开始实际运营及管理广州某网络科技有限公司,该公司旗下设有"烟雨红尘"网站,通过与作者签订协议的方式刊发网络文学作品,再以会员付费阅读及广告、推广等方式获取收益。经核算,2012 年 11 月至 2014 年 5 月,该公司共获利 9,371,569.67 元,其中付费阅读收费为 7,535,867.15 元。该网站在刊载普通文学作品的同时,还刊载淫秽、色情小说吸引读者。2014 年 4 月,犯罪嫌疑人被抓获。广州市天河区人民法院一审、重审都认定非法经营罪和出版、传播淫秽物品牟利罪。广州市中级人民法院二审只认定出版、传播淫秽物品牟利罪。

二审法官认为,"未获批的《网络出版服务许可证》所依据法律的效力层级是部门规章,并不是非法经营罪明确规定的'法律、行政法规',故,从形式上看,上诉人开办涉案网站的行为不构成非法经营罪"。"网络文学是新兴事物,在对其进行规范的同时更应当理性的引导和鼓励,行政主管机关从便于行政管理角度而设置各种行政许可,本身无可厚非,但在可以通过行政处罚手段而达到惩治目的的情况下则没有必要上升到刑罚层面,行政主管部门本可以通过批评、通报、罚款等行政处罚的手段予以惩治,还可以责令网站补办相关手续,严重的可以关闭该网站,故从实体上看,上诉人开办涉案网站的行为不构成非法经营罪。"

从这个角度说,"未经批准,擅自从事网络出版服务,或者擅自上网出版网络游戏"的行为因属于《网络出版服务管理规定》这一规章禁止的情形,不宜追究非法经营罪。

三、文化执法涉及非法经营罪的"国家规定"

从法律层级上说,"国家规定"应指法律法规。文化执法涉及的法律法规明确表明追究非法经营罪的,只有《出版管理条例》《互联网上网服务营业场所管理条例》和《电影管理条例》。

——《出版管理条例》涉嫌非法经营罪的情形,主要是第六十一条涉及出版发行资质的问题。"未经批准,擅自设立出版物的出版、印刷或者复制、进口单位,或者擅自从事出版物的出版、印刷或者复制、进口、发行业务,假冒出版单位名称或者伪造、假冒报纸、期刊名称出版出版物的,由出版行政主管部门、工商行政管理部门依照法定职权予以取缔;依照《刑法》关于非法经营罪的规定,依法追究刑事责任。"

——《互联网上网服务营业场所管理条例》涉嫌非法经营罪的,主要是擅自从事网吧经营活动的情形,俗称"黑网吧"。本《条例》第二十七条"违反本条例的规定,擅自从事互联网上网服务经营活动的,由文化行政部门或者由文化行政部门会同公安机关依法予以取缔,查封其从事违法经营活动的场所,扣押从事违法经营活动的专用工具、设备;触犯刑律的,依照《刑法》关于非法经营罪的规定,依法追究刑事责任。"

——违反《电影管理条例》也可能涉嫌非法经营罪。本《条例》第五十五条"违反本条例规定,擅自设立电影片的制片、发行、放映单位,或者擅自从事电影制片、进口、发行、放映活动的,由工商行政管理部门予以取缔;依照《刑法》关于非法经营罪的规定,依法追究刑事责任。"但《电影产业促进法》对上述《电影管理条例》的内容做了调整。《电影产业促进法》第四十七条"违反本法规定擅自从事电影摄制、发行、放映活动的,由县级以上人民政府电影主管部门予以取缔,没收电影片和违法所得以及从事违法活动的专用工具、设备;违法所得五万元以上的,并处违法所得五倍以上十倍以下的罚款;没有违法所得或者违法所得不足五万元的,可以并处二十五万元以下的罚款。"可见,调整后一是没有明确追究非法经营罪的责任,二是只针对摄制、发行、放映的行为。但是在《电影产业促进法》第五十六条又总体强调"违反本法规定,造成人身、财产损害的,依法承担民事责任;构成犯罪的,依法追究刑事责任。"笔者以为,《电影产业促进法》出台后,按照法律适用下位法服从上位法、旧法服从新法的基本原则,以及审慎从严把握非法经营罪的精神,不宜再按照《电影管理条例》追究非法经营罪。

关于未经许可擅自从事经营活动的刑事责任,文化执法涉及的其他法律法规大多表述为"构成犯罪的,依法追究刑事责任",但是否专指非法经营罪并不明确。例如《印刷业管理条例》^①第三十六条"违反本条例规定,擅自设立从事出版物印刷经营活动的企业或者擅自从事印刷经营活动的,由出版行政部门、工商行政管理部门依据法定职权予以取缔,……构成犯罪的,依法追究刑事责任。"《营业性演出管理条例》^②第四十三条"有下列行为之一的,由县级人民政府文化主管部门予以取缔,……构成犯罪的,依法追究刑事责任:(一)违反……擅自从事营业性演出经营活动的……",等等。

四、以非法经营罪移送司法机关应审慎严格把握

以涉嫌非法经营罪立案调查是公安机关的职责。行政执法机构的职责是,在执法过程中发现当事人涉嫌非法经营罪时,必须移送司法机关,不得以罚代刑。这就存在把握哪些行为涉嫌非法经营罪、如何把握涉嫌非法经营罪的移送尺度等问题。

(一)充分认识非法经营罪的本质,严格把握"其他严重扰乱市场秩序的非法经营行为"

1. 文化执法可能涉及的非法经营罪主要是"其他严重扰乱市场秩序的非法经营行为"。

《刑法》关于非法经营罪规定了四种"非法经营行为"。即"(一)未经许可经营法律、行政法规规定的专营、专卖物品或者其他限制买卖的物品的(笔者注:主要指烟草、食盐、药品等);(二)买卖进出口许可证、进出口原产地证明以及其他法律、行政法规规定的经营许可证或者批准文件的;(三)未经国家有关主管部门批准非法经营证券、期货、保险业务的,或者非法从事资金支付结算业务的;(四)其他严重扰乱市场秩序的非法经营行为。"因此,文

---

① 本篇文章中所涉及的《印刷业管理条例》指 2020 年版。
② 本篇文章中所涉及的《营业性演出管理条例》指 2020 年版。

化执法可能涉及的主要是兜底的"其他严重扰乱市场秩序的非法经营行为"。

2. 把握"其他严重扰乱市场秩序的非法经营行为"的性质和危害性应当与前三项具有相当性,在理解上应作严格的限制解释。

"非法经营罪的危害实质,并非单纯违反市场管理法律、法规的扰乱市场秩序行为,而是因违反国家关于特许经营管理的有关经济行政法律、法规的规定,未经特许经营业务行政管理部门的批准,擅自经营特许经营业务的经营行为。"从非法经营罪规定的四种情形看,把握"其他严重扰乱市场秩序的非法经营行为"的"性质和危害性应当与前三项具有相当性,在理解上应作严格的限制解释;换言之,即使行为违反了国家规定,但尚未达到严重扰乱市场秩序的危害程度,不具备与《刑法》第 225 条规定的非法经营罪相当的社会危害性和刑事处罚的必要性,也不构成非法经营罪。"

(二)以审慎的态度依法严格把握"其他严重扰乱市场秩序的非法经营行为"的适用范围

学习《最高人民法院关于准确理解和适用〈刑法〉中"国家规定"的有关问题的通知》,并结合上述案例法官的论述,笔者以为,文化执法在以涉嫌非法经营罪移送司法机关的案件中,应本着审慎、谦抑的态度,依法严格把握"其他严重扰乱市场秩序的非法经营行为"的适用范围。《最高人民法院关于准确理解和适用〈刑法〉中"国家规定"的有关问题的通知》指出,"各级人民法院审理非法经营犯罪案件,要依法严格把握《刑法》第二百二十五条第(四)项的适用范围。对被告人的行为是否属于《刑法》第二百二十五条第(四)项规定的'其他严重扰乱市场秩序的非法经营行为',有关司法解释未作明确规定的,应当作为法律适用问题,逐级向最高人民法院请示。"在上述"周某某、梁某某等出版、传播淫秽网络文学案"中,关于非法经营罪,法官在判词中继续指出,"非法经营罪是一个受到严格限制的《刑法》罪名,针对的是狭义的法律或行政法规规定的专营专卖物品或其他限制买卖的物品,而不能无限地扩大对其适用范围的理解,故从法理上,本案亦不构成非法经营罪。""《刑法》作为维护法治的最后一道防线,并不能保护全部的社会关系,只能保护部分重要的社会关系;也不能保护重要社会关系的方方面面,只能保护其中具有公共性和重要性的利益。只有在其他调整手段无效,或者不足以制止某种严重危害社会的行为时,才考虑适用《刑法》来调整,《刑法》是整个法律规范体系中其他部门法的最终维系者,所有部门法最终依赖《刑法》的强制力来保证实施,来维持其法律规范的效力有效性。另外,刑罚作为一种暴力工具,会严重损害公民的人身权利和财产权利,不能滥用,也不能妄用。因此,《刑法》必然具有保守性和谦抑性,这是我国法治建设的内在要求。"

(三)文化执法机构移送涉嫌非法经营罪的把握

一是尽职履责。对于法律法规明确非法经营罪的,如《出版管理条例》《互联网上网服务营业场所管理条例》等,原则上一旦构成刑事立案标准就应依法移送,避免以罚代刑,也避免失职失责。具体是否构成犯罪,抑或是即使构成犯罪,也不宜追究刑事责任,应交由公安机关等司法部门判定。二是对于未经许可擅自从事经营活动的刑事责任并未明确表明非法经营罪,仅仅表述为"构成犯罪的,依法追究刑事责任"的,例如《印刷业管理条例》《营业性演出管理条例》等,一般情况下,不宜以涉嫌非法经营罪移送。对于数额特别巨大、情节特别严重的,有关司法解释也未作明确规定的,应该按照《最高人民法院关于准确理解和适用刑法中"国家规定"的有关问题的通知》,商请有关司法部门"作为法律适用问题,逐级向最高人民法院请示。"。

目前,审慎和严格把握非法经营罪的立案、批捕、起诉,避免"口袋罪"等已成趋势,在实际案件中也屡有体现。经常性的,文化执法查办的无证经营图书的案件,当事人的行为已经达到刑事立案标准,但公安机关并没有受理立案,很大程度上缘于当事人的行为虽然过了立案门槛,但程度上也还是仅仅过了立案门槛。一般情况下,即使公安机关立案调查,后期也可能得不到检察机关和法院的支持。"对涉嫌犯罪的民营企业负责人,要严格审查是否符合法律规定的逮捕、起诉条件,严把事实关、证据关、程序关和法律适用关,防止构罪即捕、入罪即诉。""经审查认定案件构成犯罪,但犯罪情节轻微,依照《刑法》规定不需要判处刑罚或者免除刑罚的,可以作出不起诉决定。"这恐怕也是全国公检法的共识。

参考文献

1. 非法经营等罪二审刑事判决书,(2018)粤 01 刑终 1162 号。

2. 田宏杰,阮柏云. 非法经营罪内涵与外延扩张限制思考[J]. 人民检察,2012(23):19-23.

3. 卢建平,楼伯坤. 对非法经营罪罪状要素司法认定的新思考[J]. 人民检察,2018(11):19-25.

4. 杨毅. 仅违反部门规章或地方法规不构成非法经营罪[J]. 人民司法,2019(20):49-51.

5. 记者:章宁旦;通讯员:韦磊. 广东检察严格把握适用非法经营罪界限[N/OL]. 法制日报,2018-12-17. http://legal. people. com. cn/n1/2018/1217/c42510-30470644. html.

2021 年 12 月 20 日　发表于网舆勘策院

浅谈文化执法关于"公众"的理解

摘　要

文化执法领域涉及"公众"的法律法规主要是定义业态的概念。有的是定义场所,有的是定义业态或者服务行为,有的是定义物品。法律法规最终监管的是业态中向(或者为)公众提供文化产品的行为。这里的"向"体现了提供者的主观性、目的性、方向性,"公众"体现了开放性,"提供"体现了传播性。通说的"公众"是不特定人员。"不特定"是相对"特定"而言的。特定人员主要包括"亲友"和"单位内部的特定对象"。认定向公众传播,除了客观上判断是否公众外,还应从主观方面分析研判。一是看营销行为是否公开宣传,二是向特定人员中传播信息,既未限制不特定人员加入,也未限制信息的再传播,以商业用途为主的,可以推定其面向公众,三是应结合立法目的来分析研判。

一、问题的提出

在文化执法中,经常会遇到"公众"的概念。何为"公众"、如何认定"公众",目前也存在一些争议,对"公众"概念的理解直接影响了案件的定性和适用法律。

例一，M 公司未经许可擅自从事营业性演出案。M 公司在某酒店举办了一场跨年音乐会。参加活动人员来自 M 公司的全国各地的总经理、销售经理、优秀经销商。活动场地设在露天广场，没有封闭，因此也没有禁止非公司人员进入。行政执法者认定该演出属于营业性演出，理由之一是参加活动的人员属于"公众"。由于该场演出未经审批，执法者对 M 公司罚款 5 万元。M 公司不服，提起诉讼，二审判决撤销《行政处罚决定书》。

关于对"公众"的理解，法官认为，活动的参加者"仅是公司在全国各地的总经理、销售经理、优秀经销商，演出场所也是位于相对封闭的酒店，而非体育场、营业性演出场所、商场等公共场所，目的是针对各个市场的问题及状况进行讨论和研究，其性质应属于公司组织的内部活动。"从而否定了观众是"公众"。

例二，A 医院擅自复制他人软件作品案。经查，A 医院通过政府采购方式采购了某公司 3000 台电脑（系统已预装"微软"办公软件）用于医院办公使用。至案发时，有 1200 台办公电脑安装了计算机软件"WPS Office"（2019年个人版）。金山公司主张，A 医院侵犯其计算机软件复制权，要求版权行政部门予以查处。

行政执法者认为，是否立案查处的前提是，侵权行为是否"同时损害社会公共利益"，也即"向公众传播侵权作品，构成不正当竞争，损害经济秩序"。在认定是否向"公众"传播问题上，有观点认为，A 医院在 1200 台办公电脑上安装了涉案软件，从生活常识和正常逻辑看，1200 台医院办公用电脑绝不可能仅仅由一两个人使用，可以将使用者直接认定为"公众"。另有观点认为，本案的传播对象不构成"公众"，理由是"公众"指的是不特定人员，而无须考虑数量的多寡，本案的电脑是用于医院办公，而使用电脑者是医院的工作人员，这些人员属于医院特定的人员。

例三，某酒店安装小前端设置局域网传播电视节目案。有观点指出，依据《专网及定向传播视听节目服务管理规定》①，"本规定所称专网及定向传

---

① 本篇文章中所涉及的《专网及定向传播视听节目服务管理规定》指 2021 年版。

播视听节目服务,是指以电视机、各类手持电子设备等为接收终端,通过局域网络及利用互联网架设虚拟专网或者以互联网等信息网络为定向传输通道,向公众定向提供广播电视节目等视听节目服务活动"。酒店的行为构成向"公众"传播。其理由是:特定对象是指已确定的个体,如一个企业、单位的员工,虽然这些人的情况可能会有变化,但基本上人数、身份、用途是确定的,传播范围限于特定的一群人。而针对不特定对象的传播,指的是不特定的任意个体进入场所或使用终端设备,皆可接收视听节目服务。酒店的传播活动就属于后者。另有观点认为,"公众"也应该是一个相对的概念,有一个程度问题,专网规定所指的"公众",应该指更广大的群体,相对于 IPTV、互联网电视的传播群体的广泛性和不限定性而言,酒店局域网的传播对象一是数量少,如果把有线电视网或者 IPTV、互联网电视传播对象的数量看作不特定人员,那么酒店的受众数就是少量的。二是有一定的限制(即住店者)。酒店安装小前端局域网,服务的受众是旅客,旅客相对于广大受众而言,又是相对特定的人群。

以上三个案例,既涉及行政法规规章,也涉及私法性质的著作权法,在"公众"的理解和认定上存在一定的争议,争议的存在势必影响案件的走向和结果。类似问题在文化执法其他领域也有体现,很有必要进行讨论。笔者试着做些分析。

二、文化执法涉及"公众"的法律规定及分析

文化执法领域涉及文化、文物、新闻出版、版权、广播电视电影和旅游等方面涉及"公众"的法条,笔者粗略梳理如下。

(一)文化领域

《互联网上网服务营业场所管理条例》①第二条中称互联网上网服务营

---

① 本篇文章中所涉及的《互联网上网服务营业场所管理条例》指 2019 年版。

业场所,是指通过计算机等装置向公众提供互联网上网服务的网吧、电脑休闲室等营业性场所。

学校、图书馆等单位内部附设的为特定对象获取资料、信息提供上网服务的场所,应当遵守有关法律、法规,不适用本条例。

《娱乐场所管理条例》①第二条中所称娱乐场所,是指以营利为目的,并向公众开放、消费者自娱自乐的歌舞、游艺等场所。

《营业性演出管理条例》②第二条中所称营业性演出,是指以营利为目的为公众举办的现场文艺表演活动。

《博物馆条例》③第二条中所称博物馆,是指教育、研究和欣赏为目的,收藏、保护并向公众展示人类活动和自然环境的见证物,经登记管理机关依法登记的非营利组织。

(二)出版版权领域

《网络出版服务管理规定》④第二条中所称网络出版服务,是指通过信息网络向公众提供网络出版物。其中说的网络出版物,是指通过信息网络向公众提供的,具有编辑、制作、加工等出版特征的数字化作品。

《内部资料性出版物管理办法》⑤第十五条提到,"严格限定在本行业、本系统、本单位内部交流,不得标价、销售或征订发行,不得在公共场所摆放,不得向境外传播;不得将服务对象及社会公众作为发送对象,也不得以提供信息为名,将无隶属关系和指导关系的行业、企事业单位作为发送对象"。

《著作权法》第十条中的发表权,即决定作品是否公之于众的权利。发行权,即以出售或者赠与方式向公众提供作品的原件或者复制件的权利。广播权,即以有线或者无线方式公开传播或者转播作品,以及通过扩音器或者

---

① 本篇文章中所涉及的《娱乐场所管理条例》指 2020 年版。
② 本篇文章中所涉及的《营业性演出管理条例》指 2020 年版。
③ 本篇文章中所涉及的《博物馆条例》指 2015 年版。
④ 本篇文章中所涉及的《网络出版服务管理规定》指 2016 年版。
⑤ 本篇文章中所涉及的《内部资料性出版物管理办法》指 2015 年版。

其他传送符号、声音、图像的类似工具向公众传播广播的作品的权利,但不包括本款第十二项规定的权利。信息网络传播权,即以有线或者无线方式向公众提供,使公众可以在其选定的时间和地点获得作品的权利。

(三)广播电视电影领域

《互联网视听节目服务管理规定》①第二条中所称互联网视听节目服务,是指制作、编辑、集成并通过互联网向公众提供视音频节目,以及为他人提供上载传播视听节目服务的活动。

《专网及定向传播视听节目服务管理规定》第二条中所称专网及定向传播视听节目服务,是指以电视机、各类手持电子设备等为接收终端,通过局域网络及利用互联网架设虚拟专网或者以互联网等信息网络为定向传输通道,向公众定向提供广播电视节目等视听节目服务活动。

《广播电视法》(征求意见稿)第二条中所称广播电视活动,是指采取有线、无线等方式,通过固定、移动等终端,以单向、交互等形式向社会公众传播视频、音频等视听节目及其相关活动。

通过以上粗略梳理可以大致看出,涉及"公众"的法条主要是界定业态的概念,以确定法律法规适用的范畴。一是对场所的界定,如网吧、歌舞娱乐场所、博物馆。二是对业态或者服务行为的界定,如营业性演出、内资发行、网络出版、网络视听、广播电视。三是对物的界定,如网络出版物等。但,无论如何,最终监管的是业态向(为)公众提供文化产品的行为。这里的业态既有传统的线下的网吧、歌厅等,也有线上的网络出版、网络视听等。这里的"向"体现了提供者的主观性、目的性、方向性。这里的"公众"体现了开放性。这里的"提供"体现了传播性。

因此,本文需要讨论的问题,一是何为公众,二是如何认定面向公众。

---

① 本篇文章中所涉及的《互联网视听节目服务管理规定》指2015年版。

三、关于"公众"的认识和把握

(一)通说的公众——不特定人员

所谓公众,即社会上大多数的人(《现代汉语词典》(修订本))。公众是汉语词汇,本义是大家、大众。在法律实践中,公众被通说为不特定人员。

关于公众——不特定人员,笔者查询到的见诸法律规定的,一是《最高人民法院关于审理著作权民事纠纷案件适用法律若干问题的解释》第九条规定:"著作权法第十条第(一)项规定的'公之于众',是指著作权人自行或者经著作权人许可将作品向不特定的人公开,但不以公众知晓为构成条件。"显然,这里公众的概念即为"不特定的人"。二是最高人民法院于2010年《关于审理非法集资刑事案件具体应用法律若干问题的解释》第一条第一款第(四)项明确"社会公众即社会不特定对象"。

见诸相关论述的,一是对于著作权法意义的公众的讨论。"所谓'公之于众'是指向作者以外的公众公布,而不是作者把自己的作品提供给家属、亲友,或向某些专家请教。"①华东政法大学王迁教授认为"总结世界各国的立法司法实践以及学术上的解释,公认的内容是公众是指著作权法上不特定的多数人"。

(二)哪些是不特定人员?

"不特定"的范畴,是针对"特定"而言。要想搞清哪些是不特定人员,首先要搞清特定人员。

---

① 胡康生主编《著作权法释义》,法律出版社,2002。

1.特定人员关系

一般来讲,人与人之间存在特定的关系。一是亲属关系。如直系亲属、旁系亲属等。二是朋友关系。如义兄弟、同学、战友、邻居、同事等。三是群团关系。如党员之间的关系,协会会友之间的关系。四是职业关系。如同事、上下级、雇佣双方、合作伙伴等。

按人与人之间关系的远近亲疏,又可以分为如下几种关系:一是陌生关系。二是点头之交。如同学的同学、朋友的朋友、同事的同事;小区门卫、快递小哥、餐厅老板等等。三是普通关系。如同学、同事、同乡、战友、不常走动的远亲。四是密切关系。如血缘较近的亲戚、叔伯兄弟、表亲等,还有知己、闺蜜、至交。五是亲密关系。如家庭成员、父母、兄弟姐妹、子女、伴侣、公婆、岳父母等。

2.特定人员在法律上的相关规定和通说

关于特定人员和不特定人员,文化执法领域的法律、法规没有太多的直接规定,能够借鉴的有《刑法》的相关规定和业界通说。

例如《刑法》关于公众——特定人员的规定。最高法《关于审理非法集资刑事案件具体应用法律若干问题的解释》规定,"未向社会公开宣传,在亲友或者单位内部针对特定对象吸收资金的,不属于非法吸收存款或者变相吸收公众存款"。这里的特定人员一是"亲友",二是"单位内部的特定对象"。

王迁教授指出"总结世界各国的立法司法实践以及学术上的解释,公认的公众是指著作权法上不特定的多数人。其中特别要排除两个圈子,第一个就是家庭成员的圈子,第二个就是相互有密切联系的朋友圈子。"由此可见,家庭成员和经常交往或者说密切交往的朋友圈子,是判断是否是公众的一个重要分水岭。

3.关于公众、私法与公法存在不同范畴

分析以上,笔者以为,关于公众的界定,作为私法的著作权法与公法从视角和范围上似乎有所不同。视角上看,私法是从私人关系的角度来界定,强调的是除了自己乃至与自己私人关系密切人员(强调的是私人之间的血缘和友情关系)是特定人员关系,之外是公众。而公法应有两个角度,一个是私人关系,一个是单位工作关系。构成私人关系的亲友、单位工作关系的同事,都属于特定人员,除此之外的是公众。这种不同也决定某一个传播行为由于传播对象不同,可能只构成著作权法意义的违法行为,而不构成行政违法行为。

例如,甲乙是朋友。甲写了一篇网络小说。乙未经甲许可将小说放在单位内部网站上供同事观看,因单位的同事与甲不存在特定的亲友关系,故可认定为著作权法意义的公众,乙未经许可通过信息网络向公众提供甲的作品,侵犯甲的信息网络传播权。但是,单位的同事与乙构成特定的同事关系,因此不构成《网络出版服务管理规定》中的公众,那么,涉案网络小说不构成网络出版物,乙也不构成从事网络出版服务。

四、关于面向公众的认定和把握

从执法实践看,一般来讲,公众的概念虽然有争议,但还是相对清晰的,出现争议主要是如何认定向公众传播,如何认定"向"。这方面除了客观上从公众的内涵外延分析认定外,更多的还应从主观分析研判。

王迁老师提到过这样一个问题。问题是:有一位歌唱家在家里"吊嗓子",他嗓门很大,唱得又好听,所以有些路人就聚过来听歌唱家练歌,听众问这个行为算不算向公众传播?王迁老师回答,的确,过路人构成公众,问题是过路人听到这名歌唱家的演唱纯属偶然现象,欧盟法院在一个案例中做了这样一个认定,我觉得说得挺好的。他说作为传播对象的公众,应当是传播者预设的接受者,这些接受者不能仅仅是基于巧合接收到了传播的内容,这名歌唱家在家里"吊嗓子",无意中吸引了路人来听,这个显然是偶然现象。

主观因素实在是人的大脑里的东西,看不见、摸不着,要判断主观上是否向公众传播,还要结合其实际行为来判断。

一是,看营销行为是否公开地宣传。

文化执法的相对人主要是经营主体。做生意就要吃喝,就要宣传,就要招徕顾客,目的是让社会公众知晓并消费。这些宣传行为的特征应该是公开性,不保密、不特别限定参加者。例如,营业性演出活动,演出方在演出前向社会发布消息、公开售票。例如,某商场在社交媒体、广播电台发布消息,称某日搞大型促销活动,现场邀请某某知名演员助阵演出。此行为当然可以认定是面向公众的活动。

是否公开的宣传,要看宣传的途径、方法,即受众接受信息的途径,包括但不限于网络、手机短信、微信群(圈)、路牌、标语、传单、横幅、宣传册、宣传画、口口相传等途径。进一步说,利用社会的、单位的、个人的媒体平台和个人的网络社交工具、邮件等均可以成为宣传途径。这些宣传途径是否认定为信息扩散渠道,关键要看受众接受信息的方式是开放的还是秘密的。

二是,在特定人员中传播信息,既未限制不特定人员加入,也未限制信息的再传播,以商业用途为主的,可以推定其面向公众。

对于是否向公众传播的判断,既要考察行为人主观因素,又要考察客观上所实施的行为是否可控。如果行为人对宣传的辐射面事先不加以限制、事中不作控制,或者对信息向社会扩散听之任之,应当推定面向公众。

例如,在"上诉人刘某某与被上诉人潮州市潮安区某电子科技有限公司、原审被告国家知识产权局外观设计专利权无效行政纠纷案"中,最高人民法院指出,"……虽然涉案 QQ 空间需要添加为好友才能查看,但公众完全可以通过添加好友等方式获知商品照片,没有证据显示该用户会对添加好友的请求进行特定筛选,也没有证据显示其所添加的好友需要遵守保密义务。因此,涉案 QQ 空间的好友并非特定人,而是属于专利法意义上的公众"。"需授权访问的网络空间以商业用途为主的,可以推定其对所有人公开,但有相反证据证明该网络空间未公开或者仅针对特定人公开的除外。"

在著作权执法领域也会遇到类似情况。例如,丙做旅游生意,为了宣传旅游产品,以家人和朋友为圈子建了个微信群,但不限定入群条件,后续任何人都可以不断拉人进群。为了维系群友关系,丙在群内传播热门电影的盗链,并对盗链的再传播听之任之。笔者以为,丙的做法构成向公众传播。

三是,应结合立法目的来分析研判。

关于本文第一部分列举的例三的酒店安装小前端设置局域网传播电视节目的争议。笔者以为双方都有一定道理,判断是否向公众传播,还应结合立法目的分析、研判。

首先,《专网及定向传播视听节目服务管理规定》监管的业态是"通过局域网络及利用互联网架设虚拟专网或者以互联网等信息网络为定向传输通道",专业从事"向公众定向提供广播电视节目等视听节目服务活动"。酒店的行为从技术模式上符合《专网及定向传播视听节目服务管理规定》监管范畴,但从业态上看毕竟是酒店,并不是专门从事"向公众定向提供广播电视节目等视听节目服务活动",不符合该规定的监管范畴。

其次,笔者臆测,《专网及定向传播视听节目服务管理规定》所指的局域网,应与互联网架设虚拟专网(IPTV)或者以互联网等信息网络为定向传输通道(OTT TV),在受众体量上基本相当,同时也与《互联网视听节目服务管理规定》在受众体量上基本相当。原国家新闻出版广电总局新闻发言人就《专网及定向传播视听节目服务管理规定》答记者问时指出,"《规定》以'专网、公众、定向、终端'为基本要素,以向公众提供的专网及定向视听节目服务为管理对象,主要包括交互式网络电视(IPTV)、专网手机电视、互联网电视等。除此以外的通过互联网(含移动互联网)公网向公众提供的视听节目服务,均属于《互联网视听节目服务管理规定》的适用范围,管理对象主要包括视音频网站、视音频客户端软件等。无论从事专网及定向传播视听节目服务,还是互联网视听节目服务,均需取得《信息网络传播视听节目许可证》,但二者的主体准入条件不同,在业务类别、传输网络、接收终端等事项上也有所区别。"

笔者理解上述内容,《专网及定向传播视听节目服务管理规定》和《互联网视听节目服务管理规定》都是监管通过互联网向公众传播包括广播电视节目在内的视听节目的规章,只是监管领域各有不同。因此,在理解"局域网"和"公众"的内涵外延时,应趋向一致,也就是与互联网以及相匹配的"公众"范畴趋向一致。笔者以为,这应该符合法律解释中系统解释的方法。系统解释方法是从某一法律规范与其他法律规范的联系,以及它在整个法律体系或某一法律部门中的地位与作用,同时联系其他规范来说明规范的内容和含义。因此,笔者臆测,酒店局域网以及所能达到的"公众"不是《专网及定向传播视听节目服务管理规定》的立法所指。当然,这一点还需要权威部门进一步地释法。

参考文献

1.胡康生.著作权法释义[M].北京:法律出版社,2002.

2.王迁.信息网络传播权专题讲座(整理稿).

3.中华人民共和国最高人民法院民事判决书,(2020)最高法知行终422号。

4.苗有水.两方面准确把握非法集资犯罪中的"不特定对象"[N].检察日报,2018-03-26(03).

5.徐洪.谈谈对知识产权法中"公众"概念的理解.

6.国家新闻出版广电总局新闻发言人就《专网及定向传播视听节目服务管理规定》答记者问[EB/OL].http://www.scio.gov.cn/xwfbh/gbwxwfbh/xwfbh/xwcbzs/document/1479065/1479065.htm.

2023 年 2 月 12 日　发表于网舆勘策院

文化文物

取得演出批文"非法手段"的斟酌

摘　要

在营业性演出中,"以非法手段取得营业性演出批准文件"的"非法手段"主要是指欺骗和贿赂。以欺骗为由追究当事人的责任,关键要看当事人是否伪造了事实,实质性地欺骗了许可部门,而不是仅仅看当事人是否修改了申报材料。对于营业性演出中的"代报批"是否违法,是否要处罚,也要具体问题具体分析,在法律不明确的情况下,在管理部门依惯例审批的情况下,根据信赖保护原则,对"代报批"行为进行处罚不一定适宜。

一、基本案情

经查,A 公司为一家有合法资质的演出经纪公司,A 公司与 B 公司签订投资协议,合作在甲市(A 公司所在地)举办一场涉外演出,双方约定以 A 公司名义向行政管理部门办理演出审批手续。B 公司负责联系演出场地,最终选定 C 公司,C 公司出具了《场地确认函》,但该确认函注明的主办方只写了 B 公司。出于办理批文的需要,A 公司在未通知 C 公司和 B 公司的情况下,将《场地确认函》中的主办方"B 公司"修改为"A 公司",并将修改后的《场地确认函》作为申报材料报送省文化和旅游厅,最终"A 公司"取得演出批文。

执法机关认为,"A 公司"将原始材料《场地确认函》中的主办方 B 公司篡改为"A 公司",属于变造申报材料获取演出批文的行为,构成以非法手段取得营业性演出批准文件,决定对"A 公司"罚款人民币 5 万元,并报省文化和旅游厅撤销"A 公司"的演出批准文件。

二、与执法机关商榷几点意见

本案执法机关做出处罚的法律依据是《营业性演出管理条例》①第四十五条。该条规定"违反本条例第三十一条规定,伪造、变造、出租、出借、买卖营业性演出许可证、批准文件,或者以非法手段取得营业性演出许可证、批准文件的,由县级人民政府文化主管部门没收违法所得,并处违法所得 8 倍以上 10 倍以下的罚款;没有违法所得或者违法所得不足 1 万元的,并处 5 万元以上 10 万元以下的罚款;对原取得的营业性演出许可证、批准文件,予以吊销、撤销;构成犯罪的,依法追究刑事责任。"

本案执法机关认为,当事人"变造申报材料非法获取演出许可批文的行为,构成以非法手段取得营业性演出批准文件"。对此,笔者提出如下意见。

(一) 如何理解取得营业性演出许可证、批准文件的
  "非法手段"?

关于何为"非法手段"?《营业性演出管理条例》并未明确。《行政许可法》②第七十九条规定,"被许可人以欺骗、贿赂等不正当手段取得行政许可的,行政机关应当依法给予行政处罚……。"第六十九条第二款规定,"被许可人以欺骗、贿赂等不正当手段取得行政许可的,应当予以撤销。"

从上述许可法的规定来看,"欺骗、贿赂"是法定禁止的不正当手段,也应该是《营业性演出管理条例》所称的"非法手段"。这里一方面是欺骗,即

---

①　本篇文章中所涉及的《营业性演出管理条例》指 2016 年版。

②　本篇文章中所涉及的《行政许可法》指 2019 年版。

以虚假的言行掩盖事实真相,使人上当;一方面是贿赂,指为谋取不正当利益,给予对方金钱或其他利益,以排斥竞争对手,获得更大利益的行为。

本案执法机关认为,当事人"变造"申报材料非法获得演出批文。变造,是指在真实的基础上修改、变更,所以当事人的行为应认定为欺骗。以欺骗、贿赂等不正当手段取得行政许可的,行政机关既应该依法给予行政处罚,也应该撤销行政许可。《营业性演出管理条例》第四十五条的规定符合许可法的精神。

(二) 当事人的行为是否属于"欺骗"?

按照以上对欺骗(以虚假的言行掩盖事实真相,使人上当)的分析,回答这个问题,核心的问题是弄清事实真相。

本案可能涉及的真相主要有两个。一是当事人是否主办方。如果其不是主办方,那其在《场地确认函》上把自己改成主办方,即是掩盖了真相,涉嫌欺骗;二是 A 公司修改《场地确认函》,虽然未经 B 公司、C 公司同意,是否违背了 B、C 的真实意思。换句话说,如果 B、C 不同意 A 修改确认函,则 A 掩盖了事实真相,涉嫌欺骗。

关于第一个问题。将本来是主办方的 B 公司改成 A 公司,这个问题的实质是关于"主办方"的造假,这直接涉及了举办涉外演出的资质问题。(注:笔者认为,这里的"主办",应该理解为《营业性演出管理条例》规定的"举办")

《营业性演出管理条例》第十四条规定"除演出经纪机构外,其他任何单位或者个人不得举办外国的或者香港特别行政区、澳门特别行政区、台湾地区的文艺表演团体、个人参加的营业性演出。"根据此法条,涉外演出只能由演出经纪机构举办。但,由演出经纪机构和其他主体共同举办是否合法并未明确。

本案涉案演出是涉外演出,只能由演出经纪机构举办。本案"A 公司与B 公司签订投资协议,合作在甲市举办一场涉外演出,双方约定以 A 公司名义向相关行政管理部门办理审批手续。"由此来看,A 公司至少在形式上是举办者(至于是否实质上举办者,还要具体问题具体分析),并非造假或欺骗。其在《场地确认书》上把 B 改成 A,应该理解为,是为了满足审批要求的"修正"。如果认定造假或者欺骗显然过于武断。

关于第二个问题。既然"A 公司与 B 公司签订投资协议,合作在甲市举办一场涉外演出",那么,A 公司和 B 公司就都是举办方。《场地确认函》确认了 B 公司,那实际上也是确认了 A 公司,只不过在确认函的文本上未写明 A 公司罢了。而且,即使 A 公司修改确认函的行为事先未得到 B、C 的同意,但通过推理可以得出同意的结论。退一步讲,即使 A 修改确认函未得到 B、C 的同意是不妥的,但依照民事意思自治的原则,如果 A 的做法事后得到 B、C 追认,也完全是合法的。但从案情介绍看,执法机关未就此进行调查,在这种情况下,直接认定当事人造假和欺骗,结论可能下得早了一些,证据存在不足。

以欺骗为由追究当事人的责任,关键要看当事人修改的文本是否伪造了事实,实质性地欺骗了许可部门,而不是仅仅因为当事人修改了文本。

三、与案件有关的"代报批"问题的思考

本案,"A 公司与 B 公司签订投资协议,合作在甲市举办一场涉外演出,双方约定以 A 公司名义向相关行政管理部门办理审批手续。"从执法经验来看,A 公司存在"代报批"的可能。所谓"代报批",是指演出经纪公司专门从事演出批文的代理其他公司向行政管理部门报批业务的行为。他们接受演出实际主办单位的委托,以自己的名义代为进行演出的申报,从中赚取一定的代理费用。由于"代报批"者一般只负责办理演出批文,不实质性参与演出经营活动,真正的演出经营者又没有纳入执法者监管视野,容易使演出经营活动脱离监管,对演出市场造成不良影响。

（一）"代报批"是否违法行为？

这恐怕要从两个方面来看。一是审批环节，二是后续经营环节。

从审批环节看：《营业性演出管理条例》规定，"营业性组台演出应当由演出经纪机构举办；但是，演出场所经营单位可以在本单位经营的场所内举办营业性组台演出。""除演出经纪机构外，其他任何单位或者个人不得举办外国的或者香港特别行政区、澳门特别行政区、台湾地区的文艺表演团体、个人参加的营业性演出。"由此可以看出，法律的主要目的是将演出举办方纳入监管视野。

"代报批"也分两种情况。一是演出经纪机构与演出经纪机构合作，由其中一家履行报批手续。这主要发生在跨审批管辖的演出。二是演出经纪机构与无资质的企业（演出投资方）合作，由演出经纪机构履行报批手续。笔者以为，在现有法律框架内，仅就审批环节而言，前一种情况因合作双方都是演出经纪机构，应该不违法；后一种情况，因实际举办者不是演出经纪机构，是违背《营业性演出管理条例》立法目的的，应认定为违法。

从后续经营环节看：根据《营业性演出管理条例》，国家对演出市场是全过程管理的。从这个角度而言，"代报批"的实质是对后续的演出经营活动"不履行应尽义务，倒卖、转让演出活动经营权"。上述"代报批"的两种情况，作为"代报批"者，都存在"不履行应尽义务，倒卖、转让演出活动经营权"的可能。如"2016 年王某上海演唱会"案，上海 B 公司作为演出名义上的"主办单位"，按照与实际主办单位的协议，仅负责该场演唱会与上海相关部门的协调，包括文化报批、公安消防、场馆、票务协调及税务等事宜，而演唱会所有收入，包括门票、赞助及其他收入等全归实际主办单位所有。该演出由于高额票价引发社会广泛关注。上海市文化执法总队依据《营业性演出管理条例实施细则》有关规定，对上海 B 公司处以罚款。

（二）审批环节的"代报批"是否应处罚？

是否应处罚，可从法律层面和现实层面来看。

一是从法律规定层面看,法律对于"代报批"最可能的处罚条款有两个。

第一,构成《营业性演出管理条例》第四十五条"出租、出借、买卖营业性演出许可证"。

演出经纪机构与无资质的企业(演出投资方)合作,演出经纪机构只负责办理报批手续,以此收取一定费用,其实质是将从业资质作为一种商品交易,应结合实际情况认定为"出租、出借、买卖营业性演出许可证"。

第二,构成《营业性演出管理条例》第四十五条"以非法手段取得营业性演出批准文件"。

从许可法的角度讲,以欺骗的手段获取批文是违法行为,应予处罚。如果演出的举办者不是"代报批"者,"代报批"者(连名义的举办者都不是,实践中也很少见)编造虚假事实骗取批文,应是违法行为,依据上述第四十五条可以处罚。

"代报批"行为应该构成上述两个违法行为的竞合,应予处罚。但是,要证明这一点非常困难,执法实践中鲜见成功案例。

二是从实际审批层面看,"代报批"已是公开的秘密。

一般情况下,经纪机构和演出实际举办方都有合作协议,因此从申报材料的形式外观看,"代报批"者都是合法的演出经纪机构。在这种情况下,只要申报材料符合条件,审批部门都会批准。这或许是管理部门基于对演出市场规律的认识而采取的实事求是的做法,或许是管理部门基于法律规定的不明确而做出的有利于行政相对人做法。

总之,不论是法律条文的不明确,还是管理部门"开绿灯",都使行政相对人对法律、对行政机关产生了一种信赖,至少在"代报批"者眼里,"代报批"不违法。基于这种信赖,"代报批"还会继续存在。根据行政法的信赖保护原则,现阶段对"代报批"行为进行处罚不一定适宜。

参考文献

1. 梁修媛. 关于营业性演出代报批问题的思考与建议.

2020 年 7 月 30 日　发表于网舆勘策院

从一起行政处罚败诉案件
看营业性演出定义之辩

摘　要

本案中,活动的参加者"仅是公司在全国各地的总经理、销售经理、优秀经销商,演出场所也是位于相对封闭的酒店,而非体育场、营业性演出场所、商场等公共场所,目的是针对各个市场的问题及状况进行讨论和研究,其性质应属于公司组织的内部活动。而且,省文体厅做出的处罚决定亦是认定涉案演出仅为公司的内部年会,没有赞助商或销售门票等营利性行为和违法所得。由此可见,M公司举办的涉案演出活动,虽然邀请韩国艺人参加演出并支付了报酬,但因为是公司的内部年会,不能认定其具有营利目的,即涉案演出不属于营业性演出,故省文体厅适用《营业性演出管理条例》做出处罚决定,属认定事实不清和适用法律错误。"

什么是营业性演出?《营业性演出管理条例》[①]规定,"本条例所称营业性演出,是指以营利为目的为公众举办的现场文艺表演活动。"继而,《营业性演出管理条例实施细则》给出四种方式,"营业性演出是指以营利为目的、通过下列方式为公众举办的现场文艺表演活动:(一)售票或者接受赞助的;

---

① 本篇文章中所涉及的《营业性演出管理条例》指2017年版。

(二)支付演出单位或者个人报酬的;(三)以演出为媒介进行广告宣传或者产品促销的;(四)以其他营利方式组织演出的。"

一切似乎都很清晰,但在具体执法实践中,总有一些问题似是而非,难以把握。本文讨论的案子即为一例。其中,法官的判决或可为解决棘手问题提供借鉴和思路。

一、基本案情

2016 年某日,M 公司在 H 省 SY 市喜来登酒店举办了一场"M 之夜"跨年音乐会活动。该场演出,M 公司委托其他公司做了如下工作:1. 邀请了韩国演员参加,支付演出费 3 万元,未经省文体厅审批。2. 邀请台湾地区和马来西亚艺人参加,取得了《行政许可决定书》。3. 搭建舞台,安排客房、餐饮、会议服务等。2017 年某日,省文体厅做出处罚决定,认为 M 公司擅自从事演出经纪机构才能从事的演出经营活动,违反《营业性演出管理条例》第六条规定,决定对 M 公司罚款 5 万元。

M 公司不服,提起行政诉讼,一审判决 M 公司败诉,M 公司提起上诉,二审判决撤销一审判决、撤销《行政处罚决定书》。

二、争议焦点

本案最大的争议就是"M 之夜"演唱会是否为营业性演出?

(一)一审判决和行政机关主张,该场演出是营业性演出

1. "M 之夜"跨年音乐会活动演出,活动人数众多,是大型群众性活动。2. M 公司委托其他公司向省文体厅申报活动演出的报批手续。3. M 公司向表演人员支付报酬,并以演出为媒介在网上进行产品广告宣传。4. 参加活动

人员是来自全国各地的总经理、销售经理、优秀经销商,活动在露天广场,不封闭、不禁止公众人士入场,明显是向公众举办。

(二)M公司主张,该场演出是内部活动,不是营业性演出

M公司主张,一审判决对营业性演出的两个必要条件"以营利为目的"和"向公众举办"未作明确解释。1. 对涉案演出是否"向公众举办"未作认定。省文体厅在处罚决定中认定"上述演出为公司内部年会",即涉案演出仅面向M公司的内部人员,不对社会不特定的公众开放,故不属于为公众举办的活动。2. 一审判决模糊认定音乐会活动人数众多,是"大型群众性活动",但"大型群众性活动"不等同于"为公众举办"的活动。该认定对于本次演出是否为"为公众举办"没有明确认定,也没有提供依据证实"大型群众性活动"就是"为公众举办"的活动。3. 对涉案演出是否"以营利为目的"未作认定。行政处罚决定书认定,演出"没有赞助商和销售门票等其他营利性行为,没有违法所得",即省文体厅认可涉案演出并未"以营利为目的",但一审对于演出是否应认定为"以营利为目的"没有任何阐述、没有提供任何依据,只是模糊认定"以此次演出为媒介在网站上进行M产品瘦身效果广告宣传"。

(三)二审判决,"M之夜"跨年音乐会不是营业性演出

1. 判断演出活动是否为营业性演出,核心的标准是是否以营利为目的。而营利目的是指举办单位拟通过演出活动获得经济利益,既包括直接的金钱收入,也包括通过广告宣传或者产品促销等方式间接获得经济利益。《营业性演出管理条例实施细则》第二条的规定,进一步明确了营业性演出的要件是具有营利目的、法定方式、以公众为演出对象和现场演出。其中营利目的是大前提,要综合演出对象、场所等因素来认定,而不能单纯地以具有法定的演出方式就认定具有营利目的。

2. 本案中,活动的参加者"仅是公司在全国各地的总经理、销售经理、优秀经销商,演出场所也是位于相对封闭的酒店,而非体育场、营业性演出场

所、商场等公共场所,目的是针对各个市场的问题及状况进行讨论和研究,其性质应属于公司组织的内部活动。而且,省文体厅做出的处罚决定亦是认定涉案演出仅为公司的内部年会,没有赞助商或销售门票等营利性行为和违法所得。由此可见,M公司举办的涉案演出活动,虽然邀请韩国艺人参加演出并支付了报酬,但因为是公司的内部年会,不能认定其具有营利目的,即涉案演出不属于营业性演出,故省文体厅适用《营业性演出管理条例》做出处罚决定,属认定事实不清和适用法律错误。"

三、一点思考

营业性演出,是指以营利为目的为公众举办的现场文艺表演活动。这个定义有四个要素。一是以营利为目的,二是公众,三是现场,四是文艺表演。从具体执法实践看,把握是否营业性演出,后两个要素相对容易,争议较少。前两个争议较多,容易混淆。

(一)关于以营利为目的

是否以营利为目的,拷问的是人的主观因素,而,主观因素恰恰是人内心的活动,不好把握,需要以外在的实际行为来判定。为此,《营业性演出管理条例实施细则》给出了四种方式,即1.售票或者接受赞助的;2.支付演出单位或者个人报酬的;3.以演出为媒介进行广告宣传或者产品促销的;4.以其他营利方式组织演出的。长期以来,这四种方式也一直被当作"以营利为目的"的判断标准,只要具备四种方式之一,即被认定"以营利为目的",甚至是营业性演出的判断标准。但从执法实践来看,有的案例,执法者往往过分依赖上述标准,甚至出现极端化、片面化理解,在把握"以营利为目的",甚至认定营业性演出方面出现偏差。

在这方面,又以"支付演出单位或者个人报酬的"更容易引起争议。

一种意见认为,是否"支付演出单位或者个人报酬的"与是否"营业性演出"没有必然的联系。因此,不宜把是否"支付演出单位或者个人报酬的"作为判定"营业性演出"的标准。"支付演出单位或者个人报酬+公众＝营业性演出"这个公式存在例外情形,或者说不一定等于营业性演出。现实当中,也有很多公益性演出,虽然"支付演出单位或者个人报酬",但并不以营利为目的。比如公益性消夏晚会。主办者一般为政府或者社会组织,其既无营利之意,也无营利之实,但为了搞消夏晚会,花钱邀请演员甚至把演出活动委托给某些演出团体。这样的演出不宜认定为营业性演出。

一种意见认为,支付演出单位或者个人报酬的+公众＝营业性演出。此意见认为,即使如上述消夏晚会等一些公益演出整场演出不盈利,或者不以营利为目的,但演出单位或者演员本人是获利的,是以营利为目的,所以是营业性演出。

笔者以为,上述两种观点都有其合理性,也都有局限性。对于上述争议,要避免两个极端。一是不宜简单地认定:支付演出单位或者个人报酬的+公众＝营业性演出。正如本文案例中法官所言,《营业性演出条例实施细则》第二条"进一步明确了营业性演出的要件是具有营利目的、法定方式、以公众为演出对象和现场演出。其中营利目的是大前提,要综合演出对象、场所等因素来认定,而不能单纯地以具有法定的演出方式就认定具有营利目的。";二是不宜完全否定"支付演出单位或者个人报酬的"与"以营利为目的"和营业性演出的联系。要具体问题具体分析。三是支付报酬的"度"是考量"以营利为目的"的重要因素。某种程度上,这个"度"也是区分是否营业性演出的分水岭。

首先,区别营业性或非营业性演出应该以实际发生的演出行为作依据,而不应该以谁来主办作为判断标准。曾几何时,一些演出活动打着政府或者公益组织的旗号,大行营业性演出之实,例如巧立名目,举办所谓节庆演出、礼宾演出、评奖演出、慰问演出、招待演出、会演、调演、献礼演出、福利彩票促销演出,等等。这些活动主办方演出单位和演员大把捞钱,已为社会所诟病,也为法律所禁止。所以,此类演出属于"支付演出单位或者个人报酬的+公众＝营业性演出"的范畴。

其次，也应承认，把所有"支付演出单位或者个人报酬的+公众"都认定为营业性演出，也有不完全之处。实事求是地说，相比"售票或者接受赞助""以演出为媒介进行广告宣传或者产品促销"，"支付演出单位或者个人报酬的"与营业性演出的关联性要弱很多。"是否支付演出单位或者个人报酬的与是否营业性演出没有必然的联系"这句话也不能说完全没有道理。一些政府或者有政府背景的机构组织的公益演出或者慰问演出，也向演出单位或者演员支付一定的报酬，但这种报酬与典型意义的商业演出相比往往是象征性的，或者说是基本的劳务费。笔者以为，此类演出不宜以营业性演出论处。

第三，其实无论是否"支付演出单位或者个人报酬的"，只要演出是以营利为目的，就可以认定为营业性演出。现实当中个别的演出也会有演员友情出演无报酬的情况，这不能完全作为不是营业性演出的理由，关键还是看演出本身是否以营利为目的。同时，判定是否以营利为目的，不以是否获利为前提。有些演出经营不善，赔了钱，并不影响其营业性演出的判定。

再有，笔者以为，对于"接受赞助的""以演出为媒介进行广告宣传或者产品促销"的，判定其是否为营业性演出，也要具体问题具体分析，最根本的还是要看是否以营利为目的，看与利益相关的"度"。例如，学艺术的孩子的家长为了给孩子一个演出机会，办了一场演出。家长的朋友或者亲戚甚至热心人士，无偿给演出提供了赞助，赞助费也仅仅是满足演出的基本费用，演出本身不以营利为目的，也没有其他商业宣传，等等。笔者以为，此类演出不宜认定为营业性演出。当然，这一切都需要证据的支撑。

（二）关于公众

所谓公众，《现代汉语词典》中解释为"社会上大多数的人"。通说是不特定人群。在营业性演出案件中，涉及公众的，大致分几类。一是对外售票的，此类演出原则上都是针对不特定人群，任何人和群体都可以购票观看，实践中比较好识别，不存在太多的争议。二是针对企业、团体内部组织的演出。此类演出的观众也有不同。1. 纯粹的企业内部员工。这些员工与企业有稳定的劳动合同和人事关系。此类演出也不存在争议。2. 松散的企业员工。

这些员工与企业之间劳动关系并不稳定,也没有固定意义的劳动合同。例如,某些直销企业、保险公司的业务员。笔者曾经历过的一起案子,某直销公司组织全国几千名直销员,在万人体育场开会,其间有演出活动。3.客户业主。包括已经完成交易的客户业主,还有未来的客户和潜在的业主,等等。三是有的演出在相对公开的场所演出,社会公众也会出现在演出现场,换句话说,演出现场既有特定群体,也有不特定群体。使得关于公众的认定就更加复杂。本文讨论的案子就有这方面情况。

上述情况,第一种情况争议不大。后两种情况存在一定程度的争议。之所以存在争议,主要是目前法律上没有给出确切的定义。笔者以为,解决这些争议,可以参考本文所讨论的案例法官的思路,综合把握活动目的,参加人员,场地环境等因素判断。正如案例中法官所言,"本案中,活动的参加者仅是公司在全国各地的总经理、销售经理、优秀经销商,演出场所也是位于相对封闭的酒店,而非体育场、营业性演出场所、商场等公共场所,目的是针对各个市场的问题及状况进行讨论和研究,其性质应属于公司组织的内部活动。"

我国是成文法传统的国家,成文法通过抽象概念形成规则。这就势必会存在一定的不周延、滞后和不足。因此在具体适用法律的时候,就需要执法者运用自己的理性、智慧、学识、技巧去解读,结合案件的具体事实,具体问题具体分析,准确全面把握,科学理性适用。

2021 年 3 月 24 日　发表于网舆勘策院

当艺术品执法遇见文物

摘　要

在涉艺术品执法过程中,应正确认识艺术品的范畴。《艺术品经营管理办法》①中的艺术品不包括文物,而且仅指当代艺术作品。所谓"当代",是指"当前这个时代"。艺术品应构成著作权法意义的作品,要有一定的独创性。当涉艺术品执法遇见文物,应适用《中华人民共和国文物保护法》②(下文简称《文保法》)等调整。关于文物的认定,《文保法》未明确文物不得含有禁止内容。对待文物经营中涉及的内容问题,要以历史的从容、文化的自信、实事求是的态度,辩证、客观、理性地看待。对网络平台和网络店铺经营文物的行为,涉嫌擅自从事文物拍卖和文物经营活动的,依法应由市场监管部门处理。

一、问题的提出

经查,A 公司利用信息网络创建了一个收藏网。该网站系收藏品、艺术品综合性网站交易平台,主要涉及收藏品、艺术品、旧物等交易,提供零售、大

---

① 本篇文章中所涉及的《艺术品经营管理办法》指 2016 年版。
② 本篇文章中所涉及的《中华人民共和国文物保护法》指 2013 年版。

众加价、专场加价、批发、自由交易等多种交易模式。客户群体遍及全国各地。A 公司取得《艺术品经营单位备案证明》,从事艺术品经营经纪活动,对成交的艺术品收取注册商铺 2% 左右的佣金。

交易平台上注册的 B 商铺销售 1 件书法作品和 1 对天球瓷瓶。书法作品的作者系日本人龟田(化名),其参加过中日甲午战争和八国联军侵华战争。该书法作品写有大意为"日本国家的兴败在此一战,全体人员都要努力"的字样。瓷瓶是 1937 年日军侵占上海时的物品。瓶上写有大意为"日军登陆上海纪念"的字样。关于涉案物品是否含有违禁内容,某省文化管理部门组织有关专家出具意见,意见认为,《中华人民共和国宪法》序言规定,"中国……坚持反对帝国主义、霸权主义、殖民主义……"。"反对帝国主义,霸权主义,殖民主义是宪法确定的基本原则。在中日甲午战争、八国联军侵华战争和第二次世界大战中,中国人民深受日本侵略者的蹂躏与残害。该作品宣扬了帝国主义、霸权主义、殖民主义和日本侵华历史。"

依据上述专家意见,执法者认为,该书法作品和瓷瓶属于《艺术品经营管理办法》第二条规定的艺术品,作品的内容为日本侵华大唱赞歌,违背了《中华人民共和国宪法》第五十五条"保卫祖国、抵抗侵略是中华人民共和国每一个公民的神圣职责"的规定,为含有反对宪法确定的基本原则的艺术品。当事人违反《艺术品经营管理办法》第六条第(一)项的规定,经营含有反对宪法确定的基本原则的艺术品,事实清楚、证据充分。依据《艺术品经营管理办法》第二十条的规定,分别对 A 公司罚款 N 元,对 B 商铺没收涉案作品。

关于上述案例中涉案物品的定性以及适用法律,存在不同意见。该意见指出,涉案书法作品的作者既然参加过中日甲午战争,肯定是那个时期的人,其作品肯定也是那个时代的,距今已有百余年。涉案瓷瓶是 1937 年左右生产出品,距今也有 80 多年。因此,涉案物品是艺术品吗? 或者说是《艺术品经营管理办法》中的艺术品吗? 是否应定性为文物呢? 如果能定性为文物,是否还适用《艺术品经营管理办法》处置呢?

二、本案不宜适用《艺术品经营管理办法》

(一) 涉案物品是一般概念的艺术品

关于艺术品,"艺术作品,一般指造型艺术的作品。"(《现代汉语词典》修订本)"用形象来反映现实但比现实有典型性的社会意识形态,包括文学、绘画、雕塑、建筑、音乐、舞蹈、戏剧、电影、曲艺等。"(《现代汉语词典》修订本)

所谓造型艺术,"造型艺术是一种艺术形态。指运用一定的物质材料(如颜料、水、墨、绢、布、纸、木、石、泥、玻璃、金属等)通过塑造视觉形象来反映社会生活与表现艺术家思想情感的艺术。造型艺术随着人类发展至今已经具有了非常庞大的体系和门类,广义上讲,建筑、绘画、雕塑、世界各国的民间手工艺等等,都属于造型艺术的范畴。狭义上讲,造型艺术主要是指绘画、雕塑等传统艺术种类。"

从上述关于艺术品的一般概念来讲,涉案 2 件作品,1 件是书法。书法,"文字的书写艺术,特指用毛笔写汉字的艺术"。(《现代汉语词典》修订本),显然书法是汉字特有的造型艺术,是艺术品应无异议。还有 1 对天球瓶。"天球瓶是一种瓷器造型,创烧于明代永乐、宣德年间的景德镇窑。永乐朝开始成为观赏式瓶,宣德年间较为流行。瓶形为小口、直颈、丰肩、假圈足、砂底微凹。因圆球腹硕大,像是从天降下来似的,故得名。"据此,也应该是艺术品。

(二) 涉案物品不是法律意义的艺术品

尽管如上述分析,涉案物品是艺术品,但是否法律意义的艺术品呢?特别是是否属于《艺术品经营管理办法》范畴的艺术品呢?

《艺术品经营管理办法》,"本办法所称艺术品,是指绘画作品、书法篆刻作品、雕塑雕刻作品、艺术摄影作品、装置艺术作品、工艺美术作品等及上述作品的有限复制品。本办法所称艺术品不包括文物。"

仅从上述关于艺术品的定义来看,涉案物品应该涵盖其中,属于法律意义上的艺术品。但事实是如此吗?

关于《艺术品经营管理办法》中的"艺术品",在见诸公开报道的 2017 年 3 月 22 日文化部(今文化和旅游部)通报首批艺术品市场案件查处情况新闻发布会上,文化部文化市场司负责同志指出,"《艺术品经营管理办法》所称'艺术品'不包括文物。'艺术品'界定在'作品'范畴内,重点指原创的当代艺术作品,既不包括文物,也不包括工业化、批量生产的工艺品。"①

根据上述可以得出结论,一是《艺术品经营管理办法》中的艺术品不包括文物,二是艺术品应构成著作权法意义的作品,换句话说要有一定的独创性,即,要有一定的创作高度并独立完成。三是艺术品仅指当代艺术作品。所谓"当代",是指"当前这个时代"。(《现代汉语词典》修订本)。四是不包括工业化、批量生产的工艺品。

从上述来讲,涉案物品一是因年代相对久远且有一定历史价值可能构成文物,二是并非当代作品,因此,不宜适用《艺术品经营管理办法》调整。

三、涉案物品宜认定为文物并按相关法律处置

(一)通说文物的概念

文物是"历代遗留下来的在文化发展史上有价值的东西,如建筑、碑刻、工具、武器、生活器皿和各种艺术品等"(《现代汉语词典》修订本)。上述表达可把握三个重点。一是历史遗留,也就是要有一定的年头。二是属于文化的范畴。三是有价值。换句话说,物件首先要有一定年头,但历史上留下来的东西很多,但未必都是文物,要与文化有关,要有价值。

---

① 《文化部举行新闻发布会通报首批艺术品市场案件查处情况》

（二）法律对文物的定义

《文物保护法》指出，在中华人民共和国境内，下列文物受国家保护：（一）具有历史、艺术、科学价值的古文化遗址、古墓葬、古建筑、石窟寺和石刻、壁画；（二）与重大历史事件、革命运动或者著名人物有关的以及具有重要纪念意义、教育意义或者史料价值的近代现代重要史迹、实物、代表性建筑；（三）历史上各时代珍贵的艺术品、工艺美术品；（四）历史上各时代重要的文献资料以及具有历史、艺术、科学价值的手稿和图书资料等；（五）反映历史上各时代、各民族社会制度、社会生产、社会生活的代表性实物。具有科学价值的古脊椎动物化石和古人类化石同文物一样受国家保护。《文物认定管理暂行办法》"《中华人民共和国文物保护法》第二条第一款所列各项，应当认定为文物。"

《文物认定管理暂行办法》同时指出，"本办法所称文物认定，是指文物行政部门将具有历史、艺术、科学价值的文化资源确认为文物的行政行为。"这里重点讲了文物具有的三个价值，即历史价值、艺术价值、科学价值。笔者以为，这三个价值的表述对于认定文物很有意义。

（三）文物的年头

关于什么时候留下来的物件算文物，《文物保护法》说得很原则，不够具体明确。2020 年 11 月 6 日，国家文物局向社会公开征求《中华人民共和国文物保护法（修订草案）》的意见，其"征求意见稿"关于文物的年头，指出应为"其他一百年以上的实物"。2016 年的《文物拍卖管理办法》（物博发〔2016〕20 号）指出，"在中华人民共和国境内，以下列物品为标的的拍卖活动，适用本办法：（一）1949 年以前的各类艺术品、工艺美术品；（二）1949年以前的文献资料以及具有历史、艺术、科学价值的手稿和图书资料；（三）1949 年以前与各民族社会制度、社会生产、社会生活有关的代表性实物；（四）1949 年以后与重大事件或著名人物有关的代表性实物；（五）1949 年以后反映各民族生产活动、生活习俗、文化艺术和宗教信仰的代表性实物；

（六）列入限制出境范围的 1949 年以后已故书画家、工艺美术家作品；（七）法律法规规定的其他物品。"

根据以上条目分析,在目前的关于文物的法律法规规章中,1949 年以前的物件,从年代方面看,应该属于文物的范畴。

（四）涉案物件被认定内容有问题,还能被认定为文物吗?

从《文物保护法》关于文物的定义讲,只强调文物的历史价值、艺术价值和科学价值,未明确文物不得含有禁止内容。关于此,多年前的一起杨某因卖铜镜被拘留的行政涉诉案件,或许能有所启示。

2009 年 3 月 12 日,杨某在某市一文化市场租摊卖收藏品,其中包含一面"春宫镜",被警方查获。某市公安局出具《淫秽物品审查鉴定书》,根据《刑法》367 条和新闻出版总署《关于认定淫秽及色情出版物的暂行规定》,认定涉案铜镜为淫秽物品。杨某被拘留三天。杨某不服,诉至法院。原告提出,"认定淫秽物品之前,应该先做文物鉴定,排除文物后,才能认定是否属于淫秽",并申请重新鉴定"春宫镜"是否为文物。警方答复"春宫镜"已被警方销毁无法重新鉴定。一审法院支持了警方。杨某提出二审,称,在行政处罚未经行政诉讼前,行政机关有保管证据的义务。现在警方销毁"春宫镜",致使无法再次鉴定,应承担不利后果。二审未当庭宣判。①

此案件在当时引起多方关注。著名收藏家马未都认为,"春宫"文化其实就是"性文化",是中国古代文化的一个组成部分,渗透社会生活和文化的各个层面,涉及婚姻、家庭、宗教制度、道德观念、法律等体系。因此历朝历代,从宫廷到民间,反映"性文化"的形式很丰富,作品也很多。从艺术文化角度说,具有一定年代的"春宫镜"不应算是淫秽物品。②

遗憾的是,因为时间太久了,笔者在网上未查到案件的后续报道。但笔者在网上又查到,清春宫铜镜是重庆中国三峡博物馆收藏的铜器。因此,笔

① 《"女商人卖'春宫镜'被拘"续:警方被诉违法销毁》《中国新闻网》
② 《是文物还是淫秽物? 古董商卖"春宫镜"被拘留》www.CCTV.com,2009 年 6 月 23 日

者理解,物件是否为文物,关键看物件是否存在历史价值、艺术价值和科学价值,是否含有禁止内容不是决定因素。因此,就本文讨论的案例而言,涉案两个物件,虽然含有"为日本国家的兴败在此一战,全体人员都要努力""日军登陆上海纪念"的字样,但仍具有史料价值,至少对于印证相关历史、作为日军侵华证据,具有史料价值。当然,是否为文物,还要由文物部门说了算。但,在《艺术品经营管理办法》明确说明不包括文物、也未搞清涉案物件是否为文物之前,执法者就以含有禁止内容的艺术品定性,继而没收、罚款,显得过于主观。

四、网络销售文物的监管

本案涉案主体有两个。一是平台,二是店铺。

(一)关于平台的责任

从现有证据看,平台并没有直接参与销售,只是收了交易双方的中介费(佣金)。现有法律只是对文物商店、文物拍卖做出规定。从这一点看,在文物交易方面并没有赋予平台相关法律责任。退一步讲,即使认定平台从事的是文物拍卖的工作:第一,其需要办理相关资质。如果没有资质,可由市场监管部门对其处罚。第二,关于拍卖文物的禁止。虽然《文物拍卖管理办法》第十四条规定,"下列物品不得作为拍卖标的:(七)涉嫌损害国家利益或者有可能产生不良社会影响的标的"。第二十条规定,"拍卖企业利用互联网从事文物拍卖活动的,应当遵守本办法的规定。"但《文物拍卖管理办法》未规定处罚条款。

(二)关于店铺的法律责任

《文物保护法》规定,"文物商店应当由国务院文物行政部门或者省、自治区、直辖市人民政府文物行政部门批准设立,依法进行管理。"因此,销售文物需要取得行政许可,未经许可经营文物商店属于违法行为,擅自从事文物的商业经营活动,尚不构成犯罪的,由工商行政管理部门依法予以制止,没收违法所得,非法经营的文物,罚款。

从上述看,即使从文物角度监管,或许也只有对平台和店铺以擅自从事文物拍卖和文物经营活动论处,但这也仅是市场监管部门的责任。文化执法部门无权处置。

五、启示

本案涉及艺术品经营、文物经营、网络经营违禁内容等问题,反映了一定的现实情况,值得总结和思考。

(一)法律对文物交易涉及内容问题应有所作为

通过上述讨论,案例中涉及的两个物件大概率属于文物。那么,在文物交易过程中,是否要考虑文物所表现出的内容呢?换句话说,如果文物中确有"涉嫌损害国家利益或者有可能产生不良社会影响"的内容,法律是否要做出规定,限制交易场所和范围呢?

关于这个问题,正如本文第四部分所述,仅就笔者观察,目前能见诸法律文本的只有《文物拍卖管理办法》第十四条规定,"……下列物品不得作为拍卖标的:(七)涉嫌损害国家利益或者有可能产生不良社会影响的标的",而且还未规定处罚条款。

从《文物保护法》看,"文物商店销售的文物,在销售前应当经省、自治区、直辖市人民政府文物行政部门审核;对允许销售的,省、自治区、直辖市人民政府文物行政部门应当做出标识。"这一审核是否包含内容的审核呢?目前看,《文物保护法》没有相关规定。后续《文物保护法》修订的征求意见稿也未见此内容。笔者以为,这至少应该作为一个问题思考。从《文物拍卖管理办法》设置禁止拍卖"涉嫌损害国家利益或者有可能产生不良社会影响的标的"来看,管理者似乎认识到了这个问题,但作为规章来讲,在无《文物保护法》及其实施条例等上位依据的情况下,似乎只能到此为止。那么,未来的《文物保护法》或者相关法规应有所作为。

(二)从容、自信、辩证看待文物的价值

2017年,中国人民抗日战争纪念馆举办了"全民抗战 伟大壮举——纪念全民族抗战爆发80周年专题展览"。展览展出的展品就包括"日本从军纪念章"。从军纪念章是日本为彰显"战功"而颁发给参战军人的纪念章。"从这些日军从军纪念章中可以清晰看出,自1874年起,日本发动的每一次侵略战争都和中国有关,或者直接侵略中国,或者和其他列强在中国领土上厮杀。这些原本为歌颂日本侵略战争和军国主义的从军纪念章,现已成为镌刻在铜板上的侵华日军穷兵黩武、恃强凌弱、野蛮屠杀中国人民的自供状。"①

上述这些文物,如果用本文案例中专家和执法者的认识角度看,哪一件不是违反宪法,哪一件不是"宣扬了帝国主义、霸权主义、殖民主义和日本侵华历史"呢!所以,笔者以为,对待文物涉及的内容问题,要以一种历史的从容、文化的自信和实事求是的态度,辩证、客观、理性地看待。

(三)对销售古籍含有禁止内容的启示

依据《出版管理条例》,图书属于出版物。如果销售的图书含有禁止内容,就是违法行为。但是,执法时,如果遇到销售的具有一定年头的古籍同时含有禁止内容(例如"春宫图")当如何呢?

以《出版管理条例》论,古籍符合出版物的特征,应被纳入出版物管理。而且现实生活中就有古籍书店。但按《文物保护法》论,又符合"历史上各时代重要的文献资料以及具有历史、艺术、科学价值的手稿和图书资料",这又该如何是好呢?而且《出版管理条例》还不像《艺术品经营管理办法》明确了

---

① 《抗战馆310件文物首次对外展出》《北京青年报》2017年7月26日。

不包括文物。笔者以为,这种情况宜优先考虑物品的文物价值,纳入文物法律法规监管。这一点,或许《出版管理条例》应该学习《艺术品经营管理办法》,明确条例的监管范畴不包括文物。当然,将古籍重新编辑出版另当别论。

参考文献

1.中国社会科学院语言研究所词典编辑室编.现代汉语词典(修订本)[Z].北京:商务印书馆,1996.

2.文化部举行新闻发布会通报首批艺术品市场案件查处情况[EB/OL].中国网(2017-03-22).https://www.gov.cn/xinwen/2017-03/22/content_5179625.htm#1.

3.“女商人卖春宫镜被拘”续:警方被诉违法销毁[EB/OL].中国新闻网(2010-01-15).http://news.sohu.com/20100115/n269591159.shtml.

4.是文物还是淫秽物? 古董商卖“春宫镜”被拘留,www.CCTV.com 2009年06月23日.

5.抗战馆310件文物首次对外展出[N/OL].北京青年报,(2017-07-26).https://beijing.qianlong.com/2017/0726/1885039.shtml.

2022年9月13日　发表于网舆勘策院

案说可移动文物行政处罚与行刑衔接

摘 要

可移动文物执法是文物执法中的难中之难。适用《文物文保法》①第七十一条对"买卖国家禁止买卖的文物"的违法行为进行处罚是最主要的案件,其与倒卖文物罪构成主要的行刑衔接案件类型;界定是否属于《文物保护法》第七十一条的"买卖",应主要从买卖文物的目的来考虑,是为了收藏还是为了出售牟利,宜与倒卖文物罪的"倒卖"做同等理解;买卖国家禁止买卖的文物构成犯罪但不予追诉的,涉案文物宜在刑事环节追缴,不宜再移送行政执法机关没收,行政执法没收涉案文物应于法有据;《文物保护法》第七十四条关于追缴文物的规定,是法律对文物行政执法机构的授权,在实施中,应按照行政处罚法规定的程序进行;文物行政案件对涉案文物的认定、鉴定应符合相关法律规范的规定;《文物保护法》第七十四条的"隐匿不报"应作为一个连贯的整体行为来看,不宜拆分为"隐匿"和"不报"两个行为,仅仅是发现文物不报告不构成可处罚行为;国有文物属于国家所有是文保法最基本、最核心、最重要的原则。只要发现出土文物或者非法流入社会的国有文物,应不论在哪里发现、以何种形式发现,任何个人和单位都有权利和义务报告或者举报,对于发现文物隐匿或者拒不上交的,文物管理部门和公安部门

---

① 本篇文章中所涉及的《文物文保法》指 2017 年版。

都有权追缴,视情节予以处罚。

在文化执法七大领域中,文物执法是难点,其中,可移动文物执法更是难点。在文化执法部门历年办理的文物案件中,涉及可移动文物案件的占比少得可怜,也可见一斑。客观上讲,文物案件特别是可移动文物案件,因涉及文物认定鉴定、违法行为的认定、罪与非罪的认定、物品的收缴与没收等,难点很多。同时,实事求是地讲,面对与时俱进的社会主义市场经济的伟大实践,现行文物保护法等法律规范还存在不足。在可移动文物行政处罚案件中,以适用《文物保护法》第七十一条、第七十四条为由的行政处罚为多,这之间行政处罚与刑事处罚特别是倒卖文物罪直接构成行刑衔接。笔者近期有机会研读了相关律条,学习了相关案例,尝试着做一点梳理分析。

一、问题的提出

案例一 左某发现文物隐匿不报、买卖国有文物案

经查,2006 年,左某在虾塘取土,挖出一青铜钟(后鉴定为二级文物),隐匿并私自以 1.8 万元卖给专门收购古玩的钮某。钮某拟询价出卖。因其涉嫌犯罪,市文物局将案件移送公安机关。公安机关对二人刑拘并移送检察院。检察院以倒卖文物罪对钮某提起公诉,钮某被判刑,同时将左某的案件以隐匿不报、买卖文物为由退回公安机关,而后公安机关又移送市文物局。市文物局以"发现文物隐匿不报、买卖国家禁止买卖的文物"为由对左某罚款 5000 元。

案例二 汪某买卖国家禁止买卖的文物案

2017 年,S 市的顾某、徐某盗掘古墓。汪某花 2.5 万元从顾、徐手中购得

古砖176块(公安机关在汪某处起获,后鉴定为一般文物),并转售牟利。三人被公安机关抓获并移送检察机关。顾、徐被追究刑事责任。检察机关以"情节轻微不需要判处刑罚"对汪某不予起诉,建议文化执法机构对汪某以买卖国家禁止买卖的文物为由予以查处。涉案古砖一并移交文化执法机构。文化执法机构认定汪某构成买卖国家禁止买卖的文物,违法经营额2.5万元,依据《文物保护法》第七十一条对汪某进行处罚:1.没收古砖176块;2.罚款50,100元。

案例三　何某买卖国家禁止买卖的文物案

2021年,根据摸排线索,D市(地级市)文化执法支队对何某进行检查。经查,何某经营古旧物,其经营的4块石碑,系其从民间收购,经该市文物鉴定工作委员会专家鉴定,"可认定为一般文物"。执法者认为,何某以营利为目的,经非法渠道收购文物并销售,构成买卖国家禁止买卖的文物的违法行为,决定对何某没收违法所得和罚款。

案例四　A公司发现文物隐匿不报案

某市某项目,A公司是承包商,将其分包给B公司施工。2020年5月,工地挖出文物,B公司有人对文物进行了瓜分。A公司负责人得知消息后,既未追查文物,也未向文物部门报告。文化执法者向公安局移送案件线索,涉案文物在行政案件处理期间部分被追回。文化执法者同时认定A公司发现文物隐匿不报,依据《文物保护法》第七十四条,对A公司罚款4万元。

上述四个案例中的前三个基本都是文物行政执法者适用《文物保护法》第七十一条,以"买卖国家禁止买卖的文物"为由,对当事人做出了行政处罚。案例四适用《文物保护法》第七十四条进行处罚。案例中存在着一些值得关注和商榷的问题。一是如何认识《文物保护法》第七十一条中的"买卖"以及倒卖文物罪中的"倒卖"?案例一中的左某是否构成倒卖文物罪?二是如何认识文物案件中对涉案文物的没收与追缴？案例二中没收涉案古砖是否有法律依据？三是如何认识文物案件中鉴定认定？案例三中地级市的鉴定委员会是否具备鉴定资格？四是如何理解隐匿不报？仅仅是发现文物不报告是否构成行政违法？厘清个中含义,准确把握法律,对于办理可移动文物行政案件,做好行刑衔接有重要意义。

二、文物案件行刑衔接涉及的主要行为和罪名

(一)文物犯罪涉及的罪名

文物犯罪的罪名主要集中在《刑法》①"妨害文物管理罪"第三百二十四条至第三百二十七条。主要有:故意毁损文物罪、故意毁损名胜古迹罪、过失毁损文物罪、非法向外国人出售、赠送珍贵文物罪、倒卖文物罪、非法出售、私赠文物藏品罪、盗掘古文化遗址、古墓葬罪、盗掘古人类化石、古脊椎动物化石罪。另外还涉及盗窃罪、走私罪、掩饰隐瞒犯罪所得罪。

(二)与刑事犯罪对应的文物行政违法行为

《文物保护法》规定的文物行政违法行为,涉及不可移动文物和可移动文物,《文物保护法》罚则中的案由主要集中在第 66 条、第 68 条、第 70 条、第 71 条、第 72 条、第 73 条、第 74 条,约 22 项,但与刑事犯罪对应的文物行政违法行为主要有:

---

① 本篇文章中所涉及的《刑法》指 2020 年版。

不可移动文物方面:

文物行政违法行为	涉文物犯罪罪名
擅自迁移、拆除不可移动文物的	故意毁损文物罪
	故意毁损名胜古迹罪 风景名胜古迹包括(1.风景名胜区核心景区;2.市、县级文保单位;3.未定级不可移动文物)
擅自修缮不可移动文物,明显改变文物原状的	过失毁损文物罪

可移动文物方面:

文物行政违法行为	涉文物犯罪罪名
将国有馆藏文物赠与、出租或者出售给其他单位、个人	非法出售、私赠文物藏品罪
买卖国家禁止买卖的文物	倒卖文物罪
将禁止出境的文物转让、出租、质押给外国人	非法向外国人出售、赠送珍贵文物罪

(三)倒卖文物罪及行刑衔接

从可移动文物行政执法的职责、常见案件、文物罪名看,两法衔接涉及的主要罪名是倒卖文物罪。依据《文物保护法》和2015年最高人民法院、最高人民检察院《关于办理妨害文物管理等刑事案件适用法律若干问题的解释》,本文结合案例,主要就此做些分析。

1. 倒卖文物罪

《刑法》第三百二十六条【倒卖文物罪】以牟利为目的,倒卖国家禁止经营的文物,情节严重的,处五年以下有期徒刑或者拘役,并处罚金;情节特别严重的,处五年以上十年以下有期徒刑,并处罚金。单位犯前款罪的,对单位判处罚金,并对其直接负责的主管人员和其他直接责任人员,依照前款的规定处罚。

起刑点:

倒卖文物罪以"情节严重"为起刑点。只有(1)倒卖国家禁止经营的文物,达到倒卖三级文物的。(2)或者交易数额在五万元以上的。(3)或者其他情节严重的情形,才构成犯罪。

另外,可移动文物涉及的罪名还有盗窃罪、走私罪、掩饰隐瞒犯罪所得罪,其中掩饰隐瞒犯罪所得罪与文物执法衔接紧密。

2. 掩饰、隐瞒犯罪所得、犯罪所得收益罪

《刑法》第三百一十二条【掩饰、隐瞒犯罪所得、犯罪所得收益罪】明知是犯罪所得及其产生的收益而予以窝藏、转移、收购、代为销售或者以其他方法掩饰、隐瞒的,处三年以下有期徒刑、拘役或者管制,并处或者单处罚金;情节严重的,处三年以上七年以下有期徒刑,并处罚金。单位犯前款罪的,对单位判处罚金,并对其直接负责的主管人员和其他直接责任人员,依照前款的规定处罚。

起刑点:

依据《关于办理妨害文物管理等刑事案件适用法律若干问题的解释》第九条规定"明知是盗窃文物、盗掘古文化遗址、古墓葬等犯罪所获取的三级以上文物,而予以窝藏、转移、收购、加工、代为销售或者以其他方法掩饰、隐瞒的,依照刑法第三百一十二条的规定,以掩饰、隐瞒犯罪所得罪追究刑事责任。"这也明确了在文物案件中适用掩饰、隐瞒犯罪所得罪的起刑点为"三级以上文物"。

三、如何理解倒卖文物罪中的"倒卖" 以及行政处罚中的"买卖"

(一)对倒卖文物罪中"倒卖"的理解

前述案例一的左某是应该进行行政处罚,还是应该追究刑事责任,这涉及对倒卖文物罪中"倒卖"的理解。

此案的当事人有二,行为也有不同。一是当事人左某,挖到文物隐匿不

报并出售牟利。二是当事人钮某,购进涉案文物再出售牟利。检方认为钮某的行为符合倒卖文物罪的"倒卖",即买进卖出,故而追究刑事责任;认为左某的行为只有售出环节,不构成刑事犯罪,遂退回行政机关追究行政责任。这涉及对"倒卖"的理解。本案发生在 2006 年,关于"倒卖",当时司法界认识不一。2015 年《关于办理妨害文物管理等刑事案件适用法律若干问题的解释》出台后,此问题得到解决。该《解释》第六条规定,出售或者为出售而收购、运输、储存《中华人民共和国文物保护法》规定的"国家禁止买卖的文物"的,应当认定为《刑法》第三百二十六条规定的"倒卖国家禁止经营的文物"。这里的司法解释强调,"出售"即构成"倒卖",而没有强调"买进卖出"。因此,笔者以为,以非法手段获取的文物特别是属于国家所有的文物再销售的行为或可都属于"倒卖"行为。本案若发生在今天,因涉案文物构成二级文物,以"倒卖文物罪"追究左某的刑事责任应不会再有争议。

(二) 文保法"买卖国家禁止买卖的文物"中"买卖"的理解

按照上文分析,案例一因涉案文物是二级文物,倒卖文物罪的起刑点是三级文物,所以应追究左某的刑事责任,但是如果涉案文物是一般文物,左某是否构成文保法买卖国家禁止买卖的文物呢? 这涉及对"买卖"的理解。

关于《文物保护法》七十一条"买卖国家禁止买卖的文物"中的"买卖",因没有相关法律文本的定义和解释,执法实践中也有不同的理解,一是认为按照词义解释,"买卖"有固定的词义,指生意,即商业性的买进卖出,单独的"买"和"卖"不构成"买卖"。二是承认"买卖"指商业性的买进卖出,但单独的"买"和"卖"也构成文保法意义的"买卖"。

笔者以为,界定何为《文物保护法》七十一条的"买卖",应从文保法的立法目的来考虑。从文保法的立法目的看,文保法不限制收藏文物,主要是限制商业性的买卖文物。因此,应主要从买卖文物的目的来考虑,也就是"买卖"是为了收藏还是再出售牟利。这一点,可与倒卖文物罪的"倒卖"做同等理解,即"倒卖:出售或者为出售而收购、运输、储存",这也是行刑衔接的需要。这里可做如下理解:一是"卖"文物属于"买卖","卖"国家禁止买卖的文物,构成倒卖文物罪的(例如三级文物)追究刑事责任,不够犯罪的(例如一般文物),追究行政责任。二是为出售而"买"属于"买卖",如果涉案文物属于国家禁止买卖的文物,则属于第七十一条的可处罚行为。三是单纯以收藏为目的的"买"不属于"买卖"行为。但是,如果购买了国有文物,违反了《文物保护法》第五十一条不得买卖国有文物的规定,所以还是违法行为,只是该行为不被认定为可处罚行为。四是以收藏为目的买到的国有文物应当归还、上缴国家,拒不归还或者上缴的,涉嫌非法侵占,或可适用《文物保护法》第七十四条,由文物管理部门会同公安机关予以追缴,情节严重的,还可以罚款。

按照上述分析,如果案例一涉案文物是国有一般文物,左某构成"买卖国家禁止买卖的文物"的违法行为,应予以行政处罚,涉案国有文物应由文物管理部门会同公安机关予以追缴。

四、没收收缴涉案文物应有法律依据

倒卖文物罪以涉案文物为三级以上文物和交易额5万元为起刑点,在案例二中,显然涉案的文物和交易额未达到刑事追责标准,最终由文化执法机构追究汪某"买卖国家禁止买卖的文物"的行政违法责任是正确的。但是,行政处罚没收涉案古砖是否正确呢?

《文物保护法》第七十一条规定,买卖国家禁止买卖的文物,尚不构成犯罪的,由县级以上文物主管部门没收违法所得,并处罚款。这里的处罚并无没收涉案文物的规定,显然本案没收古砖缺乏法律依据。那本案的文物毕竟是出土文物,属于国家所有,不没收难道还应该还给当事人吗? 如果不还,应该如何处理呢? 这就涉及可移动文物案件涉案文物的没收和收缴问题。

笔者以为,涉案古砖应在刑事环节追缴,换句话说,司法机关在向行政执法移送案件前的刑事环节,应先行追缴涉案古砖,不宜再移送行政执法机关。

首先,"追缴"是《刑法》对犯罪分子违法所得的一切财物的处置措施。

《刑法》第六十四条【犯罪物品的处理】规定,"犯罪分子违法所得的一切财物,应当予以追缴或者责令退赔;对被害人的合法财产,应当及时返还;违禁品和供犯罪所用的本人财物,应当予以没收。没收的财物和罚金,一律上缴国库,不得挪用和自行处理。"据此,盗掘古墓获得的文物是属于非法所得,由公安机关负责追缴,追缴后上缴国库。

其次,"追缴"也是行政法对违法分子违法所得的相关财物的行政措施。例如《治安管理处罚法》①第十一条规定,"办理治安案件所查获的毒品、淫秽物品等违禁品,赌具、赌资,吸食、注射毒品的用具以及直接用于实施违反治安管理行为的本人所有的工具,应当收缴,按照规定处理。"这里的收缴与追缴基本同义。再例如《文物保护法》第七十四条规定,发现文物隐匿不报或者拒不上交,尚不构成犯罪的,由文物主管部门会同公安机关追缴文物。

第三,这里的追缴是一项具体行政行为,通说属于行政处罚的没收,应有法律的授权。关于追缴是否属于行政处罚,应"从三个方面理解:一是外部性。行政机关基于行政管理职责,对违反了行政管理秩序的当事人做出的行政行为;二是新的不利负担。该措施减损当事人权益或者增加义务;三是惩戒,该措施的目的是惩戒违法当事人。""关于收缴非法财物和追缴违法所得。""多数认为收缴、追缴与没收的适用情形、处理对象、法律效果并无差异,属于行政处罚。"②

既然属于行政处罚,使用该权力就需要法律法规的授权,那么文化执法部门是否有权行使该权利呢?《文物保护法》第七十四条规定,发现文物隐匿不报或者拒不上交,未按照规定移交拣选文物,尚不构成犯罪的,由县级以上人民政府文物主管部门会同公安机关追缴文物。笔者理解,这是《文物保护法》对文物行政执法机构的授权。换句话说,对于《文物保护法》第七十四条涉及的违法行为,文化市场综合执法部门与公安机关都有权追缴。笔者以为,案例二中的汪某从他人手中购买古砖再销售的行为,应该构成"发现文物隐匿不报",执法者可适用第七十四条追缴没收古砖。当然,既然追缴属

---

① 本篇文章中所涉及的《治安管理处罚法》指 2012 年版。

② 袁杰、赵振华主编《中华人民共和国行政处罚法问答》,中国民主法制出版社,2021。

于行政处罚,那么在实施的过程中,应按照行政处罚法规定的程序进行。

五、可移动文物案件的鉴定应符合法律规定

本文案例三中,涉案文物由地级市的文物鉴定委员会专家鉴定为一般文物,这符合法律规定吗?

在办理文物案件中,无论是行政案件,还是刑事案件,都涉及涉案物品是否文物、文物的级别价值、损毁程度等的认定和鉴定。关于涉文物的鉴定认定,主要有三个法律依据,规定了三个渠道。

一是文物的行政认定。主要依据《文物认定管理暂行办法》(以下简称《办法》)。按照《办法》第一条第二款"本办法所称文物认定,是指文物行政部门将具有历史、艺术、科学价值的文化资源确认为文物的行政行为",文物的行政认定属于具体行政行为中的行政确认,其按照法定程序做出的书面结论具有法律效力,可作为行政案件和刑事案件的依据。但是,这里的认定只限于认定是否文物以及文物的级别,不涉及文物案件中损毁程度等鉴定。

二是行政鉴定。主要依据《文物行政处罚程序暂行规定》(以下简称《规定》)。该《规定》第二十五条规定,"对案件处理过程中需要解决的专业性问题,文物行政部门应当委托专门机构或者聘请专业人员提出意见。文物的鉴定,应当以办理案件的文物行政部门所在地省级文物鉴定机构的鉴定意见为准。国家文物鉴定机构可以根据办理案件的文物行政部门的申请,对省级文物鉴定机构的鉴定意见进行复核。"笔者以为,这里的鉴定结论只适用行政案件。

三是刑事案件鉴定。主要依据《涉案文物鉴定评估管理办法》(以下简称《办法》)。《办法》是为适应人民法院、人民检察院和公安机关等办案机关办理文物犯罪刑事案件的需要而制定。由最高人民法院、最高人民检察院、国家文物局、公安部、海关总署,2018年6月20日印发并实施。适用该办法鉴定的涉案文物,专指文物犯罪刑事案件涉及的文物或者疑似文物。原则

上,适用该办法成立的评估鉴定机构不接受公检法以外的办案机构委托鉴定。

根据上述分析,文物行政案件涉及是否文物、文物级别等问题时,有两个方案。一是由县级以上地方文物行政部门按照《文物认定管理暂行办法》的程序性规定,做出书面决定并生效。二是依据《文物行政处罚程序暂行规定》,由所在地省级文物鉴定机构做出鉴定意见。在案例三中,涉案鉴定由地级市的文物鉴定委员会专家做出,该鉴定在鉴定级别和资质上存在不确定性。

六、对《文物保护法》第七十四条发现文物隐匿不报予以处罚的理解

文保法第七十四条规定,对于发现文物隐匿不报或者拒不上交的,尚不构成犯罪的,由县级以上人民政府文物主管部门会同公安机关追缴文物;情节严重的,处五千元以上五万元以下的罚款。

(一) 案例四中当事人是否构成发现文物隐匿不报的可处罚行为?

关于发现文物隐匿不报的违则是《文物保护法》第三十二条,该条有两款。第一款是义务条款——报告,即"在进行建设工程或者在农业生产中,任何单位或者个人发现文物,应当保护现场,立即报告当地文物行政部门……"第二款是禁止条款,即"依照前款规定发现的文物属于国家所有,任何单位或者个人不得哄抢、私分、藏匿。"但《文物保护法》第七十四条的罚则是针对"发现文物隐匿不报",而未仅仅针对发现文物不报告的行为。

笔者以为,"隐匿不报"应作为一个连贯的整体行为来看,"隐匿"并意图据为己有是目的,"不报"是表现形式,不宜拆分为"隐匿"和"不报"两个行为。此罚则主要是针对"隐匿"和"拒不上交"文物的行为,即,是针对意图将

文物据为私有的行为。换句话说,仅仅是发现文物不报告不构成可处罚行为。

同时,第七十四条规定,只有情节严重的行为才应该处罚。关于情节是否严重,"一般理解为由于其未及时报告导致文物毁损或破坏。"(《文物行政执法案例选编与评析》)笔者理解,这里还应包括主观态度(配合程度)、涉案文物价值、隐匿程度等。因此,案例四的当事人仅仅是没有报告,涉案文物被工地上其他人拿走,A 公司及其负责人并没有"隐匿"行为,且真正的"隐匿者"配合执法者追缴了文物,不存在情节严重的情形。因此,案例四对当事人的处罚不够准确,也过于严苛。

(二)第七十四条对于发现文物隐匿不报或者拒不上交的行为是否不限于"在进行建设工程或者在农业生产中"? 同时,被发现的文物是否应该限定在国有文物?

根据《文物保护法》第三十二条"在进行建设工程或者在农业生产中"和"依照前款规定发现的文物属于国家所有,任何单位或者个人不得哄抢、私分、藏匿",可以确定第七十四条涉及的文物应是国有文物。那么,如果不是在工程建设和农业生产的场合发现国有文物呢? 例如在任何地方捡到的国有文物,例如在古玩市场买到的国有文物,例如他人赠送的国有文物,难道可以据为己有吗? 显然不是。但是,《文物保护法》第七十条、第七十一条,涉及买卖、转让、出租、出借、质押、赠送国有文物的行为,都有可能造成国有文物流失,但在处罚条款中都没有没收文物的处理,如果通过上述渠道,文物流失到社会上,不应该被追缴吗?

笔者以为,国有文物属于国家所有,这是《文物保护法》最基本、最核心、最重要的原则,贯穿了整个《文物保护法》。从这一逻辑出发,尽管《文物保护法》只规定了"在进行建设工程或者在农业生产中"发现文物要及时报告,但其核心的目的是防止国有文物流失。因此,笔者以为,报告的义务应不限于"在进行建设工程或者在农业生产中"发现文物,对于其他地点、场合发现的可能是非法流入社会的国有文物,任何单位和个人都有义务报告。非法流入社会的国有文物,大概率是赃物,其背后大概率存在违法甚至犯罪行为,只要发现,如同《刑法》规定的,"任何单位和个人发现有犯罪事实或者犯罪嫌疑人,有权利也有义务向公安机关、人民检察院或者人民法院报案或者举报"一样,应该不分发现的场合地点,发现者都有权利义务报告或举报,对于不仅不报告、反而隐匿文物或者拒不上交的,甚至销售的,文物管理部门和公安部门都有权追缴,对情节严重的予以处罚。如此理解第七十四条的"追缴",也解决了第七十条、第七十一条等无法没收涉案文物的问题。

同时,发现并明知是非法流入社会的国有文物,仍然予以收购、窝藏、转移、加工、代为销售的,还可能构成掩饰、隐瞒犯罪所得罪。《关于办理妨害文物管理等刑事案件适用法律若干问题的解释》第九条规定"明知是盗窃文物、盗掘古文化遗址、古墓葬等犯罪所获取的三级以上文物,而予以窝藏、转移、收购、加工、代为销售或者以其他方法掩饰、隐瞒的,依照《刑法》第三百一十二条的规定,以掩饰、隐瞒犯罪所得罪追究刑事责任。"

参考文献

1. 袁杰,赵振华主编. 中华人民共和国行政处罚法问答[M]. 北京:中国民主法制出版社,2021.

2. 国家文物局主编. 文物行政执法案例选编与评析[M]. 广州:文物出版社,2008.

2022 年 10 月 8 日　发表于网舆勘策院

出版版权

谈《著作权法》中"同时损害公共利益"的含义

——学习《关于查处著作权侵权案件如何理解适用损害公共利益有关问题的复函》的体会

[此文刊发于国家版权局主管的《版权理论与实务》2022 年第 2 期。刊物配发编者按。]

编者按:新修《著作权法》完善了著作权行政保护制度,必将进一步推进版权全面保护、提高版权保护水平。在著作权行政执法中,确定是否"损害公共利益"是一个基础问题,但对何为"损害公共利益",业界存在不同观点,本期刊发天津市文化市场行政执法总队副总队长杨明的文章,对此进行探讨,以期引起业界关注,促进问题探讨和解决。

内容提要

损害公共利益是著作权行政执法的逻辑起点,也是执法把握的重点、难点。在执法实践中,国家版权局《关于查处著作权侵权案件如何理解适用损害公共利益有关问题的复函》一直被奉为圭臬,但也存在不同理解,例如,存在着"二句论"和"三句论"的说法,存在着"整体论"和"非整体论"认识,等等。本文认为,"二句论"是对"三句论"的发展,"整体论"比"非整体论"更符合逻辑,更有说服力。"整体论+二句论"或许构成对"损害公共利益"相对完整的解释。其逻辑是,某主体实施了一个著作权意义的侵权行为,达到了不正当竞争的程度,产生了损害经济秩序的结果,即构成损害公共利益。

在著作权行政执法中,损害公共利益一直是执法把握的重点、难点和焦点,也是著作权行政执法逻辑的起点。只有侵权行为同时损害公共利益,著作权行政执法部门才有权进行调查,进而对侵权行为作出行政处罚。因此,如何理解和适用"损害公共利益"就显得尤为重要。

目前,关于查处著作权侵权案件,如何理解适用损害公共利益,国家版权局《关于查处著作权侵权案件如何理解适用损害公共利益有关问题的复函》(国权办〔2006〕43号,以下简称《复函》)是仅有的解释,被行政执法者奉为圭臬。但在具体适用过程中,也还存在争议和不同理解,值得进一步探究。

一、《复函》关于损害公共利益的三种表述

2006年11月2日,针对浙江省版权局的相关请示,国家版权局在《复函》中表示:

"你局10月26日《关于在查处著作权侵权案件时如何理解适用'损害公共利益'问题的请示》收悉。

就如何认定损害公共利益这一问题,依据《中华人民共和国著作权法》规定,第四十七条所列侵权行为,均有可能侵犯公共利益。就一般原则而言,向公众传播侵权作品,构成不正当竞争,损害经济秩序就是损害公共利益的具体表现。在'2002年WTO过渡性审议'中,国家版权局也曾明确答复'构成不正当竞争,危害经济秩序的行为即可认定为损害公共利益'。此答复得到了全国人大法工委、国务院法制办、最高人民法院的认可。

如商业性卡拉OK经营者,未经著作权人许可使用作品,特别是在著作权人要求其履行合法义务的情况下,仍然置之不理,主观故意明显,应属情节严重的侵权行为。这种行为不仅侵犯了著作权人的合法权益,并且损害了市场经济秩序和公平竞争环境。我局认为该行为应属一种损害公共利益的侵

权行为。"

纵观《复函》,虽然只有 300 多字,但关于损害公共利益的表述和含义却不完全一致,笔者以为,下文三种表述体现了不同的含义。

(一)表述 1:"依据《中华人民共和国著作权法》规定,第四十七条①所列侵权行为,均有可能侵犯公共利益"

此句可以理解为:一是只要实施了上述侵权行为,就有"可能"侵犯公共利益。二是从《著作权法》第四十七条规定的八项侵权行为看,大概可以将其分为四类。一是传播作品的行为,如第一项"复制、发行、表演、放映、广播、通过信息网络向公众传播"和第二项"出版"以及第八项"制作、出售";二是传播涉及邻接权的录音录像制品、表演、广播,如第三项、第四项、第五项;三是破坏技术措施,改变权力信息,如第六项、第七项;四是使用作品的行为,如第一项"汇编"。依据著作权法,"汇编"是指"将作品或者作品的片段通过选择或者编排,汇集成新作品的权利"。这里不涉及传播,严格意义上讲,如果没有传播,通常情况下不涉及市场行为,只涉及权利人和侵权人之间的民事纠纷,与社会公共利益相差较大。

(二)表述 2:"就一般原则而言,向公众传播侵权作品,构成不正当竞争,损害经济秩序就是损害公共利益的具体表现"

笔者以为,从上下文的联系看,此句承接上一句内容,是对上一句的具体说明和补充。重点有三:一是"就一般原则"。这里强调的是普遍规律、常规情况。二是具体指出"向公众传播侵权作品"的行为,而没有提传播涉及邻接权的录音录像制品、表演、广播和破坏技术措施、改变权力信息等侵权行为。三是对上一句的"可能"作进一步阐释,即这些行为在构成不正当竞争,

---

① 笔者注:为了方便表达,本文沿用《著作权法》2001 版。

造成经济秩序损害的情况下,这种"可能"变成现实。

(三)表述3:"构成不正当竞争,危害经济秩序的行为 即可认定为损害公共利益"

此表述可以做两点解读。一是与表述2相比,表述3少了一句,即,"向公众传播侵权作品"。二是表述3是国家版权局在"2002年WTO过渡性审议"中对该问题的答复,且"答复得到了全国人大常委会法工委、国务院法制办、最高人民法院的认可",因此更具权威性。

二、《复函》关于损害公共利益表述的不同理解

关于上述"损害公共利益"的表述2、表述3,如何理解和适用,目前存在争议。

(一)争议1:"整体论"和"非整体论"

1."整体论"认为,首先,《复函》第二个自然段是一个整体,表述1、表述2和表述3一脉相承,逐层递进,依次承接。表述1讲的实施第四十七条的所有侵权行为,都有可能损害公共利益,表述2继续阐述,在一般情况下,向公众传播侵权作品的行为,当达到某种程度和结果的时候,就构成损害公共利益。表述3继续阐述,做了具权威性的结论。其次,无论是表述2,还是表述3,各自都是一个整体,逻辑呈递进关系,不宜割裂来看。表述2的逻辑是,向公众传播侵权作品是行为,构成不正当竞争是程度,损害经济秩序是结果。表述3的逻辑是,具体行为(未明确,笔者认为或者是指传播侵权作品,或者是指第四十七条所有行为),构成不正当竞争是程度,损害经济秩序是结果。

笔者认为,"整体论"层次分明,逻辑严整,言之有理。

有人说表述2的"整体论"有一个缺陷,就是只把"向公众传播侵权作品"的行为认定为损害公共利益,而排除了"使用"侵权作品(例如,商业化使

用盗版软件行为)而无传播的行为。笔者以为,在这一点上,表述 3 的"整体论"恰好是个补充。

2. "非整体论"认为,无论是表述 2,还是表述 3,都不是一个整体,可单独成立。也即向公众传播侵权作品、构成不正当竞争、损害经济秩序都各自单独构成损害公共利益。笔者以为,此说法从语法、逻辑都不严整。例如,把"向公众传播侵权作品"单独作为损害公共利益的情形。假如,某人或某单位出于宣传教育的目的,将魏巍的《谁是最可爱的人》复制(达到一定数量),并免费向学生传播。这种行为应不属于合理使用范畴,构成对作品的侵权,但这种行为一定破坏市场秩序继而损害公共利益吗? 笔者以为,《复函》所讨论的公共利益,一定是因为实施了某个侵犯著作权的行为,并由此损害了经济秩序,才构成著作权法意义的损害公共利益。

有人认为,"非整体论"也有合理的成分,即,将"向公众传播侵权作品"单独认定为违法情形,可以对不以营利为目的的侵权行为予以行政处罚。例如,现在网络上以所谓"情怀"搭建网站,没有任何经营行为(至少无证据证明有经营行为),未经权利人许可传播其视听节目的行为。对此,笔者以为,不以营利为目的的侵权损害了权利人的利益,但因没有经济行为,原则上不构成不正当竞争,因此也谈不上对经济秩序造成破坏。

(二)争议 2:"三句论"和"二句论"

所谓"三句论",即"向公众传播侵权作品,构成不正当竞争,损害经济秩序就是损害公共利益的具体表现。"所谓"二句论"即"构成不正当竞争,损害公共利益"。两者相差"向公共传播侵权作品"。若从上述"整体论"的逻辑来看,二者相差一个行为的限定,主要争议在于"二句论"不受"向公共传播侵权作品"的限制,扩大到了传播涉及邻接权的录音录像制品、表演、广播,扩大到了破坏技术措施、改变权力信息,扩大到了未经许可使用他人作品而未向公众传播的行为。

如何理解"三句论"和"二句论"呢? 或者说,到底应该如何适用"三句论"和"二句论"呢?

笔者认为,首先,"三句论"是著作权法的初衷。打击制售盗版书、盗播光盘和未经许可传播他人作品的行为是著作权法引入损害公共利益概念的初衷。在 2000 年第九届全国人大常委会《关于中华人民共和国著作权法修正案(草案)的说明》第十一条:关于对损害社会公共利益的侵权行为的行政处罚中,指出"近几年来,侵权盗版、盗播屡禁不止,活动猖獗,不仅严重侵犯了著作权人的合法权益,而且严重损害社会公共利益"。其次,用发展的眼光和《复函》文字表述内在的逻辑看,《复函》第二个自然段应看作一个整体,表述 1、表述 2 和表述 3 一脉相承,逐渐递进,依次承接。表述 1 讲的实施第四十七条的所有侵权行为,都有可能损害公共利益,表述 2 继续阐述,在一般情况下,向公众传播侵权作品的行为,当达到某种程度和结果的时候,就构成损害公共利益。表述 3 继续对表述 1 进行阐述,"构成不正当竞争,危害经济秩序的行为即可认定为损害公共利益"。这里的"行为"应当指侵犯著作权的行为,即《著作权法》第四十七条的行为。而且这一表述"得到了全国人大常委会法工委、国务院法制办、最高人民法院的认可",更具权威性。

"二句论"不仅适用未经许可"向公众传播"作品的行为,也适用未经许可"使用"而未向公众传播作品的行为。这一点最典型的是未经许可商业性使用他人软件作品的行为。例如某企业购买了软件,只获得在一台设备上使用的授权,但该企业将软件复制在多台设备上使用。这种情况并没有向公众传播,如果适用"三句论"将无法认定损害公共利益。"二句论"填补了这一空白。

综上,笔者以为,"三句论"是初心,"二句论"是对"三句论"的补充和发展。

（三）争议 3:"全部论"还是"部分论"

《复函》中,无论是表述 2,还是表述 3,都是对损害公共利益的表述,但这是否能穷尽损害公共利益的全部表现形式呢? 这里出现两个观点。

观点一:表述 1、表述 2、表述 3 是一个整体。后两者不能穷尽损害公共利益的全部具体表现形式,其只是表述 1"均有可能侵犯公共利益"的具体表现之一二或者是多数表现,但不是唯一的表现。在认定具体表现时,应回归著作权法意义的公共利益的基本精神。2020 版《著作权法》有两处提到"公共利益"。第四条规定"著作权人和与著作权有关的权利人行使权利,不得违反宪法和法律,不得损害公共利益。国家对作品的出版、传播依法进行监督管理。"这里主要是从著作权人及其与著作权有关的人的角度讲的,要求权利人行使权力时不得损害公共利益,保护的是传播领域。第五十三条规定"有下列侵权行为的,应当根据情况,承担本法第五十二条规定的民事责任;侵权行为同时损害公共利益的,由主管著作权的部门,……"这是从侵权者的角度讲的,保护的是创作和传播领域。根据《著作权法》第一条,著作权法保护的根本公共利益,是通过鼓励作品的创作与传播,从而促进文明的进步和繁荣。因此,一切阻碍、影响作品的创作与传播的行为都是损害著作权法意义的公共利益的"具体表现"。

观点二:《复函》中,虽然表述 1 提到"实施了第四十七条的侵权行为都有可能损害公共利益",但仅仅是"可能",《复函》真正确认的"具体表现"仅有表述 2 、表述 3,所以不宜扩大解释。

笔者支持第二种观点。笔者虽然也同意观点一"一切阻碍、影响作品的创作与传播的行为都是损害著作权法意义的公共利益的'具体表现'",但从著作权法的制度设计上,对于"一切阻碍、影响作品的创作与传播的行为"的纠正有民事、行政、刑事三个方面。版权行政管理部门不能也不可能、也没必要包打天下。民事司法机关所处理的主要是民事纠纷,此类案件或多或少都对作品的创作和传播有影响。刑事司法打击的是严重损害公共利益、经济秩序的行为。而版权行政管理部门介于二者之间,主要从维护市场秩序的角度监管。《复函》表述 2 和表述 3,最核心的一点是把损害公共利益的行为限定在未经许可商业性使用作品上,这与行政管理部门在国家治理中的定位、任务和职责是相匹配的。

这一点,从《著作权法》的修订中或许也能看出端倪。最初的 1990 年版《著作权法》赋权著作权行政管理部门对侵权行为予以行政处罚时,并没有提及"同时损害公共利益"。该版法条第四十六条"有下列侵权行为的,应当根据情况,承担停止侵害、消除影响、公开赔礼道歉、赔偿损失等民事责任,并可以由著作权行政管理部门给予没收非法所得、罚款等行政处罚"。2001 年《著作权法》修订时,增加了"同时损害公共利益"。随后,国家版权局又对"同时损害公共利益"做了解释。从这一历史进程看,限制公权力对私权利的介入,在保护著作权中合理配置民事、行政、刑事之间的力量,是趋势、是方向。

当然,正如本文开始部分所述,把"未经许可汇编他人作品"列入著作权行政管理的范畴显得理由不足。"汇编"通常情况下不涉及市场行为,只涉及权利人和侵权人之间的民事纠纷,与社会公共利益相距较远,似应列入五十二条的范畴。

(四) 争议 4:"表述 2"中"向公众传播侵权作品",到底是传播"侵权作品",还是传播"侵权复制品"?

需要指出的是,"三句论"中"向公众传播侵权作品"的表述值得商榷,似应是另有所指。

所谓侵权作品,是指作品在创作或使用时侵犯了他人在先权利的作品。其中最主要的是创作,在创作时即侵犯他人的在先权利。一般来讲,著作权侵权作品往往是对被侵权作品的抄袭甚至复制而产生一个新的作品。按照《著作权法》的规定,以发表、复制、发行的方式传播此类作品,主要还是属于《著作权法》民事侵权纠纷,宜通过民事诉讼来解决,不大可能损害公共利益。例如,张某创作的小说《风》抄袭了李某的小说《风雨》。那么《风》是侵权作品。A 出版社在不知情的情况下,出版了《风》,A 出版社属于传播侵权作品。在这种情况下,主要还是通过民事诉讼渠道解决纠纷。所以,笔者以为《复函》该句话似应指传播侵权复制品,也即通常所说的盗版书、盗版盘,或者是未经著作权人许可,传播其作品,例如未经许可放映、广播、通过信息网络传播他人作品,等等。

三、本文关于《复函》损害公共利益的结论

依笔者之见,"二句论"是对"三句论"的发展,"整体论"比"非整体论"更符合逻辑,更有说服力,"整体论+二句论"或许构成对"损害公共利益"相对完整的解释。其逻辑是,某主体实施了一个侵权行为,达到了不正当竞争的程度,产生了损害经济秩序的结果,即构成损害公共利益。

需要指出的是,2001 年版《著作权法》第四十七条所列举的侵权行为并不全面。首先,经过 2010 年、2020 年两次修法,《著作权法》第四十七条已经修改为第四十八条(2010 版)、第五十三条(2020 版),内容上也有所变化。其次,《著作权法》上述条款中没有包含《计算机软件保护条例》和《信息网络传播权保护条例》的某些行为。例如《计算机软件保护条例》中"未经著作权人许可,转让或者许可他人行使著作权人的软件著作权的"。例如《信息网络传播权保护条例》中,"为扶助贫困通过信息网络向农村地区提供作品、表演、录音录像制品超过规定范围,或者未按照公告的标准支付报酬,或者在权利人不同意提供其作品、表演、录音录像制品后未立即删除的"。再次,作为行政权力介入私权利继而产生行政处罚的起点的损害公共利益的认定,在依法治国、依法行政的大背景下,《复函》显得法律层级太低了一些。上述种种,都亟待通过立法完善。

四、对于不正当竞争的理解是认定损害公共利益的核心

综上,《复函》认定同时损害公共利益的核心是,是否"构成不正当竞争,危害经济秩序"。

(一) 对于是否构成不正当竞争的认定应回归《著作权法》的初心

不正当竞争是指"经营者以及其他有关市场参与者采取违反公平、诚实信用等公认的商业道德的手段去争取交易机会或者破坏他人的竞争优势,损害消费者和其他经营者的合法权益,扰乱社会经济秩序的行为。"

那么,关于是否构成不正当竞争,也有两种观点。

观点一:应当依法认定不正当竞争,也即依据《反不正当竞争法》。关于不正当竞争行为,该法认为,"是指经营者在生产经营活动中,违反本法规定,扰乱市场竞争秩序,损害其他经营者或者消费者的合法权益的行为。"《反不正当竞争法》第二章具体列举了行为,可以归纳为:1. 采用假冒或混淆等不正当手段从事市场交易的行为;2. 商业贿赂行为;3. 利用广告或其他方法,对商品作引人误解的虚假宣传行为;4. 侵犯商业秘密;5. 违反本法规定的有奖销售行为;6. 诋毁竞争对手商业信誉、商品声誉的行为;7. 公用企业或者其他依法具有独占地位的经营者限定他人购买其指定的经营者的商品,以排挤其他经营者公平竞争的行为;8. 以排挤竞争对手为目的,以低于成本的价格倾销商品的行为;9. 招标、投标中的串通行为;10. 政府及其所属部门滥用行政权力限制经营者正当经营活动和限制商品地区间正当流通行为;11. 搭售商品或附加其他不合理条件的行为。

观点二:以《反不正当竞争法》及其上述行为,来界定《复函》中著作权行政执法意义的不正当竞争并不适宜。纵观 11 种典型行为,只有第一种"采用假冒或混淆等不正当手段从事市场交易的行为"或可能与侵犯著作权的行为出现竞合。例如甲某为自己的产品设计了一个商标标识,商品标识的图案构成美术作品。乙某见甲某的产品畅销,遂仿冒甲某的商标标识并用在自己的产品上,使人对甲、乙产品产生混淆。这个时候,乙某侵犯了甲某美术作品的著作权,同时因"采用假冒或混淆等不正当手段从事市场交易的行为"而构成不正当竞争。在著作权侵权案件中,多数并非如上述甲、乙之争,也不可能产生侵犯著作权同时构成不正当竞争的竞合,如果以《反不正当竞争法》

11 种典型行为来界定《复函》中著作权行政执法意义的不正当竞争,将使许多案件的侵权行为不能认定为同时损害公共利益,从而放纵违法行为,这与著作权法行政保护的初衷并不吻合。

笔者同意第二种观点。笔者以为,上述两种意见应该都有合理之处。区别是第一种意见采用的是狭义的、法定的不正当竞争概念。第二种意见采取的是广义的不正当竞争概念。那应该采用哪个概念呢? 这还要回到《复函》。《复函》的最后一个自然段指出"商业性卡拉 OK 经营者,未经著作权人许可使用作品,特别是在著作权人要求其履行合法义务的情况下,仍然置之不理,主观故意明显,应属情节严重的侵权行为。这种行为不仅侵犯了著作权人的合法权益,并且损害了市场经济秩序和公平竞争环境。我局认为该行为应属一种损害公共利益的侵权行为。"

商业性卡拉 OK 经营者未经著作权人许可使用他人作品的行为,对照《反不正当竞争法》的 11 种情形,都不符合。因此,我们可以说《复函》采用的是广义的概念。从这个意义上说,第二种意见是符合《复函》精神的。

（二）认定构成不正当竞争还应考虑侵权的主观过错和情节

我们还要看到,《复函》还强调了"在著作权人要求其履行合法义务的情况下,仍然置之不理,主观故意明显,应属情节严重的侵权行为。这种行为不仅侵犯了著作权人的合法权益,并且损害了市场经济秩序和公平竞争环境。我局认为该行为应属一种损害公共利益的侵权行为。"显然,《复函》认为,仅仅有行为还不足以认定损害公共利益,还需要关注主观过错和情节。

参考文献

1. 马原主编. 著作权法分解适用集成[M]. 北京:人民法院出版社,2003.

2021 年 10 月 28 日　发表于网舆勘策院

利用微信公众号传播网络文学作品
是否需要取得《网络出版服务许可证》?

摘 要

自互联网诞生以来,网络用户的内容创作是网络信息内容的创新之源。从用户上传的 UGC,到职业化的 PUGC,大量的网络内容生产者、创作者作品的传播按照行政许可监管必须有法可依。扩大行政许可的对象和范围应当慎重、理性、科学。在网络内容服务平台已经纳入行政许可范围的情况下,再对网络文学、视听、资讯等内容生产者设定相关的行政许可,既无法律依据,也没有纳入行政许可的合理性,更不具有现实的可操作性。对因网络内容产生的问题可以通过加强对网络内容服务平台的管理加以规制,同时也可以制定相关法规、规章,增加对内容生产者在传播环节的法律规制,但并不一定需要设定行政许可。

一、问题的提出

某微信公众号因无《网络出版服务许可证》被罚。

S 是一家文化公司,开办了自媒体微信公众号"爱读小说"。Z 是一个文学网站。两家合作,S 公司挑选 Z 网站的小说,先配图和封面,再创建链接,然后发布在自己的微信公众号"爱读小说"中。读者可以在微信公众号"爱读小说"上点击小说链接直接阅读。S公司以分账的方式获利6万元。执法人员认为,S公司违反了《网络出版服务管理规定》,属于网络出版服务主体,其通过自媒体传播文学作品的行为构成擅自从事网络出版服务,对其做出了没收违法所得6万元,罚款3万元的行政处罚。

笔者认为,查办此类案件,在法律适用方面应当厘清两个问题,首先应认定当事人的行为是否构成网络出版服务,其次是认定当事人是否需要取得《网络出版服务许可证》。

二、当事人的行为是否属于网络出版服务?

《网络出版服务管理规定》第二条第二款规定:"本规定所称网络出版服务,是指通过信息网络向公众提供网络出版物。……(一)文学、艺术、科学等领域内具有知识性、思想性的文字、图片、地图、游戏、动漫、音视频读物等原创数字化作品;……"。此规定中关于"通过信息网络向公众"和"网络出版物"在文化执法实践中应无太大争议,但对于当事人的通过自媒体传播文学作品的行为是否属于"提供",在执法实践中存在不同认识。

笔者认为:就一般来讲,所谓"提供"应当是指直接把"网络出版物"上载到信息网络,而本案当事人仅仅是将文学作品的链接放置在其运营的自媒体上,网络用户通过该自媒体阅读相应作品实际是跳转到了上载有该作品的原网页上,此情况是否为网络出版服务中的"提供"作品,需要从出版行为的要件角度做进一步分析。

关于出版,是指"将作品通过任何方式公之于众的一种行为"。笔者认为这个说法还是靠谱的,因为采取何种方式进行出版在这里并不重要,关键是首先出版的客体必须是作品,即通过作者的创作活动产生的具有文学、艺术或科学性质具有独创性而以一定有形形式复制表现出来的智力成果才可能称之为作品;其次是出版必须是将作品公之于众。

在满足上述两点的同时,笔者认为还应满足一个条件,就是出版者对于作品的选择和取舍。事实上出版者并非仅仅是把作品原件原封不动地、机械地公之于众,而是有选择、有加工整理,这种选择就是出版学中的编辑工作。

回顾前述案例,S 公司挑选 Z 网站上的小说,配图配封面、再发布的过程就是编辑的过程、出版的过程。如同线下某报刊将其他报刊的文章转载到自己的报刊。读者获得作品虽为点击链接方式,但高速运行的网络使读者可以如同在公众号直接阅读一样。所为虽为链接,但完全符合上述出版的定义,实则"提供"。所以,笔者认为将作品链接放置在自媒体上,网络用户可直接通过该自媒体进入该链接网页阅读作品的行为属于出版活动中的"提供"。

三、当事人是否需要取得《网络出版服务许可证》?

对于这个问题,存在两种截然相反的观点。

一种观点认为当事人应当取得《许可证》。持此观点的人认为,《网络出版服务管理规定》第七条明确规定"从事网络出版服务,必须依法经过出版行政主管部门批准,取得《网络出版服务许可证》"。当事人的行为应认定为从事网络出版服务,当然要办理许可证。

另一种观点认为,当事人作为自媒体账号主体不需要取得《许可证》,理由是,《网络出版服务管理规定》颁布后,国家新闻出版署有关部门负责人在接受媒体采访时就"个人或者机构开设微博、微信公众号等'自媒体',是否需要获得许可"的问题给予了明确的答复:开设微博、微信公众号等所谓"自媒体"的个人或者机构,按照现行标准,属于信息内容的创作者或生产者,而纳入许可管理的,主要是微博、微信等网络平台服务单位,即上述信息内容的提供者。[①]

分析以上两种观点,持第二种观点的依据是"答记者问"。实际上,"答记者问"对开设自媒体的性质给予了一个明确的认定,认为其属于"信息内

---

① 摘自《总局解读〈网络出版服务管理规定〉热点问题》以下简称"答记者问",2016 年 03 月 10 日来源:新闻出版广电总局网。

容的创作者或生产者",无论其是发表自己的作品,还是提供他人的作品,或是本案链接其他网站,都无须办证。微博、微信等自媒体平台的运营方才是"信息内容的提供者",需要持有《网络出版服务许可证》。

笔者认为,作为网络出版管理部门的总局公开发表的"答记者问",是对国家新闻出版署颁布的《网络出版服务管理规定》的解读,相当于对部门规章的公开解读和释法,应该认为与《网络出版服务管理规定》具有同等的法律效力。

四、内容创作者无须获得《网络出版服务许可证》

自互联网诞生以来,网络用户的内容创作是网络信息内容的创新之源。从用户上传的 UGC,到职业化的 PUGC,大量的网络内容生产者、创作者是否需要取得行政许可必须有法可依。扩大行政许可的对象和范围必须考虑行政许可法的相关规定,在网络内容服务平台已经纳入行政许可范围的情况下,再对网络文学、视听、资讯等内容生产者设定相关的行政许可,既无法律依据,也无纳入必要,更不具有现实可操作性。对网络内容产生的问题可以通过加强对网络内容服务平台的管理加以规制,同时也可以制定相关法规、规章,增加对内容生产者在传播环节的法律规制,但并非均需要设定行政许可。

综上,笔者认为利用自媒体传播网络文学作品行为应当认定为出版行为,自媒体平台运营方应持有《网络出版服务许可证》,自媒体账户主体仅属于"信息内容的创作者或生产者",无论其是发表自己的作品,还是提供他人的作品,或是本案链接其他网站,都无须办证。

2020 年 5 月 15 日　发表于网舆勘策院

盗版书案件疑难问题的刑事审判视角

摘 要

发行盗版书,到底判"侵犯著作权罪"还是"销售侵权复制品罪",两种罪名判决都有,虽然按"侵犯著作权罪"判决是大多数,但对于未参与复制行为,仅从事盗版书的发行销售活动的,应适用销售侵权复制品罪,否则销售侵权复制品罪将没有存在意义;关于"未经著作权人许可"的认定,司法判例主要考量三个方面,一是有证据证明著作权人已许可出版社出版权,且不可能再许可他人乃至许可犯罪嫌疑人,出版社未委托或授权犯罪嫌疑人印刷发行;二是犯罪嫌疑人不能提供合法授权或者合法来源;三是犯罪嫌疑人的自认;对于行为人尚未印制完成侵权复制品的,应当以侵权复制品的定价数额乘以承印数量所得的数额计算其经营数额,"装订"属于印刷。"装订"与"印刷"有区别,不应以码洋计算其非法经营额;关于盗版书鉴定者的鉴定资质,涉案图书的鉴定不属于《全国人民代表大会常务委员会关于司法鉴定管理问题的决定》所规定的司法鉴定业务,故对该鉴定书的审查不应依照司法鉴定的标准。

印制、发行盗版书达到一定数量构成侵犯著作权罪。作为版权行政执法者,在办理案件时,对于涉嫌侵犯著作权罪的,应移送公安机关。在行刑衔接过程中,往往会遇到一些问题,例如认定罪名,对于仅仅从事发行的,到底适用侵犯著作权罪还是销售侵权复制品罪？例如如何定性"装订"行为？散页、半成品如何认定侵权复制品的数量？等等。庚子年新冠疫情突发，抗疫之暇，笔者登录裁判文书网，对近年来侵犯著作权罪的刑事判决书进行了学习，从刑事审判者的视角学习法律、理解法律、解疑释惑。

一、发行盗版书，到底是"侵犯著作权罪"还是"销售侵权复制品罪"？

研究这个问题的意义在于确定在行刑衔接的过程中，文化综合执法部门以何罪名继而以何标准移送。以个人贩卖盗版书为例，如果以"侵犯著作权罪"移送，涉案书达到 500 册即可移送，如果以"销售侵权复制品罪"，涉案违法所得要达到 10 万元。在实践中，前者移送标准相对较低。

一是，纵观目前的司法判例，两种罪名的判决都有。按"侵犯著作权罪"判决是大多数甚至绝大多数。

在这部分案件中，一般都是公诉机关提出适用"侵犯著作权罪"。当辩护人提出抗辩意见，应适用"销售侵权复制品罪"时，判决书一般都支持公诉意见。此类判决中，法官普遍认为"根据《最高人民法院、最高人民检察院关于办理侵犯知识产权刑事案件具体应用法律若干问题的解释（二）》第二条的规定，《刑法》第二百一十七条侵犯著作权罪中的"复制发行"，包括复制、发行或者既复制又发行的行为。最高人民法院、最高人民检察院、公安部《关于办理侵犯知识产权刑事案件适用法律若干问题的意见》第十二条的规定，"发行"，包括总发行、批发、零售、通过信息网络传播以及出租、展销等活动，故对辩护人提出的其不构成侵犯著作权罪的辩护意见，不予采纳。"也有个别案例，检察机关以"销售侵权复制品罪"起诉，被法官纠正的。例如北京市丰台区人民法院《许某侵犯著作权罪一审刑事判决书》〔2014〕（丰刑初字第 2344 号）。

二是，少数案件适用"销售侵权复制品罪"定罪。

　　这类案件大多是检察机关以"销售侵权复制品罪"提起公诉,法院支持的。但也有检察机关以"侵犯著作权罪"起诉,法院直接纠正或者支持辩护人抗辩意见适用"销售侵权复制品罪"定罪的。例如湖南省邵阳市中级人民法院审理的"姜某某、金某侵犯著作权案"。其中法官的意见较为典型,其认为"其一,从《中华人民共和国刑法》第二百一十七条和第二百一十八条法条本身看,两者的立法目的和保护的客体不尽完全相同,设立侵犯著作权罪,旨在于打击那些未经著作权或者邻接权人许可而复制,直接侵犯著作权或者邻接权的行为,而设立销售侵权复制品罪,则在于打击没有复制,只是单纯销售侵权复制品,间接侵犯著作权或者邻接权的行为,后者所保护的还涵盖了市场内贩卖销售正版作品的经营秩序;其二,发行行为可以包含'批发''零售'行为,但不能倒推理解'批发''零售'行为就是《刑法》第二百一十七条所规定'复制发行'的行为。'复制'是'发行'的前提和手段,'发行'是'复制'的目的和结果,两者相互依存,譬如只是单纯的复制而不将侵权作品分散出去的行为,明显不具有刑事可罚性;其三,《最高人民法院、最高人民检察院关于办理侵犯知识产权刑事案件具体应用法律若干问题的解释》的第十四条第二款明确规定'实施《刑法》第二百一十七条规定的侵犯著作权罪,又销售明知是他人的侵权复制品,构成犯罪的,应当实施数罪并罚。'即销售明知他人的侵权复制品的行为可单独另构成他罪。"①

　　再如黑龙江省大庆市中级人民法院审理的"徐某、徐某某侵犯著作权案"。法官认为"根据相关司法解释的规定,侵犯著作权罪中的发行行为虽然包括总发行、批发、零售等活动,但一般应是与复制等相关联的直接侵犯著作权的行为,本案二上诉人低价购入侵权盗版图书、非法出版物后,又加价售出,间接侵犯著作权人的著作权,符合销售侵权复制品罪的构成。"②适用"销售侵权复制品罪"定罪的,还多见于涉及软件侵权案件。

---

　　① 湖南省邵阳市中级人民法院《原审被告人姜某某、金某侵犯著作权一案刑事裁定书》〔2015〕邵中刑再终字第 5 号

　　② 黑龙江省大庆市中级人民法院《徐某、徐某某侵犯著作权二审刑事判决书》(2019)黑 06 刑终 258 号

笔者支持上述第二种少数派的意见。对于未参与复制行为,仅从事盗版书的发行销售活动的,应适用销售侵权复制品罪,否则销售侵权复制品罪将没有存在意义。

二、关于侵犯著作权罪"未经著作权人许可"的认定

关于侵犯著作权罪"未经著作权人许可"的认定,法官主要结合三方面证据来进行。一是有证据证明著作权人已许可出版社出版权,且不可能再许可他人乃至许可犯罪嫌疑人。出版社未委托或授权犯罪嫌疑人印刷发行。二是犯罪嫌疑人不能提供合法授权或者合法来源。三是犯罪嫌疑人的自认。

例如,上海市第三中级人民法院审理的"江苏某实业有限公司、章某1等侵犯著作权案"。

辩护人提出,因涉案侵权书的委印者曹某某未到案,不能排除涉案侵权书有转授权,所以原审判定"复制行为未经权利人许可的事实不清、证据不足"。对此,法官认为,"国务院《印刷业管理条例》规定,印刷出版物时应当由委托单位和印刷企业签订印刷合同,印刷企业接受委托印刷图书的,必须验证并收存出版单位盖章的印刷委托书,交由相关行政部门备案。本案中,弘某公司、通某公司享有《非常课课通》《小学英语默写能手》(涉案书)的著作权,分别与江苏某出版社签订了《合作协议》,与延边某出版社签订了《项目合作协议》《战略合作协议书》,其中均明确约定专有出版权,且协议条款中还注明协议期内不再授权第三方出版或与第三方合作相同产品,故曹某某在协议期间不会再享有转授权,弘某公司、通某公司、江苏某出版社、延边某出版社亦出具相关证明证实未授权曹某某、印某公司、刘某复制《非常课课通》《小学英语默写能手》,另结合刘某的供述曹某某在委托印刷时未提供任何授权材料、印刷委托书,因此曹某某虽未到案,但现有证据足以证实曹某某

未经权利人的授权,刘某辩护人的相关辩护意见,本院不予采纳。"①

在"杨某、陈某某侵犯著作权案"中,辩护人提出"公诉机关提交的上述证据中没有著作权人或第三方机构关于涉案《逻辑狗》书籍系侵权复制品的鉴定意见,也没有著作权人主张权利的报案材料,涉案《逻辑狗》书籍不应认定为侵权复制品"。针对此,法官认为"公诉机关提交的证据二中的授权协议、北京某教育文化有限公司营业执照、出版物经营许可证等证据能够证明涉案《逻辑狗》书籍的著作权由北京某教育文化有限公司经授权取得,公诉机关提交的证据中虽然没有北京某教育文化有限公司报案指控三被告人复制、销售《逻辑狗》侵犯该公司著作权的证据,也没有提交涉案《逻辑狗》书籍系盗版书籍的鉴定证据,但被告人杨某、陈某某均供述,印刷涉案书籍系杨某向陈某某提供从淘宝网上购买样书后,陈某某印刷,杨某未向陈某某提供任何合法手续。二被告人的供述能够相互印证,故应当认定涉案《逻辑狗》书籍属于侵权复制品"②

三、印刷中的"散页、半成品"如何认定侵权复制品数量?

在查办印刷盗版书的案件中,常常因为执法人员的现场执法,犯罪嫌疑人会中止印刷活动,造成部分书处于"散页、半成品"的状态,对于这部分"散页、半成品",是否认定为涉案图书的数量,存在争议,但总体上看是结合证据有条件的认定。

一是在郑州市中级人民法院审理的"崔某某侵犯著作权案"中,法官判决装订成册的半成品应计入涉案图书数量。

法官认为,"关于被告人崔某某辩称图书册数没有指控的那么多,只有

---

① 上海市第三中级人民法院《江苏某实业有限公司、章某1等侵犯著作权二审刑事裁定书》(2019)沪03刑终14号。

② 湖北省荆州市中级人民法院《杨某、陈某某侵犯著作权一审刑事判决书》(2018)鄂10刑初50号。

成品《新华字典》大概 1000 多册,《古代汉语常用字字典》大概 3000 多册,其他的虽已装订成册,但是半成品,不能出售,不应计入犯罪数量的意见","被告人以营利为目的,已将涉案图书装订成册,其犯罪行为已经完成,至于能否出售不影响本案对图书数量的认定,故对被告人的该项辩解意见,不予采纳。"①

在河北省三河市人民法院审理的"刘某某侵犯著作权案"中,法官认为,涉案书"《橡皮筋、棒球、甜甜圈》《折纸的几何》和《阿衰全集》为散页、半成品,尚未完成装订,合计 45,000 册",但"被告人刘俊某某被查获时,上述三种图书为散页、半成品,属犯罪未遂。"②可见,法官虽然认定了书的数量,但散页和半成品与成品书在犯罪情节的认定上还是有区别。

二是涉案的散页折合成书的数量,法官采信了出版社和出版管理机构的意见。

例如,北京市大兴区人民法院判决的"通县某印刷厂侵犯著作权案"认定"人民出版社出具的书证证明:查扣的《十八大报告辅导读本》散页 15 令,装订成册共计可装订 900 册。"③例如,在河北省三河市人民法院审理的"刘某某侵犯著作权案"中,"三河市新闻出版局出具的证明证实,上述五种图书均为侵犯著作权出版物;情况补充说明证实,查获的半成品都已完成折页、配活,且号码连贯、内容完整,不影响内容的阅读,与实际作品无差别。"

三是湖南省邵阳市北塔区人民法院审理的"唐某某侵犯著作权案"判断散页不计入数量。

法官认为,关于"辩护人提出查获的 21,670 张散页均存在质量问题,不应认定为犯罪数量的意见。经查,查获的 21,670 张散页不能排除存在质量问题的情况,难以统计为具体册数,且还包括其他图书的散页,故不认定为犯

① 河南省郑州市中级人民法院《崔某某侵犯著作权一审刑事判决书》(2019)豫 01 刑初 82 号

② 河北省三河市人民法院《刘某某侵犯著作权一审刑事判决书》(2019)冀 1082 刑初 176 号。

③ 北京市大兴区人民法院刑事判决书(2013)大刑初字第 733 号。

罪数量,对该辩护意见予以采纳。"①

关于侵犯著作权案件中的半成品书籍如何计算非法经营数额以及犯罪既遂、未遂问题,笔者在网上查询到大约 2003 年《公安部关于对侵犯著作权案件中尚未印制完成的侵权复制品如何计算非法经营数额问题的批复》,予以了明确,"对于行为人尚未印制完成侵权复制品的,应当以侵权复制品的定价数额乘以承印数量所得的数额计算其经营数额。但由于上述行为属于犯罪未遂,对于需要追究刑事责任的,公安机关应当在起诉意见书中予以说明。"

四、"装订"行为的定性

关于"装订"行为的定性,主要的争议是"装订"是否属于印刷行为。其实,这一点本不应成为争议点。《印刷业管理条例》指出"本条例所称印刷经营活动,包括经营性的排版、制版、印刷、装订、复印、影印、打印等活动。"明确把"装订"列入印刷经营活动。但在实际案例中,公检法个别部门还是存疑。为此,下面的判例也许会给大家一些启发。

一是"装订"属于印刷。

例如,河南省高级人民法院审理的"杨某某侵犯著作权案"认定"装订"属于印刷。针对杨某某"仅负责印刷过程的装订环节","不构成侵犯著作权罪"的申诉,法官认为,"《中华人民共和国著作权法》规定复制是以印刷等方式制作作品,《印刷业管理条例》规定印刷经营活动包括装订。杨某某以营利为目的,未经著作权人许可装订其文字作品 21,000 册,其行为符合侵犯著作权罪的构成特征。"②

二是"装订"与"印刷"有区别,不应以码洋计算其非法经营额。

---

① 湖南省邵阳市北塔区人民法院《唐某某侵犯著作权一审刑事判决书》(2019)湘 0511 刑初 80 号。

② 河南省高级人民法院《杨某某侵犯著作权刑事裁定书》(2014)豫法知刑终字第 1 号。

在河北省三河市人民法院审理的"刘某某侵犯著作权案"中,针对公诉机关指控的侵犯著作权罪及事实,"被告人刘某某辩称其只是'装订',并没有印刷、销售,不应按照码洋计算。"对此,法官认为"因其在参与侵犯知识产权案件中只是复制发行的一个环节,其赚取的是加工费,故公诉机关以码洋认定其非法经营数额不妥"。① 可见,虽然法官认定"装订"属于"复制",但只是"复制"的一个环节,与纯粹的印刷还有区别。

三是在量刑上也有区别,认定为从犯。

在河南原阳县"刘某某侵犯著作权案"中,法官认定刘某某"只有装订行为,应当认定为从犯"。②

五、盗版鉴定的问题

纵观判决书对侵权盗版事实的认定,几乎所有案件都同时存在两份证据,一是出版社出具的鉴定意见,二是新闻出版管理部门的认定意见(包括非法出版物鉴定意见或者盗版认定意见)。法官基本上采信上述两份证据,并综合犯罪嫌疑人不能提供合法授权和合法来源等证据,判定未经著作权人许可。但是个别案件也存在争议。

一是对鉴定机构资质和鉴定的证明力存在质疑,法官支持了鉴定意见。

在北京市朝阳区"凌某某侵犯著作权案"中,北京市新闻出版局认定(鉴定意见)涉案图书是非法出版物。辩护人认为"北京市新闻出版局出版物审查鉴定书不符合司法鉴定的要求,不能作为定案的依据"。对此,法官回应,"涉案图书的鉴定不属于《全国人民代表大会常务委员会关于司法鉴定管理问题的决定》所规定的司法鉴定业务,故对该鉴定书的审查不应依照司法鉴

---

① 河北省三河市人民法院《刘某某侵犯著作权一审刑事判决书》(2019)冀 1082 刑初 176 号。
② 河南省原阳县人民法院《刘某某侵犯著作权一审刑事判决书》(2019)豫 0725 刑初 387 号。

定的标准;在本院审理期间,北京市新闻出版局提供了相关出版单位关于涉案图书系盗版图书的书证,经审查将涉案图书鉴定为非法出版物具有依据,提供了出版物鉴定审批表,包括了鉴定人、审核人、签发人的签名,从而证明该鉴定符合《新闻出版署出版物鉴定规则》的要求,故本院对北京市新闻出版局出版物审查鉴定书的证据资格予以确认"。①

这里特别应该注意的是,法官确认的是北京市新闻出版局对"非法出版物"的鉴定资质。

二是对鉴定结论存在质疑,虽然法官支持了鉴定结论,但鉴定结论并非无懈可击。

在河北省保定市"马某某、任某某侵犯著作权案"中,被告陈述,涉案书中有部分书是"更改版权页内容,改版次及印刷时间",被告辩护人指出,这部分图书不能计入盗版书的数量。对此法官指出"公诉机关提交的河北省出版物鉴定中心鉴定书确定了上述书籍系'假冒出版单位名称出版的非法出版物'或'盗版类非法出版物',且鉴定的过程均向出版单位进行核实并经确认,涉案被告人亦不能提供获得著作权人许可的相关证明材料""上述书籍符合'未经著作权人许可'的认定标准,故辩护人的上述辩护意见不予采信"。②

但笔者以为,上述案件虽然最后定案判决,但仅从判决书的表述来看,鉴定意见并非完美无缺。假如被告真的仅是"更改版权页内容,改版次及印刷时间"呢?毕竟,仅仅是更改了版权页的书并不是出版法规规章规定的"非法出版物"。

例如,河南省驻马店市中级人民法院审理的"王某某销售侵权复制品案"。对于新闻出版部门的"假冒出版单位名义的出版物"的鉴定意见,辩护人提出依据不足。法官支持了辩护意见。法官认为"经查,本案原二审期间,

---

① 北京市朝阳区人民法院《凌某某侵犯著作权一审刑事判决书》(2019)京 0105 刑初 1386 号。

② 河北省保定市竞秀区人民法院《马某某、任某某侵犯著作权一审刑事判决书》(2019)冀 0602 刑初 329 号。

辩护人提交了西安出版社、陕西旅游出版社出具的情况说明,证明上述图书系该出版社出版的图书,不是假冒出版单位名称的图书,并申请鉴定人出庭作证。经本院核实,该两份说明确系西安出版社、陕西旅游出版社所出具,遂依法通知鉴定人出庭作证,但鉴定人拒不出庭作证。根据法律规定,经人民法院通知,鉴定人拒不出庭作证的,鉴定意见不得作为定案的依据。后本院以事实不清为由,撤销原判,发回一审法院重新审判。一审法院重新审理后,仍依据原鉴定意见作出判决,显然不当,应予纠正。"①

三是盗版书是否同一批次、版次印刷的认定,公安物证鉴定中心做出鉴定。

如果一个印刷厂印制一批盗版书,一部分书被在印刷厂当场查获,一部分书已经发货或交付,如何认定现场查扣的书与已经发出的书为同版印刷?湖南邵阳"吴某某侵犯著作权案"给出答案。"7 月 3 日,执法部门在旺某印刷厂现场查获《五年级语文广东版》,同日,执法部门在邵东汕头托运站现场查获《五年级语文广东版》,在邵东玉林托运站现场查获《五年级语文广东版》。经湖南省公安厅物证鉴定中心鉴定,在旺某印刷厂、邵东汕头托运站、邵东玉林托运站所扣押的《五年级语文广东版》是同版印刷。"②

六、既遂与未遂、主犯与从犯等问题

在案件审理过程中,涉案盗版书是否已销售,即犯罪行为是未遂还是既遂,一直是控辩双方争议的问题。法官的判决也不尽相同。

一是尚未销售图书认定未遂。

例如,郑州市中级人民法院审理的"付某某侵犯著作权案"中,法官认为"被告人付某某非法经营的侵权图书尚未销售即被公安机关查扣,系犯罪未

---

① 河南省驻马店市中级人民法院《王某某销售侵权复制品二审刑事判决书》(2016)豫17 刑终 165 号。

② 湖南省邵阳市北塔区人民法院刑事判决书(2019)湘 0511 刑初 85 号。

遂,依法可减轻处罚。"①例如,深圳市中级人民法院审理的"李某某侵犯著作权罪案"中,法官认为,"上诉人李某某在犯罪过程中,由于意志以外的原因,侵权复制品尚未销售即被抓获,属于犯罪未遂,依法可以减轻处罚。"②

二是既遂、未遂不以交易完成作为评判标准。

但在北京市通州区人民法院审理的"陈某某侵犯著作权案"中,关于辩护人提出的"所犯销售侵权复制品罪系犯罪未遂"辩护意见,北京市通州区人民法院未予采信,仍认定为既遂。③ 特别是在北京市朝阳区人民法院审理的"徐某某侵犯著作权案"中,法官特别指出,"关于辩护人提出犯罪未遂的辩护意见,法庭认为,侵犯著作权犯罪不同于其他销售类犯罪,其行为实施完成并不以交易完成作为评判标准。被告人徐某某已经实施对外销售未经著作权人许可的图书行为,且被执法部门现场起获大量尚待出售的侵权图书,依法应认定为已经实施了《刑法》上的发行行为,不宜认定为犯罪未遂。"④

三是在案件审理过程中,关于主犯从犯的认定也影响着对犯罪嫌疑人的量刑,自然也是控辩双方争议的焦点问题。

1. 只有裁剪和装订行为,起辅助作用,认定从犯。

在河南省原阳县人民法院审理的"刘某某侵犯著作权"中,法官认定,"被告人刘某某伙同他人(委托装订者)共同故意犯罪,系共同犯罪,在共同犯罪过程中,被告人刘某某只有裁剪和装订行为,起辅助作用,认定从犯,依法可从轻处罚。"⑤

2. 在犯罪活动中不仅仅是受雇"打工",而"实际上有销售利润分成",认定共犯。

在广东省中山市中级人民法院审理的"张某侵犯著作权、贩卖淫秽物品牟利案"中,法官认为,"关于上诉人提出其是为'雄哥'打工,而真正以营利

---

①　河南省郑州市中级人民法院《付某某侵犯著作权一审刑事判决书》。
②　广东省深圳市中级人民法院《李某某侵犯著作权罪二审刑事裁定书》。
③　北京市通州区人民法院《陈某某侵犯著作权一审刑事判决书》(2019)京0112刑初328号。
④　北京市朝阳区人民法院《徐某某侵犯著作权一审刑事判决书》。
⑤　河南省原阳县人民法院《刘某某侵犯著作权一审刑事判决书》。

或牟利为目的是'雄哥'的上诉意见。根据相关证据,足以认定上诉人张某实施了销售盗版光碟和淫秽光碟的行为,而且上诉人对此供认不讳,并供述其与'雄哥'实际上有销售利润分成。因此,即使涉案光碟系为'雄哥'进货,但也只是二人的分工不同,而且上诉人的销售行为正是涉案盗版光碟和淫秽光碟流入市场必不可少的环节,故不影响对上诉人张某以营利或牟利为目的,销售盗版光碟和淫秽光碟事实的认定。故其该项上诉主张与查明事实不符,本院不予采纳。"①

参考文献

1. 北京市丰台区人民法院许某侵犯著作权罪一审刑事判决书,(2014)丰刑初字第 2344 号。

2. 湖南省邵阳市中级人民法院原审被告人姜某某、金某侵犯著作权一案刑事裁定书,(2015)邵中刑再终字第 5 号。

3. 黑龙江省大庆市中级人民法院徐某、徐某某侵犯著作权二审刑事判决书,(2019)黑 06 刑终 258 号。

4. 上海市第三中级人民法院江苏某实业有限公司、章某 1 等侵犯著作权二审刑事裁定书,(2019)沪 03 刑终 14 号。

5. 湖北省荆州市中级人民法院杨某、陈某某侵犯著作权一审刑事判决书,(2018)鄂 10 刑初 50 号。

6. 河南省郑州市中级人民法院崔某某侵犯著作权一审刑事判决书,(2019)豫 01 刑初 82 号。

7. 河北省三河市人民法院刘某某侵犯著作权一审刑事判决书,(2019)冀 1082 刑初 176 号。

8. 北京市大兴区人民法院通县某印刷厂侵犯著作权刑事判决书,(2013)大刑初字第 733 号。

9. 湖南省邵阳市北塔区人民法院唐某某侵犯著作权一审刑事判决书,

---

① 广东省中山市中级人民法院《张某侵犯著作权、贩卖淫秽物品牟利二审刑事裁定书》。

（2019）湘 0511 刑初 80 号。

10. 河南省高级人民法院杨某某侵犯著作权刑事裁定书,（2014）豫法知刑终字第 1 号。

11. 河南省原阳县人民法院刘某某侵犯著作权一审刑事判决书,（2019）豫 0725 刑初 387 号。

12. 北京市朝阳区人民法院凌某某侵犯著作权一审刑事判决书,（2019）京 0105 刑初 1386 号。

13. 河北省保定市竞秀区人民法院马某某、任某某侵犯著作权一审刑事判决书,（2019）冀 0602 刑初 329 号。

14. 河南省驻马店市中级人民法院王某某销售侵权复制品二审刑事判决书,（2016）豫 17 刑终 165 号。

15. 河南省郑州市中级人民法院付某某侵犯著作权一审刑事判决书。

16. 广东省深圳市中级人民法院李某某侵犯著作权罪二审刑事裁定书。

17. 北京市通州区人民法院陈某某侵犯著作权一审刑事判决书,（2019）京 0112 刑初 328 号。

18. 北京市朝阳区人民法院徐某某侵犯著作权一审刑事判决书。

19. 广东省中山市中级人民法院张某侵犯著作权、贩卖淫秽物品牟利二审刑事裁定书。

2020 年 8 月 16 日　发表于网舆勘策院

《印刷业管理条例》①部分处罚条款的不足

摘　要

无论是出版物承印验证制度,还是承印备案制度,都是法律规范对印刷企业设定的法律义务,最终目的是为了加强图书和期刊的印刷管理,防止非法出版活动。如果印刷从业者怠于履行,只要能后期补足,或者有证据证明没有非法出版活动,那就仅仅是未验证、未备案的行为违法,其它经营活动以及相关产品应是合法的,也就谈不上违法经营额和违法所得,因此对未验证、未备案的行为与违法所得、违法经营额相关联,并设置处罚种类和数额并不合适。

一、问题的提出

基本案情:甲公司系某市一印刷企业,资质完备。2015 年某日,文化执法大队对甲公司检查时发现,甲公司印刷《期末冲刺》一书,现场不能提供印刷委托书。而后甲公司在案件调查期间补办了印刷委托书。最终,文化执法大队认定甲公司接受他人委托印刷出版物,未按规定验证印刷委托书,违反

---

① 本篇文章中所涉及的《印刷业管理条例》指 2020 年版。

《印刷业管理条例》的规定,没收违法所得 560 元,罚款 1 万元。甲公司不服,提起诉讼。甲公司主张,"其由于进度需要不得已先行印刷,后补办手续,且未造成危害后果,不应受到处罚。"对此,法院认为,"原告补办手续的行为并不影响被告对原告违法事实的认定,且被告也考虑到原告补办手续的情节,在罚款幅度内从轻处罚,故原告的该项主张,本院不予采纳"。最终,法院驳回了诉讼请求,维持了行政处罚。

《印刷业管理条例》第四十条(笔者注:2016 年修改后)规定"从事出版物印刷经营活动的企业有下列行为之一的,由县级以上地方人民政府出版行政部门给予警告,没收违法所得,违法经营额 1 万元以上的,并处违法经营额 5 倍以上 10 倍以下的罚款;违法经营额不足 1 万元的,并处 1 万元以上 5 万元以下的罚款;情节严重的,责令停业整顿或者由原发证机关吊销许可证;构成犯罪的,依法追究刑事责任:(一)接受他人委托印刷出版物,未依照本条例的规定验证印刷委托书、有关证明或者准印证,或者未将印刷委托书报出版行政部门备案的;……"。

这个案件并不复杂。从上述《印刷业管理条例》规定来看,法官驳回诉讼请求,支持文化执法的行政处罚也在意料之中,也符合法律规定。估计原告也知道官司打不赢,因为法律就是那样规定的。但为什么原告还会觉得冤枉呢? 也许不仅是原告,恐怕普通人甚至连执法者都觉得罚的重了。那就要考量是不是制度设计上有不足。

从以上可以看到,一是法律规定了"没收违法所得",违法经营额不足 1 万元的,罚款底线是 1 万元。执法者以底限量罚应该讲合理合法。这里的问题是,对于"未验证"的行为是否适合用没收违法所得和按照违法经营额的倍数处以罚款?

接受委托印刷出版物,需要"验证",是《印刷业管理条例》对印刷业经营者赋予的一项义务。接受委托印刷出版物"未验证"属于违法行为,这一点毋庸置疑。但是,仅仅是"未验证"的行为并不影响涉案书的合法性,不会产生违法出版物,也不会有违法经营额,更不会有违法所得。就如上述案例,相对人补齐印刷委托书等手续后,证明涉案的出版物是合法的。那么公司被没收的 560 元就是合法所得,如何按照违法所得被没收呢? 按照违法经营额不足 1 万元,并处 1 万元罚款就更显得莫名其妙。

问题提出后,笔者对《印刷业管理条例》其他处罚条款也做了分析,还发现其他问题,一并梳理分析。

二、对于未核验、未备案等违法行为以没收违法所得和按违法经营额的方式设置财产罚值得商榷

违法经营额(非法经营额)是指行为人生产、制造、加工、拣选或者经销的全部违法商品的价值,也有说还包括违法提供服务的全部收入。违法所得是违法经营额减去成本所获得的利润。以此来讲,以没收违法所得和按违法经营额的方式设置财产罚的,前提是违法行为直接经营(生产、制造、加工、拣选或者经销)了一个物或者提供了一个服务。照此逻辑,《印刷业管理条例》中未验证、未备案的行为,尽管违法,但并不直接产生一个物,也未提供一个服务,因此以没收违法所得和按违法经营额的方式设置财产罚的,缺少法理支撑,不仅使执法者无法适用,也会因此导致过罚不相当,侵害行政相对人利益,无端增加诉讼争议。《印刷业管理条例》中类似的还有对包装装潢印刷品和其他印刷品违法行为的处罚条款。

对于类似的违法行为,其他行业的监管大都是直接设置一定数额的罚款。例如,《食品安全法》第一百二十六条规定"违反本法规定,有下列情形之一的,由县级以上人民政府食品安全监督管理部门责令改正,给予警告;拒不改正的,处五千元以上五万元以下罚款;情节严重的,责令停产停业,直至吊销许可证:(三)食品、食品添加剂生产经营者进货时未查验许可证和相关证明文件,或者未按规定建立并遵守进货查验记录、出厂检验记录和销售记录制度"。

其实,无论是承印验证制度,还是承印备案制度,都是法律规范对印刷企业设定的法律义务,最终目的是为了加强图书和期刊的印刷管理,防止非法

出版活动。如果印刷从业者怠于履行,只要能后期补足,或者有证据证明没有非法出版活动,那就仅仅是未验证、未备案的行为违法,其它经营活动以及有关产品都是合法的,也就谈不上违法经营额和违法所得,因此对未验证、未备案的行为与违法所得、违法经营额相关联,并设置处罚种类和数额并不合适。

三、以没收违法所得和按违法经营额的方式设置对"出售、出租、出借或者以其他形式转让印刷经营许可证的"的处罚值得商榷

《印刷业管理条例》第三十七条规定"印刷业经营者违反本条例规定,有下列行为之一的,由县级以上地方人民政府出版行政部门责令停止违法行为,责令停业整顿,没收印刷品和违法所得,违法经营额 1 万元以上的,并处违法经营额 5 倍以上 10 倍以下的罚款;违法经营额不足 1 万元的,并处 1 万元以上至 5 万元以下的罚款;情节严重的,由原发证机关吊销许可证;构成犯罪的,依法追究刑事责任:(三)出售、出租、出借或者以其他形式转让印刷经营许可证的。"

首先,对于"出售、出租、出借或者以其他形式转让印刷经营许可证"的主体(以下简称转让者),其出售出租出借转让许可证不必然产生违法物品,是否有违法物品的产生?产生多少?何时产生?等等,也都不由转让者决定。其次,作为转让者,其违法行为的获益一般就是一次性的转让费,也即违法所得。以违法所得作为基数对其处罚更容易做到过罚相当,而以违法经营额为基数设置罚款既缺乏法理支撑,也无法操作。例如,受让者拿着借来的许可证去投标。这时候转让许可证这一违法行为已经发生,出让者的违法所得也已经发生,但作为受让者,还没有中标,或者中标后还没有生产,因此,也没有违法经营额,所以以违法经营额相关联的罚款就无法操作。另外,没收相关印刷品的处罚也存在上述问题。

对类似的违法行为的处罚在其他法律法规中也有体现。例如,《药品管

理法》第一百二十二条规定,"伪造、变造、出租、出借、非法买卖许可证或者药品批准证明文件的,没收违法所得,并处违法所得一倍以上五倍以下的罚款"。

另外,《印刷业管理条例》第四十条第(六)项"擅自将出版单位委托印刷的出版物纸型及印刷底片等出售、出租、出借或者以其他形式转让的"也存在上述问题。

四、对第四十条中"销售受委托印刷的出版物的;征订、销售出版物的"没有设置没收出版物的罚则值得商榷

作为印刷企业,一般情况下不具备出版物发行资质,销售出版物自然违法。但按照《出版管理条例》和《出版物市场管理规定》,无证售书要没收涉案出版物,而《印刷业管理条例》第四十条却无此规定,在具体适用的时候,由于《出版管理条例》和《印刷业管理条例》法律位阶一致,而对印刷业的监管应优先适用《印刷业管理条例》,这样岂不是对违法行为的放纵。

五、对伪造、变造学位证书、学历证书等国家机关公文、证件或者企业事业单位、人民团体公文、证件的行为,处罚条款设置重复

《印刷业管理条例》第四十二条、第四十三条都对伪造、变造学位证书、学历证书等国家机关公文、证件或者企业事业单位、人民团体公文、证件的行为做出了几乎一致的处罚。只是在被处罚主体的表述上略有不同,一种是"从事其他印刷品印刷经营活动的企业和个人",一种是"印刷业经营者",几乎一致。处罚主体表述也基本一致。处罚条款设置重复,这大概与《印刷业管理条例》修改有关。在 2016 年《印刷业管理条例》修改之前,第四十三条的处罚主体是公安部门,修改后,处罚主体改成"出版行政部门"。

2020 年 6 月 6 日　发表于网舆勘策院

关于"转委托"印刷图书的定性及监管的思考

摘 要

所有关于委托印刷的监管措施最终的目标就是要杜绝非法图书和侵权图书的印制和传播。关于印刷"转委托"行为是否违法,法律并无明确的规定。按照法无禁止即可为的原则,不宜认定违法。但"转委托"的过程中,容易被不法分子钻空子,导致非法出版物和侵权出版物的印制和传播。所以,必须依法加强监管。按照《内部资料性出版物管理办法》①的规定,"编印和承印单位必须严格按照《准印证》核准的项目印制,严禁擅自更改《准印证》核准项目"。由于内部资料性出版物《准印证》都明确写明印刷单位,所以未经批准,"转委托"印刷内部资料性出版物属于违法行为。

在出版物印刷过程中,出版社委托甲印刷厂印刷,开具了印刷委托书,双方签订了委托印刷合同。甲印刷厂将业务或全部委托乙印刷厂印刷,或将部分工序委托乙印刷厂印刷,例如自己印封面,而将印刷内文等工序委托给乙印刷厂。这种做法,印刷行业通称"转委托"。对于这种行为是否违法,意见并不统一。这也成为执法的难点和热点问题。

---

① 本篇文章中所涉及的《内部资料性出版物管理办法》指 2015 年版。

一、对于"转委托"印刷图书是否违法的
不同意见及其辨析

意见一

正方:认定接受"转委托"者,即上述乙印刷厂违法,适用的处罚条款:《中华人民共和国印刷业管理条例》①(后文简称《印刷业管理条例》)第四十条第(一)项"接受他人委托印刷出版物,未依照本条例的规定验证印刷委托书、有关证明或者准印证……"

理由:实际印刷者拿到的印刷委托书上标明的印刷者是甲,所以即使实际印刷者乙验证了委托书,也不能印,按照"未验证"来处理。

反方:不违法。正方适用的《印刷业管理条例》的条款强调的是"验证",意在通过验证,杜绝不合法的主体出版的图书印刷出来传播于世,而并没有强调实际印刷者一定是印刷委托书上载明的主体。所以,实际印刷者对所印的书"验明正身",就是履行了自己的法律义务。

尽管《印刷品承印管理规定》规定了"出版单位委托印刷出版物的排版、制版、印刷(包括重印、加印)、装订各工序不在同一印刷企业的,必须分别向各接受委托印刷企业开具《图书、期刊印刷委托书》。"但,一是本条是针对出版单位(委印者)而言,强调的是出版社如果需要把不同的工序安排在不同的企业,则要分别开具印刷委托书,但并没有说明,印刷企业承接后不可以"转委托"。二是未见有处罚条款。

意见二

正方:认定接受委托者乙违法,适用条款《印刷业管理条例》第四十条第

---

① 本篇文章中所涉及的《中华人民共和国印刷业管理条例》指 2020 年版。

(二)项"假冒或者盗用他人名义,印刷出版物的。"

理由:涉案图书标明的印刷者并非实际印刷者,所以实际印刷者是在假冒或者盗用他人名义。

反方:不违法。"假冒或者盗用",一是应以被"假冒或者盗用"者不知为前提,二是要有主观上的故意。但是,"转委托"行为都是有明确的转委托者,不存在"假冒或者盗用",当然也不可能有主观故意。

意见三

正方:认为转委托者,即甲印刷厂违法。适用处罚条款《印刷业管理条例》第四十条第(六)项"擅自将出版单位委托印刷的出版物纸型及印刷底片等出售、出租、出借或者以其他形式转让的"。

理由:对转委托者而言,其实际上将出版社的"纸型及印刷底片"转让给了实际印刷者,否则,后者也无法印刷。

反方:不违法。一是《印刷业管理条例》第二十三条"……不得将接受委托印刷的出版物纸型及印刷底片等出售、出租、出借或者以其他形式转让给其他单位或者个人"的立法本意是"就印刷企业对接受委托印刷的出版物纸型及印刷底片的处分权进行了限制"(《印刷业管理条例》释义),而不是对"转委托"行为的限制。换句话说,本条限制转让的标的物是"出版物纸型及印刷底片",而不是转活。二是从现实的情况看:1. "转委托"只是企业之间的协作或者是印刷合同的"转包",并没有转让"出版物纸型及印刷底片"的意思表示,"出版物纸型及印刷底片"的所有权并没有转移。2. 有的"转委托",仅仅是委托了部分工序(如装订、烫金、覆膜),而这些工序根本不涉及"出版物纸型及印刷底片"。

意见四

正方:认为接受转委托者违法,适用处罚条款《出版管理条例》第六十五条第(三)项"印刷或者复制单位接受非出版单位和个人的委托印刷或者复制出版物的。"(笔者注:这一条也是适用最广的)

理由:转委托者是非出版单位。

反方:不违法。转委托者不是《出版管理条例》所指出的非出版单位。

《出版管理条例》①第六十五条第(三)项对应的违则是《出版管理条例》第三十二条。综合分析第三十二条的条款,这里的"非出版单位"强调的是出版的主体不合法(出版的主体不是国家批准的出版社或者内资编印者),而不是转委托印刷者。换句话说,当一个主体从事出版活动的时候,才出现了"出版单位"和"非出版单位",而"转委托"印刷不是出版活动,只是加工承揽、再转承揽活动,所以谈不上"非出版单位"。从另一个角度来分析,非出版单位和个人委托的出版物极大可能是非法出版物,而仅仅是转委托的出版物很大可能是合法出版物。

笔者支持上述四种情况反方的意见。"转委托"印刷图书的行为本身并不违法,或者说法律法规并无明确的禁止和处罚条款。对于行政相对人来讲,"法无禁止即可为",本着该原则,不宜认定"转委托"印刷违法。同时,对于行政执法者而言,"法无授权不可为",本着该原则,行政执法者不宜对"转委托"行为予以处罚。

二、"转委托"印刷图书行为的定性

一是"转委托"行为是民事合同行为,未经出版社同意"转委托"的,由涉事各方按合同法解决。

1.印刷合同实质是加工承揽合同。"转委托"印刷的实质是"承揽人将其承揽的主要工作交由第三人",或者"将其承揽的辅助工作交由第三人完成"。②

2.《合同法》对承揽人的法定义务,是"承揽人应当以自己的设备、技术和劳力,完成主要工作,但当事人另有约定的除外。承揽人将其承揽的主要

---

① 本篇文章中所涉及的《出版管理条例》指 2020 年版。

② 《中华人民共和国合同法》第 251 条、253 条、254 条。

工作交由第三人完成的,应当就该第三人完成的工作成果向定作人负责;未经定作人同意的,定作人也可以解除合同。""承揽人可以将其承揽的辅助工作交由第三人完成。承揽人将其承揽的辅助工作交由第三人完成的,应当就该第三人完成的工作成果向定作人负责。"

二是法律没有明文禁止"转委托"行为。

鉴于本文第一部分分析,关于"转委托"印刷图书的行为,《出版管理条例》和《印刷业管理条例》等专业行政法规目前没有明确的禁止条款,本着法无禁止即可为的原则,"转委托"行为应不被禁止。

法律不禁止"转委托"行为,还可以从其他角度得到印证。依据《印刷业管理条例》第三十一条,"印刷布告、通告、重大活动工作证、通行证、在社会上流通使用的票证的",印刷企业"不得再委托他人印刷上述印刷品。"在同一部法规中,同样是印刷行为,"转委托"印刷图书和包装装潢印刷品都没有明文禁止,单单上述印刷品明文禁止"转委托",我们不相信这是立法者的疏忽,反而从另一个角度印证了,对于印刷图书、印刷包装装潢印刷品和"印刷布告、通告、重大活动工作证、通行证、在社会上流通使用的票证",在"转委托"问题上是区别对待的,"转委托"印刷图书的行为并不被法律禁止。

当然也有例外。按照《内部资料性出版物管理办法》的规定:"编印和承印单位必须严格按照《准印证》核准的项目印制,严禁擅自更改《准印证》核准项目"。由于内部资料性出版物《准印证》都明确写明印刷单位,所以未经批准,"转委托"印刷内部资料性出版物属于违法行为,依法应予处罚。

三、"转委托"印刷图书的行为可能存在的违法行为及其监管

所有关于委托印刷监管措施最终的目标就是要杜绝非法图书和侵权图书的印制和传播。"转委托"行为虽然本身不被法律禁止,但在"转委托"的过程中,容易被不法分子钻空子,导致非法出版物和侵权出版物的印制和传

播。所以,必须依法加强监管。结合近年来对此类问题的监管实际,主要还是在"承印验证"环节加强,具体问题具体分析、具体处理。

1. 可能存在的违法行为主要是:一是印刷非法图书,导致此问题的具体行为,例如"未验证""接受非出版单位和个人的委托""假冒或者盗用他人名义印刷出版物"等都可能导致非法出版物的印刷和传播,应当坚决打击。二是印刷侵权盗版图书。例如"盗印他人出版物""非法加印"等等。

2. 监管措施。主要还是加强"验证"环节的监管。执法检查时,依据《印刷业管理条例》,执法者可要求接受转委托者提供两个文件。一是合法的印刷委托书。二是转委托者的委托书或者转委托印刷合同。不能提供上述文件的,可能存在上述违法行为,需进一步调查。最终无外乎两种情况,一是书是合法出版的,但承印者未履行法律规定的承印义务(例如未验证等),按相关条款处罚。二是书是非法出版物或者盗版书,依法处罚即可。

从执法实践看,如果印厂能够提供上述两个文件,绝大多数情况下,可避免非法出版物和盗版出版物。

参考文献

1. 于永湛,徐玉麟,石峰.印刷业管理条例释义[M].北京:中国法制出版社,2002.

2020 年 6 月 13 日　发表于网舆勘策院

关于盗版书鉴定的"老生常谈"

——重温《关于盗版制品鉴定问题的复函》的几点体会

摘　要

　　所谓盗版书,据笔者理解是专指把出版社已经出版的图书原封不动复制一遍的书。在版权行政执法过程中,证明盗版书通常需要出版社出具"盗版鉴定意见"。但"盗版鉴定意见"仅是出版社作为与著作权有关的主体主张权利的适格举证,并非司法意义的鉴定意见。以不符合鉴定意见的实体要件和程序要件彻底否定"盗版鉴定意见",继而认定行政处罚事实不清、证据不足,实质是对"盗版鉴定意见"的证据性质的认识含糊不清。盗版书不是出版社鉴定出来的,而是执法人员综合包括"盗版鉴定意见"在内的所有证据,运用逻辑思维通过推理来认定的。

一、问题的提出

　　2018 年 1 月 26 日,甘肃省某县文广局做出行政处罚决定,对 W 书店未经著作权人许可发行其作品予以行政处罚。W 书店不服,提起行政诉讼。定西市安定区人民法院一审判决行政机关败诉。该县文广局提起上诉。2019 年 4 月 4 日,定西市中级人民法院对该县文化广播影视局与 W 书店文化行政管理(文化)案做出二审判决,驳回该县文化广播影视局的上诉,维持原判。

原判认为,"该县文广局做出案涉行政处罚决定所依据的鉴定报告,系甘肃省新闻出版广电局委托本案利害关系人 F 科技公司、M 出版社做出的,该鉴定结论明显缺乏公正性,鉴定程序违反公平、公正原则,不能作为做出案涉行政处罚决定的合法依据,因此,案涉行政处罚决定主要证据不足,违反法定程序,依法应予撤销。依照《中华人民共和国行政诉讼法》第七十条第(一)项、第(三)项规定,判决:撤销该县文广局做出的(通)文罚字〔2018〕第001 号行政处罚决定。"

二审法院认为:本案的焦点是,由投诉方 M 出版社与北京 F 公司派其工作人员共同做出的《鉴定报告》能否作为该县文广局行政处罚的依据。关于此问题,本院评判如下:

1.《著作权行政处罚实施办法》第二十四条规定:"对查处案件中的专业性问题,著作权行政管理部门可以委托专门机构或者聘请专业人员进行鉴定",本案中,涉案图书为盗版的鉴定报告是由投诉方派其工作人员共同做出的,投诉方是案件的利害关系人,其作为鉴定人有失公正,且二投诉单位是否为盗版书籍的专业鉴定机构,所派人员是否具有鉴定盗版书籍的专业技能,无据证实。

2. 根据《最高人民法院关于行政诉讼证据若干问题的规定》第十四条:"被告向人民法院提供的在行政程序中采用的鉴定结论,应当载明鉴定的依据和使用的科学技术手段、鉴定部门和鉴定人鉴定资格的说明,并应有鉴定人的签名和鉴定部门的盖章。通过分析获得的鉴定结论,应当说明分析过程",本案投诉方所派工作人员出具的鉴定报告没有载明鉴定使用的科学技术手段,只是通过现场比对,认定涉案图书在印刷墨色及用纸方面均与正版图书不符、图片清晰度低、后勒口处作者照片颜色失真、印刷质量差、较正版书缺少正文后书目内容等。但对案涉书籍的防伪标志、封面色泽参数、用纸型号等专门性问题没有进行鉴定。鉴定报告中也没有鉴定部门和鉴定人鉴定资格的说明,该鉴定报告不符合行政诉讼证据鉴定结论的要求。

因此,该县文广局处罚所依据的《鉴定报告》系利害关系人做出,且不符合行政诉讼证据的要求不能作为行政处罚的依据。本案中,被诉行政处罚决定认定案涉图书为盗版图书的证据不足。一审法院以案涉行政处罚决定主要证据不足为由判决撤销该处罚决定并无不当应予维持。上诉人某县文广局的上诉请求及理由不能成立不予支持。

综合上述判决书的表达,可以梳理出法官的几个观点:一是出版社的鉴定意见是司法意义的鉴定结论;二是做出鉴定结论的主体不适格;三是鉴定结论未对专门性问题做出鉴定;四是鉴定结论不符合法定程序性要求。

此判决一出,在文化执法界产生一定影响。时隔一年余,笔者重温判决书,重温国家版权局《关于盗版制品鉴定问题的复函》(以下简称《复函》),不由得想起 2005 年天津市发生的一起案件,该案争议的焦点也是关于盗版书的鉴定问题,与本案如出一辙。为了解决争议问题,当时国家版权局应法院之请,还专门出具了《复函》,就盗版鉴定的资质、《著作权行政处罚实施办法》第 24 条规定的专门性问题等等做了阐述。时隔多年,同样的问题再度成为焦点,让人不由得感叹,问题并未随时间解决,盗版还在因鉴定争论,同志还应为真理求索。

二、关于盗版书的内涵和外延

(一)所谓盗版书就是专指把出版社已经出版的图书原封不动复制一遍的书

关于盗版的定义,有如下一种说法:"盗版是指在未经版权所有人同意或授权的情况下,对其复制的作品、出版物等进行由新制造商制造跟源代码完全一致的复制品、再分发的行为。"笔者以为还是有道理的,特别是"由新制造商制造跟源代码完全一致的复制品"更有意义,这样就大致讲清了侵权复制品和盗版书的联系与区别。笔者理解,所谓盗版书就是专指把出版社已经出版的图书原封不动复制一遍的书。最常见的就是,甲某看到乙出版社 A

书好卖,按照 A 书的样子重新扫描、制版、印刷、发行。从这个意义上讲,《复函》中所讲的出版社的鉴定意见才有价值,《复函》中的盗版制品也应限定在此范畴。本文讨论的盗版书也限定在此范畴。

(二)盗版书肯定是侵权复制品,但侵权复制品外延要大于盗版书

侵权复制品总体指未经著作权人许可而复制的图书。例如,甲出版社看到乙出版社出版的某图书有市场,未经作者的许可,以甲出版社的名义也另行出版发行,封面、版式、装帧与乙不同。对这类侵权复制品,不是本文讨论的盗版书。再如盗印、非法加印的图书,习惯上也称为盗版,但这种盗版书所用的版完全是出版社的"原版"。印出的书恐怕连出版社也难辨真伪,只能在认定了盗印、非法加印事实后,对盗印和加印部分的图书认定为侵权。这种情况不是本文所讨论的盗版书。再如,抄袭原作出版的图书,也称为侵权复制品,这也不是本文说的盗版书。

三、出版社鉴定意见应属于当事人陈述

本文前面谈到的两起案件出版社出具的所谓鉴定意见,两审法院都用《行政诉讼法》鉴定结论的标准对其进行证据审查。但出版社鉴定意见不是司法意义的鉴定意见。对此,国家版权局《复函》指出,出版社的所谓"鉴定","类似于通常著作权人以及出版部门到(民事和刑事)司法、行政部门投诉时履行的原告适格之举证。"

理解上述《复函》的表述,涉及两个方面。一是出版社必须是著作权人或者是与著作权有关的主体,其有资格主张权利。一般来讲,出版社与作者签订协议,获得了出版权乃至专有出版权,其是适格原告。二是出版社出具鉴定意见的行为是举证行为。按照《最高人民法院关于审理著作权民事纠纷案件适用法律若干问题的解释》第七条"当事人提供的涉及著作权的底

稿、原件、合法出版物、著作权登记证书、认证机构出具的证明、取得权利的合同等,可以作为证据"的规定,作为出版权的被授权者,出版社出具合法出版物(样书)、取得权利的合同,在鉴定书中指出盗版书与原版书的若干明显不同,证明原版书是"李逵",盗版书是"李鬼",这一切都是出版社的举证行为。从这个意义讲,鉴定意见与样书、权利证明等共同构成出版社的举证内容。

关于鉴定意见的证据类型,笔者主张属于当事人陈述。《行政诉讼法》第三十三条列举了八类证据形式。书证、物证、视听资料、电子数据、证人证言、当事人的陈述、鉴定意见、勘验笔录和现场笔录。按照上述分析,肯定不算鉴定意见。有人认为是证人证言。但也有人说,证人证言是指"证人就自己所知道的与案件有关的情况向司法机关所作的陈述。""一般应当是证人亲自看到或听到的情况,也可以是别人看到听到而转告他知道的事实。"所以,无论是证言的主体——人,还是证言的客体——情况,出版社作为单位都不可能证明。笔者以为,出版社鉴定意见应认定为当事人陈述。一般的行政案件,案件的当事人只有违法者这一类主体。但版权案件不同,成立违法行为首先要确定侵权事实,因此侵权者与被侵权者就成为版权案件的当事双方。出版社作为被侵权者,其盗版鉴定意见就是其对权利的主张和对侵权事实的陈述。

既然不是司法意义的鉴定意见,就无须遵守鉴定意见特定的程序和形式要求。

四、出版社鉴定意见是为了证明"李逵"或"李鬼"

盗版书的认定,前提是有一个原版,也就是出版社得到著作权人授权后出版的图书。盗版者制造了"跟源代码完全一致的复制品"。出版社的鉴定意见就是说明自己出版的书是正版的,是"李逵",盗版者的书仿造了自己的书,是"李鬼"。关于盗版的书是否"翻版",出版社当然最有发言权。正如《复函》所言,"出于常理,出版社对本社出版物的了解,犹如企业对自己产品的了解,这是任何一般局外人,甚至作者都做不到的;其证据力和可信度也胜于任何局外人的鉴定。"

通常情况下,出版社的专业人员通过对正版原书和盗版书在用纸、装帧、印刷质量、防伪标识或者暗记等方面进行比对,完全可以得出"李逵"或"李鬼"的结论。正如本案,投诉方所派工作人员"通过现场比对,认定案涉图书在印刷墨色及用纸方面均与正版图书不符,图片清晰度低、后勒口处作者照片颜色失真、印刷质量差,较正版书缺少正文后书目内容等",基本可以得出"李鬼"结论。法官质疑"对案涉书籍的防伪标志、封面色泽参数、用纸型号等专门性问题没有进行鉴定,"未免苛求。法官的坚持恐怕还是上文所提到的,是用行政诉讼中鉴定结论的标准来审查的。

笔者特别想指出的是,版权行政执法方面,目前没有对书籍是否为盗版的专门鉴定部门,这一点《复函》非常明确。但是,现实情况下,出于案件办理的需要,特别是刑事案件办理,刑事司法部门要求著作权行政管理部门出具认定意见,版权部门开具了认定意见。其实,笔者以为,著作权行政管理部门并无此权力。同时,这份认定意见也是基于出版社的鉴定意见做出的。从证据方面,算是对出版社鉴定意见的补强吧。

五、未经著作权人许可是综合证据推定的结论

无论是行政案件,还是刑事案件,对复制发行盗版书的处罚都需要认定"未经著作权人许可"。在证明"未经著作权人许可"过程中,出版社盗版鉴定意见无疑是一份重要证据,但还不足以单独证明"未经著作权人许可"。换言之,"未经著作权人许可"不是出版社鉴定出来的,而是执法人员综合包括出版社盗版鉴定意见在内的所有证据,运用逻辑思维通过推理来认定的。这一点是笔者想特别强调的。试想一下,是否取得了著作权人的许可,这怎么是鉴定能解决的问题呢?比如,甲是否经过乙许可,问问乙就知道了。因为,是否经过著作权人许可,这仅仅是个事实问题。无须鉴定,也无法鉴定。

正如上文分析,"未经著作权人许可"应该调查著作权人,由著作权人出

具证据,证明是否获得其许可。但,目前从行政执法和刑事司法的实践来看,判定"未经著作权人许可"基本思路是:

1. 著作权授权使用。是否经过授权由当事双方(出版社、涉嫌侵权者)举证。举证不能原则上承担举证不能的责任。

2. 双方举证

(1)出版社举证。出版社出具了鉴定意见、授权证明、样书,主要证明四点。一是其获得了授权,二是其出版了作者的作品,也即存在原版书,三是涉嫌盗版书不是其出版的原版书。四是盗版书使用了出版社的名称,使用了原版书的版式设计。

(2)涉嫌盗版者举证。事实上,绝大多数都不能举证不侵权。

从执法实践看,侵权者主要有三类主体。一是书商(委托印刷并组织发行者),二是印刷厂,三是下游发行商(包括终端书店)。这三类主体举证的能力是不同的。作为书商,其是涉案盗版书的委印者、组织发行者,如果其不能举证有合法授权,可以直接判定"未经著作权人许可"。作为印刷厂和下游发行者或者书店,原则上其无法举证涉案书是否获得授权,但应该也完全可以说明涉案书的委印者或者合法来源。这样通过追溯到书商来确定是否经过许可。但如果其无法说明委印者或者无法说明来源,更无法说明获得授权,则推定其是委印者,同时推定涉案书无合法授权。

3. 结合其他证据推定"未经著作权人许可"。

另外,如果出版社获得的是专有出版权,出版社可以侵犯专有出版权主张权利,无须再证明"未经著作权人许可"。

参考文献

1. 关于盗版制品鉴定问题的复函[EB/OL]. (2007 - 01 - 10). https://www. ncac. gov. cn/chinacopyright/contents/12228/346196. shtml. 2. 通渭县文化广播影视局、通渭县某书店文化行政管理(文化)二审行政判决书,(2019)甘 11 行终 10 号。

2020 年 8 月 5 日　发表于网舆勘策院

一起实用美术作品侵权行政案件的启示

摘　要

处理实用美术作品著作权侵权案件,往往需要认定是剽窃还是复制。其中,不仅要看是否改变著作权的权属,还要结合侵权目的和结果来认定。剽窃主要目的是改变作品权属。复制恰是以"李鬼"冒充"李逵",不追求改变权属。在实施行政处罚时,要正确适用法律,区分违法行为和违法物品,不宜被举报、投诉等其他因素所误导,一方面做出专业性的处罚,一方面引导权利人正确维权。

一、基本案情

S 公司(涉案美术作品权利人)生产经营一款日用卷纸产品,其包装袋设计为写有"鸿泰"字样的图案(可视为美术作品)。H 公司贪利,模仿 S 公司的包装图案,将"鸿泰"改为"鸿秦",制作后包装自己的同类卷纸产品并销售。S 公司向版权机关投诉 H 公司侵犯其著作权。执法机关查证属实,H 公司共生产涉案卷纸 30 件,被执法人员查扣卷纸 10 件,其余已售出。执法机关认定,H 公司未经许可复制发行他人作品共 30 件(卷纸),每件 90 元,违法经营额 2700 元,违法所得 300 元,同时损害公共利益。最终决定,没收涉案卷纸 10 件,没收违法所得 300 元,罚款 2000 元。

(左图为 S 公司的产品,右图为 H 公司的产品)

二、关于本案侵权定性的分析

关于本案的定性和处罚,笔者以为有三点值得关注:

1. 是剽窃还是未经许可的复制?

有人主张,本案应定性为《中华人民共和国著作权法》第四十七条①"剽窃他人作品"。理由是,H 公司将涉案美术作品的字样"鸿泰"改变为"鸿秦",形成新的作品并以自己的名义使用,实际上改变了涉案美术作品的权属,其后期复制的实际上是自己的作品,应建议权利人按照《中华人民共和

---

① 本文引用《中华人民共和国著作权法》法均为 2010 版。

国著作权法》第四十七条通过民事诉讼维权。也有意见为,此案应定性为未经许可的复制。理由是,侵权作品与原作品极度相似,仅仅是将"鸿泰"改变为"鸿秦",构成复制。可以按照《中华人民共和国著作权法》第四十八条予以行政处罚。

笔者支持后者。理由是,认定剽窃还是未经许可的复制,不仅仅看是否改变著作权的权属,还要结合侵权目的和结果来认定。"所谓剽窃,也称抄袭,指将他人之作窃为己有并发表。"[①]侵权者追求的是作品的发表,即让受众认为是侵权者的作品,主要侵犯的是发表权,侵权者主要追求的是名;即使有复制行为,也是为发表而进行的有限复制。而未经许可的复制,是为利而进行了一定量的复制,侵权者主要追求的不是作品的归属,不是名,而恰恰是意图让受众以为是权利人的作品,以"李鬼"冒充"李逵",混淆视听,追求的是不当之利,侵犯复制权。

2. 是否构成发行,侵犯发行权?

存在两种意见。一种意见认为,本案当事人发行(销售)的是卷纸,而非涉案美术作品。换句话说,当事人并没有将包装袋作为商品进行销售。所以说,本案定性为复制更为妥当,不侵犯发行权。一种意见认为,虽然侵权者主观上并无侵犯发行权的故意,但客观上将权利人的作品以赠与方式向公众提供作品的复制件,侵犯了权利人的发行权。

笔者支持第二种意见。第一种意见的误区在于,混淆了作品的发行和商品的销售。在这种意见看来,只有把美术作品本身作为商品销售或者发行才侵犯作品的发行权,而当美术作品只作为某种商品的附属物(包装)一同销售时,就不侵犯发行权。这显然是不妥的。著作权的核心是许可使用,并据此获得报酬。本案侵权者虽然没有将美术作品作为商品销售,但其未经权利人许可,复制并向公众提供了作品,侵犯了作品的复制发行权,损害了权利人获得报酬的权利。

---

① 国家版权局管理司编;许超、王迁等撰稿;于慈珂审定《著作权法执行实务指南》,"版权执法工作培训教材",法律出版社,2013,第 267 页。

三、关于涉案商品(卷纸)的违法性和处罚

本案在认定违法物品以及违法经营额时,将涉案卷纸认定为违法物品,继而按照发行 30 件,每件 90 元,认定违法经营额 2700 元,违法所得 300 元,这是否妥当呢?

由于本案主张的是著作权纠纷,因此在著作权法框架内,这个认定意见不妥当。本案的侵权物品是印有侵权作品的包装袋,所以将卷纸认定为违法物品显然不妥。笔者以为,计算违法经营额和违法所得要围绕着包装袋进行,也即调查侵权者一共生产了多少个包装袋?每个包装袋价值几何?继而计算出违法经营额。而违法所得,因侵权者是将包装袋以赠与方式向公众提供,或可认定为无违法所得或者违法所得难以计算。另外,在处罚时,因卷纸不是《中华人民共和国著作权法》框架内的非法物品,所以不宜没收,应当没收的是包装袋。

本案或可与商标法规范的行为竞合。在商标法框架内,《中华人民共和国商标法》①第五十七条规定,有下列行为之一的,均属侵犯注册商标专用权"……:(二)未经商标注册人的许可,在同一种商品上使用与其注册商标近似的商标,或者在类似商品上使用与其注册商标相同或者近似的商标,容易导致混淆的"。第六十条规定:"有本法第五十七条所列侵犯注册商标专用权行为之一,引起纠纷的,由当事人协商解决;不愿协商或者协商不成的,商标注册人或者利害关系人可以向人民法院起诉,也可以请求工商行政管理部门处理。工商行政管理部门处理时,认定侵权行为成立的,责令立即停止侵权行为,没收、销毁侵权商品和主要用于制造侵权商品、伪造注册商标标识的工具,违法经营额五万元以上的,可以处违法经营额五倍以下的罚款,没有违法经营额或者违法经营额不足五万元的,可以处二十五万元以下的罚款。对

---

① 本篇文章中所涉及的《中华人民共和国商标法》指 2019 年版。

五年内实施两次以上商标侵权行为或者有其他严重情节的,应当从重处罚。销售不知道是侵犯注册商标专用权的商品,能证明该商品是自己合法取得并说明提供者的,由工商行政管理部门责令停止销售……。"鉴于上述规定,如果著作权人申请了注册商标,可以由工商部门认定涉案卷纸为非法物品并予以没收,并据此计算违法经营额和违法所得并给予行政处罚。这或许是权利人的维权初心。

四、一点启示

处理实用美术作品著作权侵权案件,往往涉及与商标法、不正当竞争法等法律的竞合。由于美术作品在实际应用中的不同,例如有的美术作品本身就是具有实用价值的产品,有的美术作品是作为其他产品的包装物,有的美术作品用作商标的图案,等等。出于某种考虑,权利人以著作权侵权投诉,往往追求的是商标法或者不正当竞争法所能达到的目的。例如本案,著作权人提起行政投诉,目的就是"请求停止销售侵犯著作权人享有著作权作品的侵权产品。"但这一请求语焉不详,请求权利不准确。在《中华人民共和国著作权法》框架内,侵权者未经许可,使用著作权人的美术作品生产包装袋,侵犯了著作权人的复制发行权,应就包装袋侵权一事承担相应法律责任,而不能禁止侵权者继续销售卷纸,卷纸不是侵权产品。作为执法者,不宜被投诉所误导,应注意著作权法、商标法、不正当竞争法的区别,一方面做出具有专业性的处罚,一方面引导权利人正确维权。

2020 年 9 月 28 日　发表于网舆勘策院

盗版四大名著侵权案的是与非
——兼谈更换版权页的违法性

摘　要

作者死后 50 年,其作品进入公共领域,其财产权不再受著作权法保护,因此也就不存在未经著作权人许可复制发行其作品的所谓盗版行为。擅自更改版权页属于违法行为,但还不足以证明盗版行为或者非法出版行为的存在。执法者对于出版社的盗版鉴定意见要尽审查义务,不可以完全据此定案处罚。

有这样一起案件。

2016 年,甲书店发行了内蒙古人民出版社出版的《红楼梦》《水浒传》《三国演义》《西游记》。属地执法人员发现涉案图书异常,涉嫌违法,遂立案调查。经内蒙古人民出版社鉴定,涉案书的版权页"与我社已出版图书的版权页不符(我社图书版次与印次均为 2009 年 1 月),故鉴定其为盗版图书。"据此,执法人员对当事人进行了行政处罚。

关于本案,有四点值得关注、商榷。

一、图书"版权页不符"是否能作为盗版图书或者非法图书的充分证据？

本案认定涉案图书是盗版书的核心证据是出版社的认定意见。而出版社的主要理由是，涉案书的版权页"与我社已出版图书的版权页不符（我社图书版次与印次均为 2009 年 1 月），故鉴定其为盗版图书。"

问题来了，版权页不符的书一定是盗版书吗？

为什么版权页会不符呢？经验告诉我们，肯定是有人更改版权页了。更改了版权页的图书一定是盗版书吗？

何为盗版？有一种说法是："盗版是指在未经版权所有人同意或授权的情况下，对其复制的作品、出版物等进行由新制造商制造跟源代码完全一致的复制品、再分发的行为。"笔者同意这个说法。如果按照《中华人民共和国著作权法》去衡量，就是未经著作权人许可，复制的作品。以此来衡量涉案图书，更改版权页的图书与未经著作权人许可，复制的作品，显然不是一码事。若要认定盗版，关键是调查是否经著作权人许可而复制。以版权页"与我社已出版图书的版权页不符"来确定盗版书，证据明显不充分。

二、为什么要更改版权页呢？如何定性更改版权页的行为呢？更改版权页的书一定是非法出版物吗？

更改版权页的行为多出现在发行环节，更改版权页的主体也多是经销商。更改的目的主要是为了利益。例如，有的畅销书是 2010 年印制的，码洋 20 元，到了 2020 年，该书还有市场，但是再按书的原价卖，就不赚钱甚至赔钱了。发行商就会更改版权页，主要是更改价格，再上市销售。本案中盗版书更改的是版次和印次。一般来讲，再版次数和印刷次数越多，说明书的销量越多。这可能也是发行商的一种营销策略吧。在这里,如果发行商更改版权页未经出版社同意,依据《出版物市场管理规定》,这种行为涉嫌"擅自更改出版物版权页",属于违法行为,依法应"予以警告,并处3万元以下罚款"。

更改版权页的情况也会发生在出版社。例如,有些书似乎每年都要改版,因此版次总是在变。这给读者的印象是书每年在更新,都是最新的资讯。当然有的出版社确实是在更新,但也有的仅仅是把改版当"卖点",改个年份、换个封面而已。有的书商把书先印出来,但为了防止积压,不装订,如果今年卖不掉,明年换个封面继续按照新改版图书销售。当然,这种更改往往以出版社的名义进行,形式上不属于"擅自更改出版物版权页",并不违法。

实践中还有的案件是,有关部门将擅自改变版权页的图书鉴定为非法出版物,笔者以为此举也不妥当。依据《出版管理行政处罚实施办法》,非法出版物是指"未经批准擅自出版的出版物,伪造、假冒出版单位或者报纸、期刊名称出版的出版物,擅自印刷或者复制的境外出版物,非法进口的出版物。"基于上述标准,如果仅仅是擅自更改了版权页的图书,书还是合法编辑、复制、发行的,因此不足以鉴定其为非法出版物。

三、盗版四大名著侵犯什么著作权? 应该如何处罚?

即使是本案的当事人未经内蒙古人民出版社的许可,复制发行了侵犯其权利的涉案图书,那侵犯了什么权利? 是否要行政处罚? 回答这些问题的前提是要把当事人的违法行为说清楚,把事实调查清楚,把法律运用准确。

此案主要可能存在三个侵权行为。一是对小说作品复制发行权的侵犯。但由于小说的作者早已去世超过50年,该作品已经进入公共领域,其财产权不再受著作权法保护。从这个意义上说,本案对小说的复制发行不构成侵权。二是书的封面的复制发行权。涉案书的封面具备美术作品的特征,因此可以认定其为美术作品,受著作权法保护。出版社想要就此主张权利,需要先举证,证明其是封面美术作品的权利人或者所有者,或者是受委托的出版者。这一点如能证实,从这个意义上讲,涉案书的封面是侵权复制品。三是出版社对涉案书的版式设计拥有著作权之邻接权——版式设计权,可以主张权利,但是这部分权利属于著作权法第五十二条调整的范畴,不属于版权执法部门职责。

上述这些问题,出版社没说清楚,执法部门似乎也没搞清楚。

四、正确认识鉴定意见的证据价值

无论是行政案件,还是刑事案件,对复制、发行盗版书的处罚都需要认定"未经著作权人许可"。在证明"未经著作权人许可"过程中,出版社的盗版鉴定意见无疑是一份重要证据,但仅有此鉴定,还不足以单独证明"未经著作权人许可"。换言之,"未经著作权人许可"不是出版社鉴定出来的,而是执法人员综合包括出版社盗版鉴定意见在内的所有证据,运用逻辑思维通过推理来认定的。这一点,也是笔者特别想强调的。还以本案为例,如果仅仅是版权页不符,这说明,极大可能书是出版社出版的,是正版书。版权页的不符可能是书商(出于销售的目的)对版权页做了更换。执法者在这种情况下,只根据出版社的鉴定意见就做出盗版的认定和处罚,很有可能导致错罚。

另外,关于非法出版物的鉴定,实际上是一种行政确认性质的行政行为,最基本的原则是以事实为依据,以法律为准绳。实事求是地讲,非法出版物的鉴定,并非是由专业的人员,以专业的手段、专业的设备来完成的"技术活",实际上是根据非法出版物的定义,基于调查结果对所确定事实的认定。在这个鉴定过程中,实际上是由两部分力量完成的,一是事实的求证,这部分是由执法者完成的,二是做出结论,这部分是由鉴定部门完成的。即便鉴定的职责在鉴定部门,非法出版物的认定由鉴定部门说了算,并就此承担责任,但对于鉴定结论,执法者也应尽审查义务。对于出现明显错误的,或应提请重新鉴定。

2020 年 10 月 12 日　发表于网舆勘策院

出版（版权）行政处罚涉讼案件的"阴晴圆缺"

行政诉讼作为依法行政的晴雨表，一直受人关注，作为行政执法者尤为如此。2020年新冠疫情期间，笔者对文化市场综合行政执法特别是出版版权执法领域的行政诉讼案件进行了检索、梳理、学习。截至2020年3月，笔者以裁判文书网为主，通过网络共检索出新闻出版（版权）类行政诉讼案件48件，时间最早可追溯到1999年，最近的案件是2019年。从地域上看，涉及辽、京、津、冀、晋、豫、鲁、苏、浙、沪、川、湘、鄂、皖、闽、粤、陇等17个省和直辖市。

一、行政诉讼中的主要争议

文化执法的行政诉讼主要是行政相对人不服行政处罚而提起诉讼。通过研究行政相对人诉争的焦点问题，可以了解行政相对人的关注热点，有针对性地把握自身行政行为的合理性、合法性、规范性和专业性。

诉讼的焦点集中在以下几方面：

（一）执法主体方面

行政相对人认为执法者不具备执法主体资格，无权管辖。近年来，行政执法改革较快，行政相对人不太了解改革的情况，造成对执法主体的不认可。如2007年某公司诉某市文化执法总队一案中，行政相对人主张，市文化执法总队是事业单位，不具有行政处罚权。如2014年某区版权局与中国工商银行股份有限公司某支行文化行政处罚一案中,行政相对人主张,调查人员是文化执法大队,而做出处罚决定的是版权局,行政处罚主体错误。如2016年某公司诉某县文化市场综合行政执法局一案中,行政相对人主张,具有行政执法及处罚权的应当是某县文化广电新闻出版局,而不是文化市场综合执法局。如2016年某公司与某区文化市场综合执法大队一案中,行政相对人主张,文化执法大队超越职权。包装装潢经营活动不属于新闻出版行政管理领域。如2017年卢某某诉某市文化广电新闻出版局一案中,行政相对人主张,文广局不具有对新闻信息互联网站管理职权。

(二)事实证据方面

这部分争议多且复杂。涉及出版物的认定,非法出版物、盗版出版物的认定、内部资料性出版物的认定、鉴定主体的资质、取证方式的不规范、不专业,无证经营问题,违法经营额计算等等。

1. 关于涉出版物认定问题。如1999年,某县书刊印装厂诉某省新闻出版局行政处罚决定一案中,行政相对人主张,确认"仿宣纸水写练字帖"属于书籍错误。如2018年某公司诉某市文化广电新闻出版局新闻出版行政管理一案中,行政相对人主张,涉案刊物《渣蚜星》为内部资料性出版物,不能认定为非法出版物。如2019年某公司诉某区文化市场综合执法局文化行政管理一案中,行政相对人主张,《济宁物业资讯》不符合"报纸"的特征,不能认定为非法出版物。《济宁物业资讯》没有牟利,不存在违法经营。

2. 关于出版物鉴定问题。如2018年某公司诉某市文化广电新闻出版局新闻出版行政管理一案中,行政相对人主张,《出版物鉴定书》不合法,未加盖出版物鉴定专用章,未经出版局负责人签发。如2005年某区书刊发行部与某市新闻出版局新闻出版行政处罚一案中,行政相对人主张,出版社做出的盗版书鉴定结论是仅凭个人经验判断,鉴定结论在行政处罚阶段未经质证,不足为凭。如2005年某文化传播中心与某县新闻出版(版权)局新闻出版行政处罚一案中,行政相对人主张,原告未在送检样书签字认可,鉴定意见只有一位鉴定人签名,鉴定意见无效。

3.关于著作权侵权事实。著作权侵权事实的认定一直是此类案件的核心。特别是在涉软件案件、网络案件,争议较大、较多。如2016年,某公司与某市市场监督管理局案,主要争议侵犯信息网络传播权的事实是否存在。如2014年,某区版权局与中国工商银行股份有限公司某支行文化行政处罚一案中,行政相对人主张,执法机关主观推断当事人电脑中的软件没有合法来源。如2015年,某公司与某市文化广电新闻出版局一案中,行政相对人主张,行政机关错将部分员工侵权视为公司行为,未就涉案侵权软件与被侵权软件实质相似做出勘查鉴定。如2015年,某公司诉某市文化市场综合执法局一案中,行政相对人主张,为学校安装盗版软件系员工个人行为,与公司无关。

4.关于涉案数量证据方面。鉴于出版版权案件涉案物品主要是出版物,很多案件量大类多,大量的登记造册工作需要耗费人力物力。由于各方面的原因,一些案件取证时登记造册不够准确细致完整,造成事实不清、证据不足。如2000年黄某某与某市新闻出版办公室行政处罚一案中,行政相对人主张,事实不清。执法人员认定当事人无证销售图书20万册,但没有全部登记造册,混淆了个人藏书和售卖图书,反而要求当事人自证销售数量。无独有偶,在2019年某书店与某区文体广电新闻出版局文化行政管理一案中,行政相对人主张事实不清。物品清单和《鉴定意见》"对非法出版物的范围、名称、数量记载均不详细。"涉案出版物数量计算不准,与之关联的违法经营额则也被质疑。

5.违法经营额计算和量罚方面。虽然出版行政处罚方面有原新闻出版署《关于处理白孝琪非法出版〈半色曝光〉一案中如何计算非法经营数额的批复》等几个计算违法经营额和违法所得的规范性文件作为计算依据。但鉴于时间较为久远,加之其他一些原因,行政相对人对此争议较大,对罚款的金额也有微词。如2016年某公司与某区文化市场综合执法大队一案中,行政相对人主张,认定经营额有误,处罚金额事实不清。如2019年冉某某与某市文化广电旅游局、某省新闻出版局文化行政管理一案中,行政相对人主张,计算违法经营额不合理且适用法律错误,处罚明显过罚不相当。2016年,某公司诉某县文化市场综合行政执法局一案中,行政相对人主张,处罚显失公平、数额过高。

在版权案件方面,关于违法经营额和处罚金额的计算,法律法规规定不具体、不完备,管理者和被管理者都按照有利于自己的方面理解,便引发争议。最典型的如2016年,某公司与某市市场监督管理局一案中,行政相对人主张,违法经营额的计算不合理。2015年,某公司与某市文化广电新闻出版局一案中,行政相对人主张,安装使用盗版软件被按货值倍数罚款,明显不合理,过罚不相当,罚款数额超过《中华人民共和国著作权法实施条例》规定的最高25万元限制。

在处罚和执罚的过程中,还有一些不容忽视的问题。如2019年,某书店与某区文体广电新闻出版局文化行政管理一案中,行政相对人主张,行政处罚没收图书,未依法提供罚没财务单据。行政机关在未区分个人藏书和用于销售的图书的情况下,将其一并没收,明显不当。如2019年,某公司诉某市文化和旅游局文化行政管理一案中,行政相对人主张,计算执行罚金明显不当,被处罚人在法定权利救济期间不应被追缴执行罚金。

(三)行政强制方面

主要涉及被查封扣押物品是否于法有据,以抽样取证、证据先行登记保存的方式,长时间实质性扣押行政相对人财物,导致行政相对人合法权益受到损失,而引发诉讼争议。如2017年,卢某某诉某市文化广电新闻出版局一案中,行政相对人主张,行政机关做出的抽样取证的行政强制措施错误。超出法律规定的7天未做出处理决定,程序违法。如2013年,某公司与某市文化市场行政综合执法大队行政强制一案中,行政相对人主张,暂扣物品长达7个月不做处理,构成行政违法。如2016年,某房产经纪服务部与某区文化体育局行政处罚一案中,行政相对人主张,因当事人"涉嫌未能提供两年内发行进销货清单等有关非财务票据",执法机关扣押并没收当事人图书于法无据。

（四）行政程序方面

主要涉及办案期限、先行登记保存和查封扣押期限、调查取证、陈述申辩、听证等方面。1999 年,某书刊印装厂诉某省新闻出版局行政处罚决定一案中,行政相对人主张,行政机关案件办理超出法定期限。如 2000 年,黄某某与某市新闻出版办公室行政处罚一案中,行政相对人主张,行政机关先行没收,后做出处罚决定,程序颠倒。如 2005 年,某文化传播中心与某县新闻出版(版权)局新闻出版行政处罚一案中,行政相对人主张,行政机关未告知其鉴定结论,剥夺了其对鉴定意见的知情权和重新鉴定权,违反程序。如 2014 年,某公司诉某市文化广播电视和新闻出版局一案中,行政相对人主张,听证主持人没有相关资质(注:当地省政府规定,行政处罚程序听证主持人要领取资质证书),程序违法。如 2016 年,某公司诉某县文化市场综合行政执法局一案中,行政相对人主张,调查询问笔录调查人员签名均系一人笔迹。执法人员通过引诱、欺诈的手段进行调查取证,调查程序违法。如 2019 年,冉某某与某市文化广电旅游局、某省新闻出版局文化行政管理一案中,行政相对人主张,行政机关不听取其陈述和申辩意见,程序违法。

（五）适用法律方面

这部分主要涉及违法行为的定性、法律适用等问题。如 2012 年杨某某诉某市文化执法总队案中,行政相对人主张,《备忘录》系内部交流资料、非卖品,故被告认定的"擅自出版""违法经营额 6000 元"等事实,均不成立。《备忘录》并非《出版管理条例》所称的出版物,该条例不能调整包括《备忘录》在内的内部交流资料的法律关系,适用法律错误。2016 年,许某某与某市文化广电新闻出版局广播电视电影行政处罚纠纷一案中,行政相对人主张,认定擅自发行出版物错误。当事人持有出版物经营许可证,只是逾期未年检。如 2016 年,某房产经纪服务部与某区文化体育局行政处罚一案中,行政相对人主张,因当事人"涉嫌未能提供两年内发行进销货清单等有关非财务票据",执法机关扣押并没收当事人图书于法无据。

（六）履行职责方面

履行职责之诉并非行政相对人不服行政处罚的作为引起,而是由于举报者或者权利人对行政机关不作为或者作为没有达到其期许而引发的。如2014年,某中学与某市新闻出版版权局行政处罚一案中,行政相对人主张,行政机关在被法院判决重新做出具体行政行为的时间内没有履行法定义务,在一年后才重新做出行政处罚。如2016年,杨某某与某市文化市场行政执法总队案,举报者杨某某主张,关于其举报某杂志社刊登虚假获奖信息一事,某总队未履行职责。如2017年,某出版社与某区文化体育局文化行政管理一案中,某出版社作为第三方主张,其作为图书的出版者,对于行政机关未将侵犯著作权的案件移送司法机关,且罚款数额过低,请求撤销行政机关的处罚决定,履行职责。

二、败诉的原因

笔者通过网络检索的涉及出版版权的行政诉讼案件共48例,其中败诉案件13例,占比27%。据澎湃新闻2019年报道,2018年各级行政机关一审行政应诉败诉率约14.7%。需要指出的是,限于能力,笔者的统计很不全面,得出的败诉率仅做参考。

败诉的原因主要集中在以下几个方面:

（一）事实与证据

1.证明存在违法行为的举证责任问题。有的案件取证时没有详细调查涉案出版物的名称、数量、规格等,在诉讼期间产生争议时,行政机关主张当事人应对争议事实举证。法官否定了行政机关的主张。例如在2000年"黄某某与某市新闻出版办公室行政处罚"一案中,法官认定"行政机关无权要求公民、法人或者其他组织自证其错。"行政机关"在未对所扣书刊进行登记造册的情况下,做出所扣押的书刊均为违法经营的出版物的判断,"在此基础上,让黄某某陈述申辩,说明具体经营书的数量,"将应当由行政机关依职权履行的行政调查责任,转变成为由行政相对人自证的责任,是不正当的。"

2. 违法经营额和违法所得的确定问题。在出版案件中,法规设置了以违法经营额为基础按倍数罚款。因此,计算确认违法经营额就成为量罚的关键环节。但个别案件或没有计算或计算不准确,引起争议而败诉。例如,1999年,"某书刊印装厂诉某省新闻出版局行政处罚决定"一案中,法官认定,行政机关在"没有在其处罚决定中认定印装厂从事非法印制活动所得金额的具体数目,出版局的罚款处罚缺乏主要的事实依据。"

3. 鉴定意见的问题。一是盗版鉴定仍是败诉的原因。早期的如2000年的"某书刊发行部与某市版权局、某市新闻出版局新闻出版行政处罚案",近期的如2019年的"某县文化广播影视局、某县 W 书店行政诉讼案"。两个案件法官均认定出版社的鉴定意见"不符合行政诉讼证据的要求",否定了鉴定意见,从而导致案件败诉。但从整体来看,仍是个别现象。大多数的行政案件乃至刑事案件都采信了出版社的鉴定意见。二是鉴定意见未送达当事人,被法官判定剥夺了当事人重新鉴定的权利,程序错误,值得关注。如2019年"某书店与某区文体广电新闻出版局文化行政管理案"。

4. 许可证逾期未年检是否属于无证经营问题。在"某书店与某区文体广电新闻出版局文化行政管理案"中,法官认为,《中华人民共和国行政许可法》第七十条规定,行政许可有效期届满未延续的,行政机关应当依法办理注销手续。本案中,行政机关未对是否准予延续做出决定,亦未办理注销手续,所以行政机关的《出版物经营许可证》有效期届满应当认定为作废的意见,不予采纳。相反,在"许某某与某市文化广电新闻出版局广播电视电影行政处罚纠纷案"中,同样的案由,法官认为"许某某变更经营地址后未依法向有权机关取得变更登记,且在原《出版物经营许可证》已过期后,也未办理新的《出版物经营许可证》下,经营书刊的行为属于违法行为,应当依法予以处罚",显然支持了行政机关的意见。

（二）程序与规范

1. 查封扣押问题突出。一是行政机关做出的抽样取证、先行登记保存，被法官认定为行政强制措施。例如，2017 年，卢某某诉某市文化广电新闻出版局一案中，原审法官认为，文广新局对"卢某某做出抽样取证通知书，查扣原告的主机三台，该行为属于行政强制措施。""文广新局既未提供扣押 7 日内对该抽样物品做出处理决定的证据，也未提供可以延期扣押的相关法律法规或者规范性文件，应当视为其扣押行为违反法定程序。"二审法官基本上支持了一审法官的意见。实事求是的讲，《行政强制法》颁布后，虽然抽样取证、先行登记保存不属于行政强制措施，但以"抽样取证、先行登记保存"为名，行查封扣押之实，严重超期"暂扣"当事人物品，确有法律风险。二是查封扣押对象错误。例如 2017 年"某公司与某区文化市场综合执法大队、某区文体广电出版旅游局行政诉讼案"中，因当事人"擅自从事商标标识等包装装潢印刷品印刷经营活动，某文化市场执法大队依法查封扣押某公司从事印刷经营活动的机器、印刷品及送货单票据"。出版类案件中，执法者唯一有权扣押的是与出版违法活动有关的物品。因此，此案虽然胜诉，但在查封扣押涉及包装装潢印刷品活动有关的物品这一点上值得商榷。

2. 案件超期被判败诉。出版行政处罚案件办案期限是 2 个月，经审批可延长 2 个月。但在"某印装厂诉某省新闻出版局行政处罚决定案"中，"出版局做出某新出印罚（1999）4 号行政处罚决定的时间已经超过《出版管理行政处罚实施办法》第 50 条规定的法定审查期限，其程序违法。"

3. 主持人不具备听证主持人资格败诉。以此案由被判败诉，实不多见，这与《某省行政处罚听证程序实施办法》（下文简称《办法》）有关。该《办法》对听证主持人的资质提出要求。依照该规定，在"某公司诉某市文化广播电视和新闻出版局案"中，行政机关"举行行政处罚听证会时，主持人不具备听证主持人资格，听证程序违法，其做出行政处罚的具体行政行为，依法应予撤销。"

（三）适用法律的问题

一是适用了过期规章。在"某房产经纪服务部与某区文化体育局行政处罚案"中，行政机关"适用的《出版物市场管理规定》相关法条已因新部门规章的实施（2016年6月1日实施）而变更调整，被告适用法律错误。"二是行政处罚于法无据。上述案件中，因当事人"未能提供二年内发行进销货清单等有关非财务票据"，行政机关没收了当事人发行的图书于法无据。法官认为，"根据本院查明事实及分析结论，被告（笔者注：行政机关）未能在法定举证期限内提交证据证实其实施本案行政行为的合法性，应视为其行政行为没有依据。"

（四）不履行法定职责败诉

在"程某某与某市文化新闻出版广电局、某市某区工商行政管理局不履行法定职责案"中，法官认为，"被告市文广新局作为对非法出版活动享有监管查处职权的行政机关，在法定期限内未就被告某区工商局移送的原告程某某关于涉嫌非法出版物的举报依法做出处理，已构成不履行法定职责。"但在其他类似案件中，法官也做出了完全相反的判决，例如，在"赵某某与某省新闻出版局不履行法定职责案"中，一审二审法官认定，"赵某某亦未能提供证据证明其与案涉查处行为存在行政法上的利害关系，故其不具有对举报处理行为提起行政诉讼的原告主体资格。"

三、一点感悟

他山之石，可以攻玉。学习这些案例，研读判决书，听听别人的故事，可以向法官学习法律的思维，可以向同行学习办案的经验，可以向"前车"汲取失败的教训。可以说，这些判决书是最好的法律教科书，鲜活、直观、深刻。

公平正义是最高的法律精神。审视一个行政行为是否违法，除了依据具体的法条,更应该符合公平正义。上述个别案件抽样取证、先行登记保存的取证措施被法官认定为行政强制措施,继而以超期为由判决败诉,其最根本的原因以"抽样取证、先行登记保存"为名,行查封扣押之实,严重超期"暂扣"当事人物品,实质性的损害了行政相对人的利益,有悖公平正义。有的同志讲,根据《行政强制法》,抽样取证、先行登记保存不属于行政强制措施,甚至都不是具体行政行为,不可诉,法官判决缺乏法律依据。若仅仅从法律角度讲,这样的观点不错。但从更高的公平正义的法律精神角度讲,法官的判决无疑是正义的。那种抱着法条不放,忽略法律精神、忽略公平正义的想法是该反思了。

辩证看待个案的胜败。在肯定向法官学习的同时,也应看到个案中法官的判决包括法官的说理,出于多方面的因素和考量,也有值得商榷之处。

因此,案子胜诉固然可喜,但也应反躬自省。如2017年"某公司与某区文化市场综合执法大队、某区文体广电出版旅游局行政诉讼案"中,因当事人"擅自从事商标标识等包装装潢印刷品印刷经营活动,某文化市场执法大队查封扣押了某公司从事印刷经营活动的机器、印刷品及送货单票据",这是错误的。该案或因行政相对人不熟悉《出版管理条例》等实体法的具体规定,并未就此提起诉讼,而躲过一劫。但我们不可能总这样幸运,更不能心存侥幸。

案子败诉不必沮丧,真理有时掌握在少数人手里。对事物的认识总需要一个进程。例如对盗版书的鉴定问题的认识,作为行政执法者、作为法官、作为行政相对人乃至出版社,都有一个认识逐步提高的过程。远的如2000年的"某书刊发行部与某市版权局、某市新闻出版局新闻出版行政处罚案",近的如2019年的"某县文化广播影视局、某县W书店行政诉讼案",两个案件法官均认定出版社的鉴定意见"不符合行政诉讼证据的要求",否定了鉴定意见,从而导致案件败诉。但从整体来看,大多数的行政案件乃至刑事案件都采信了出版社的鉴定意见。

2020年10月26日　发表于网舆勘策院

关于对侵犯奥特曼动漫形象著作权
予以行政处罚的思考

摘 要

对于版权行政执法来讲,美术作品侵权案件是一个难点。尤其是涉及动漫角色形象侵权案件更是如此。其中涉及作品的认定、权利的归属、实质性相似的认定、侵权的归责,等等。近年来,随着动漫影视作品的大量涌现,侵权案件时有发生,动漫角色形象著作权保护问题越来越受到社会的关注。由于动漫角色形象侵权案件投诉到版权执法部门并被行政处罚的案例凤毛麟角,案件的处理也存在一些问题,因此分析研究此类案件有重要的现实意义。

一、问题的提出

2020 年 1 月,权利人日本圆谷制作株式会社委托某律师事务所向某文化执法机关投诉,张某某(无业)等三人未经许可,以收取门票方式营利性组织了奥特曼美术作品主题展览,展览现场有奥特曼展品(通过某 APP 购买),有真人装扮奥特曼打怪兽表演以及售卖奥特曼玩具,侵犯其相关著作权。经查,上述情况属实。执法人员现场查扣了相关展品和商品。另查证,涉案奥特曼玩具系从某平台某玩具公司购买,包装盒写有生产厂商系某某工艺玩具厂,经权利人认定为侵权复制品。当事人不知道是侵权复制品。最终,执法人员认定,张某某等三人未经著作权人许可,发行、表演其作品,依据《著作权法》①第四十八条第(一)项,没收涉案侵权玩具商品,罚款 7 万元。

近年来,动漫角色形象著作权保护问题越来越受到社会的关注,侵权案件的民事诉讼时有发生。有人做过统计,从 2010 年到 2019 年,仅"中国裁判文书网"就可以查询到 5000 余条案例,但投诉到版权执法部门并被行政处罚还比较少见。本案的处罚对于版权执法部门处理类似案件具有"第一个吃螃蟹之人"的价值,难能可贵! 但本案在权利认定、归责、量罚等方面也存在值得商榷之处。

二、动漫角色形象是否作品?

一般来讲,美术作品都是静态的。而动漫电影中的角色形象不同于我们常见的美术作品,它不是具体的一幅画或者一个雕塑这样的平面或者立体的造型艺术作品。动漫电影是一个连续动态的播放过程,电影中的角色在不同的情节和场景下,其肢体动作、面部表情等都会有差别。但每个角色都有区别于其他角色的主要特征,这些主要特征贯穿电影始终,基本保持不变。这能否认定为美术作品?

关于这一点,目前的通说是,《著作权法》第十五条第二款规定:电影作品和以类似摄制电影的方法创作的作品中的剧本、音乐等可以单独使用的作品的作者有权单独行使其著作权。动漫角色形象作为美术作品可以与影视作品相分离单独使用,因此可以单独行使著作权。在"上海 H 公司诉湖北 X 公司侵害著作权纠纷案"中,湖北省武汉市中级人民法院经审理认为,《迪迦奥特曼》影视作品与其塑造的"迪迦奥特曼"角色形象属于整体与部分的关系,角色形象可以从影视作品中分离出来,属于可以单独使用的作品。"迪迦奥特曼"角色形象本质上属于利用线条、色彩等构成的具有一定审美意义

---

① 本篇文章中所涉及的《著作权法》指 2010 年版。

的艺术造型,属于美术作品范畴。

三、侵犯动漫角色形象著作权涉及的具体权利

(一)侵权行为的类型

由于动漫角色形象受众面广,用途广泛,故实践中侵犯动漫角色形象著作权的情形呈现出多样化特点,侵犯的著作权具体权利项目亦各有不同。从民事诉讼案件看,目前的案件中,最常见的为以下三类。一是复制、发行行为,侵犯复制权、发行权。例如在文具、服装上直接印刷动漫角色形象,有的将动漫角色形象做成玩具等,例如本案的侵权玩具。二是信息网络传播行为,侵犯信息网络传播权。例如,网络游戏未经许可使用动漫角色形象作为游戏角色,网络用户将动漫角色形象作为配图使用。三是展览行为,侵犯展览权。例如企业在商业宣传推广时,将动漫模型作为美术道具在商场展出。本案的"奥特曼"主题展应属此类。另外还有一个是放映行为,侵犯放映权。"即通过放映机、幻灯机等技术设备公开再现美术作品的权利"。但诉讼实践中很少见。

(二)角色扮演(COSPLAY)侵权行为及侵犯著作权的具体权利

角色扮演(COSPLAY)或"服饰装扮",是"指利用服装、饰品、道具以及化妆来扮演动漫作品、游戏中以及古代人物的角色。"本案执法人员认定,当事人的角色扮演行为,构成未经著作权人许可表演其作品,侵犯了"奥特曼"动漫角色形象的表演权,笔者以为值得商榷。一是美术作品不是表演权的客体。《著作权法》第十条第(九)项规定:表演权,即公开表演作品,以及用各种手段公开播送作品的权利。根据该定义,表演权控制的行为包括现场表演和机械表演。虽然《著作权法》及相关规定对"表演"等概念未予明确,但表

演行为一定是对可表演的作品的表演,换句话说,被表演的客体一定是可以表演的作品。例如,诗歌、戏剧、音乐等作品。美术作品如何表演呢? 另外,我国《著作权法》源自《保护文学艺术作品伯尔尼公约》,这一点也可以从《伯尔尼公约》得以印证。《伯尔尼公约》第十一条指出,"戏剧作品、音乐戏剧作品或音乐作品的作者享有下述专有权:1. 许可公开演奏和公演其作品,包括用各种手段和方式的公开演奏和公演"。换句话说,只有戏剧作品、音乐戏剧作品或音乐作品拥有表演权。既然"奥特曼"动漫角色是美术作品,那么就不是表演权的客体。二是"奥特曼"动漫电影的剧本具有表演权。如果当事人模仿表演剧本的内容,达到一定再现作品的程度,则构成对剧本作品表演权的侵犯。如果仅仅是做几个动作,或者表演者自己新编几句台词,即使该表演是动态的、有声的,也不构成对剧本作品表演权的侵犯。三是角色扮演(COSPLAY)公开展示"奥特曼"角色形象,如果展示的服饰、道具等也是系其自己复制,则可能侵犯展览权和复制权,"即公开展出美术作品、摄影作品的原件和复制件的权利。"

四、对动漫角色侵权行为予以行政处罚的思考

一是从职责上看,版权行政执法需依法履行职责。《著作权法》第四十八条所列所有侵权行为都属于版权行政执法部门的范畴。正如上文所述,动漫角色形象侵权行为有四类,分别侵犯复制权、发行权、展览权、信息网络传播权、放映权。由于侵犯展览权的行为属于《著作权法》第四十七条调整的范畴,所以不在版权执法范畴。其他几种都属于版权执法范畴。具体到本案来讲,可能主要涉及复制权和发行权。二是只有在损害公共利益的情况下,才需要承担行政责任。具体到本案,当事人以营利为目的,未经著作权人许可,发行传播"奥特曼"动漫角色形象的侵权复制品,并获利,构成"未经著作权人许可发行其作品",同时损害公共利益,应予行政处罚。三是如果追究当事人的法律责任,还应证明当事人有过错。著作权侵权归责以过错为原

则,以无过错为例外。因此,如果追究当事人的法律责任,还应证明当事人有过错。《著作权法》第五十三条指出,"……复制品的发行者或者电影作品或者以类似摄制电影的方法创作的作品、计算机软件、录音录像制品的复制品的出租者不能证明其发行、出租的复制品有合法来源的,应当承担法律责任。"作为本案当事人,无论是其作为展示用的"奥特曼"展品,还是销售用的"奥特曼"玩具,都是从网络电商购买,而法律又没有像销售图书一样,规定要从有图书发行资质的渠道进货,所以其进货渠道(或者说来源)并不违法。而且以当事人的能力,也无从辨别涉案物品系侵权复制品(至少本案未证明当事人有能力辨别、未尽到注意义务),其本人也承认不知道存在版权问题。因此,当事人在发行侵权复制品方面过错不明显。在量罚时应充分考虑这一点。笔者以为,一般来讲,责令当事人停止侵权,没收涉案侵权复制品和违法所得即可。

参考文献

1. 陈峰,杜健.影视作品角色形象权利归属及行使规则——湖北高院判决上海华创公司诉湖北新一佳公司侵害著作权纠纷案[OL].(2018.09.20).http://www.hc-ls.com/NewsView.asp? ID=1448.

2. 屈文静.从王祖蓝 cos 葫芦娃事件,剖析 Cosplay 与著作权间的关系[OL].(2020.07.20).https://baijiahao.baidu.com/s? id=1672732157121441311.

3. 闫永廉,刘蔚雯.看这里! 5161 份判决书揭示卡通形象著作权保护问题[OL].(2020.04.22).http://www.scs.org.cn/news_detail.php? cid=3&id=236

4. 范琦,殷欣宇.将动画电影角色绘制为插画的著作权侵权的考量有哪些[OL].(2017.08.31).https://www.sohu.com/a/168692034_221481.

2020 年 11 月 18 日　发表于网舆勘策院

出版社出版的书能否被认定为非法出版物？

——兼谈如何理解《中华人民共和国出版管理条例》① "印刷或者复制单位未取得印刷或者复制 许可而印刷或者复制出版物"

摘　要

合法出版物要由国家批准的出版社出版，这只是赋予了出版社合法的出版地位，但不代表出版社出版的书都是合法的。出版物是否合法，要看两点。一是出版主体是否合法，二是是否依法定程序出版。仅仅出版主体合法（出版社），不按法定程序出版，仍然不合法。印刷厂承接印刷此类出版物仍然要承担法律责任，书店发行此类出版物也要承担法律责任。

一、问题的提出

2016 年，执法人员在甲书店发现正在销售的书《观点》（化名）。书的封面显示的出版者是国内非常有名的乙出版社，但书没有书号，也没有内部资料性出版物准印证号。书店提供了进货发票，显示进货渠道很规范。经查，乙出版社系一家学校的出版社，其将学校老师的讲稿编辑成册，未履行纳入

---

① 本篇文章中所涉及的《中华人民共和国出版管理条例》指 2020 年版。

年度出版计划并备案,未"使用中国标准书号或者全国统一书号、图书条码以及图书在版编目数据"等程序,编辑出版了《观点》,委托印刷厂印刷,并通过自己的发行渠道批发给书店,继而在社会上公开销售。

这个案子,涉及出版的整个环节、多个主体,如何定性他们的行为?例如,如何定性涉案出版物,是非法出版物吗?如何定性出版社的行为?如何定性印刷厂的行为?如何定性书店的行为?

要处理好上述问题,需要我们对很多概念进行深思。

二、如何定性涉案出版物,是非法出版物吗?

何为非法出版物?《出版物市场管理规定》[①]规定,"各种非法出版物,包括:未经批准擅自出版、印刷或者复制的出版物,伪造、假冒出版单位或者报刊名称出版的出版物,非法进口的出版物"。《出版管理行政处罚实施办法》[②]规定,"本办法所称非法出版物,是指违反《出版管理条例》未经批准擅自出版的出版物,伪造、假冒出版单位或者报纸、期刊名称出版的出版物,擅自印刷或者复制的境外出版物,非法进口的出版物。"

在办案过程中,有同志认为,这哪一条法律都不靠着啊!正式出版社出版的书不能叫"擅自出版"吧!不能叫"伪造、假冒出版单位"吧!印刷厂接受出版社的委托印刷的书,不能叫"擅自印刷"吧!其他的就更不靠着了。

笔者以为,这种说法听上去言之凿凿,但经不起推敲。我们国家规定,出版物要由国家批准的出版社出版,这只是赋予了出版社合法的出版地位,但不等于出版社出版的书都是合法的。换句话说,书是否合法,要看两条,一是主体是否合法。二是是否依法出版,是否按照法律所规定的程序、规定出版。仅仅主体合法(出版社),不按法律所规定程序和规定出版,仍然不合法,仍然要承担法律责任。例如,买卖书号出版的书,从主体、形式上看都是合法

---

① 本篇文章中所涉及的《出版物市场管理规定》指 2016 年版。

② 本篇文章中所涉及的《出版管理行政处罚实施办法》指 1998 年版。

的,但由于买卖书号是非法的,涉及的书仍可以认定是非法的。例如,出版社把自己内部学习的材料印刷成书的样子(无书号和内部资料准印证号),通过销售渠道公开在市场上销售,涉及的书也是非法的。本案,出版社虽主体合法,但其他行为都不合法,涉案的书仍然可以认定是非法出版物。

三、如何定性出版社的行为?

出版社的行为属于擅自出版。虽然出版主体是合法的出版社,但因其不按法律规定的程序和规定出版,应可定性为擅自出版。

笔者以为,出版社还有一个违法行为,即违反了《出版管理条例》第三十二条第二款"出版单位委托印刷或者复制单位印刷或者复制出版物的,必须提供符合国家规定的印刷或者复制出版物的有关证明,并依法与印刷或者复制单位签订合同。"特别是"必须提供符合国家规定的印刷或者复制出版物的有关证明"。从某种意义来讲,"国家规定的印刷或者复制出版物的有关证明"就是出版物的合法身份证明——印刷复制委托书。但,这种违法行为,《出版管理条例》和《印刷业管理条例》没有针对出版社的罚则。

四、如何定性印刷厂的行为?

纵观《印刷业管理条例》,也有两种意见。一是大部分意见认为适用第四十条第(一)项"接受他人委托印刷出版物,未依照本条例的规定验证印刷委托书"二是个别意见认为适用第三十八条"印刷非出版单位出版的出版物"。第一种意见认为不存在第二种情况,因为委印者就是出版社,只能适用第一种情况。第二种意见认为:1.按照"未验证"定性,前提是涉案的书是合法的,只是印刷厂没有履行验证的义务。所以不适合本案的情况。2.一般来讲,出版社有两个身份,即专业出版社身份和一般民事主体身份。当出版社代表国家依法从事出版活动的时候,其身份是出版单位。当其不从事出版活动,或者不依法从事出版活动的时候,其就是一般民事主体,是非出版单位。本案中,出版社的出版活动并不合法,可以认定其以非出版单位的身份开展出版活动。所以,印刷厂"印刷了非出版单位出版的出版物"。

笔者以为,第一种意见是用了排除法,而非以理服人。第二种意见言之有理。

笔者以为,应该还有第三种意见,即适用《出版管理条例》第六十五条第(二)项,印刷或者复制单位未取得印刷或者复制许可而印刷或者复制出版物的。

也许有人不同意,认为这里讲的是印刷厂的"许可"问题,讲的是印刷厂的资质问题。笔者不以为然。笔者以为,这里的"许可"是讲的书的"资质",即被印刷的书可以合法被印刷的资质。书的合法印刷资质的表现形式就是印刷委托书。《出版管理条例》第三十二条第二款,"出版单位委托印刷或者复制单位印刷或者复制出版物的,必须提供符合国家规定的印刷或者复制出版物的有关证明,并依法与印刷或者复制单位签订合同。"这里讲的"有关证明"应该就是指的印刷复制委托书。这一条对应的罚则就是《出版管理条例》第六十五条第(二)项。还有一点理由,关于印刷厂的资质问题,在六十一条已有罚则,立法者不会疏忽到一个违法行为,要有两处罚则,而且承担的法律责任还不尽相同。(笔者注:第六十五条没有刑事责任)。

五、如何定性书店的行为?

这个没有太大争议。尽管书店有进销货票据,能证明有合法来源,但不能证明其没有过错,毕竟涉案书是非法出版物,而且有明显的特征(无书号等),所以,书店仍然要承担发行非法出版物的责任,只是由于有合法来源,可以从轻或减轻处罚而已。

真是一家奇葩的出版社,送给我们一个百年不遇的案子,让我们有机会去探究法律的犄角旮旯。

2021 年 1 月 21 日　发表于网舆勘策院

案说美术作品侵权行政案件的裁量

摘　要

美术作品侵权行政案件,存在不同情况,例如 1. 被侵权的美术作品既是作品也是产品,侵权者追求的是产品的经济价值。2. 被侵权的美术作品用做了产品的装潢或标识,侵权者追求的是装潢和标识的商业价值。3. 被侵权的仅是作品,侵权者追求的是作品的美学价值。在处理不同情况案件时,在认定违法物品、违法经营额、违法所得时应遵循行政法的基本原则,并区别对待。实用美术作品侵权行政案件存在与其他部门法的竞合,也涉及行刑衔接。

一、问题的提出

案例一:B 公司是毛绒玩具"卡通布偶"(美术作品)的著作权人和生产销售者。A 公司未经许可,仿制生产了同样"卡通布偶"产品并销售。截至到案发,共生产 500 个,销售 300 个,售价每个 10 元,成本每个 7 元。执法人员认为,A 公司未经著作权人许可,复制发行其美术作品,同时损害公共利益,违法经营额 5000 元,依法应予处罚,决定:没收涉案产品 200 个,没收违法所得 900 元,罚款 5 万元。

案例二:S公司经营一款日用卷纸产品,其创作了以"玉泰"字样为主要内容的图案(登记为美术作品),并用在自己产品的包装袋上。H公司模仿S公司的包装图案,将"玉泰"改为"玉秦",制作包装袋用于自己的同类卷纸产品并销售。截至到案发,共生产涉案卷纸30件,每件成本70元,已销售20件,售价90元,被查扣10件。执法机关认定,H公司未经许可复制发行他人美术作品,违法经营额2700元,违法获利400元,同时损害公共利益。处罚决定:1.没收涉案卷纸10件;2.没收违法所得400元;3.罚款2000元。

案例三:张某创作了庚子生肖图案——鼠,登记为美术作品。甲公司未经许可,使用张某的美术作品《鼠》,通过开模压铸的工艺生产贺岁银条并销售。截至到案发,共生产1000根,每根银条10g,每件成本40元,销售500个,售价每个50元,获利500元。执法者认为,甲公司未经著作权人许可,复制发行其作品,非法经营额50,000元,违法所得500元。处罚决定:1.没收涉案银条500个。2.没收违法所得500元。3.罚款10万元。

上述三个案例,有如下特点:

一是都涉及美术作品,但也有不同之处。可以分为三类。1.被侵权的既是作品也是产品,侵权者复制作品,但追求的是产品的价值。如案例一"卡通布偶"。2.被侵权的是作品,但用做了某产品的装潢或标识,侵权者复制作品,是追求被侵权美术作品作为装潢和标识的商业价值。如案例二。3.被侵权的仅是作品,侵权者复制作品,追求的是被侵权美术作品的美学价值。如案例三。

二是在处罚裁量方面,违法经营额的计算,都把整个侵权物品的价值计算在内;违法所得的计算,是把销售整个物品的所得都认定为违法所得;违法物品的没收也是将整个侵权物品一起没收。

笔者思考:上述的处罚裁量是否合适?是否应该区别对待?例如案例二中的包装袋复制了他人美术作品,是侵权复制品,但被包装的卷纸并非侵权物品,一并没收是否合适?案例三中的没收500根银条是否合适?如果涉案的是金条呢?也要没收吗?

二、在著作权法框架内,区别不同情形认定涉案物品的违法性以及违法经营额和违法所得

(一)区别三种情况

正如上文所述,三个案例分为三种情况。为了研究方便,本文将第一种情况定义为"追求产品价值侵权案件",第二种情况定义为"追求标识价值侵权案件",第三种情况定义为"追求美学价值侵权案件",并分别叙述。

1. 追求产品价值侵权案件。侵权者追求的是侵权美术作品作为产品的经济价值,目的是直接通过侵权复制品获利。例如案例一,原作品是"卡通布偶",也是产品,可以为权利人带来利益。侵权者复制"卡通布偶",目的是销售侵权的"卡通布偶"而直接获利。这如同盗版书、盗版盘,侵权者是为了销售盗版书、盗版盘而直接获利。

2. 追求标识价值侵权案件。侵权者不期望通过复制被侵权作品直接获利,而是追求通过使用他人的美术作品而形成的包装装潢,借用他人作品或者产品的知名度、美誉度,提高自己产品的销量,而获利。如案例二。

3. 追求美学价值侵权案件。侵权者追求的是他人作品本身的美学价值,增加自己产品的美感,如案例三。

(二)违法物品以及违法经营额和违法所得的认定原则

违法物品的认定,以及违法经营额、违法所得的认定,关系到法律适用是否公平公正,必须遵循恰当的原则和计算标准。总的说来,就是要遵循行政法的基本原则。一是合法合理原则。二是有利于行为人的原则。保持公权力的克制和内敛,在达到处罚目的前提下,最小剥夺相对人的利益。

1. 在"追求产品价值侵权案件"中:①涉案侵权物品(如"卡通布偶")整体是违法的,是侵权复制品。②因此在计算违法经营额时,可参照《最高人

民法院、最高人民检察院关于办理侵犯知识产权刑事案件具体应用法律若干问题的解释》"非法经营数额是指行为人在实施侵犯知识产权行为过程中，制造、储存、运输、销售侵权产品的价值。"直接以涉案产品的总价值认定非法经营额。③直接把涉案产品的获利认定为违法所得。

因此，笔者以为案例一，执法者认定"非法经营额 50,000 元，违法所得 1000。"并没收侵权复制品 500 个，没收违法所得 1000 元和罚款，是正确的。

2. 在"追求标识价值侵权案件"中，认定涉案物品的违法性，继而认定违法经营额和违法所得，应本着合理、合法和有利于当事人的原则：①在著作权法框架内，涉案侵权物品并非全都是违法的侵权复制品，如案例二卷纸外包装的袋子因复制了他人作品而违法，但卷纸并不违法。②在计算违法经营额和违法所得时，应区别对待，将侵权部分与合法部分区别开来，分别计算。不宜将涉案产品的总价值认定非法经营额。如案例二，应主要围绕着包装袋进行。也即调查侵权者一共生产了多少个包装袋，每个包装袋价值几何，继而计算出违法经营额。而违法所得，因侵权者是将包装袋以赠与方式向公众提供，或可认定为无违法所得或者违法所得难以计算。另外，在处罚时，因卷纸不是非法物品，所以不宜没收，应没收包装袋。

3. 在"追求美学价值侵权案件"中，如案例三。笔者以为，此类案件虽然存在侵权行为和侵权物品，但不一定构成损害公共利益，要结合具体案情而定再行决定是否行政处罚。理由如下：

根据《关于查处著作权侵权案件如何理解适用损害公共利益有关问题的复函》（国家版权局 2006 年 11 月 2 日国权办〔2006〕43 号），"就一般原则而言，向公众传播侵权作品，构成不正当竞争，损害经济秩序就是损害公共利益的具体表现。"在著作权法框架内，损害公共利益最核心表现是以"向公众传播侵权作品"的方式，使自己在与同行的市场竞争中占得先机，构成不正当竞争，其结果破坏了公平交易的市场秩序。

因此，笔者以为，此类案件要分两种情况。

一是侵权者向公众传播的主要是产品，而非侵权作品。以案例三为例，作为产品的银条，其成本的主要构成是金属银。当事人向消费者销售的是银条,而不是美术作品《鼠》。消费者也不是购买美术作品《鼠》。换句话说侵权者的获利与侵权行为之间没有直接必然的关系,这种情况不宜认定损害公共利益,不宜行政处罚。

二是侵权者向公共传播的虽然是产品,但附着在产品上的作品具有很大知名度。侵权者主观上就想借作品的知名度扩大产品影响、提高销售量,换句话说作品本身也是个卖点。侵权者的获利与侵权行为之间具有了比较直接的关联。这种情况可以认定损害公共利益,可以行政处罚。

三、与《反不正当竞争法》等的竞合

美术作品侵权案适用法律时与其他部门法存在竞合。例如与《反不正当竞争法》[①]等。

在《反不正当竞争法》框架内,擅自使用他人美术作品,以冒牌、冒名的形式,混淆视听,从而获利的行为,都将被处罚。

《反不正当竞争法》第六条规定,"经营者不得实施下列混淆行为,引人误认为是他人商品或者与他人存在特定联系:(一)擅自使用与他人有一定影响的商品名称、包装、装潢等相同或者近似的标识;(二)擅自使用他人有一定影响的企业名称(包括简称、字号等)、社会组织名称(包括简称等)、姓名(包括笔名、艺名、译名等);(三)擅自使用他人有一定影响的域名主体部分、网站名称、网页等;(四)其他足以引人误认为是他人商品或者与他人存在特定联系的混淆行为。"

《反不正当竞争法》第十八条规定,"经营者违反本法第六条规定实施混淆行为的,由监督检查部门责令停止违法行为,没收违法商品。违法经营额五万元以上的,可以并处违法经营额五倍以下的罚款;没有违法经营额或者违法经营额不足五万元的,可以并处二十五万元以下的罚款。情节严重的,

---

① 本篇文章中所涉及的《反不正当竞争法》指 2019 年版。

吊销营业执照。……"

"追求产品价值侵权案件"(如案例一),"追求标识价值侵权案件"(如案例二)也适用《反不正当竞争法》,特别是案例二。

从案例二中我们可以直接地感受到,侵权者并非为了复制美术作品获利,其主要目的是冒用他人产品包装的知名度、美誉度、影响力,以假充真,混淆视听,销售自己的产品获利。这首先符合《反不正当竞争法》关于"混淆行为"的认定。混淆行为是指经营者在市场经营活动中,以种种不实手法对自己的商品或服务作虚假表示、说明或承诺,或不当利用他人的智力劳动成果推销自己的商品或服务,使用户或者消费者产生误解,扰乱市场秩序、损害同业竞争者的利益或者消费者利益的行为。

另外,如果著作权人申请了注册商标,还可以适用《中华人民共和国商标法》①"未经商标注册人的许可,在同一种商品上使用与其注册商标近似的商标,或者在类似商品上使用与其注册商标相同或者近似的商标,容易导致混淆的"的规定进行处理。

无论是《反不正当竞争法》,还是《中华人民共和国商标法》,对于涉案物品均以非法物品论处,并予以没收,并据此计算违法经营额和违法所得并给予行政处罚。这是法律的初心和目的,或许也是权利人的维权初心。

四、与《刑法》的衔接

未经许可复制发行他人美术作品还可能触犯刑律。美术作品侵权的刑事风险主要体现在复制发行、假冒署名、销售侵权复制品的行为。

目前,我国对美术作品提供的刑法保护主要体现在《刑法》第二百一十七条"侵犯著作权罪"和第二百一十八条"销售侵权复制品罪"的规定。涉及的作品形式和侵权行为主要有"未经著作权人许可,复制发行其文字作品、

---

① 本篇文章中所涉及的《商标法》指 2019 年版。

音乐、电影、电视、录像作品、计算机软件及其他作品的"和"制作、出售假冒他人署名的美术作品的"。

根据《刑法》第二百一十七条规定,实施该条款规定的侵犯著作权行为达到"违法所得数额较大"或"有其他严重情节"时则构成侵犯著作权罪;根据《刑法》第二百一十八条规定,实施该条款规定的销售侵权复制品行为达到"违法所得数额巨大"时则构成销售侵权复制品罪。

例:李某某杜某某未经许可复制发行他人美术作品侵犯著作权案。

"Great Wall of China"拼装玩具等47个系列663款产品系乐高公司创作的美术作品,乐高公司根据该作品制作、生产了系列拼装玩具并在市场上销售。

2015年起,被告人李某某、杜某某等人购买新款乐高系列玩具,通过拆解、设计、开模、生产等形式,复制发行乐高玩具。2019年4月23日,上海市公安局在李某某处查获用于复制乐高玩具的注塑模具88件、用于组装模具的零配件68件、乐拼玩具各类包装盒289,411个、乐拼玩具各类说明书175,141件、销售出货单5万余张、相关电脑、手机、复制乐高系列的乐拼玩具产品603,875件。经中国版权保护中心版权鉴定委员会鉴定,涉案产品与被侵权美术作品基本相同,构成复制关系。经司法会计鉴定,李某某等人生产销售侵权产品数量4,249,255盒,合计人民币300,924,050.9元。

法官认为,被告人李某某、杜某某等人以营利为目的,未经著作权人许可,复制发行乐高公司享有著作权的美术作品,非法经营数额达3.3亿余元,均属情节特别严重,已构成侵犯著作权罪,依法应予惩处。[①]

由以上"李某某杜某某未经许可复制发行他人美术作品侵犯著作权案"可见,本文定义的"追求产品价值侵权案件"(如案例一)中的侵权行为存在刑事风险。

---

① 摘自上海市高级人民法院刑事裁定书案号,(2020)沪刑终105号

参考文献

1. 广东良马律师事务所."美术作品的刑事风险"浅析.

2. 邹成效. 从一起案件看"侵犯著作权罪"的认定条件.

3. 上海市高级人民法院刑事裁定书,(2020)沪刑终 105 号。

2021 年 2 月 25 日　发表于网舆勘策院

案说"假借新闻机构、假冒新闻记者从事新闻采访活动"的认定与处罚

新闻媒体是党和人民的喉舌,其公信力不容损害。但现实生活中却有个别人利用人们宣传推广传播的需求,打着媒体特别是知名媒体的旗号,假冒新闻记者和媒体的名义从事新闻采访活动,并借机敛财,对新闻媒体的公信力和新闻记者的形象造成不良影响。查处此类违法行为十分必要。

对于此类违法行为,《新闻记者证管理办法》①第十七条规定"新闻机构非采编岗位工作人员、非新闻机构以及其他社会组织或者个人不得假借新闻机构或者假冒新闻记者进行新闻采访活动。"对于违反者,《新闻记者证管理办法》第三十七条规定,社会组织或者个人"假借新闻机构、假冒新闻记者从事新闻采访活动的","由新闻出版行政部门联合有关部门共同查处,没收违法所得,给予警告,并处 3 万元以下罚款,构成犯罪的,依法追究刑事责任"。

对于此类案件,应如何理解和适用上述法条?如何调查取证?需要在具体案件中不断摸索实践。本文讨论的案子即为一例。

一、案件来源

2014 年某日,TJ 市文化市场行政执法总队接到《关于 TJ 发现央视网假记者的举报信》,举报信反映梁某自称"央视网记者"或央视网工作人员,持

---

① 本篇文章中所涉及的《新闻记者证管理办法》指 2009 年版。

标有"央视网""中国网络电视台""CCDV"等字样的摄录器材,冒充记者非法进行新闻采访和报道活动,并将采编的视频上传至某网站的频道。

二、初步调查确定办案方向

执法人员对某网站进行远程取证,对涉及由梁某摄制、上传的视频内容进行了下载保存和屏幕内容截取等取证工作,发现其中有部分视频片尾字幕写有央视网、主持人话筒 LOGO 标有央视网、视频字幕写有记者某某字样。

初步确定案由:假借新闻机构、假冒新闻记者从事新闻采访活动。

分析此案由,必须同时满足"假借新闻机构、假冒新闻记者"和"从事新闻采访活动"两个行为。只满足其中一个行为,不构成该违法行为。

因此,确定案件办理方向:紧紧围绕案由调查取证。一是调查视频拍摄发布者身份,是否为记者,以确定是否假冒记者名义、假借新闻机构名义。二是调查频道是什么机构?"央视网""中国网络电视台"与之关系如何?三是涉案视频是否为新闻作品,以确定当事人是否从事了新闻采访活动。四是查违法所得。

三、围绕案由调查取证

1.查人。经查,梁某有媒体从业经历,具备一定新闻采编能力,案发时从事摄影摄像和视频制作工作,系某旅游杂志社 TJ 工作站负责人,无新闻记者证。2011 年,中国电视艺术家协会 DV 委员会将梁某所供职的"某旅游杂志社 TJ 工作站"选为常务理事。据此,梁某以"'CCDV'系'中国电视艺术家协会 DV 委员会'的简称"为由,以"CCDVTJ 频道"的名义,向"爱西柚"网站上传视频。

据此确定梁某不是新闻记者。

2. 查媒体。经查,"央视网"——中国网络电视台,属中央电视台旗下,是中央重点新闻网站。"爱西柚"网站是中国网络电视台(CNTV)的播客台,是向网民提供视频分享、视频上传、视频搜索的公共平台。"中国电视艺术家协会 DV 委员会""CCDVTJ 频道"等与"央视网"、中国网络电视台等无隶属关系。

据此确定"CCDV"与央视网无关,网民在 CNTV"爱西柚"频道传播视频不等于央视网发布新闻。

3. 查视频。在涉案 22 条视频中,有 8 条视频,其播报形式符合电视新闻长消息的特征;1 条视频,符合电视专访的特征;以上 9 条视频配发的字幕,均标有梁某等人"报道"的字样,其播报形式符合新闻播报的形式。上述 9 条视频无论内容和形式均符合新闻采访特征,据此认定当事人从事了 9 次新闻采访活动。

在上述 9 条视频中,有 4 条视频配发的片尾字幕标有"央视网、中国网络电视台"字样;1 条视频中主持人所持话筒标有"央视网"字样。据此认定当事人 5 次假借新闻机构从事了新闻采访活动。1 条视频配发的字幕标有"记者梁某报道"的字样,据此认定当事人 1 次假冒新闻记者从事了新闻采访活动。

4. 查违法所得。在采编、播报、摄制上述 22 条视频并上传至"爱西柚"网站的过程中,当事人收取了部分视频的制作费。鉴于当事人无法提供具体收费数额及制作成本,且没有其他证据证明收费数额,故认定违法所得无法查实。

四、责令改正并拟处罚

案件调查期间,执法者要求当事人改正违法行为:1. 立即删除或修改全部视频所配字幕中的"报道""记者"字样以及片尾字幕中的"央视网、中国网络电视台"字样;2. 立即销毁带有"央视网"等新闻机构名称字样的器材,或者消除器材上的相关字样;3.上交改正情况的书面报告。

当事人未按要求改正违法行为。

执法者认为,梁某作为曾经的媒体从业人员,应知我国新闻出版相关法律、法规。其使用标有"央视网"字样的摄录器材,以在涉案视频字幕标写"央视网、中国网络电视台"的字样、标写"梁某报道"甚至"记者梁某报道"的字样,从事新闻采访活动,其行为违反了《新闻记者证管理办法》第十七条的规定,构成"假借新闻机构、假冒新闻记者从事新闻采访活动"的事实,违法所得无法查实。

根据《新闻记者证管理办法》第三十七条第(二)项的规定,综合考虑本案的违法事实、性质、情节以及社会危害程度,拟决定对梁某给予警告,并处罚款9000元的行政处罚。

五、陈述申辩与答辩说理

当事人收到行政处罚告知书后,提出陈述申辩意见。其辩称:

一是自己有"记者职称证"和"全国互联网信息与新闻编辑业务合格证书",曾是新闻摄影记者和 TJ 电视台特约记者。受邀请参加庆典、开业等活动从未自称央视网记者和其工作人员,未收取过报酬;二是除新闻记者外,普通老百姓也可以拍摄身边的新闻事件、好人好事等活动并上传、分享视频;三是 CCDVTJ 频道与央视网、中国网络电视台有关系;四是"中国电视艺术家协会 DV 委员会"已授权其为常务理事机构,并授权其可以使用在"爱西柚"网站上注册的"CCDVTJ 频道";五是涉案视频经过了央视网的审查,所配发的"央视网、中国网络电视台"字幕系央视网编辑的职务行为,与其无关;六是有关视频所配发的字幕虽然标有"记者梁某报道"字样,但其本意是想写"记录者"三个字,写"记者"是一时疏忽。

对于当事人的陈述申辩,执法者认为:

1.新闻记者证是新闻记者职务身份的有效证明,是境内新闻记者从事新闻采编活动的唯一合法证件,由新闻出版广电总局依法统一印制并核发。TJ市人事局颁发的"记者职称证"和新闻出版总署教育培训中心颁发的"全国互联网信息与新闻编辑业务合格证书"仅能证明当事人经过相关专业培训,具备相关业务能力,但不是新闻记者职务身份的有效证明。当事人在没有新闻记者证的情况下,以记者的名义进行采访报道,应认定为假冒记者的行为。当事人辩称"本意是想打出'记录者'三个字,但由于一时疏忽打出了'记者'二字"和"受邀请参加庆典、开业等活动从未自称央视网记者和其工作人员,未收取过报酬"等,当事人并没有举证证明。综合分析本案在案证据,不予采信。

2. "央视网"即中国网络电视台,是中央电视台旗下的国家网络广播电视播出机构,是中央重点新闻网站。其与"中国电视艺术家协会 DV 委员会"是完全不同的两个机构。尽管中央电视台某些在职和离职领导担任了"中国电视艺术家协会 DV 委员会"的负责人,也不能把该 DV 委员会的授权当作央视网或中国网络电视台的授权,这是基本的常识。

关于当事人辩称所配发的"央视网、中国网络电视台"字幕系央视网编辑的职务行为,涉案视频经过了央视网的审查,与其无关。我们认为,一是当事人并没有举证证明所配发的"央视网、中国网络电视台"字幕系央视网编辑的职务行为。二是即使涉案视频通过了央视网编辑的审查,也并不能证明央视网授权或者允许当事人使用其名称——央视网或中央网络电视台。三是在调查取证期间,当事人在涉案视频截图和调查询问笔录签字确认,承认了涉案视频的前期拍摄和后期编辑制作系当事人所为,在无新证据推翻上述证据的情况下,应认定涉案视频片尾字幕系当事人编辑制作。综上,当事人在未经央视网或中国网络电视台授权的情况下,在涉案视频片尾使用央视网或中国网络电视台的字样,应认定为假借新闻机构的名义。

3. 我国法律不仅不禁止,而且鼓励非新闻媒体机构和个人拍摄身边的新闻事件和好人好事,但应该遵守我国相关法律。我国《新闻记者证管理办法》规定,"非新闻机构以及其他社会组织或者个人不得假借新闻机构或者假冒新闻记者进行新闻采访活动"。当事人使用标有"央视网"字样的摄录器材、以在涉案视频字幕标写"央视网、中国网络电视台"的字样、标写"梁某报道"甚至"记者梁某报道"的字样、以新闻特有的专访、消息的形式在公共平台发表新闻作品等行为,构成了"假冒新闻记者、假借新闻机构从事新闻采访活动"的事实,其行为违反了《新闻记者证管理办法》第十七条的规定,依法应予处罚。

六、作出处罚决定

依据《TJ市文化市场相对集中行政处罚权规定》第四条第一款第(三)项,依据《新闻记者证管理办法》第三十七条第(二)项的规定,综合考虑当事人的违法事实、性质、情节以及社会危害程度,执法者决定对当事人做出如下处理:

1. 责令当事人限期(自收到《行政处罚决定书》之日起10日内)改正违法行为,具体如下:①立即删除或修改全部视频所配字幕中的"报道""记者"字样以及片尾字幕中标有"央视网、中国网络电视台"的字样;②立即销毁或修改带有"央视网"等新闻机构名称字样的话筒和其他器材;③不得以央视网、中国网络电视台等任何新闻机构及新闻机构工作人员之名从事开展各类活动。

2. 对当事人给予警告,并处罚款人民币9000元的行政处罚。

七、小结

此案曾获得文化部(现文化和旅游部)文化市场综合执法案卷评查二等奖,纵观上述案件办理过程,笔者以为有三个亮点。

一是涉案视频性质的认定部分。本案查到当事人发表的视频共22条。但执法者并没有简单的把这22条视频都认定为新闻采访活动。正如当事人自己辩称的,普通民众也有权利拍摄视频并上传网络空间。因此,执法者对

22 条视频逐一进行分析,并对电视新闻体裁进行了学习和研究,最后确定有 8 条视频,其播报形式符合电视新闻长消息的特征;1 条视频,符合电视专访的特征。

电视长消息就是电视新闻消息的一种。一般来讲,短消息时长在 1 分半以内,主要是事实性的报道。长消息时长一般在 4 分钟以内,内容较多,同期声采访较多,结尾多有总结意义的评论。所谓电视专访,就是电视记者、节目主持人对有关的新闻人物和重要的新闻事件和社会问题进行专题访问报道的一种节目形式。

在上述 9 条视频配发的字幕,均标有梁某等人"报道"的字样,其播报形式符合新闻播报的形式。上述 9 条视频无论内容和形式均符合新闻采访特征,据此认定当事人从事了 9 次新闻采访活动。

笔者以为,执法者以事实为依据,以法律为准绳,态度认真,办案专业。

二是本案行政处罚决定书的说理,特别是对陈述申辩的回应部分。

对于当事人的陈述申辩意见,执法者没有被当事人牵着走,逐一进行回应,而是紧紧围绕案由中假冒新闻记者、假冒新闻机构、从事新闻采访活动三个关键词,或者说是构成要件进行说理,有理有据有节。

三是责令改正部分把握有度。对于涉案视频的字幕,执法者没有仅仅责令"删除",而是责令"删除"和"修改"。对于涉案话筒等摄录器材的 LOGO,也没有仅仅责令"销毁",而是责令"销毁"或者"修改"。正如执法者在处罚决定书所言,我国法律不仅不禁止,而且鼓励百姓拍摄身边的新闻事件和好人好事,但应该遵守我国相关法律。本案的违法行为主要不是拍摄视频并传播,而是在拍摄和传播的过程中,假冒了记者和新闻机构,因此在改正的过程中,删除视频、销毁器材固然是彻底的改正,但修改视频字幕和器材上的标识,也能达到改正的目的,修改后的视频还可以继续传播,修改后的器材也可以继续使用。这体现了执法者严格依法行政,准确把握法律边界,最小损害行政相对人利益的理念。

2021 年 3 月 21 日　发表于网舆勘策院

咖啡店提供非法出版物阅读如何监管?

摘　要

新闻出版管理部门是出版发行行业的主管部门,其职责范围依法限定在"出版物从出版者到最终消费者"之间。咖啡店等类似场所向顾客提供非法出版物或者含有禁止内容的出版物阅读是否违法、由谁监管、如何监管,法律法规或有盲区,有待通过立法或释法加以明确。

咖啡店提供非法出版物供顾客阅读,是否违法,目前国家层面的法律法规,如《出版管理条例》《出版物市场管理规定》等没有明确规定。但有个别地方性法规做出了相应规定。如《上海市出版物发行管理条例》①,其第二十一条规定,"……禁止发行、出租、征订、附送、散发或者展示非法进口、侵犯他人著作权以及有法律、法规规定不得发行的其他情形的出版物、出版物宣传资料。……"

---

① 本篇文章中所涉及的《上海市出版物发行管理条例》指 2010 年版。

一、问题的提出

问题的提出,始于文化执法同行的一段讨论。

甲:各位老师,请教一个问题,咖啡店里免费提供图书阅读,其中有非法出版物,该店没有办理《出版物经营许可证》。营业执照的经营范围也没有发行图书。请问怎么处理?

乙:按照《出版物市场管理规定》,"任何单位、个人不得从事本规定第二十条第二款所列出版物的征订、储存、运输、邮寄、投递、散发、附送等活动。"这个可以按照"储存"非法出版物处理。

丙:就你的问题和介绍的案情,谈一点看法。

第一,咖啡店只是提供了免费阅读服务,国家只对出版物的批发、零售实行许可制度,出租实行备案制,据此,该店没有办理《出版物经营许可证》的必要,也就不存在擅自从事的问题。第二,参考原国家新闻出版总署《关于云阳中学非法出版物案有关法律适用问题的批复》,《出版物市场管理规定》第二十九条列举的方式是对发行的进一步补充和明确。就这个案子来看,咖啡店能靠上边的也就是"储存"。第三,原总局关于建设书香社会推进全民阅读的通知中,提出了"七进"措施,要求全社会积极参与到书香社会的建设中,不难看出,咖啡店提供免费阅读服务,从方式上看应该是提倡的,但要引导和管理。

所以建议:1.如果涉及的非法出版物内容上有问题,可以按照《出版物市场管理规定》第二十九条"储存"处理。2.如果是非法出版物且量不大,应督促其改正,不处罚。

上述讨论的咖啡店向消费者提供图书阅览的行为,带有普遍性。例如酒店(包括大堂和客房)、饭馆、洗浴理发店等场所都有类似情形。可以看出,就如何定性和处理此类案件,大家的讨论理性而克制,方法也基本可行。但关于适用《出版物市场管理规定》,以"储存"非法出版物定性并给予处罚的意见,引起笔者的思考。一是本案的情形是"储存"吗? 二是本文的情形在新闻出版现有法律框架内,能管吗? 法律依据何在? 三是应该怎样解决?

二、新闻出版管理部门的职责与"储存"

(一)新闻出版管理部门主要监管范围在"出版物从出版者到最终消费者"之间

依据《出版管理条例》和《出版物市场管理规定》等,出版行政管理部门是出版印刷发行行业的主管部门。从行业管理的角度讲,出版行政管理部门主要是对出版物的出版、印刷、发行、进口四大环节进行监管。而发行环节,除了总批发、批发、零售、出租、展销,《出版物市场管理规定》又将出版物的"征订、储存、运输、邮寄、投递、散发、附送等活动"纳入监管。特别是,新闻出版总署《关于云阳中学非法出版物案有关法律适用问题的批复》指出,"《出版物市场管理规定》第三十七条所称的出版物的'征订、储存、运输、邮寄、投递、散发、附送'与'总发行、批发、零售'紧密结合在一起,是出版物从出版者到最终消费者的必要活动,属于出版物发行活动的范畴。"

综合上述可以得出一个结论,新闻出版管理部门主要监管范围在"出版物从出版者到最终消费者"的区间内。超出这个区间,原则上就超出了法定管辖范围。

(二)如何理解《出版物市场管理规定》中的"储存"?

《出版物市场管理规定》第二十九条规定,任何单位、个人不得从事本规定第二十条所列出版物(笔者注:非法出版物)的征订、储存、运输、邮寄、投递、散发、附送等活动。但未说明"储存"的概念和内涵。笔者以为,应从以下几个方面理解。

一是从目的来看,这里的是"储存"为了发行或者说是发行环节的储存。

　　所谓储存,是指保护、管理、储藏物品。在配送活动中,储存有暂存和储备两种形态。商务印书馆的《现代汉语词典》中指明,"储存,存放起来,暂时不用。"所以,这里的"储存"应理解为出版发行过程中的仓储行为,是在出版物总发行、发行、零售过程中,配送货物过程中的暂存和储备。其仓储主体既可能是货主(自备库房存放),也可能是专门的仓储企业。

　　二是从环节来看,这里的"储存"指的是"出版物从出版者到最终消费者"之间的环节,不包括出版物最终消费者后续的持有和保存。

　　众所周知,出版物从出版、印刷、总批发、批发、零售存在多个环节。在这个过程中,出版物需要多次存储。原新闻出版总署《关于云阳中学非法出版物案有关法律适用问题的批复》指出,"《出版物市场管理规定》第三十七条所称的出版物的'征订、储存、运输、邮寄、投递、散发、附送'与'总发行、批发、零售'紧密结合在一起,是出版物从出版者到最终消费者的必要活动,属于出版物发行活动的范畴。"同时,《出版物市场管理规定》对于从事出版物"征订、储存、运输、邮寄、投递、散发、附送"监管的立法初衷,也是从法律上赋予行政管理部门或执法部门对包括"储存"在内的出版印刷发行各环节以及环节之间各行为主体的监管权力和职责,避免因无管辖权而无法对各环节的非法出版物予以查处的风险。

三、咖啡店向顾客提供非法出版物的定性与监管

(一)关于咖啡店向顾客提供非法出版物的定性以及监管职责,存在两种不同的看法

　　正方:咖啡店构成"出租",新闻出版管理部门有权管辖。持此观点者认为:所谓出租,是收取一定的代价,让别人暂时使用的行为。例如出租图书、出租房屋等。特点是使用人(使用主体)发生变化,所有权不发生转移。根据《出版物市场管理规定》"出租是指经营者以收取租金的形式向消费者提

供出版物。"

根据上述对出租的分析,主要有两个特征,一是收费,让他人使用,二是所有权不发生转移。从这两点看,与本文讨论的情形基本符合。对于第一点,咖啡店向顾客提供出版物阅读是一种营销手段,是营业性使用,是有偿服务。尽管商家没有就阅读出版物单独收费,但应计入了营销总成本。因此,可以基本认定是对出版物的营业性使用。这一点,在酒店等场所体现得更加充分。酒店在大堂甚至客房,向顾客提供的报刊阅读虽然不单独收费,但是计入酒店营销的总成本,甚至计入顾客的总房费中,相当于某种变相的出租。只不过这种出租行为,相比直接以出租获利的行为更加隐蔽罢了。关于第二点,出版物的所有权没有转移,显而易见。

退一步讲,即使不能认定为出租,但是店家购买出版物,并放置在店中,主要目的是为顾客服务,因此顾客才是最终的消费者。从这点来讲,该行为发生在"出版物从出版者到最终消费者"区间,因此,属于出版行业监管范畴。当然,对于经营规模较小的店,向顾客提供的书刊,有的就是店主自己平时的读物,店主并没有为了向顾客提供读物而单独订阅、购买。这种情况可以例外。

反方:店家是最终消费者,其提供出版物的行为不构成出租,但此行为是对出版物后续的营业性使用。

持此观点者认为:1. 众所周知,出租具有相对固定的经营模式和业态。《出版物市场管理规定》规定,"出租是指经营者以收取租金的形式向消费者提供出版物。"在无明确规定的前提下,不宜扩大解释出租的概念和内涵。2. 咖啡店通过支付合理的对价,获得出版物的物权,是出版物的合法持有者。店家将出版物放置在自己的店内是一种持有和保存状态,并非《出版物市场管理规定》意义的"储存"。3. 咖啡店将书放置在店内,供顾客阅览,是提供出版物阅读的行为,是后续对出版物的使用,是一种营销手段,但无论是营利性还是非营利性,都不在"出版物从出版者到最终消费者"区间之内。因此,不属于新闻出版部门行业管理的职责范畴。

上述双方的看法,既有统一的认识——此类行为属于商业性使用,也有不同的观点——该行为是否发生在"出版物从出版者到最终消费者"区间内,进而是否属于出版行政管理部门的职责存在相反的认识。对于双方的看法,笔者以为各有千秋,但都缺乏明确的法律依据,也鲜有实际案例。从法无明文授权不可为的角度讲,笔者更支持反方意见。

(二)法律未明确禁止持有、提供非法出版物的行为

咖啡店提供非法出版物供顾客阅读,是否违法,目前国家层面的法律、法规,如《出版管理条例》《出版物市场管理规定》等中没有明确规定,但有个别地方性法规做出了有关规定,如《上海市出版物发行管理条例》,其第二十一条规定,"……禁止发行、出租、征订、附送、散发或者展示非法进口、侵犯他人著作权以及有法律、法规规定不得发行的其他情形的出版物、出版物宣传资料。……"在此,提出了不得"展示",违者将被处以没收出版物和罚款的行政处罚。

有观点指出,上述《上海市出版物发行管理条例》明确了不得"展示""非法进口、侵犯他人著作权以及有法律、法规规定不得发行的其他情形的出版物",可以将本文讨论的情形纳入监管。但笔者以为,这里的"展示"还是以推介宣传为目的的市场经营行为,是一种发行行为,应该发生在"出版物从出版者到最终消费者"区间内,并非指的是本文所讨论的情形。之所以这样理解,主要还是依据国家新闻出版总署《关于云阳中学非法出版物案有关法律适用问题的批复》对新闻出版管理部门主要监管范围解释。

因此,笔者以为,对于本文讨论的问题,至少在文化综合执法的法律规范内,目前尚无明确的法律依据进行监管。

四、咖啡店向顾客提供的出版物含有违禁内容的监管

正如上文所述,目前从国家层面说,法律未禁止持有、非法出版物以及后续的提供阅读服务等。那么,如果咖啡店供顾客阅读的出版物或者非法出版

物含有不良或者违禁内容,法律有禁止吗? 或者说法律是否授权了有关部门进行监管呢?

(一)大部分无地方立法支持的新闻出版管理部门和
行政执法部门无权管辖

尽管《出版管理条例》和《出版物市场管理规定》对出版发行含有违禁内容的出版物有处罚条款。但正如上述分析,新闻出版管理部门和集中行使行政处罚权的文化执法部门主要监管的领域是在"出版物从出版者到最终消费者"区间内,因此,超出这个区间的行为不在新闻出版管理部门和行政执法部门的职责范围,无法适用《出版管理条例》和《出版物市场管理规定》处罚。

(二)个别有地方立法支持的新闻出版管理部门和
行政执法部门或有权管辖

例如,《上海市出版物发行管理条例》,其第二十一条规定,"出版物发行单位和个人在出版物发行过程中,不得附送、散发或者展示含有法律、行政法规和国家有关规定禁止内容的其他宣传资料。""任何单位和个人不得发行、出租、征订、附送、散发或者展示含有法律、行政法规和国家有关规定禁止内容的出版物、出版物宣传资料。"违者将被行政处罚。在店中摆放含有违禁内容的非法出版物或可被认定为展示行为而被处罚。

(三)《治安管理处罚法》也无能为力。

《治安管理处罚法》[①]第六十八条规定,"制作、运输、复制、出售、出租淫秽的书刊、图片、影片、音像制品等淫秽物品或者利用计算机信息网络、电话以及其他通讯工具传播淫秽信息的,处十日以上十五日以下拘留,可以并处三千元以下罚款;情节较轻的,处五日以下拘留或者五百元以下罚款。"由此

---

① 本篇文章中所涉及的《治安管理处罚法》指 2012 年版。

可见,《治安管理处罚法》对传播含有违禁内容的"书刊、图片、影片、音像制品"行为的处罚,从内容上限于"淫秽",从行为上限于"制作、运输、复制、出售、出租",不包含本文讨论的"提供"。

五、解决途径、方法的建议

正如上文分析,咖啡店提供出版物供顾客阅读,无论是非法出版物,还是出版物含有禁止内容,都属于出版物的终端消费者对出版物的再使用,从经营主体来讲已经不属于出版发行行业,因此不宜再适用《出版管理条例》等法律、法规的调整。笔者以为,对于此类行为,宜从社会治理的角度进行监管,例如适用《治安管理处罚法》,或者从所属行业的角度进行监管,适用行业监管的法律、法规。

因此建议,一是修改《治安管理处罚法》第六十八条,在"制作、运输、复制、出售、出租"行为基础上增加"传播"行为;在内容上,不限于"淫秽",扩大到最高人民法院《关于审理非法出版物刑事案件具体应用法律若干问题的解释》所禁止的内容。如"载有煽动分裂国家、破坏国家统一或者煽动颠覆国家政权、推翻社会主义制度的内容""歧视、侮辱少数民族内容"等等,或者扩大到《出版管理条例》所禁止的内容。二是在其他行业监管的法律法规中增加相关内容。三是通过地方立法来解决。例如《上海市出版物发行管理条例》。

在目前的情况下,处理此问题,笔者支持本文开头执法同仁讨论的处理意见,不处罚。一是可由店家自行整改,不再提供;二是店家自愿上缴;三是经店家同意,执法者可用合法的书与店家置换,或者以赎买等方式查收非法出版物。

2021 年 3 月 21 日　发表于网舆勘策院

案说"接受委托印刷境外印刷品"的认定

摘 要

所谓"境外印刷品",是指"两头在外"的海外业务,即由境外委托,印后全部出境的印刷品;接受"转委托"的印刷业务,判断承印的是否属于境外印刷品,关键看委印源头是否来自"境外",是否"两头在外";未按规定承印境外印刷品是否要承担法律责任,关键看是否尽到法定注意义务;实践中判断境内境外,切忌简单和保守,要以发展的眼光、开放的格局实事求是、具体问题具体分析。

《印刷业管理条例》①规定,"印刷企业接受委托印刷境外包装装潢印刷品的,必须事先向所在地省、自治区、直辖市人民政府出版行政部门备案;印刷的包装装潢印刷品必须全部运输出境,不得在境内销售。""接受委托印刷境外其他印刷品的,必须事先向所在地省、自治区、直辖市人民政府出版行政部门备案;印刷的其他印刷品必须全部运输出境,不得在境内销售。"但如何认定印厂接受委托的是"境外包装装潢印刷品"和"境外其他印刷品",在具体案件中存在不同认识,导致案件事实认定和适用法律存在问题。本文结合三个案例分析一二。

---

① 本篇文章中所涉及的《印刷业管理条例》指 2020 年版。

一、是否境外印刷品不能仅从外观上认定，
关键看是否为境外委托

案例一：经查，A 印刷厂接受 B 外贸公司的委托（未提供委印手续），印刷了 300 册外文说明书（下图左）和 150 件外文标签（下图右）。涉案印刷品是随 B 外贸公司经营的产品一起装箱出口。关于承印一事，A 印刷厂未向出版行政管理部门备案。执法人员认为，当事人的行为违反了《印刷业管理条例》，构成了"接受委托印刷境外其他印刷品"未向出版行政部门备案的事实。依据《印刷业管理条例》，对当事人予以处罚。

英文说明书　　　　　　　　　　　　　英文标签

看过这个案子，笔者有一个强烈的感觉，印有外文的印刷品一定是境外印刷品吗？

《印刷业管理条例》第二十九条规定，"印刷企业接受委托印刷境外包装装潢印刷品的，必须事先向所在地省、自治区、直辖市人民政府出版行政部门备案；印刷的包装装潢印刷品必须全部运输出境，不得在境内销售。"第三十

四条规定,"接受委托印刷境外其他印刷品的,必须事先向所在地省、自治区、直辖市人民政府出版行政部门备案;印刷的其他印刷品必须全部运输出境,不得在境内销售。"

这两条规定的内容相近,其理由也是近似的。改革开放初期,国家为了方便国内印刷企业承接"以海外业务为主的来料加工印刷"包装装潢印刷品的业务,同时也"考虑到包装装潢印刷品与出版物和其他印刷品有区别,涉及意识形态领域的内容相对较少,承接这类印刷品的来料加工业务应当与出版物和其他印刷品印刷的管理有所区别,为了简化审批手续,故而将承接境外包装装潢印刷品印刷由'审核'改为'备案'"。[①] 这种情况的特征是,境外企业委托,印后全部出境。因此,我们可以理解,所谓的"境外印刷品",应该是指那种"两头在外"的海外业务,即由境外委托的,印后全部出境的印刷品。

从上述分析可以看出,本案在案证据仅能证明涉案印刷品是随该外贸公司经营的产品一起装箱出口,并不能证明是境外委托的"境外其他印刷品"。所以,本案的事实和证据都显不足。

二、国内三资企业委托印刷包装装潢印刷品不宜简单认为境外印刷品

案例二:经查,境外某家电公司 G,把生产企业(数个)设在我国境内,生产出来的产品既在我国境内销售,也销往其他国家和地区。同时 G 公司也把该产品所需的包装盒(涉及商标标识)、使用说明书等印刷制作授权国内 M 市的甲印刷公司。国内的生产企业需要包装盒和说明书,便由国内的生产企业委托甲公司印刷制作。

关于甲公司所印制的包装盒和说明书,是否属于境外包装装潢印刷品和

---

① 于永基、徐玉麟、石峰主编《印刷业管理条例释义》,"法律法规释义系列",中国法制出版社,2001,第94页。

其他印刷品,存在不同意见。

一种意见认为:是。理由是:甲公司是接受境外 G 公司的委托,产品也是境外企业的,由于甲公司印制的境外包装装潢印刷品和其他印刷品未履行备案手续,而且未全部运输出境,属于违法行为,当罚。

一种意见认为:否。理由是:1. G 公司在我国境内投资办厂,不论是独资、合资、合作企业,都是我国合法注册的企业,都不属于境外企业。2. G 公司给甲公司的是印制授权,是知识产权范畴内的授权,不是印制委托。实际委托印刷者是境内的企业。综上两点,涉案印刷品不是"境外印刷品"。甲公司的行为不违法,不当罚。

笔者支持后一种意见。

三、违法承印境外印刷品是否承担法律责任要看其是否尽到法定义务

案例三:境外的 A 公司,委托(注:不是知识产权意义的授权)境内的丙印刷公司(资质合法)印制印刷品,丙公司自己没印刷,而是再委托丁印刷公司(资质合法)印制。执法人员检查丁公司时,发现其未履行备案手续,丁公司是否违法? 丙公司是否违法? 是否当罚?

似乎说丙公司违法没有多大异议,因为他就是接受境外企业委托,承接的是境外印刷品。但丁公司违法似乎就不太好判断了。例如,丁公司主张,由于其是从丙公司承接的业务,认为涉案印刷品不是境外印刷品。即使是境外印刷品,其也不知道是境外印刷品,不应承担责任。

笔者以为,丁公司这个主张还是不能成立。一是关于是否境外印刷品,不因丙委托丁而定,关键看委印源头是否来自"境外",是否为"两头在外"的印刷品。二是关于是否要承担法律责任,关键看是否尽到法定义务。《印刷业管理条例》规定,印刷业经营者接受委托印刷各种印刷品时,应当验证委印单位及委印人的证明文件,并收存相应的复印件备查。这些证明文件包括

印刷委托书或者委托印刷证明、准印证、《出版许可证》《商标注册证》、注册商标图样、注册商标使用许可合同、广告经营资格证明、营业执照以及委印人的资格证明等。验证上述资质、合同、证明等是印刷企业的法定义务。一般来讲,通过履行上述义务,基本可以判断是否"境外印刷品"(虽然不排除例外情形)。所以笔者以为,未尽到法定义务导致违法后果发生的,要承担法律责任。尽到法定义务,仍未能避免违法后果发生的,可酌情处理。

四、小结

经济全球化以来,各国经济深度融合,你中有我,我中有你,很难再用简单的线性思维评价境内境外的概念。以发展的眼光、开放的格局实事求是、具体问题具体分析,认清事物的本质,不被表面现象所迷惑,正确理解立法本意,不被文本所局限,或许是每一个执法者永恒的课题。

参考文献

1. 于永湛,徐玉麟,石峰. 印刷业管理条例释义[M]. 北京:中国法制出版社,2002.

2021 年 4 月 9 日　发表于网舆勘策院

从洗浴店放映电影谈点播影院以及
放映权和不正当竞争

摘　要

考量某个店是否从事点播影院经营活动,应满足三点。一是影片的选择权。核心是观众自选。区别于通常由电影院主导放映影片。二是提供放映服务。即场所通过放映设备为观众放映了影片。三是经营活动。点播影院是一种经营活动,其主营业态是以提供电影点播服务的方式营利。店家未经著作权人许可,将自己从爱奇艺等网站上通过付费获取的影视资源,利用投屏技术在经营场所内公开传播,服务顾客,无论是否收费,均属于商业性使用,侵犯作品的放映权。衡量店家的行为是否构成不正当竞争,继而损害公共利益,还要综合考量侵权者的主观过错、情节和损害结果。

一、问题的提出

某文化执法大队接到举报,反映某洗浴店涉嫌擅自从事私人影院性质的电影放映活动。具体情形是:某洗浴店在爱奇艺注册了账号,付费后可以观看爱奇艺网站上的影视剧。该店利用投屏技术在场所内播放影片,免费服务客人。关于此案,执法者提出了两个办案方向,一是"擅自从事点播影院电影放映活动"。二是未经影片著作权人的许可,放映其作品,侵犯著作权,同时损害公共利益。

这是否可行呢？

二、关于"擅自从事点播影院电影放映活动"

(一)何为点播影院？

举报中所提私人影院,其规范的名称应是点播影院。2018 年 3 月 30 日,国家广播电视管理部门出台规章《点播影院、点播院线管理规定》。依据该规定,点播影院"是指在电影院和流动放映活动场所之外,为观众观看自选影片提供放映服务经营活动的文化娱乐场所。"

从上述定义可知,点播影院应满足三点。一是自选影片。不论片源来自何方(点播影院提供、来自互联网、观众自备),核心是观众自选。区别于通说的电影院放映什么片子,观众就看什么片子。二是提供放映服务。即场所通过放映设备为观众放映了影片。三是经营活动。点播影院是一种经营活动,其主营业态是以提供电影点播服务的方式营利赚钱。

综合上述可以看到,洗浴店的行为,第一项是否符合不明确。通过投屏放映影片,影片到底是顾客选择的,还是店主选择的。通常情况下,利用投屏放映电影大多是在休息大厅,客人集体观看,而非像私人影院一样在包间内由客人点播。我们姑且理解本案为通常意义的客人在休息大厅集体观看。这种情况下,大概率是店里放什么片子,顾客就看什么片子。第二项符合,店里确实放映了影片。第三项不符合。洗浴店的主营业态是洗浴,其放映电影并不收费,属于一种附加的服务。因此笔者以为,洗浴店的行为不属于"点播影院"经营模式,因此,不宜认定为"擅自从事点播影院电影放映活动"。

(二)点播影院的监管重点宜放在打击侵权和违禁内容方面

虽然国家出台了《点播影院、点播院线管理规定》,也规定了设立点播影院需要审批,但截至目前,从全国来看,点播影院尚未普遍开展(或者绝大多数尚未开展)审批活动。从这个意义上说,目前全国的点播影院绝大多数是"黑场所"。因此,在点播影院尚未普遍开展行政审批之前,暂不宜按擅自从事点播影院的案由进行监管。

从目前点播影院经营的情况看,文化执法涉及的领域,主要存在两种违法行为。一是侵犯著作权,主要是电影的信息网络传播权和放映权,即未经影片著作权人的许可,通过信息网络传播或者放映其作品。二是个别影片存在不良内容。这是我们应该重点监管的。

三、洗浴店未经影片著作权人的许可,放映其作品侵权?

洗浴店的行为是否构成侵犯著作权?

(一)洗浴店播放影片属于著作权法意义的放映行为,涉及影片的放映权。放映权,即通过放映机、幻灯机等技术设备公开再现美术、摄影、视听作品等的权利。这里有三个要件:一是关于作品,是"美术、摄影、视听作品";二是关于设备,是"放映机、幻灯机等技术设备";三是传播对象,是"公开再现",针对不特定公众,也即"家庭成员和经常交往的朋友圈子之外的不特定多数人。"从这三点分析,洗浴店播放影片属于著作权法意义的放映行为,涉及影片的放映权。值得指出的是,虽然本案当事人使用的是电脑投屏技术进行放映活动,但有人认为这并非"放映机、幻灯机",不宜认定为放映行为。笔者认为,在人类科技进步到今天的时候,过分拘泥于"放映机、幻灯机"的固有技术模式,未必是立法的本意。"应将放映行为界定通过技术设备让观众从视觉上感知作品的再现的行为,不论是通过放映机等投影设备还是手机、电脑、电视机等自带屏幕的设备。"

(二)洗浴店播放影片虽然是免费播放,但由于是在营业场所的营业时间播放,属于商业性使用,不属于合理使用,其放映行为需要得到著作权人许可。本案,由于洗浴店是在爱奇艺注册账号,付费后,利用投屏技术在场所内

245

播放爱奇艺网站上的影片,是否侵犯著作权存在一定争议。有观点认为,本案提供影片的平台是爱奇艺,属于信息网络传播权传播行为,如果爱奇艺获得了信息网络传播权的授权,作为终端用户的洗浴店在支付了费用后,播放影片并不侵权。对此,另有观点认为,"放映权和信息网络传播权的本质区别为信息网络传播权调整的是作品提供端的传播行为,放映权调整的是作品放映端的提供行为。信息网络传播权调整的是提供行为,与作品是否有被放映以及通过何种方式放映无关。放映权调整的是作品的公开再现行为,与作品来源无关,即不论作品是存储在本地,还是存储在局域网、互联网,与是否构成放映权的侵害并无关联。笔者同意这一观点。爱奇艺实施了交互式提供作品的行为,受信息网络传播权规制,在本案中,洗浴店实施了公开再现作品的行为受放映权规制。华东政法大学王迁教授曾撰文《著作权法中传播权的体系》。该文中王迁教授提出了"远程传播权"和"现场传播权"的概念。该文中,对于点播影院未经电影著作权人许可,"购买了爱奇艺、优酷等视频网站的点播服务后,通过机顶盒使电视机连接互联网,或者直接通过内置机顶盒和应用软件的'互联网电视',供顾客在包间内点播源自网络端的影视剧"的行为,究竟侵犯了电影著作权人传播权中的哪一项专有权利?王迁教授指出"'点播影院'的传播行为面向位于该传播发生地的公众,涉及的并不是远程传播权,而是现场传播权。在我国只能对该行为适用放映权,而不是信息网络传播权。"另外,北京高院《侵害著作权案件审理指南》在第五章第九节"放映权控制的行为"中指出,"被告未经许可将来源于信息网络的电影等作品,通过放映机等设备向现场观众进行公开再现的,构成侵害放映权的行为,但法律另有规定除外。"也支持了上述分析。

(三)有人会说,洗浴店支付了费用,为何还侵权?

针对这个问题,笔者以为应该从两个方面考量。一是洗浴店支付的是什么费用?二是洗浴店播放影片的行为是否需要向著作权人付费使用,是否已经付费?

针对第一个问题,笔者以为,洗浴店支付的是"收看"费用,即作为网络终端消费者通过信息网络收看影视节目的费用。

通过网络向公众传播影视作品,需要获得信息网络传播权的授权,并支付相应费用。爱奇艺为此向著作权人支付费用,可以在其网站传播影视作品并以此牟利。受众通过爱奇艺网站观看影片,一是免费观看,但要付出观看广告的代价,网站通过广告获得收益。二是付费观看,受众可以不再观看广告。网站通过受众付费获得收益。因此说,洗浴店支付的是信息网络传播权的费用。

针对第二个问题。既然洗浴店支付的是通过信息网络"收看"作品的费用,如果洗浴店自己观看,也即是作为终端消费者观看,不用于经营活动,其行为不侵权。但洗浴店未支付"放映"费用,即向公众传播作品的费用。公开播放影片的行为属于放映行为,不论是否以营利为目的,都应该再获得放映权许可付费使用,更何况是商业性使用。从著作权的理论上讲,著作权中的每一个权利都对应着一个使用行为和使用方式,也对应着一份利益,原则上,每一个权利都要许可使用、付费使用。如果洗浴店播放影片未经著作权人许可,属于侵权行为,侵犯放映权。

四、洗浴店的侵权行为是否应行政处罚?

是否应行政处罚?前提是是否损害公共利益,而依据《国家版权局关于查处著作权侵权案件如何理解适用损害公共利益有关问题的复函》(以下简称《复函》),判定是否损害公共利益,其核心是是否"构成不正当竞争,危害经济秩序"。

何为不正当竞争?笔者认为,"是指经营者以及其他有关市场参与者采取违反公平、诚实信用等公认的商业道德的手段去争取交易机会或者破坏他人的竞争优势,损害消费者和其他经营者的合法权益,扰乱社会经济秩序的行为。"那么,关于本文洗浴店的行为是否构成不正当竞争,也有两种观点。

一种观点认为,洗浴店以及此类店家,商业性放映他人作品,本该付费使用。某店家不付费使用,相比付费使用的店家降低了成本,在竞争中占据了竞争优势。同时,洗浴店向顾客提供免费观影服务,用侵害第三方著作权的方式营造洗浴店的服务环境,"去争取交易机会或者破坏他人的竞争优势",与同行竞争,应该属于不正当竞争。

一种观点认为,应当依法认定不正当竞争,也即依据《反不正当竞争法》。关于不正当竞争行为,该法认为,"是指经营者在生产经营活动中,违反本法规定,扰乱市场竞争秩序,损害其他经营者或者消费者的合法权益的行为。"《反不正当竞争法》第二章做了列举,可归纳为了 11 类行为:(1)采用假冒或混淆等不正当手段从事市场交易的行为;(2)商业贿赂行为;(3)利用广告或其他方法,对商品作引人误解的虚假宣传行为;(4)侵犯商业秘密;(5)违反本法规定的有奖销售行为;(6)诋毁竞争对手商业信誉、商品声誉的行为;(7)公用企业或者其他依法具有独占地位的经营者限定他人购买其指定的经营者的商品,以排挤其他经营者公平竞争的行为;(8)以排挤竞争对手为目的,以低于成本的价格倾销商品的行为;(9)招标、投标中的串通行为;(10)政府及其所属部门滥用行政权力限制经营者正当经营活动和限制商品地区间正当流通行为;(11)搭售商品或附加其他不合理条件的行为。洗浴店未经许可,商业性放映他人作品,虽然属于侵犯著作权的行为,但对照上述 11 项行为,洗浴店基本上都不符合,因此不构成法定意义的不正当竞争。

笔者以为,上述两种意见都有合理之处。区别是第一种意见采取的是广义的不正当竞争概念,第二种意见采用的是狭义的、法定的不正当竞争概念。那应该采用哪个概念呢? 这还要回到《复函》来看。《复函》的最后一个自然段指出"商业性卡拉 OK 经营者,未经著作权人许可使用作品,特别是在著作权人要求其履行合法义务的情况下,仍然置之不理,主观故意明显,应属情节严重的侵权行为。这种行为不仅侵犯了著作权人的合法权益,还损害了市场经济秩序和公平竞争环境。我局认为该行为应属一种损害公共利益的侵权行为。"

从《复函》上述表达来看,商业性卡拉 OK 经营者,未经著作权人许可使用他人作品的行为,可能构成不正当竞争行为。但是对照《反不正当竞争法》的 11 种情形,这种行为都不符合。因此,我们可以说《复函》采用的是广义的不正当竞争概念。

但是,我们还要看到,《复函》还强调了"在著作权人要求其履行合法义务的情况下,仍然置之不理,主观故意明显,应属情节严重的侵权行为"。显然,《复函》认为仅仅有行为还不足以认定为不正当竞争,还需要关注主观过错和情节乃至结果。从本案讨论的案情看,主观上,洗浴店是为顾客提供观影的附加服务,营造良好的服务环境,无不良竞争的故意。同时其注意到了著作权的问题,购买了爱奇艺账号并付费,而不是直接放映盗版影视网站的影片,大概率的可以判断,其无侵犯著作权的故意;客观上,店家主要提供的是洗浴服务,免费提供观影,更多的是营造一种服务环境。顾客消费的项目也是洗浴,其休息时的观影只是"自选项目"。因此说,洗浴场所的侵权行为对电影市场的影响微乎其微,权利人基本上也放任自流。因此很难说构成危害经济秩序。因此,笔者以为,不构成损害公共利益,不宜行政处罚。

通过分析《反不正当竞争法》及其 11 种典型行为,笔者以为,以此来界定《复函》中著作权行政执法意义的不正当竞争并不适宜。纵观 11 种典型行为,只有第一种"采用假冒或混淆等不正当手段从事市场交易的行为"或可能与侵犯著作权的行为出现竞合。例如甲某为自己的产品设计了一个商标标识,商品标识的图案构成美术作品。乙某见甲某的产品畅销,遂仿冒甲某的商标标识并用在自己的产品上,使人对甲、乙产品产生混淆。这个时候,乙某侵犯了甲某美术作品的著作权,同时因"采用假冒或混淆等不正当手段从事市场交易的行为"而构成不正当竞争。在著作权侵权案件中,多数并非如上述甲乙之争,也不可能产生侵犯著作权同时构成不正当竞争的竞合,如果以《反不正当竞争法》11 种典型行为来界定《复函》中著作权行政执法意义的不正当竞争,将使许多案件的侵权行为不能认定为同时损害公共利益,从而放纵违法行为,这与著作权法行政保护的初衷并不吻合。

参考文献

1. 王迁."小影吧"传播电影的著作权侵权问题探讨[J]. 中国版权,2015

（5）:5-9.

2. 倪贤锋. 私人影院擅自传播电影作品侵犯信息网络传播权还是放映权？［OL］. https://baijiahao. baidu. com/s? id＝1663940364059528381.

3. 王迁. 著作权法中传播权的体系[J]. 社会科学文摘,2021(6):67-69.

2021 年 10 月 10 日　发表于网舆勘策院

案说"出版"和"出版物"以及"非法出版物"

——写在《中小学生校外培训材料管理办法（试行）》颁布之际

摘　要

在《出版管理条例》中，出版与出版活动并非同一概念。不以向公众传播为目的（也无传播行为）的，将文稿编撰印制成册的行为不构成出版；出版的结果物是出版物。仅从外观上认定出版物特别是图书并不科学，还要从编印目的、发行范围、是否营利等来判断；非法出版物主要指在程序方面违法出版、印刷、进口、发行的出版物；未经批准，只要客观上从事了出版专业性的工作，即选题、组稿、编审、联系印厂、发行全部活动，就构成擅自出版。擅自出版不一定构成刑事犯罪，只有以"以营利为目的"，擅自从事出版行为，达到一定数量，才构成非法经营罪；《中小学生校外培训材料管理办法（试行）》对于《出版管理条例》框架下的出版管理制度开了个口子。依据该办法，"经审批登记的校外培训机构自主编写的面向中小学生的学习材料，包括用于线上、线下的按照学科类进行管理的培训材料和按照非学科类进行管理的培训材料"是合法的。

近日，教育部印发《中小学生校外培训材料管理办法（试行）》。《办法》一是明确了"校外培训材料"的定义和编写主体，即"经审批登记的校外培训机构自主编写的面向中小学生的学习材料，包括用于线上、线下的按照学科类进行管理的培训材料和按照非学科类进行管理的培训材料"；二是明确了校外培训材料的管理主体,即"各级教育行政部门负责由其审批设立的校外培训机构培训材料的监管以及对问题材料处理处置等工作。";三是明确了校外培训材料的选用,即"校外培训机构应规范培训材料选用程序。选用的培训材料须为审核通过的培训材料或正式出版物"。

上述《办法》的出台,涉及对出版活动的监管,这对于出版领域行政执法工作意味着什么? 我们结合以下 3 个案例进行初步分析和探讨。

一、问题的提出

案例一:某中学为了提高学生的成绩,编印了教学辅导材料(被鉴定为非法出版物)4000 册,并向本校学生免费发放,学校的该行为被认定为擅自从事出版活动,被行政处罚:没收涉案非法出版物,罚款 1.5 万元。

案例二:某教育培训机构为了提高学员的成绩,编印了教学材料 2000 册,学员缴纳报名费后,免费获得教学材料。执法人员认为,涉案的 2000 册教学材料涉嫌非法出版物,并申请鉴定。某国家鉴定机构认为,涉案教学材料为具有教育培训资质的教育培训机构"专供教学使用的内部资料,应归于《印刷业管理条例》第二条所指'其他印刷品'"。案件以当事人无违法行为终结。

案例三:某摄影协会组织了摄影培训班,面向社会招生,培训班收取报名费。为了配合教学,协会编印了教材 1000 册,学员缴纳报名费后,免费获得一份教材。而后,该教材被鉴定为非法出版物,该协会编印发行教材的行为被认定为擅自从事出版业务,被行政处罚。

上述三个案例,有几个特点。一是涉案主体都是学校、教育培训机构,二是涉案行为都是编写、委印、公开传播,三是涉案材料无论外观还是内容都具备了书的特征。

关于案例一,从执法者的角度看,案子办得没有问题,但个中原因令人咋舌。从普通市民的角度看,学校和老师为了孩子的学习,十分辛苦,出钱又出力,编印了学习资料,就因为外观像书,即具备了所谓的出版物特征,就被认定为非法出版物,继而被行政处罚,令人不解。关于案例二和案例三,几乎同样的行为,涉案教学材料鉴定的结论却天壤之别,也令人费解。其实,现实当中还有很多与案例二相同的情形,涉案教学材料也被鉴定为非法出版物。这是为什么? 假如,上述案例中的教学材料没有集结成册,或者没有印刷成书的模样,还构成擅自出版吗? 还构成非法出版物吗? 在前文《办法》出台后,上述三个案例中的教学材料还构成非法出版和非法出版物吗?

要回答这些问题,我们不得不探讨:什么是出版? 什么是出版物? 什么是非法出版物? 什么是擅自出版的可处罚行为?

二、出版和出版活动

《出版管理条例》所称出版活动,包括出版物的出版、印刷或者复制、进口、发行。这里,出现了两个概念,即"出版"和"出版活动"。

(一)关于"出版"

《中国大百科全书》说,"通过一定的物质载体,用印刷或者其他复制方法,将著作、图画、声频、视频、符号等制成各种形式的出版物,以传播科学、文化、信息和进行思想交流、发表见解为目的的一种社会活动。"《出版学基础》(作者罗紫初)说,"所谓出版,是指将作品经编辑加工后,经过复制向公众发行。"

《出版管理条例》没有明确"出版"的概念。只在"出版物的出版"一章规定,出版实行选题、编辑责任制,出版物应载明作者、出版者、印刷者或者复制者、发行者的名称、地址,书号、刊号或者版号,在版编目数据,出版日期、刊期等事项,以及出版物的规格、开本、版式、装帧、校对等必须符合国家标准和规范要求,以保证出版物的质量。出版物使用语言文字必须符合国家法律规定和有关标准、规范等涉及出版业务的内容。《图书出版管理规定》《报纸出版管理规定》《期刊出版管理规定》等均对上述出版行为做了更详细的规定。

综上,笔者以为,"出版"即出版者进行选题、编审、版式设计、校对、委托印刷(复制)和首次公开发行等活动。也有说,是把作品或者文稿打造成出版物并公开传播的过程。通常,这些工作都是出版社的主要业务或者说生产经营活动。

(二)关于"出版活动"

"出版活动"是《出版管理条例》法定的概念,其将出版、印刷和复制、进口、发行四个方面的业务统称为"出版活动",并纳入法定监管范围。

另外,《出版物市场管理规定》又对"发行"做了进一步的规定,发行"包括批发、零售以及出租、展销等活动"。从上述文字看,衡量是否存在发行行为,主要看两个方面,一方面是以营利为目的(但不以是否获利为标准)的市场经营行为;另一方面是面向公众,即不特定人群。一般来讲,这两个方面都是同时出现,其核心是面向公众公开传播。同时,这两个方面也是相辅相成的,以营利为目的需要向公众传播,向公众传播才能更多的实现获利。当然,《出版物市场管理规定》以及《新闻出版总署关于云阳中学非法出版物案有关法律适用问题的批复》还将"征订、散发、附送"等行为纳入"发行活动"的范畴进行监管,这些行为虽然不一定营利,但基本上都是面向公众的传播行为。所以,无论是以营利为目的的"发行",还是不一定营利的"发行活动",其共性的特征都是公开传播。

三、出版物和非法出版物——以图书为例

出版物,按逻辑推算:出版的"结果物"就是出版物。

(一)出版物的法定概念

《出版管理条例》说,"本条例所称出版物,是指报纸、期刊、图书、音像制

品、电子出版物等。"这里给出的其实不是定义,是以列举的方式说出五种出版物的具体物质形态。这种列举看似清晰,但在具体执法实践中,关于其是否为出版物,却还是有争议的。一般来讲,作为执法者,对报纸、期刊、音像制品和电子出版物,或许是样子好认,或许是案子涉及得少,争议不突出。但关于图书这类出版物,争议最大。例如,编辑成册的家谱、单位编印的宣传册、印制成册的学生答辩论文、编印成册的教师讲义(或者 PPT)、将自己的照片或者美术作品、摄影作品印制成册,以及本案开头 3 个案例涉及的教辅材料,等等,这些有一个共同的特点,外观具备出版物的特征。那是否出版物呢?

如果上述这些长得像书的印刷品都是出版物的话,按照《出版管理条例》都需要由出版社出版,否则就是非法出版物。显然,按常理理解,上述这些都按非法出版物处理似乎是不妥的。因此,我们不得不对出版物下一个定义式的概念,而不是列举几种形态。

(二)出版物的学术概念

湖南大学出版社出版的罗紫初《编辑学导论》中提到"出版物是指以传播为目的贮存知识信息并具有一定物质形态的出版产品。""出版物是指出版行为的产品,即承载着一定信息知识内容、能够进行复制并以向公众传播信息知识为目的的产品"。[①] 也有说法称,"出版物指以传播文化和知识为目的的各种产品包括印刷品、电子产品的总称,属于传播文化知识的媒体。分为书籍、期刊、报纸和电子传播产品(电子出版物或称电子书)等种类"。

综上,关于出版物的构成要素大致如下:一是有精神内容,即"对国家事务、经济和文化事业、社会事务的见解和意愿,""从事科学研究、文学艺术创作和其他文化活动的成果"(《出版管理条例》第二十三条)。例如,电话号码簿就明确不属于出版物。"广告印刷品、介绍推广本单位基本情况的宣传资料,或者仅含有历法信息及广告内容的挂历、台历、年历等"(《内部资料性出版物管理办法》第九条第二项)就属于一般印刷品;二是有编辑加工,经过出

---

① 师曾志:《现代出版学》,北京大学出版社,2006。

版机构和编辑的智力财力投入;三是有物质形态,即复制在一定形态的载体上;四是有社会传播,即向公众传播。而这种传播应该是《著作权法》中发表意义的传播,即将作品首次公之于世的传播,是向不特定人群的传播。

这基本上应该与前文所讨论的出版行为相契合了。

(三) 非法出版物

关于非法出版物,既有社会通说,也有法定概念。社会通说把所有违法的出版物,包括出版程序形式违法的、内容违禁的、侵权盗版的等,都统称为非法出版物。关于法定非法出版物的概念,最权威的、以规章形式固定下来的,一是出自《出版物市场管理规定》,"各种非法出版物,包括:未经批准擅自出版、印刷或者复制的出版物,伪造、假冒出版单位或者报刊名称出版的出版物,非法进口的出版物"。二是出自《出版管理行政处罚实施办法》"本办法所称非法出版物,是指违反《出版管理条例》未经批准擅自出版的出版物,伪造、假冒出版单位或者报纸、期刊名称出版的出版物,擅自印刷或者复制的境外出版物,非法进口的出版物"。可以看出,两个规章给的定义,主要指的是在法定出版程序方面违法出版、印刷、进口的出版物。

1991 年,国家新闻出版署曾发布《关于认定、查禁非法出版物的若干问题的通知》(笔者注:现行有效)规定"凡不是国家批准的出版单位印制的在社会上公开发行的报纸、期刊、图书、录音带、录像带等,都属于非法出版物"。分析上文,有两个要点:一是"不是国家批准的出版单位印制";二是公开发行。相比上述两个规章给的非法出版物的概念,此说特别强调了"公开发行",这一点甚为重要。但,此说仍然以外观描述的方式列举了报纸、期刊、图书、录音带、录像带等,这样虽然形象、直观,可是当有些物品与定义有别时,又给执法者带来了认定的困难。特别是有些貌似图书的物品能否被认定为图书,在具体实践中时常令执法者头疼。

四、擅自出版的应处罚行为

(一)擅自出版的法定含义和理解

对于擅自出版行为的处罚,《出版管理条例》第六十一条说"擅自从事出版物的出版……业务"的,要给予行政处罚,触犯刑律的,还要以非法经营罪追究责任。

按照通说,所谓业务,一是指"个人的或某个机构的专业工作"(引自《现代汉语词典》(修订本))。具体到出版业务,主要指选题、组稿、编审、申请版号、联系印厂、发行等。二是经营活动。"业务"更直白地说,就是各行业中需要处理的事务,但通常偏向指销售的事务。因此,出版业务通常应该指出版发行的经营活动。

综上,认定一个主体是否擅自从事出版业务,主要看两点:一是是否为出版单位;二是是否客观上从事出版专业性的工作,即选题、组稿、编审、申请版号、联系印厂、发行全部活动;三是看是否有营利行为。由于《出版管理条例》第六十一条对于构成擅自从事出版业务的行为,并没有设置"以营利为目的"的要件,因此只要未经批准的主体(公民、法人和其他组织),客观上从事了选题、组稿、编审、联系印厂、发行活动,不论是否营利,原则上都构成擅自出版。例如,一些文化公司,编辑出版图书并向社会发行传播,构成擅自从事出版业务。当然,有的文化公司与出版社联合出版不构成擅自出版。

(二)擅自出版不一定构成刑事犯罪

擅自从事出版业务活动,达到一定数量,构成非法经营罪。但非法经营罪的前提要件是"以营利为目的"。因此在行刑衔接时,还要考量"以营利为目的"。例如某卫生局编印了1万册宣传材料(具备出版物特征),免费向社会公众发放(具备公开传播特征),因此卫生局可能构成从事出版业务,由于其不是合法的出版机构,因此可能被认定为擅自从事出版业务,涉案宣传材料可能被认定为非法出版物。从数量上讲,10,000 册非法出版物完全达到非法经营罪的标准,但非法经营罪的构成要件之一是"以营利为目的"。由于此行为不"以营利为目的",更无营利行为,所以不构成非法经营罪。

五、案例分析

综合上述分析,笔者试着对本文开始所讨论的案例以及前文所提到的家谱等几种形态的"书"是否为出版物做进一步分析。

(一)关于案例一、案例二、案例三

关于案例一:学校编印教学材料免费发放。内容方面,这里主要考察的是是否有精神内容,即"对国家事务、经济和文化事业、社会事务的见解和意愿,""从事科学研究、文学艺术创作和其他文化活动的成果"(《出版管理条例》第二十三条),而不是类似电话号码簿和"广告印刷品、介绍推广本单位基本情况的宣传资料,或者仅含有历法信息及广告内容的挂历、台历、年历等"。因为后者的内容不需要以出版物的形式呈现。通常讲,这些教辅材料大多是学校老师将搜集的学习资料整理汇编成册,至少构成汇编作品,具备上述精神内容。传播方面,主要面对特定群体本校学生,并无公开传播。经营方面,免费发放,不以营利为目的。笔者以为,不宜认定为出版业务行为,涉案的教学材料也不宜认定为非法出版物。

关于案例二、案例三:培训机构编印教学材料。内容方面,笔者意见同案例一。传播方面,主要面对的是培训班学员,相对案例一而言,这些学员的社会程度或者说不特定程度要高很多,社会上任何一个成员都可能成为学员。经营方面,此类培训班虽然表面上不针对教学材料单独收费,但教材费含在报名费中几乎是公开的秘密。因此说这些教学材料是收费的。笔者以为,根据《出版管理条例》的精神,此类培训机构编印教学材料的行为宜认定为出

版,其教学材料可被认定为出版物。国家某鉴定机构认为,涉案教学材料为具有教育培训资质的教育培训机构"专供教学使用的内部资料,应归于《印刷业管理条例》第二条所指'其他印刷品'"。对此笔者不敢苟同。

不可否认的是,《中小学生校外培训材料管理办法(试行)》对于《出版管理条例》框架下的出版管理制度,开了个口子。依据该办法,"经审批登记的校外培训机构自主编写的面向中小学生的学习材料,包括用于线上、线下的按照学科类进行管理的培训材料和按照非学科类进行管理的培训材料",只要严格履行该办法的规定程序编纂印发就是合法的,至少在《中小学生校外培训材料管理办法(试行)》框架内是合法的。

依照该办法,案例二中涉及的培训机构,如果是"经审批登记的校外培训机构自主编写的面向中小学生学习材料",原则上是合法的。那在《中小学生校外培训材料管理办法(试行)》框架下,案例一是否合法呢?笔者以为,虽然该办法并未将中小学校纳入其中,但按照举重以明轻的法理精神,作为国家义务教育体系中的中学编印教辅材料,且无经营行为,应视为不违法。案例三中的摄影协会举办的培训班,一般来讲不会是"经审批登记的校外培训机构",也不会是"面向中小学生",因此不在《中小学生校外培训材料管理办法(试行)》范畴,其编印教学材料的行为涉嫌非法出版,涉案教学材料涉嫌非法出版物。

(二)关于家谱等其他

关于家谱。如果是纯粹的家族谱系,从内容上讲,因其几乎没有精神内容,则可排除出版物。即使有的家谱有类似家训等精神内容,但因其只在家族内部传承,并无公之于世的传播,也应当排除在出版物之外。至于有的家谱的家训部分被出版社出版,公之于世,当然可以认定为出版物。当然,这里也有一些历史上的重要人物,由于具备史学研究价值,其家谱(纯粹谱系内容)也被作为史料出版,则另当别论。

关于大学生用于答辩学术论文印制成册、老师(无论是正规院校还是培训班)的讲义(或者PPT)编印成册。内容方面能够构成作品。传播方面,这类东西都不是面向公众传播的,仅仅是自用或者是在一定范围的、特定群体内使用,编印者的行为不宜认定为出版,因此这类物品也不宜认定为出版物。当然,老师将讲义印制成册并有偿卖给学生则另当别论。

另外,把自己的文章、照片、美术作品、摄影作品印制成册,是否构成出版物,也还是要从公开传播和自用两个方面来考量。也许会有人问,那如何判断是公开传播还是自用呢? 对此,笔者以为,要具体问题具体分析。例如,某甲将自己的诗稿编辑成册印制了 100 本并取名《行吟》。如果某甲主张书是自用,笔者以为还是可信的。如果其印制了 1000 册甚至更多,某甲还主张自用,就值得怀疑了。换句话说,这有可能是自用,也有可能是公开传播。执法者可以寻找其公开传播的证据,如果存在公开传播行为,则可认定为是出版物,某甲存在擅自出版行为。也还存在另一种情况,某甲印了 100 册《行吟》,只作为自用书赠送亲友。其友后期在处理自己的藏书时,将《行吟》一并处理,后流书到市面进行买卖。此时,市面上公开传播的《行吟》不合法,但某甲本身不构成擅自出版。还有其他情况,例如早年间很多企业组织职工学技术、学文化编印了一些学习资料(当然不限于此),如今这些资料作为一种史料具备了收藏价值,并可能在旧物市场、旧书市场、文玩市场买卖公开传播。笔者以为,这些资料如果是作为收藏品进行交易,不宜按出版物进行监管。

(三)监管的难点

正如上文所讨论的,上述讨论的教学材料、家谱、宣传品等等,一旦公开发行特别是营利性发行,编印者有可能构成出版行为,这些材料也可能被认定为出版物,由于出版程序形式不合法,便有可能被认定为非法出版物。换句话说,执法者不能完全以是否外形像书、有无书号、有无出版社等外部特征来判断其是否为出版物,要从编印目的、发行范围、是否营利等方面来判断。这种复杂性,肯定给执法者带来判断的麻烦和监管的困难。一是在编印环节。当涉案的材料没有在市场上发现,执法者在编印环节无法知道是否公开发行。除非涉案材料有定价,有证据证明当事人从事了公开发行,等等。二是在印刷环节。同样,执法者在不知道是否公开发行的情况下,只能凭借涉案材料是否有定价,或者有证据证明委印者是以出版为目的等来判断。三是在发行销售环节。这是最有价值的环节。一旦确定这些外观像书的东西是在销售,是在盈利,则可以确定从事公开传播,且在营利,则基本可以确定是非法出版物,其编印主体可能构成擅自出版。但要追究印刷企业的非法印刷责任,还需证明印刷企业是否明知委印者从事了非法出版活动。

参考文献

1. 教育部办公厅. 中小学生校外培训材料管理办法(试行):教监管厅函〔2021〕6 号[A/OL].(2021-09-01). http://www.moe.gov.cn/srcsite/A29/202109/t20210902_558022.html.

2021 年 9 月 29 日　发表于网舆勘策院

从一起美术作品侵权案件谈侵权物品处理和 追认授权的理解与适用

摘　要

行政没收是一种具体行政行为。行政没收后,财产所有权发生转移,被没收物品的物权属于国家,执法者无权交由当事双方协商处理。著作权民事侵权承认追认授权。著作权人对于侵权行为追认授权,使效力待定的民事行为变成有效的民事法律行为,且具有溯及力。但是民事侵权追认授权成立的条件是被追认的行为必须具备合法性。如果著作权侵权行为同时损害公共利益甚至触犯刑律,则民事侵权追认授权不能阻却行政违法性和刑事违法性。

一、问题的提出

基本案情:A、B 都是纺织品公司。A 公司设计生产了一种花布,布的花样登记为美术作品。2018 年,B 公司未经 A 公司许可,复制其美术作品(布匹花样)生产花布,被 A 公司举报到文化执法部门。经查举报属实。B 公司共生产 1 万余米印花布待售,被文化执法机构查获。执法机构对 B 公司处以没收侵权印花布,罚款 2 万元的行政处罚。

关于被没收的花布的后续处理,依据《著作权行政处罚实施办法》①第三十九条第一款"没收的侵权制品应当销毁,或者经被侵权人同意后以其他适当方式处理",执法者组织协调当事双方进行了协商,决定"侵权人将侵权复制品(印花布)1万米,按残品布作价卖给被侵权人。"最后,在执法人员见证下,双方履行了买卖协议。

本案涉及的问题:一是执法者将已经没收的花布由当事双方协商处理是否合适? 二是从著作权的角度,如何看待侵权复制品被权利人收购? 收购后涉案花布是否还是侵权复制品? 等等。

二、被没收物品的物权属于国家, 执法者无权交由当事双方处理

这是一起真实的案例,笔者拜读了案卷。纵观整个案件处理得都很好,唯独最后一点没把握好。

(一)把没收的侵权物品(花布)交由当事双方作价销售不妥

行政没收是一种具体行政行为,是指行政主体对违反有关法律法规规定的相对人所采取的强制性无偿取得其财产所有权的行政处罚。行政没收后,发生财产所有权的转移。换句话说,没收后,物品就是国家的了,不能由当事双方作价处理。即使是作价处理,也是由国家机构按一定程序进行,收入要入国库,算国家的非税收入。

(二)关于《著作权行政处罚实施办法》第三十九条第一款 "没收的侵权制品应当销毁,或者经被侵权人同意后 以其他适当方式处理"中的其他适当方式的理解

本案,执法人员的处理似乎有法可依(如上)。这就涉及如何理解上述

---

① 本篇文章中所涉及的《著作权行政处罚实施办法》指2009年版。

的其他适当方式。

一般来讲,罚没物资的处置必须遵循三个原则。一是依法处置原则。处置的罚没物资必须是行政执法机关、司法机关依法没收和追缴的物资。处置程序、方法必须符合相关法律、法规的规定和要求。二是公开处置原则。罚没物资属于国家所有,其处置应遵循公开、公平、公正原则,处置过程和结果必须透明、规范。集中拍卖的罚没物资,应通过社会中介机构代理,以杜绝处置过程中的暗箱操作。三是公共利益原则。罚没物资应当及时申报、定期处置,实现罚没物资使用效益的最大化且不得危及人体健康、人身财产安全及生态环境等公共利益。

根据罚没物资的不同性质,罚没物资可分别采取移交、销毁、调拨、定向收购、拍卖、议价变卖和捐赠等方法处置。例如,枪支、弹药,国家保护的动植物,禁止流通的文物,易燃、易爆等危险品以及有毒、有害等可能危及公共利益的物资,由行政执法机关、司法机关按规定移交专管机关保管和处置;法律、法规规定必须销毁的、国家明令淘汰并禁止使用的、失去使用价值和回收再利用价值的、不能作技术处理的或者技术处理后仍可能危及人体健康、人身财产安全的,应当予以销毁;国家规定须有特许生产、经营、使用权的物资,经有关机构质量鉴定、价格评估后,由有关部门按国家规定调拨;金银、外币、有价证券,由行政执法机关、司法机关清理并向有关部门申报同意后,交由专管机关或者专营企业收兑或收购;在不违背法律、法规、规章规定,以及不危及公共利益的前提下,金银首饰、工艺品等贵重物品、手续齐全或可补办手续、未到报废年限、尚能正常行驶,并且不影响交通安全的机动车、不动产、经专业机构鉴定,可拆件使用或由特定机关回收再利用的、可以消除侵权或伪造标识的侵权物品,等等,应当进行拍卖;批量少、价值小,或不便于集中拍卖的罚没物资可由有关部门委托行政执法机关、司法机关就地拍卖或议价变卖;对有使用价值但无法拍卖且不宜销毁的罚没物资可以依法捐赠,用于救助灾害、救贫济困、扶助残疾人等工作。

(三)侵权花布的拍卖或许仍然受困于著作权

侵权花布被没收后仍然是未经许可复制的侵权复制品。执法者没收后,如果对其拍卖或者捐赠,仍然会存在未经许可发行他人作品之嫌。或许,本案的侵权印花布的处理,一是履行一定的行政报批程序,二是本着当下节约资源、保护环境、无害化处理的精神,由权利人授权行政机关,再以定向收购的方式,由行政机关作价处理给被侵权人,所得收入归国库或许更好。这或许能成为《著作权行政处罚实施办法》提到的其他适当方式的一种扩大解释吧。

三、侵权案件追认授权的理解与适用

本案,在执法者的协调下,侵权复制品被权利人以低价收购。对于执法者的做法,尽管本文第二部分分析了其不妥之处,但作为同行,笔者也表示理解。此举既及时、高效处理了一万多米的涉案布匹,省去了后续的保管处理事宜,又使涉案布匹物有所用,符合节约资源、保护环境的精神。

循着本案侵权复制品被权利人收购的做法去思考,笔者也似有所悟。侵权复制品被权利人低价收购意味着什么?收购后的物品还是侵权复制品吗?当事双方协商的结果是否意味着权利人默许了侵权行为和侵权复制品的存在?是否意味着权利人对侵权者未经许可的授权追认?假如本案侵权者在执法者即将做出行政处罚时,与权利人达成和解并被权利人追认授权,执法者还需要做出处罚吗?还有权处罚吗?

就本案而言,权利人在收购后大概率是将涉案花布再销售。这个时候,从著作权角度而言,权利人销售(发行)的是自己的作品,没有了侵权问题。换句话说,这部分花布不再是侵权复制品,合法了。这在某种意义上A公司承认或者是默许了B公司的复制行为,相当于B公司无偿或者赔钱为A公司生产了一批花布。笔者以为,这种情况相当于A对B侵权行为的事后追认授权。只不过B要付出一定的代价——忍痛割肉,将涉案花布低价卖给A。

（一）著作权民事侵权承认事后追认授权。

所谓追认,即事后认可。法律上的追认权是指法定代理人对限制民事行为能力人超越其行为能力与他人订立的合同加以承认,这个合同就从效力待定变为有效力的权利。从法律后果上说,追认权的行使结果是使效力待定的民事行为变成有效的民事法律行为,本人的追认具有溯及力,一经追认,其效力待定的行为自始有效,使未经授权的效力待定行为与效力确定行为具有相同的法律后果。

以一起民事案件为例。

华某尘是连环画《S 叔和 Y 仔》中漫画人物形象"S 叔"和"Y 仔"创作人之一。被告洪某文在《S 叔和 Y 仔》基础上创作《S 叔和 Y 仔外传》,并将画作公开展览。华某尘起诉洪某文侵犯了原告著作权。

经法院查明,长篇连环漫画连载《S 叔和 Y 仔》"S 叔"和"Y 仔"的人物形象,著作权属于署名作者即黎某西、华某尘共同享有。署名作者之一黎某西已死亡,其享有的财产权由关某衡等继承。署名权、修改权和保护作品完整权由作者的继承人保护。

法院认为,洪某文将《S 叔和 Y 仔外传》的画作于 2015 年 3 月 7 日公开展出,这些画作使用了"S 叔"和"Y 仔"人物形象,其展出行为受展览权控制,展出前应获得美术作品"S 叔"和"Y 仔"的著作权人的许可。诉讼期间,黎某西的继承人之一关某衡出具了《支持洪某文同志继续创作〈S 叔和 Y 仔〉的意见》,即洪某文已取得美术作品"S 叔"和"Y 仔"共有著作权人之一的同意,华某尘无正当理由阻止他方行使权利。故此,洪某文将《S 叔和 Y 仔外传》的相关画作进行展览已得到作品共有权人之一的追认,不构成著作权侵权。

从法律后果上说,关某衡的追认,使效力待定的民事行为变成有效的民事法律行为,且具有溯及力,经追认后,其效力待定的行为自始有效。洪某文不构成著作权侵权。

再举一例。

无锡 A 公司是一家专业设计、生产外包装的企业。2016 年 4 月,A 公司为广州月饼厂家的高端月饼设计了"幸福小镇"系列月饼外包装。8 月,A 公司发现苍南县某月饼公司所销售的月饼外包装,除文字改为"江南小镇"外,图案完全一样。A 公司提起著作权民事诉讼。最终经法院调解,双方协议:原告 A 公司同意被告不销毁已生产包装的月饼外包装;被告月饼公司停止生产新的外包装,并折价赔偿原告 6 万元经济损失。笔者以为,原告同意被告不销毁涉案外包装并可以继续使用可视为对这部分的追认授权,被告对原告 6 万元的赔偿可以视为补交许可费。因此,由民事双方协商解决不仅可以平息纠纷,还可以物尽其用,各取所需。这是个好办法!

(二)民事侵权追认授权不能阻却刑事违法性

不是所有的追认都能成立,追认成立需要条件。其中重要的一点是被追认的行为必须具备合法性。被追认的效力待定行为必须是合法行为,如果承认对非法行为可以追认的话,无异于允许行为人可以实施非法的行为,而后由本人承担相应的责任,这有悖追认制度的基本原则,并且与我国的现行法律相抵触。

以一起知识产权刑事案件为例。

2010 年 5 月,被告人刘某、李某与"威发"商标权利人青岛某酒业公司代表姜某签订《商标授权使用协议》,约定使用该商标期限从 2010 年 6 月 1 日至 2011 年 5 月 31 日,年使用费为 6000 元。在此期间,刘某、李某委托王某及其经营的兴化某公司,使用"威发"商标贴牌生产啤酒。

商标授权使用期届满后,2011 年 6 月至 10 月期间,刘某、李某、王某仍继续使用"威发"注册商标,共计生产假冒"威发"牌瓶装啤酒 7 万余箱,非法经营数额 147 万余元。2011 年 10 月,公安局以涉嫌假冒注册商标罪对王某刑事立案。2011 年 11 月 2 日对刘某、李某以销售假冒注册商标的商品罪刑事立案。

2011 年 10 月 20 日,商标权利人青岛某酒业公司开出一张收款收据,载明收到刘某"商标转让使用费"4000 元。2011 年 12 月 2 日,刘某在其取保候审期间与商标权利人补签了授权使用手续,手续中载明"合作有效时间为2011 年 6 月 1 日至 2012 年 5 月 31 日"。

关于刘某、李某、王某及其经营的兴化某公司的定罪量刑,有两种意见:一种意见认为,商标权利人与商标使用人补全授权手续,应视为对事先的使用行为的追认,则刘某等人不构成民事侵权,应定为无罪;另一种意见认为,事后的授权追认行为不能溯及先前的刑事犯罪行为,刘某等人应承担刑事责任。

笔者同意第二种意见。《刑法》[①]第二条开宗明义,"中华人民共和国刑法的任务,是用刑罚同一切犯罪行为作斗争,以保卫国家安全,保卫人民民主专政的政权和社会主义制度,保护国有财产和劳动群众集体所有的财产,保护公民私人所有的财产,保护公民的人身权利、民主权利和其他权利,维护社会秩序、经济秩序,保障社会主义建设事业的顺利进行。"这里,从权利方面来讲,包括国家权利、法人等单位权利、公民个人权利;从利益方面来讲,包括国家利益、社会利益、集体利益、个人利益。换句话说,侵犯知识产权的犯罪行为,不仅侵犯了知识产权涉及的人身权和财产权,更侵犯了国家和社会的公共利益和公权利。作为《刑法》不能因私权利的和解而放弃对公权利的保护。

本案中刘、李、王三人逾期未经商标权利人许可使用注册商标的行为已触犯《刑法》,不仅侵犯商标权利人的私权即财产权,也侵犯了国家和社会的公权,即市场经济秩序,构成假冒注册商标罪,商标权利人对刘、李先前行为的追认是对民事侵权部分的认可,但犯罪行为已客观存在,对公权力和市场经济秩序已经造成破坏,这一点商标权利人无法通过追认来弥补。另外一点,侵权行为已经触犯刑律,这已非民事法律关系,而是刑事法律关系,是国家与犯罪人之间因犯罪行为而产生的、受《刑法》规范调整的权利和义务关系,不能因民事侵权的消除而消除。

---

① 本篇文章中所涉及的《刑法》指 2020 年版。

（三）民事侵权追认授权是否能阻却行政违法性？

上文分析到民事侵权事后追认授权不能阻却刑事违法性，那么是否可以阻却行政违法性呢？以本文所涉案例为例。假如 A 公司投诉后，在执法调查取证期间，B 公司为了逃避行政责任，与 A 公司协商达成一致，由 A 公司追认授权。对此也有两种看法。一种意见认为，事后的授权追认不能溯及先前的行政违法行为，B 公司应该受到行政处罚。该意见认为，行政处罚与刑罚都具有公权力的性质，都有维护包括经济秩序在内的社会秩序的目的。B 公司的侵权行为不仅侵犯了 A 公司的利益，还同时损害了公共利益，行政处罚就是对公共利益的维护。因此，事后授权不能阻却行政违法行为。

另一种意见认为，A、B 之间经协商，A 对 B 事先的使用行为进行追认，B 公司的行为不再视为侵权。作为著作权侵权的行政处罚应以著作权侵权事实的存在为前提，当侵权不存在的情况下，行政处罚也就成了无本之木。该意见认为，尽管行政处罚属于公权力，但对著作权侵权行为做出处罚的法律依据仍然是《著作权法》。《著作权法》本身属于私法，在《著作权法》框架内，仍然要遵循民事法律关系中意思自治的基本原则，一旦追认授权，则侵权事实消失。没有了侵权行为，也就无须行政处罚了。

笔者支持第一种意见。笔者以为，私权利的行使以不损害他人利益和公共利益为前提。虽然《著作权法》属于私权性质的法律，但对于损害公共利益的行为已经超越了私权，进入了公权领域，实质上构成行政法律关系。事后追认授权，民事侵权行为消失，但先前的侵权行为对公共利益的损失已经成为事实，这部分并没有随着侵权的消失而消失，因此，还应该追究 B 公司的行政责任。

（四）出版社为盗版书开具正版证明是否属于追认授权？

现实中还有一种情况。例如，执法者根据举报查到某书商涉嫌发行盗版书，在与出版社联络后，出版社承认是正版书，并出具公函作复。假定事实上就是盗版书（即未经著作权人许可擅自复制发行的书），书商在被查后，为逃避责任,与出版社勾连,由出版社出具书面文书证明是正版书。这种情况是否属于追认授权?这种追认是否有效呢?

笔者以为,这种情况不属于追认授权。

第一,出版社关于正版书的证明没有向侵权者授权的意思表示,而且出版社也无权向侵权者授权。因为作品的复制发行权属于作者,只有作者才有权追认授权,除非作者与出版社有相关再授权的约定,上述案例中书商擅自复制发行的盗版书,一旦出版社承认是其出版的正版书,也仅意味着是出版社委托印制出行的,而不意味着得到著作权人的许可,同时意味着出版社将以自己的名义承担责任。但即使这样,仍然改变不了涉案书是盗版书的事实。书商发行盗版书仍是侵权行为,只是因为过错大小而承担不同的责任罢了。但是,出版社要想证明涉案的是正版书,必须要证明涉案书是基于出版计划,按照出版程序,书是由出版社委托印刷厂印刷并组织发行的。这一点不容易做到。如果出版社不能证明这些,出版社就涉嫌做伪证。制作盗版书的书商仍难逃法网。

第二,出版社涉嫌作伪证,严重的涉嫌伪证罪。《刑法》第三百零五条【伪证罪】在刑事诉讼中,证人、鉴定人、记录人、翻译人对与案件有重要关系的情节,故意作虚假证明、鉴定、记录、翻译,意图陷害他人或者隐匿罪证的,处三年以下有期徒刑或者拘役;情节严重的,处三年以上七年以下有期徒刑。

出版社做此伪证风险很大,揭穿这一谎言并不太难。一是涉及著作权人。此类案件涉案书的数量大都成千上万。一般来讲,出版社出版图书的数量涉及著作权人的版税利益。每次再版或者再次印刷,原则上出版社要向著作权人付版税。如果出版社承认成千上万册盗版书是正版书,则这部分书要向著作权人付相应的版税,出版社要想圆谎,需要用金钱堵住著作权人的嘴,但这不容易。二是涉及印刷管理。超出与著作权人约定的数量,印刷成千上万册图书相当于加印或者重新开印,这需要重新开具印刷委托书,而印刷委托书需要在出版管理部门备案,是否备案这一点很好查。毕竟没有委托书本身就是问题。三是涉及印刷企业。印刷企业没有委托书不敢开印,因此出版社要想圆谎,还需要买通印刷企业,但这一关也不好过。

参考文献

1. 欧阳福生:示范性判决参考案例——华佛尘与广州某社、广东某某美术出版社有限公司、洪某文著作权侵权纠纷案[OL]. (2019-12-13) https://court. yuexiu. gov. cn/index. php? s=/Show/index/cid/213/id/1482. html

2. 万静:追认授权商标使用能否弥补违法性[N].江苏法制报,2014-01-23(A07).

3. 高敏:"高大上"的月饼差点不能卖——为啥?外包装侵犯了别人的著作权[N].浙江法制报,2016-09-18(00005).

2021 年 11 月 19 日　发表于网舆勘策院

案说盗印包装装潢印刷品的法律适用问题

摘　要

盗印商标标识或者包装装潢印刷品不一定侵犯著作权。是否侵犯著作权,关键要看涉案的商标标识或者包装装潢印刷品是否构成作品;适用"盗印他人包装装潢印刷品"的案由,要严格把握事实与证据,根据印刷企业的法定义务和过错考量其承担的法律责任;对于印刷企业违法印刷的注册商标标识、广告宣传品、包装物等等,违反国家有关法律法规的,由相应的行政管理部门依法或没收、销毁印刷品,或责令停止使用,文化执法部门不宜越权处理。

一、问题的提出

以"盗印他人包装装潢印刷品"为案由进行处罚的案件并不多见,下面即为一例,案例中涉及的内容和存在的问题值得思考和分析。

案情概要:某日,执法者到甲公司检查。经查,甲公司正在印制印有"hp"标识的包装盒和粘贴纸 28,000 个。甲公司负责人交代,委印者系陈某,双方系通过印刷微信群建立的联系,从未谋面,且系首次合作。该负责人提供了陈某的电话号码和微信号码。甲公司无法提供印刷涉案标识的授权证据。另外,hp 公司出具公函认定,未授权甲公司印制涉案标识。执法者认为,甲公司"盗印数量大,无法提供委托印刷人有效证据",且 hp 公司已认定未向甲公司授权。因此甲公司的行为构成未经许可,"盗印他人包装装潢印刷品",依据《印刷业管理条例》第四十一条,对甲公司罚款 5 万元。同时,执法者向甲公司下达责令改正通知书。责令甲公司改正违法行为,全部自行销毁涉案印刷品。

这是一起真实案例,严格的讲,属于出版类案件,但却被办案单位推荐参与版权案件研讨活动,想必提供案例的同志是把涉及盗印商标标识的案件作为版权案例来对待的。阅罢,有几点思考。一是涉及商标标识或者包装装潢印刷品的案例是否一定侵犯著作权? 二是文化执法者在印刷包装装潢印刷品或者商标标识印刷品中主要职责和职权是什么? 本案应如何定性和适用法律? 三是对涉及未经许可印刷商标标识的案件应如何处理?

二、盗印商标标识或者包装装潢印刷品是否一定侵犯著作权?

回答这一问题的关键词是"作品",也即著作权法意义的作品。换句话说,盗印商标标识或者包装装潢印刷品是否侵犯著作权,关键要看涉案的商标标识或者包装装潢印刷品是否构成作品。依据《著作权法》,所谓作品,"是指文学、艺术和科学领域内具有独创性并能以一定形式表现的智力成果。"这里强调,一是"文学、艺术和科学领域",其他的不算;二是"独创性",强调的是作者独立完成,且具有创造性;三是以一定形式表现(可复制),也即保护表达,不包含思想;四是"智力成果",强调是人的智力成果。

商标标识是指用于商品上的商标载体,是独立于被标志商品上的商标物质表现形式。一般来讲,商标是具有一定内涵的视觉符号和图形。当然,包装装潢印刷品当中既有图形等视觉符号,也包含文字说明等内容。如果符合上述作品的定义,也应获得保护。但总体说,主要是涉及视觉符号或者图形,而且,随着时代的发展和文化的进步,商家为了"吸引眼球",产品包装的功能已从单一的实用性变得越来越具有审美性和识别性,其表现形式越来越接近于作品,加之著作权登记的简便性和著作权保护期较长等因素,很多商标标识和包装物进行了著作权作品登记。因此,涉及著作权的纠纷也越来越多。

文化执法近年来受理和办理了一批涉及商标标识和包装装潢印刷品以侵犯著作权为由的投诉和举报。从案例看,部分商标标识中图案构成美术作品,部分不构成美术作品,不宜适用著作权法保护。例如,笔者见到过一起茶餐厅投诉的案例。某茶餐厅将"答应"两个汉字做简单变形后,设计成商标标识用于自己的门店,并进行了著作权作品登记。茶餐厅的生意不错,他人就仿冒"答应",从而搭便车。笔者以为,涉案图案"答应"仅将两个汉字做简单变形,虽然系"独立"完成,但难以构成创造性的表达,所以不宜认定为作品。

再例如一起涉诉案件——"某市例外实业有限公司诉某文化市场综合行政执法总队行政处罚纠纷案"。关于涉案商标标识是否为作品?"法院认为,涉案标识虽经毛某某作为"F美术"进行作品登记,但该登记本身并不证明所登记之对象必然属于作品。""对于美术作品而言,其通过某具体表现形式呈现出来的审美感要求无疑需要较高。涉案标识由外文字符"EXCEPTION"每个字符镜像反写加"De MIXMIND"构成,该标识虽凝聚了设计人员的创造性智慧,但著作权法保护的是表现形式,只有表现形式的创造性智慧,才受著作权法保护。以上的词汇的表达方式仅是将"EXCEPTION"反写、并与"De MIXMIND"分行组合,虽将字符的表现形式稍作艺术处理,但表现形式的独创性部分甚微,缺乏美术作品应具备的较高艺术审美感。据此认定涉案标识不属于著作权法上的作品。"

因此,可以肯定地说,盗印商标标识或者包装装潢印刷品是否一定侵犯著作权,关键看涉案商标标识或者包装装潢印刷品所涉及的图案是否构成作品。从本案讨论的案例看,"hp"两个英文字母简单地排列在一起,难以构成著作权法意义的作品。

三、关于案涉盗印行为的法律适用及证据

(一)对"盗印他人包装装潢印刷品"的处罚主要针对印刷企业

《印刷业管理条例》①第四十一条指出,从事包装装潢印刷品印刷经营活动的企业有下列行为之一的,"(三)盗印他人包装装潢印刷品",由县级以上地方人民政府出版行政部门警告,没收、罚款等。

很有意思的是,现行《印刷业管理条例》第四十一条对"盗印他人包装装潢印刷品"设置了罚则,但在违则中未见相应条款。关于"盗印他人包装装潢印刷品"的罚则,1997 年出台的《印刷业管理条例》并无此内容,2001 年修订时增加,主要针对的是地下"黑窝点"特别是"具有合法经营资格少数不遵守国家法律、法规规定的印刷企业",在"现实生活中,非法盗印活动猖獗,严重扰乱了社会市场秩序,败坏了社会风气"的行为。②

从上述可以看出,这里打击的盗印行为,特别针对的是"从事包装装潢印刷品印刷经营活动的企业","具有合法经营资格少数不遵守国家法律、法规规定的印刷企业"。换句话说,印刷企业是盗印的主体,至少是印刷企业与委印者共谋盗印。一般来讲,印刷企业属于承揽加工企业,赚取的是印刷加工费,并不直接参与盗印活动,也不在盗印活动中获利。所以,印刷企业作为唯一盗印主体或者盗印主谋的案件很少见。证明起来也就不容易。

(二)"盗印他人包装装潢印刷品"的事实与证据

本文讨论的案例就是将印刷企业作为盗印主体,但在证据上显得不够

---

① 本篇文章中所涉及的《印刷业管理条例》指 2020 年版。
② 于永湛、徐玉麟、石峰主编《印刷业管理条例释义》,"法律法规释义系列",中国法制出版社,2001,第 139 页。

充分。

从案情概要描述的案情看,本案证明甲公司盗印的证据有三,一是当事人印制了涉案商标标识和包装物;二是当事人不能提供印制授权;三是 hp 公司证明未授权当事人印制涉案商标标识。

对于证据一应该无异议,但是关于证据二、三,当事人不能提供印制授权,hp 公司未授权当事人印制涉案商标标识,就能证明当事人盗印吗?这里是否还存在一种可能?即,hp 公司授权第三人印制涉案商标标识,而第三人委托甲公司印制呢?如果是这样,甲公司还属于盗印吗?本案中,甲公司提供委印者姓名,并提供了电话号码、微信号码,后续,执法者是否调查了呢?案卷中没有体现。当然,如果确实无法证明甲公司所言属实,甲公司也无证据证明另有委印者,则由甲公司承担盗印的行政责任,也不冤枉。假定查清另有委印者,由于甲公司未履行《印刷业管理条例》规定的法律义务(查验相关证件),致使发生"盗印他人包装装潢印刷品"的事实,则甲公司首先应该承担的是未履行验证义务的法律责任。当然,如果非要追究甲公司的侵权责任,或可以因有过错(未履行验证程序)与委印者共同承担盗印责任。但本着一事不二罚的原则,甲公司只能承担其中的一个责任。

(三)本案以未验证相关证件为案由处罚或许更好

其实,按照《印刷业管理条例》的主要精神,条例对印刷行业的管理还是在承印验证环节。一般来讲,如果印刷厂不想故意违法,原则上,其只要把住印刷验证环节,就能把住其他的盗版盗印等问题。因此,对于印刷业的监管还是回到承印验证环节,所以,本案以未验证商标标识和包装装潢印刷品相关证件为由处罚或许更好。

由于涉案物品分别是"印有 hp 标识的包装盒和粘贴纸",所以这里也分两个案由。一是"接受委托印刷注册商标标识,未依照本条例的规定验证、核查工商行政管理部门签章的《商标注册证》复印件、注册商标图样或者注册商标使用许可合同复印件",二是"接受委托印刷广告宣传品,作为产品包装装潢的印刷品,未依照本条例的规定验证委托印刷单位的营业执照或者个人的居民身份证的,或者接受广告经营者的委托印刷广告宣传品,未验证广告经营资格证明"。换句话说,要区分涉案的包装盒和粘贴纸是商标标识(hp),还是"作为产品包装装潢的印刷品"。因为此二者对印刷企业承担的验证义务是不同的。从涉案印刷品看,存在竞合,既有商标标识"hp",又有包装盒。笔者以为,为保险起见最好都要验证。从案例概要对案情的描述看,显然当事人未履行验证义务,依法当罚。

(四)责令当事人销毁涉案印刷品的行为缺乏依据

本案,执法者还向甲公司下达了责令改正通知书。责令甲公司改正违法行为,自行销毁全部涉案印刷品。这是否合适呢?

本案适用的是《印刷业管理条例》第四十一条第一款"从事包装装潢印刷品印刷经营活动的企业有下列行为之一的,由县级以上地方人民政府出版行政部门给予警告,并没收违法所得,违法经营额 1 万元以上的,并处违法经营额 5 倍以上 10 倍以下的罚款;违法经营额不足 1 万元的,并处 1 万元以上5 万元以下的罚款;情节严重的,责令停业整顿或者由原发证机关吊销许可证;构成犯罪的,依法追究刑事责任;……(三)盗印他人包装装潢印刷品的……"。该款中并无责令当事人销毁涉案物品的规定。笔者以为,执法者的行为缺乏法律依据。

笔者以为,执法者显然是按照保护知识产权的思路和态度对案件进行处理的,这一点值得肯定,但责令当事人销毁涉案物品涉嫌超越职权。按照《行政处罚法》,执法者有权在"实施行政处罚时,应当责令当事人改正或者限期改正违法行为。"但如何改正,《行政处罚法》并没有给出具体形式。

所谓责令改正或者限期改正违法行为,是指行政主体责令违法行为人停止和纠正违法行为,以恢复原状,维持法定的秩序或者状态,具有事后救济性。关于责令改正的具体形式,笔者孤陋寡闻,虽试着去找一些依据,但也仅见于《环境行政处罚办法》①。该《办法》第十二条【责令改正形式】共列举了

---

① 本篇文章中所涉及的《环境行政处罚办法》指 2010 年版。

9种具体形式。"（一）责令停止建设；（二）责令停止试生产；（三）责令停止生产或者使用；（四）责令限期建设配套设施；（五）责令重新安装使用；（六）责令限期拆除；（七）责令停止违法行为；（八）责令限期治理；（九）法律、法规或者规章设定的责令改正或者限期改正违法行为的行政命令的其他具体形式。"

从以上可以大致看出，《环境行政处罚办法》的9种具体形式，体现了责令改正概念中"停止和纠正""恢复原状，维持法定的秩序或者状态"的精神。笔者举出《环境行政处罚办法》的例子，并非"照方抓药"，只想说明，一是责令改正的形式并非"华山一条路"，二是《环境行政处罚办法》"责令停止生产或者使用"或许是适合本案的一种方式。行政行为特别是减损行政相对人利益的行政行为应保持克制和谦抑，最小减损行政相对人的利益。涉案物品销毁固然是一种方式，将可能的侵权行为和对市场的消极影响降到最低。但如果停止违法生产和使用，就能达到目的，销毁就不一定有必要。其实只要当事人不把涉案物品用于与hp有关的产品，就不会影响市场秩序。再有，既然涉案物品没有被没收，其物权就属于当事人，如何处理应交由物主在不违法的前提下自行决定。

四、涉案盗印的印刷品还可以怎样处理？

既然文化执法无权处置盗印的包装装潢印刷品，那盗印的印刷品如何处置呢？

1.《印刷业管理条例》赋权市场监管部门对违法印刷品予以没收和销毁

《印刷业管理条例》第四十一条第二款"印刷企业接受委托印刷注册商标标识、广告宣传品，违反国家有关注册商标、广告印刷管理规定的，由工商行政管理部门给予警告，没收印刷品和违法所得，违法经营额1万元以上的，并处违法经营额5倍以上10倍以下的罚款；如果违法经营额不足1万元的，并处1万元以上5万元以下的罚款。"由于文化执法处罚在先，已经对违法行为予以了罚款的处罚,本着一事不二罚的原则,对于"违反国家有关注册商标、广告印刷管理规定的"的印刷品,市场监管部门可只给予没收涉案印刷品的处罚。

这里也还有一个问题。该款指的是"印刷企业接受委托印刷注册商标标识、广告宣传品"的行为,换句话说,这里的印刷企业并非盗印主体(委印者),只是扮演加工承揽的角色。那对于印刷厂自己是盗印主体的情形呢?笔者以为,从《印刷业管理条例》第四十一条整体来看,盗印他人包装装潢印刷品的主体,既可能是委印者,也可能是印刷厂,还可能是二者的联合或者共谋。按照举轻以明重的法律原则,既然接受委托盗印(不一定是故意违法)的行为都要依照第二款处罚,那么较之还要严重的印刷厂盗印(肯定是故意)的违法行为则更要处罚。

2. 哪些是"违反国家有关注册商标、广告印刷管理规定的"并可以没收、销毁的印刷品呢?

(1)对于侵犯注册商标专用权的印刷品可以没收和销毁

对此《商标法》①第五十七条规定,有下列行为之一的,均属侵犯注册商标专用权:其中与印刷企业有关的一是"(四)伪造、擅自制造他人注册商标标识或者销售伪造、擅自制造的注册商标标识的"。印刷企业利用自身的设计团队、印刷设备协助他人伪造并印刷他人注册商标当数此列。二是"(六)故意为侵犯他人商标专用权行为提供便利条件,帮助他人实施侵犯商标专用权行为的"。

关于"为侵犯他人商标专用权行为提供便利条件",《商标法实施条例》第七十五条"为侵犯他人商标专用权提供仓储、运输、邮寄、印制、隐匿、经营场所、网络商品交易平台等,属于商标法第五十七条第六项规定的提供便利条件。"印刷企业为侵犯他人商标专用权提供印制活动当数此列。

《商标法》第六十条同时指出,对于侵犯注册商标专用权行为,工商行政管理部门处理时,认定侵权行为成立的,责令立即停止侵权行为,没收、销毁

---

① 本篇文章中所涉及的《商标法》至 2019 年版。

侵权商品和主要用于制造侵权商品、伪造注册商标标识的工具,违法经营额五万元以上的,可以处违法经营额五倍以下的罚款,没有违法经营额或者违法经营额不足五万元的,可以处二十五万元以下的罚款。

关于违法广告印刷品。根据《中华人民共和国广告法》《广告管理条例》等有关法律、法规,只是要求停止发布,并无没收、销毁的规定。

(2)盗印的包装物包装了商品流入市场后可以适用《反不正当竞争法》①予以没收

上述没收、销毁的讨论只涉及注册商标标识、广告宣传品,那如果盗印的只是包装盒呢?既不涉及商标标识、也不涉及广告宣传品或作品,那这个盗印的包装盒是否就没有法律可监管了吗?对此,《反不正当竞争法》给出了答案。

《反不正当竞争法》第二章列举了多种不正当竞争行为。笔者以为,与印刷品广告和包装物有关的,主要是混淆行为。《反不正当竞争法》第六条,"经营者不得实施下列混淆行为,引人误认为是他人商品或者与他人存在特定联系:(一)擅自使用与他人有一定影响的商品名称、包装、装潢等相同或者近似的标识;(二)擅自使用他人有一定影响的企业名称(包括简称、字号等)、社会组织名称(包括简称等)、姓名(包括笔名、译名、译名等);(四)其他足以引人误认为是他人商品或者与他人存在特定联系的混淆行为。"。"第十八条,经营者违反本法第六条规定实施混淆行为的,由监督检查部门责令停止违法行为,没收违法商品。违法经营额五万元以上的,可以并处违法经营额五倍以下的罚款;没有违法经营额或者违法经营额不足五万元的,可以并处二十五万元以下的罚款。情节严重的,吊销营业执照。"

一般来讲,盗印的包装物大概率是与著名产品有关的。盗用者之所以盗印,主要是想"搭便车",假借他人产品的知名度、美誉度,来销售自己的产品。这就构成了不正当竞争。按照《反不正当竞争法》,一旦构成违法,不仅仅是没收盗印的包装物,而是没收包括包装物在内的违法商品。

---

① 本篇文章中所涉及的《反不正当竞争法》指 2019 年版。

参考文献

1. 于永湛, 徐玉麟, 石峰. 印刷业管理条例释义[M]. 北京: 中国法制出版社, 2002.

2021 年 11 月 18 日 发表于网舆勘策院

关于《印刷业管理条例》罚则中没有没收
盗印加印出版物的思考

摘　要

印刷厂盗印出版物是涉著作权的民事侵权行为,要承担民事责任,同时损害公共利益的,要承担《著作权法》规定的行政责任,同时还要承担《印刷业管理条例》规定的行政责任,触犯刑律的,还要承担刑事责任。文化执法机构集中行使《著作权法》和《印刷业管理条例》的行政处罚权,对于涉及侵权的行为,适用法律存在竞合,应优先适用《著作权法》。印刷厂擅自加印和接受第三人委托加印,主要是民事违约和违反印刷管理秩序的行政违法行为,应区别于"盗印"。盗印和加印出版物并不百分之百侵犯著作权。对于盗印和加印的出版物,《印刷业管理条例》相关条款无没收处罚种类,或许与《著作权法》有关,也或许与立法者的理念有关,保持公法的克制谦抑,避免职责交叉,或许也是原因之一。

一、问题的提出

《印刷业管理条例》规定,印刷企业"不得盗印出版物,不得销售、擅自加印或者接受第三人委托加印受委托印刷的出版物",并设置了警告、没收违法所得、罚款、责令停业整顿、吊销许可证等罚则,构成犯罪的,依法追究刑事责任。但罚则中唯独缺少了没收涉案出版物。关于此,执法者多有不解,争议较多。下面是文旅部文化执法师资微信群一次自发的讨论。

甲:刚才一个市支队长问,印刷企业盗印加印的出版物怎么处理?《印刷业管理条例》罚则上没有对这些"非法"出版物怎么处置的内容。

乙:按著作权法办。

甲:但是按《印刷业管理条例》,对这类印刷违法行为有违则和罚则啊?

乙:竞合。

丙:上位法优先。

甲:加印问题较为复杂,从版权角度有时难办, 想按《印刷业管理条例》进行处罚,对这些出版物怎么处置呢?

丁:这个不能说是上位法优先吧,不然很多案件都应该首先适用《著作权法》。

甲:能不能说有利于办案"原则"?

丁:我们曾碰到过类似案子。当时有三个考虑。一是让当事人自行自愿销毁。二是让当事人与权利人达成协议,补办协议和委托书。三是按照侵权没收。最后,综合考虑实际情况和办案可操作性,选了第一种方式。

乙:按《印刷业管理条例》没法处置。

甲:就是这个问题。

丁:一般情况下,印刷厂是按照委印方的数量印刷的。如果是盗印或加印,其实过错也是在委印方。还有一种就是委印方不知情,那么这种加印最好一开始就用侵权去处理。我觉得要看案情的具体情况。

丙:完全合法还是按版权办。

丁:权利人不给你出证明,你怎么办?

丙:这只是办案技术问题,而不是法律适用问题了。

甲:我觉得办案有时也不得不考虑客观情况。

丁:那我换个角度说,如果加印是权利人默认,那么这种行为到底是侵害了权利人的版权,还是损害了出版管理秩序?或者印刷业管理秩序?

丙:这个我同意啊。所以说是技术处理的问题。

　　总结上述各方观点和争议,主要集中在几点:一是《印刷业管理条例》对盗印加印出版物没有没收侵权出版物的罚则,是否可以适用《著作权法》予以没收? 盗印或者加印行为是否侵犯著作权? 二是在出现《印刷业管理条例》和《著作权法》都对盗印加印行为有罚则的情况下,是否优先适用《著作权法》?《著作权法》是否《印刷业管理条例》的上位法? 是否可以按特别法优于普通法的原则适用? 如果不存在优先的情况,执法者任意适用其一,在选择的时候是否可以遵循有利于办案的原则? 这种选择是否存在选择性办案问题? 三是在《印刷业管理条例》的语境下,何为盗印或者加印? 违法主体是谁? 等等。

　　目前,关于"盗印""非法加印",普遍理解是侵犯著作权的行为,因此,绝大多数案件都是直接适用《著作权法》(2020 年修订)第五十三条"未经著作权人许可,复制其作品",没收侵权图书,罚款。但令人不解的正如上述大家的疑问,如果"盗印""非法加印"是侵权著作权,为什么《印刷业管理条例》没有没收书的罚则呢?

二、如何理解盗印和非法加印?

(一)《印刷业管理条例》的规定

　　关于盗印和非法加印,《印刷业管理条例》是这样说的。"第二十三条 印刷企业不得盗印出版物,不得销售、擅自加印或者接受第三人委托加印受托印刷的出版物,不得将接受委托印刷的出版物纸型及印刷底片等出售、出租、出借或者以其他形式转让给其他单位或者个人。""第四十条 从事出版物印刷经营活动的企业有下列行为之一的,由县级以上地方人民政府出版行政部门给予警告,没收违法所得,违法经营额 1 万元以上的,并处违法经营额 5 倍以上 10 倍以下的罚款;违法经营额不足 1 万元的,并处 1 万元以上 5 万元以下的罚款;情节严重的,责令停业整顿或者由原发证机关吊销许可证;构成犯罪的,依法追究刑事责任:(三)盗印他人出版物的;(四)非法加印或者销售受委托印刷的出版物的。"

(二)如何理解盗印和非法加印?

关于"盗印他人出版物",主要还是侵犯著作权的行为。"所谓盗印出版物,主要是指未经权利人(专有出版权人)同意而擅自印刷其出版物。盗印出版物属于侵权行为。被侵权人可以依据《著作权法》及有关配套法规的规定要求侵权的印刷企业承担相应的民事责任。"①

关于非法加印行为,其核心有两种违法行为。一是违反行政法规的行为。印刷业管理条例规定,承印出版物要有委托书,而委托书注明了印刷数量。印刷厂必须按数量印刷。超出数量印刷需要重新办理委托书。二是民事违约行为。这里也分两种情况。一种情况是指未经出版社同意,印刷厂擅自替委印者做主,超过委托数量加印图书的行为。第二种情况是指接受出版社以外的第三人委托加印出版物的行为。

这里要区别于"盗印"。一是擅自加印行为主要是事先未经委印者同意,超越权限,违背约定,擅自做主,但事后加印的书还是要交给委印者,换句话说,印刷厂并没有向委印者隐瞒。如果印刷厂隐瞒加印行为,然后将加印的书自行卖掉,则属于"盗印他人出版物"。从民事角度讲,印刷厂的行为属于违反合同的违约行为。从行政责任角度讲,主要是违反了《印刷业管理条例》的规定。二是接受第三人委托加印行为,应该理解为第三人事先或者事后经过出版社同意,直接委托印刷厂加印。如果第三人未经出版社同意,委托印刷厂加印,然后将加印的书自行卖掉,则第三人的行为侵犯他人的复制发行权,印刷厂在知情的情况下也构成"盗印他人出版物",在不知情但有过错(如未尽到审查注意义务)的情况下与第三人构成共同侵权。

《印刷业管理条例》之所以规定不得擅自加印,主要目的是规范印刷企业按照出版印刷管理的法定秩序依法生产经营,重点是履行印刷委托书和承

---

① 于永湛、徐玉麟、石峰主编《印刷业管理条例释义》,中国法制出版社,2002年,第78页。

印验证制度,防止出版物无序印刷,保护知识产权,维护国家文化安全和意识形态安全。"印刷行为属于加工承揽的行为,印刷企业应当根据委托印刷合同和印刷委托书的规定进行印刷,如必须按照委托合同和委印单位出具的印刷委托书所载明的数量印刷出版物,既不得擅自加印出版物,也不得接受第三人委托加印出版物。委印单位如要求加印出版物的,应当再次出具印刷委托书,印刷企业办理法定手续后方可据此加印。"①

(三)"盗印""加印"的违法主体是印刷厂

一是从《印刷业管理条例》关于"盗印""加印"的违则和罚则看,违法主体都明确指明是印刷企业。二是要根据印刷厂在"盗印""加印"中所扮演的角色分析是否违法主体。

印刷厂属于承揽加工行业,关于"盗印",如果"盗印"另有委印者,委印者是违法主体,原则上,对委印者不适用《印刷业管理条例》关于"盗印"的罚则。只有印刷厂明知是盗印并与委印者有共同盗印的意思联络时才与委印者构成共同违法主体。此时可适用《印刷业管理条例》关于"盗印他人出版物"的罚则对印刷厂予以处罚。如果没有委印者,印刷厂自行"盗印",则印刷厂是违法主体。关于"加印",不论是擅自加印还是接受第三人委托加印,都属于非法加印,其违法主体都是印刷厂。

三、盗印行为根据情况受不同法律规范的调整

(一)盗印他人出版物的行为属于侵权行为,同时也为行政法规所不容,严重的还要承担刑事责任

盗印行为属于民事侵权行为,受《著作权法》规范,依法要承担民事侵权

---

① 于永湛、徐玉麟、石峰主编《印刷业管理条例释义》,中国法制出版社,2002年,第78页。

责任。依据《著作权法》第五十三条,"应当根据情况,承担本法第五十二条规定的民事责任",即"停止侵害、消除影响、赔礼道歉、赔偿损失";盗印的侵权行为同时损害公共利益的,依法还要承担《著作权法》规定的行政责任,由主管著作权的行政部门责令停止侵权行为,予以警告,没收违法所得,没收、无害化销毁处理侵权复制品以及主要用于制作侵权复制品的材料、工具、设备等,同时还要接受罚款的行政处罚;盗印的侵权行为构成犯罪的,依法要追究刑事责任。

盗印还是违反《印刷业管理条例》的行为,还要承担行政责任。正如上文分析,印刷业属于特殊行业,出版印刷特别是出版物的出版印刷不仅是经济活动,也是国家文化活动,关系国家文化安全和意识形态安全,必须在法律框架内有序进行。因此,《出版管理条例》和《印刷业管理条例》规定了一系列出版印刷制度,如印刷委托书制度,承印验证制度、承印登记制度、印刷品保管制度、印刷品交付制度、印刷活动残次品销毁制度,等等。违反规定的也要承担相应的行政责任。

(二)从行政责任角度讲,对盗印行为的处罚在法律适用上出现了竞合,而且处罚主体分属著作权行政管理部门和出版行政管理部门。那如何适用呢?

一是对盗印行为的处罚分属不同管理部门管理的情况下,各部门分别按职权履职。"印刷企业盗印出版物的行为,也是行政违法行为。不仅违反本条规定,也违反有关《著作权法》及有关配套法规的规定。因此,印刷企业在依法承担民事责任后,还应接受著作权行政管理部门的行政处罚。构成犯罪的,还要依法追究刑事责任。同时,根据本条规定,出版行政部门也有权给予行政处罚。按照《行政处罚法》第二十四条确立的'一事不再罚'的原则,就印刷企业的同一违法行为,著作权行政管理部门和出版行政部门不得给予两次以上的罚款处罚。这就意味着,哪个部门先查处,哪个部门就先处罚。"①

---

① 于永湛、徐玉麟、石峰主编《印刷业管理条例释义》,中国法制出版社,2002年,第78页。

如果出版行政部门先行处罚,则还应该移交著作权行政管理部门,对涉案书籍予以没收。

二是对盗印行为的处罚同属于一个部门(例如相对集中处罚权)管理的情况下,按照法律法规适用规则适用。具体到《著作权法》和《印刷业管理条例》,应按照法律优于法规的原则,即优先适用《著作权法》。目前,由于文化执法实行综合执法,文化执法机构集中行使了著作权和出版行政管理部门的行政处罚权,所以在查处盗印行为时,文化执法机构应优先适用《著作权法》,即行使所集中的著作权行政管理部门的处罚权,所以目前此类案件多适用《著作权法》。

(三)关于《印刷业管理条例》为什么没有对盗印的出版物设置没收的罚则,或许还与《著作权法》有关

《著作权法》颁布于 1990 年。这一版《著作权法》对于侵犯著作权的行为,虽然规定了可以由著作权行政管理部门进行行政处罚,但仅设置了没收违法所得和罚款的处罚。直到 2001 年《著作权法》修订时,才增加了没收侵权复制品的处罚。《印刷业管理条例》颁布于 1997 年。对于盗印出版物的行为,条例规定了警告、没收违法所得、罚款和吊证的处罚。笔者理解,《印刷业管理条例》立法时,作为法规特别是与出版物直接相关的印刷行业的法规,在设置与侵犯著作权有关的罚则时,要贯彻落实《著作权法》的精神,并根据《著作权法》的规定设置相应的条款。既然《著作权法》仅设置了没收违法所得和罚款的处罚种类,那《印刷业管理条例》也没有设置没收侵权复制品的规定。虽然,《著作权法》在 2001 年修订时增加了没收侵权复制品的罚则,但《印刷业管理条例》在后续修订时并没有一并增加没收盗印的出版物的罚则,笔者以为,保持公法的克制、谦抑,尽可能避免职责交叉,不重复设置没收涉案出版物的罚则或许是原因之一。

关于盗印的行为,《印刷业管理条例》还涉及包装装潢印刷品和其他印刷品。在盗印包装装潢印刷品的罚则中,也没有没收的处罚种类。或许也与相应的上位依据没有设置相应处罚种类有关。1997 年颁布《印刷业管理条

例》时,当时的《商标法》对于"伪造、擅自制造他人注册商标标识或者销售伪造、擅自制造的注册商标标识的"行为,"被侵权人可以向县级以上工商行政管理部门要求处理,有关工商行政管理部门有权责令侵权人立即停止侵权行为,""侵犯注册商标专用权,未构成犯罪的,工商行政管理部门可以处以罚款。"直到2001年《商标法》修订时,才明确"工商行政管理部门处理时,认定侵权行为成立的,责令立即停止侵权行为,没收、销毁侵权商品和专门用于制造侵权商品、伪造注册商标标识的工具,并可处以罚款。"而且,是直接没收侵权商品,而不是仅仅没收侵犯商标权的印刷品。至于广告宣传品,依据《广告法》、《广告管理条例》等法律法规,在处罚种类上,一直没有没收这一项。

四、"盗印""非法加印"不百分之百侵犯著作权

(一)盗印的出版物不一定都侵犯著作权

《印刷业管理条例》的执法者是出版行政管理部门。为了打击盗印行为,法律也赋予了出版行政管理部门行政处罚权。但是,盗印的出版物并非百分之百是侵权物品,即使是侵权物品,还可以通过追加授权而合法。合法的东西就没必要没收了。这或许是《印刷业管理条例》缺少对于盗印的没收罚则的又一原因吧。

出版物(纸质)之所以受《著作权法》保护,一是内文构成作品,二是封面(插图)可能构成美术作品,三是版式设计未经授权不得使用。但,实事求是的讲,不是所有的出版物都受著作权法保护。一是作品超过保护期。二是载有"法律、法规,国家机关的决议、决定、命令和其他具有立法、行政、司法性质的文件,及其官方正式译文;时事新闻;历法、通用数表、通用表格和公式"等不受著作权法保护的内容。三是内文或封面不构成作品。因此不宜笼统地认为,盗印的出版物一定侵权,一定要没收。

（二）非法加印行为不一定侵犯著作权

一般来讲,在某出版合同中,出版社与作者在出版印刷数量上会做一个最低印数的约定,同时会约定与印数有关的付酬方式,还会约定出版社可以重印、再版等等。后续,是否重印和再版,原则上由出版社根据经营需要决定。出版社一旦决定重印和再版,会通知作者,并按印数付酬。所以,在这个意义上讲,出版社可以决定印刷数量,而不必事先经作者同意。假如,出版社与作者约定印刷 1 万册,并约定了后续重印、再版的事项。出版社出于某种目的,首次委托印刷数量只有 5 千册,此时,印刷厂擅自加印了 2 千册,则整体数量还在出版社与作者约定的范畴内,则加印的部分并不侵权。即使印刷厂加印的部分超出 1 万册,则多余的部分出版社通知作者并付酬,则这部分也不侵权。从民事角度讲,印刷厂的加印属于违反合同约定,但,从行政角度讲,该行为违反《印刷业管理条例》。

（三）"盗印""非法加印"的出版物原则上不是非法出版物

依据《出版管理行政处罚实施办法》第六十五条"本办法所称非法出版物,是指违反《出版管理条例》未经批准擅自出版的出版物,伪造、假冒出版单位或者报纸、期刊名称出版的出版物,擅自印刷或者复制的境外出版物,非法进口的出版物。"而"盗印""非法加印"的出版物,一般来讲都是出版社合法出版的出版物,并非"擅自出版的出版物",所以也不宜在《印刷业管理条例》的罚则中直接没收。

但是,依据《印刷业管理条例》,盗印行为、加印行为,不论是否构成著作权侵权,无论是否非法出版物,都是违法行为,依据《印刷业管理条例》都是可以被处罚的行为。

参考文献

1. 于永湛,徐玉麟,石峰. 印刷业管理条例释义[M]. 北京:中国法制出版社,2002.

2021 年 12 月 12 日　发表于网舆勘策院

案说影院未经授权放映电影涉及的
著作权问题

摘　要

《著作权法》①规定的"发行""放映"有区别。"发行"仅指通过转移作品有形载体所有权的方式向公众提供作品的行为,而"放映"不发生作品有形载体物权的转移。电影业界所谓"发行"通常理解为电影作品播放权利的销售,与之相应的发行权利并不完全等同于《著作权法》规定的发行权。向影院发行电影,该发行权应该包含放映权。电影发行到不同介质上要结合不同的权利。了解法律概念的演变和行业惯例,了解不同国家著作权法权利设置的不同,了解电影业态新变化、技术新发展对版权执法很有意义。

一、案例概述及问题的提出

2021 年 3 月,东方公司(本文涉及的公司、地名均使用化名)投诉西部影院侵犯其关于电影《古田军号》和《第一大案》在甲省的发行放映权。

关于《古田军号》,东方公司提供了两份授权书。一份是南方电影公司向红星公司授权书。授权书表明,南方电影公司系《古田军号》的出品人之

---

① 本篇文章中所涉及的《著作权法》指 2020 年版。

一，"南方电影公司拥有影片《古田军号》甲省党政机关、企事业单位及学校的数字影片发行权，现将上述权利授予红星公司(不含校园院线、数字影片农村发行放映权、部队、武警内部发行系统)，用于影片在上述区域的代理发行。授权期限一年。"

另一份是红星公司给东方公司的授权书。授权书表明，"兹有我公司拥有甲省行政区域内版权之故事片《古田军号》，现授权东方公司在甲省乙市行政区域内(含区、市、县)独家代理发行放映该影片，其他任何单位和个人在该地区发行放映该片均属侵权行为，东方公司有权追究相关法律责任。授权期限一年。"

关于《第一大案》，中原文化公司系电影《第一大案》的出品人，其授权红星公司该片在甲省的发行放映权，授权期限略。红星公司授权东方公司在甲省乙市独家代理发行放映权及追究侵权的维权权利。

在授权期内，东方公司发现乙市西部影院未经许可放映《古田军号》和《第一大案》，遂投诉至版权执法部门。

经查，为迎接建党100周年，按照上级的要求，乙市有关部门组织老干部进行观影活动，委托西部影院提供服务。西部影院从网络下载了《古田军号》和《新中国第一大案》，利用电脑和放映设备进行了放映并收取了相关费用。

调查过程中，西部影院承认自己放映了上述影片，但申辩如下：第一，关于《古田军号》，东方公司虽然获得了发行放映权，但其权力来源不完整。东方公司提供的授权书表明，南方电影公司只拥有发行权，其向红星公司的授权也只能是影片的发行权，红星公司无权向东方公司授权放映权，所以东方公司也无权主张放映权。西部影院从事的是电影放映活动，并不侵犯东方公司的发行权。第二，关于《第一大案》，西部影院放映的是《新中国第一大案》，并非投诉者主张的《第一大案》，二者不是同一作品，投诉者无权主张权利。

对此，如何看待西部影院的申辩？关于《古田军号》，东方公司获得的授权是否有瑕疵？是否只获得影片的发行权？获得发行权的东方公司是否可以向行政机关投诉? 如果东方公司没有获得放映权,西部影院是否侵权? 关于《第一大案》西部影院的申辩是否有效? 作为版权行政执法者,本案还应该怎么办? 能否对西部影院进行处罚?

其实,笔者以为,这里还存在一个问题:南方电影公司拥有影片《古田军号》甲省党政机关、企事业单位及学校的数字影片发行权,其将该权利授予红星公司,红星公司却自称拥有甲省行政区域内版权之故事片《古田军号》,并授权东方公司在甲省乙市行政区域内(含区、市、县)独家代理发行放映该影片,这是否扩大了授权范围? 如果西部影院以此申辩,称自己不属于"党政机关、企事业单位及学校",东方公司无权主张权利,将如何处理?

版权行政执法机构办理电影院侵犯放映权的案件并不多见,本案的争议问题有一定代表性,不仅涉及著作权法意义的发行权和放映权等问题,还涉及电影发行放映行业约定俗成的概念和习惯做法。厘清其中的概念和问题对于办理此类案件具有意义,本文试着做些分析。

二、《著作权法》意义的发行权和放映权

著作权法意义的发行权和放映权是两个根本不同的权利,而且各具特征,控制的是两个不同的行为。

关于发行权。"即以出售或者赠与方式向公众提供作品的原件或者复制件的权利"。"关于发行权的定义,著作权法参考并吸收了1996年《世界知识产权组织版权条约》和《世界知识产权组织表演和录音制品条约》的规定。这里所说的发行的构成要件,不仅指向公众提供原件或者复制件,还指在提供作品的同时,作品原件和复制件的所有权也发生变化,取得作品原件或者复制件所有人不仅有占有该原件或者复制件的权利,而且有处分的权利"①

---

① 国家版权局版权管理司编《著作权法执行实务指南》,法律出版社,2013。

从著作权法诞生和演进过程看,著作权法发行权更多的是基于图书出版环境下的一种定义,文字作品的著作权人将文字作品的发行权授权给出版社,出版社将作品打造成图书出版发行,将图书出售给公众。后来,将影视剧制作成光盘进行出售,也是实现影视作品发行权的一种方式。这些形式都伴随着图书或者光盘物权的转移。以转移有形载体所有权形式销售电影拷贝的行为行使的也是发行权。

关于放映权。"即通过放映机、幻灯机等技术设备公开再现美术、摄影、视听作品等的权利。"就放映权的行使方式来看,一是公开再现。个人或家庭内部的放映不属于公开展现,不涉及放映权。二是放映不一定是有偿行为,无论有偿还是无偿,公开擅自放映作品都会侵犯放映权。

发行权和放映权的区别。一是使用方式不同。发行权是公开出售或赠送作品原件或者复制品的权利。在发行过程中一定伴随着作品物理载体物权的转换。"《著作权法》中'发行'的方式是特定的。它仅指通过转移作品有形载体所有权的方式向公众提供作品的行为。"①而放映权是通过放映设备公开再现作品的权利,不发生作品有形载体物权的转移。换句话说,发行权是通过让人享有作品达到行使目的,而放映权是通过让人看到作品达到行使目的。二是使用次数不同。对于同一件作品的复制件而言,发行权只能行使一次,随后权利即穷竭。而放映权的行使没有次数的限制。这是发行权和放映权之间最大的区别。例如,作品被印成一本书后,作者许可某出版社发行权后,获得了相应的稿酬,实现了作品财产权,出版社以及后续书店的发行乃至读者对该书的再处分就不再受作者发行权的控制。但放映权不同。一件电影拷贝,作者许可 A 电影院放映,也还可以许可 B 电影院放映。A、B 影院按照约定放映完毕后,如果再想放映,还应该再次取得作者的授权。

从《著作权法》定义上的发行权、放映权概念来看,或许东方公司取得的关于《古田军号》的发行权真的存在瑕疵。从东方公司提供的授权书看,南方电影公司似乎仅拥有影片《古田军号》在相应领域的发行权,如果如此,原

---

① 王迁《论著作权意义上的"发行"——兼评两高对〈刑法〉"复制发行"的两次司法解释》,《知识产权》2008 年第 1 期,第 65—71 页。

则上,其向红星公司也只能授予发行权。当然后续的红星公司也只能向东方公司授予发行权。是这样吗?

三、电影发行以及发行权不完全等同于 《著作权法》意义的电影发行权

电影的"发行"并非一个法律规定的概念,一般可以理解为影视剧的播放权利的销售。与之相应的发行权或可理解为电影商品的经销权。

关于电影的发行,"是指电影片的出售、出租活动,是影片发行公司的业务。"显然,这里讲的电影发行并非著作权意义的发行,而是包括放映、信息网络传播、广播等以销售或者出租等方式将影片推向市场、达及受众从而盈利的经营活动。当然,从著作权角度说,这里的发行权也包含了放映权、信息网络传播权、广播权等。关于向电影院的发行权,实务界也有观点称,"发行也暗含了放映权,不仅包含发行权也包含了放映权,是两种权利的合称。"①

上述观点在电影行业管理者的政策文件、法令规章中也能得到印证。"1953年原文化部电影局(53)电王字第1682号文中所指影片发行权,按当时国际、国内电影技术水平和传播手段,是指影片持有人在一定期限内,为满足放映场所放映电影需要,向电影院、流动放映队、俱乐部、影剧场等以出租、出借、出售等方式提供影片拷贝的权利。所以,当时所规定的发行权问题,主要限于对放映场所提供(通过放映机放映电影)影片的发行权,一般不包含以其他形式使用电影作品的发行权。但随着科学技术的发展,多媒体的出现,电影发行权已从影院拷贝发行权和影院放映权,逐步扩大为包括电影作品磁带发行权和电视台播放、录像制品出版发行以及印刷出版物和相关的特种制品等。因此,本规定关于影片发行权还包括以其他形式使用电影作品的

---

① 汐溟《发行公映与专有许可的关系》,http://www.360doc.com/content/20/0427/17/62348154_908742393.shtml

问题。"①

从上述文字看,电影发行权是一个大概念,初期包含了向电影院的发行放映,后期还包含音像制品的发行、电视台播放等。

再例如,1998 年颁布的《黑龙江省电影发行放映管理规定》,其第三条称"本规定所称电影发行,是指影片著作权人或其授权的著作权人有偿转让影片拷贝发行放映权的活动及影片节目拷贝的供应与调度……"这里的电影发行包含了电影发行权和放映权。

电影发行权包含放映权,或许还与《著作权法》以及《著作权法实施条例》最初的规定有关。"司法实践中发行权还被适用于其他不转移作品载体的传播行为,例如 1991 年著作权法未规定'放映权'但规定了发行权,由于当时的《著作权法实施条例》在解释'发行'含义时未强调'有形复制件',因此就有法院以发行权追究非法放映他人作品行为的责任,例如在'时代华纳娱乐有限公司诉北京文达娱乐有限公司'一案中,法院就认定被告未经许可'放映'原告作品的行为为著作权法上的'发行'行为。"②

从上述意义上说,东方公司取得的发行权或许并非仅指《著作权法》意义的发行权,而是包含了发行权、放映权在内的以销售或者出租电影拷贝等方式将影片推向电影院的权利。"对著作权许可意思表示的解读不应拘泥于许可(授权)文件的字面文意,而应从权利一般属性和著作权权能实现方式特殊性的双重视角,综合考量许可人做出意思表示时所处环境、特定类型作品(如影视作品)的著作权流转的现实状况、著作权交易习惯等因素。循此思路得出的解释,方能最接近于许可人的真实意思表示。"③

其实,结合案情看,南方电影公司系《古田军号》的出品人(即制作者)之一。电影作品的形成是一个比较复杂、系统的智力创作过程,它是由众多作

---

① 1994 年广播电影电视部《关于对 1949 年 10 月 1 日至 1993 年 6 月 30 日期间国产电影发行权归属的规定》广发办字〔1994〕608 号,http://law.lawtime.cn/d498257503351.html.

② 焦和平:《发行权规定的现存问题与改进建议——兼评〈著作权法修订草案(送审稿)〉相关规定》,《交大法学》2015 年第 1 期,第 34-42 页。

③ 何震、李培民:《如何科学解读著作权许可意思表示——以一起侵犯影视作品的信息网络传播权案为例》,《人民法院报》2009 年 10 月 15 日,第 6 版。

者共同创作的综合性艺术类作品。按照著作权法,"视听作品中的电影作品、电视剧作品的著作权由制作者享有"。因此,一般情况下南方电影公司应该与其他出品人共同拥有包括放映权在内的完整的著作权。其做出的拥有相关发行权的表述可以理解为包含放映权。

四、电影发行介质的变化以及著作权的变化

(一)发行到不同的介质以及结合的权利

传统的销售、出租影片主要的市场或者说对象就是电影院,也是最初电影销售的主要获利渠道。在胶片拷贝时代,新中国曾经的电影发行"学习苏联模式,建成了覆盖全国的发行放映网,由中国电影发行放映公司管理全国电影的发行工作,采取'统购统销+层级发行'的模式。制片厂拍摄完成的影片统一由中影公司收购,拷贝由中影公司统一洗印、分配和调度,之后按照中影公司——省级发行公司——地市级发行公司——县旗电影公司——放映队的垂直四级发行网络往放映单位发放。"[①]但是随着科学技术的发展,电视、网络等成为人们娱乐和影视传播的重要渠道,录像带、光盘等也风靡一时。因此,将影片推销到广播电视台和网络平台以及制作成磁带、光盘进行传播,也成为影视作品发行的重要形式。另外,随着移动互联网的兴盛,影视作品还可以卖到手机平台。飞机、火车、轮船上可以看电影了,影片还可以卖到这些交通工具上。

从著作权的角度说,电影的发行包含了电影拷贝的发行,涉及的是发行权;向电影院传播,涉及的是放映权;向广播电视台传播,涉及的是广播权;向网络传播,涉及的是信息网络传播权;通过出版社出版光盘,涉及的是出版权,也即复制发行权。当然,向飞机航班传播,根据传播方式涉及放映权或其

---

① 靳丽娜:《我国电影分线发行的实践与探索》,《中国电影市场》2021 年第 8 期,第 21–25 页。

他权利,向手机等移动平台传播,涉及信息网络传播权等等。因此,要把电影发行到这些平台、场所、介质,"电影的发行权要匹配相应的权力——发行到不同介质上要结合不同的权利。发行人在不同的平台发行电影或者电视剧、影视剧,发行人与放映(播映)人签订的转让合同要一并转让一些其他的权利,比如放映权、广播权还是信息网络传播权。换言之,发行人发行标的是什么,决定其发行权结合的权利类型。这也就意味着不同发行人要同时获得出品人不同权利的转让或者授权。"①

结合本文讨论的案例,作为权利的源头南方电影公司在向下游授权时,一是要自身享有发行权和放映权,二是要同时把两项权利一并授权。这样一棒接一棒,最终影院才能获得放映权的授权。

(二)数字电影拷贝的发行是否还受发行权控制?

笔者还注意到,案例中南方公司取得的是《古田军号》的数字影片发行权。数字电影拷贝在发行过程中(从首次发行到电影院)是否还受发行权控制呢?或者说数字电影拷贝的发行是否还符合发行权的特征呢?

正如本文第一部分分析,发行权的发行特征必然伴随着有形载体所有权的转移。从这个意义上说,传统的胶片拷贝发行,如新中国初期的四级垂直发行体制,拷贝一级级发到省市县,放映后拷贝被各级电影公司保存,可以说拷贝的所有权在发行过程中发生了转移,符合发行权的特征。但随着电影拷贝数字化以及发行院线制的重大变化,"国产影片由制片公司直接与院线沟通或通过发行公司代理联系院线。业务流程从之前的单渠道多层次发行变为多渠道一级发行。"②数字电影拷贝向电影院的发行是否还属于发行权控制的范畴呢?例如,大海公司既是《天荒地老》电影出品人,也是发行公司,同时又是电影院线,线下有100家电影院。该公司复制了100个数字拷贝,用专用数字电影硬盘承载送到影院。影院将硬盘中的电影传输到放映服务

---

① 王艳梅:《影视业法律及监管实务》,法律出版社,2020。
② 靳丽娜:《我国电影分线发行的实践与探索》,《中国电影市场》2021年第8期,第21—25页。

器,拷贝硬盘再寄回公司,以便循环使用。在此过程中,硬盘以及硬盘中的电影的所有权并没有发生转移,这里还涉及发行权吗?再例如,大海公司是《天荒地老》电影出品人,也是发行公司。其获得了该影片的发行权,其复制了100个数字拷贝用硬盘承载。而后,其将发行权授权大江公司。大江公司是电影院线,线下有100家加盟的电影院。最后拷贝送到影院,影院将电影传输到放映服务器又将硬盘寄回大海公司。其中,硬盘以及硬盘中的电影的所有权也没有发生转移,这里还涉及著作权意义的发行权吗?

其实,对于传统的胶片拷贝,作品一定要附着在胶片上,二者不可分离。不同于此,数字拷贝作品和承载作品的硬盘是可以分离的。大江公司下辖的电影院把作品复制在电影院的服务器上,然后将硬盘(内含影片)寄回大海发行公司,数字电影拷贝的所有权并没有发生转移,只是在电影院的服务器上又多复制了一份。而且,储存于电影院服务器的新的复制件只有得到密钥才能使用。因为拷贝中的影片不仅需要专门的放映机,还要向大海公司申请获得密钥才能放映,而密钥规定了期限,超过期限影片根本无法放映,如果超过期限还想放映还需另行申请密钥。从这个意义上说,著作权人或者与著作权有关的人用密钥控制着电影的放映,不论是电影发行公司还是电影院,要想放映都需要重新申请密钥,相当于重新获得授权,这符合放映权可以重复多次使用的特征。所以,笔者以为,从著作权法意义上讲,数字电影拷贝的发行最主要是受放映权控制。

五、本案可继续以侵犯放映权为由调查处理

行政机关处理案子,不同于法院。法院处理案件一般按照不诉不理的原则掌握。同时对于无权主张权利的原告,一般也被法院驳回。而对于掌管行政处罚的行政机关而言,维护的是市场秩序,只要涉及同时损害公共利益的侵权行为,群众投诉要"理",不投诉一旦发现也要"理";群众投诉、主张权利是对的,行政机关要"理",主张权利错的,只要被投诉者有违法行为,行政机

关还是要"理"。这个"理"就是对于违反行政法律规定的行政处罚。就本文讨论的案例而言,即使东方公司只有发行权,没有放映权,但只要西部影院未经许可放映了涉案电影,行政机关仍然可以对西部影院做出处理。

从案情看,西部影院放映《古田军号》属实。尽管没有放映《第一大案》,但放映了《新中国第一大案》。两部影片不是同一部作品,东方公司无权主张权利,但如果西部影院未经许可擅自放映仍然侵犯了《新中国第一大案》的放映权。因此取证的核心问题应放在调查是否未经著作权人许可。

取证的方法,第一种方法是找权利人。关于《古田军号》,一是可以结合案情直接认定东方公司属于与著作权有关的权利人的身份以及维权的权利,由东方公司直接认定西部影院是否获得放映权。二是谨慎从事,请东方公司向上追溯逐级完善授权,取得电影放映权及维权权利,从而以与著作权有关的权利人的身份就西部影院是否获得放映权授权给予证明。关于《新中国第一大案》,则需要直接找出品人出具证明。第二种方法是根据《著作权法》第五十九条将举证责任倒置。由西部影院提供涉案两部影片放映权授权,若提供不能,再结合其他证据,如涉案影片来自西部影院从网络下载等事实认定其没有获得授权,并要求其承担相应的法律责任。

关于放映权是否适用《著作权法》第五十九条举证责任倒置,也存在争议。

一种意见认为,《著作权法》第五十九条举证责任倒置不适用放映权。该意见认为,《著作权法》第五十九条涉及"授权合法申辩"和"来源合法申辩"两种情况。关于"授权合法申辩",第五十九条规定"复制品的出版者、制作者不能证明其出版、制作有合法授权的……应当承担法律责任。"这里仅指"复制品的出版者、制作者",因此只适用复制权,不适用放映权。

另一种意见——华东政法大学陈绍玲观点,"'合法授权申辩'规则将其适用范围局限于复制和发行行为,这一限制并不符合法理。这一制度来源于《与贸易有关的知识产权协议》(TRIPs)第43、45条,但TRIPs第43、45条并未限制合法来源或合法授权申辩规则的适用范围。""法理上,只要侵权人尽到了合理的注意义务,进而对侵权行为的发生不具备过错,就不应该追究其赔偿责任。至于侵权人侵害的是何种著作权,则在所不论。进言之,'合法授权申辩'规则对侵权行为种类的限制并无民事法律上的依据。事实上,包括参与立法的专家也都认为,不应该对合法来源或合法授权申辩适用的权利范围做出限制。甚至有专家认为,2001 年作品的主要利用方式是出版,信息网络传播等传播行为较为少见,当时的立法者着重解决了主要问题,但后续修订过程中未及时更新,导致了实践中的问题。"①

　　笔者支持第二种意见。另外,北京高院《侵害著作权案件审理指南》"【合法授权】被告能够举证证明其使用作品已经获得合法授权的,可以认定合法授权申辩成立。"也没有仅限于复制权。

六、三点启示

　　一是了解法律概念的历史沿革、演变和行业知识、交易惯例等对于执法办案有重要意义。

　　日常生活中,某些概念例如本文讨论的发行、发行权等,或因历史的演变,或因行业习惯约定俗成,但与法律的概念并不完全相同。因此,在拟定合同、授权书等文书中往往因理解的不准确在表达时不精准而产生歧义,在后续出现纠纷时,当事各方都朝着有利于自己方面解读。本文讨论的案例在授权方面的不同理解,或许是因为当事者对我国《著作权法》电影发行权、放映权等概念的不同理解以及电影发行放映行业惯例所形成的认识所致。它给予执法者的启示是——了解法律概念的历史沿革、演变和行业知识、交易惯例等对于执法办案准确把握概念,理解立法本意,确定办案方向,认定案件事实有重要意义。

　　二是了解不同国家著作权法在权利设置方面的不同对于执法办案也有帮助。

---

　　①　朱雨薇:《著作权法"合法来源申辩"条款的理解与适用》。

例如,美国的版权法就没有设置放映权,其放映权包含在机械表演权之中。美国版权法还没有设置信息网络传播权,其信息网络传播权包含在发行权之中。同为英美法系的香港法律,其版权发行权就包含了广播权和信息网络传播权。因此,在国内涉及香港影片的版权案件中,当事各方就会因对权利的不同看法产生争执,法官也会因认识的不同做出不同的判决。例如,"美亚长城公司与山西广播电视台侵害作品广播权案"。原告美亚长城影视文化(北京)有限公司称,香港电影《目露凶光》的版权持有人为 MEIAHTRA-DING CO. ,LTD,该版权持有人将该影片在中国大陆(除香港、澳门、台湾地区)的著作权转授给原告。被告山西广播电视台未经原告许可,擅自通过山西电视台影视频道播放了原告享有著作权的电影作品《目露凶光》,并因此获利,侵犯了原告的著作权。原审法院认定,被告侵权行为受广播权控制。原告获得的授权仅为发行权,"发行权并不涵盖广播权"。"依据现有证据,原告无权就涉案影片的广播权向被告主张权利,原告依法不具备本案诉讼主体资格"。后经上诉,山西省高院裁定书回避了发行权是否涵盖广播权一事,而是以"上诉人为证明其从涉案影片版权持有人 MEIAHTRADING CO. ,LTD 合法取得该影片广播权的授权,仅提供的公证书内容尚不足以证明其取得该授权的合法性和真实性",维持了原判。但在其他地区的相同案件中,法官支持了原告的主张。如东阳星盟动力影视发行有限公司与长影集团电影频道经营有限公司侵害作品广播权案。

三是了解业态新变化、技术新发展对版权执法有重要意义。

随着电影制片、发行、放映业态的变化,随着电影拷贝数字化以及传输网络化,电影发行涉及的著作权出现新的变化,特别是由国家电影数字节目管理中心建设的"全国电影数字拷贝卫星分发传输应用服务平台"已经建成,它是我国唯一连接全国城市影院的信息化、网络化电影数字拷贝传输渠道,值得版权执法者关注。在此模式下,电影院放映影片只需要从平台下载并获取密钥即可。这中间连传输电影的物理载体(拷贝)都不再需要,更谈不上拷贝物权的转移了。这个时候,发行电影恐怕就更谈不上受著作权法意义发行权控制了吧。

参考文献

1. 国家版权局版权管理司编. 著作权法执行实务指南[M]. 北京:法律出版社,2013.

2. 王迁. 论著作权意义上的"发行"——兼评两高对《刑法》"复制发行"的两次司法解释[J]. 知识产权,2008(1):65-71.

3. 汐溟. 发行公映与专有许可的关系[OL]. (2020-04-27). http://www.360doc.com/content/20/0427/17/62348154_908742393.shtm

l4. 1994 年广播电影电视部. 关于对 1949 年 10 月 1 日至 1993 年 6 月 30 日期间国产电影发行权归属的规定:广发办字[1994]608 号[A/OL]. (1994-10-31). https://law.lawtime.cn/d498257503351.html.

5. 焦和平. 发行权规定的现存问题与改进建议——兼评《著作权法修订草案(送审稿)》相关规定[J]. 交大法学,2015(1):34-42.

6. 何震,李培民. 如何科学解读著作权许可意思表示——以一起侵犯影视作品的信息网络传播权案为例[N]. 人民法院报,2009-10-15(006).

7. 靳丽娜. 我国电影分线发行的实践与探索[J]. 中国电影市场,2021(8):21-25.

8. 王艳梅. 影视业法律及监管实务[M]. 北京:法律出版社,2020.

9. 朱雨薇. 著作权法"合法来源申辩"条款的理解与适用.

10. 山西省高级人民法院民事裁定书,(2015)晋民终字第 43 号。

2022 年 1 月 25 日　发表于网舆勘策院

著作权行政执法中侵权事实与
侵权责任认定的辨析与思考

摘　要

　　一般来讲,著作权侵权案件核心的要调查两个事实。一是侵权事实,二是当事人是否存在过错的事实。前一个事实是要证明侵权事实是否存在。后一个事实是要证明在侵权事实存在的情况下,涉案当事人是否存在过错,继而是否承担法律责任。《著作权法》①第五十九条系关于法律责任推定的规定,是关于"复制品侵权的过错推定"的规定,而不是关于侵权事实认定的规定。《国家版权局关于进一步做好著作权行政执法证据审查和认定工作的通知》第九条脱胎于《著作权法》第五十九条,但把五十九条最后的"应当承担法律责任"表述为"应当认定其行为构成侵权",值得商榷。此举容易混淆侵权事实认定和侵权责任认定两个不同的问题。

一、问题的提出

　　《国家版权局关于进一步做好著作权行政执法证据审查和认定工作的通知》(以下简称《证据认定审查通知》)对著作权行政执法证据审查和认定

---

① 本篇文章中所涉及的《著作权法》指 2020 年版。

工作有关问题予以了明确。《证据认定审查通知》第9项指出,"复制品的出版者、制作者不能证明其出版、制作有合法授权的,复制品的发行者不能证明其发行的复制品有合法来源的,著作权行政执法部门应当认定其行为构成侵权。"据此,有的执法者处理了以下案件。

例一:执法者在对A文化公司执法检查时,发现该公司委托印刷并发行的《人世间》疑似盗版。执法者继而发现,该公司不能提供著作权人的出版权授权。

例二:执法者在对B印厂执法检查时,发现该厂印刷小说《人世间》疑似盗版。执法者继而发现,乙印厂不能提供著作权人的印刷复制授权。

例三:执法者在对C网站执法检查时,发现该网站传播电视剧《人世间》疑似盗版。执法者继而发现,该网站不能提供著作权人的信息网络传播权授权。

上述3例,执法人员分别认为,A公司出版、B印厂制作、C网站通过信息网络传播,不能证明其出版、制作、通过信息网络传播有合法授权,依据《证据认定审查通知》第9项,认定当事人侵权,遂依据著作权法第五十三条,对当事人予以了处罚。

例四:执法者在对D书店执法检查时,发现该店销售了小说《人世间》疑似盗版。执法者继而发现,D书店不能提供进货票据,也不能提供合法进货渠道。执法人员认为,当事人不能证明其发行的出版物来源合法,依据《证据认定审查通知》第9项,认定当事人侵权,遂依据著作权法第五十三条,对当事人予以处罚。

上述案例系版权行政执法常见案件,涉及著作权的出版、复制、发行和信息网络传播等环节,也涉及复制权、发行权和信息网络传播权等权利。在认定当事人侵权事实的问题上,都直接适用了《证据认定审查通知》第9项。不仅如此,在执法中,类似案件还直接适用了著作权法第五十九条,个别案件还引用了《〈关于办理侵犯知识产权刑事案件适用法律若干问题的意见〉的通知》(法发〔2011〕3号)"十一、关于侵犯著作权犯罪案件"未经著作权人许可"的认定问题"的规定。这种做法反映了执法者对《证据认定审查通知》第

9 项和著作权法第五十九条的理解,反映了执法者对著作权侵权案件中举证责任问题的认识,这些理解和认识在文化综合执法队伍中并非少数。那么这种理解是否正确呢?

要搞清这个问题,应先从《著作权法》第五十九条说起。

二、如何理解《著作权法》第五十九条中的 承担法律责任?

《著作权法》第五十九条　复制品的出版者、制作者不能证明其出版、制作有合法授权的,复制品的发行者或者视听作品、计算机软件、录音录像制品的复制品的出租者不能证明其发行、出租的复制品有合法来源的,应当承担法律责任。

第五十九条是关于法律责任推定的规定,换句话说,是关于"复制品侵权的过错推定[①]"的规定,而不是关于侵权事实认定的规定。

一般来讲,著作权侵权案件的核心要调查两个事实。一是侵权事实,二是当事人是否存在过错的事实。前一个事实是要证明涉案复制品是否侵权,主要是证明是否未经授权(排除合理使用和法定许可)使用了他人作品。后一个事实是要证明在侵权事实属实的情况下,当事人是否存在过错,继而是否承担法律责任。只有在认定了存在侵权事实的情况下,才能谈承担责任。

民事案件举证责任的基本原则是"谁主张,谁举证"。《著作权法》作为一部民法,著作权侵权案件自然也要遵循上述原则。但是,关于第一个侵权事实,权利人要主张他人侵犯其著作权,只要证明涉案复制品未经自己许可而复制发行即可。这一点由于是权利人自己能感知的事情,所以比较容易举证证明。而关于第二个,侵权方是否存在过错,由于涉及侵权一方主观上的思想活动,和客观上是否尽到注意义务的行为,对于权利人来讲,证明起来就

---

① 马原编《著作权法分解适用集成》,人民法院出版社,2003,第717页。

相对困难,因此,《著作权法》第五十九条把举证责任倒置,分配给侵权方。举证责任倒置的意义在于保护著作权侵权弱势的一方,减轻权利人的举证责任,实现法律的公平正义。

例如,张某发现自己的作品被甲出版社出版了,但自己并未许可其出版。张某拿出了甲出版社出版的书作为证据,证明甲出版社侵权并应承担相应的侵权责任。这时,按照"谁主张,谁举证"的举证原则,张某履行了举证义务,涉案复制品的侵权事实已经被证实。接着,要追究侵权责任了。甲出版社是否要承担责任,则由甲出版社举证证明自己无辜,举证责任倒置给了甲出版社。那么甲出版社存在两种可能。一是不能证明自己有合法授权,此时,可以认定甲出版社存在过错并承担相应的侵权责任。二是甲出版社提供了李某给其授权,并能证明自己获得授权系善意取得,并无过错。在上述的证明过程中,关于甲出版社的授权是否系善意取得,从举证难易程度来讲,作者张某的举证难度远大于出版社,因此,著作权法将此举证责任分配给甲出版社——复制品的出版者。当出版者举证不能时,推定其有过错,应当承担侵权责任。

再如,乙书店发行盗版书案件。首先要证明的是涉案书是否为盗版书,这是侵权事实问题。在民事案件中,这里的证明责任在权利人或者与权力有关的人身上。在行政案件中,这里的证明责任在执法者方,即由执法者向权利人求证,是否授权涉案乙书店。其次,在证明盗版事实存在的前提下,再证明乙书店是否要承担责任。这时,适用第五十九条,由乙书店证明书是否有合法来源。如果乙书店能证明自己从合法渠道(有出版物发行资质的供货商)进货,证明涉案书系善意取得,则不承担或者适度承担法律责任(例如停止销售、销毁盗版书等)。如果书店不能举证证明上述,则承担举证不能的责任,要承担法律责任。

三、如何看待《证据认定审查通知》第 9 项的构成侵权？

从字面看,《证据认定审查通知》第 9 项显然脱胎于《著作权法》第五十九条,也只能以著作权法第五十九条为依据。但第 9 条的规定与《著作权法》不一致。二者最大的区别是第 9 条最后说的是"应当认定其行为构成侵权",而第五十九条最后说的是"应当承担法律责任"。这是侵权事实认定和侵权责任认定两个不同的问题。笔者以为,《证据认定审查通知》第 9 条"应当认定其行为构成侵权"的表述不够清晰准确,容易使人混淆侵权事实认识和侵权责任认定的问题,值得商榷。

根据本文第二部分分析,《证据认定审查通知》第 9 条不宜作为侵权事实认定的依据。那应该如何理解呢?

笔者以为,应全面、整体理解《证据认定审查通知》,不能单独就第 9 条理解第 9 条。《证据认定审查通知》共有三大部分。一是权利证明,二是侵权证明,三是关于侵权认定。而第三部分侵权认定有第 8、9、10、11 条。笔者以为,第 8、9 两条是意思连贯的整体,应全面、整体理解。

第 8 条讲,"投诉人提交权利证明文件以及侵权证据等相关证据材料后,被投诉人主张已经取得著作权人或者与著作权有关的权利人许可的,应当提交取得许可的证据,著作权行政执法部门应当进行调查核实。被投诉人不能提交上述证据且现有证据足以支持侵权认定的,或者被投诉人提交的证据不足以证明取得许可的,著作权行政执法部门应当认定被投诉人的行为构成侵权。"

从上述看,第 8 条恰恰讲的是侵权事实的认定问题。而第 9 条"复制品的出版者、制作者不能证明其出版、制作有合法授权的,复制品的发行者不能证明其发行的复制品有合法来源的,著作权行政执法部门应当认定其行为构成侵权。"应该讲的是侵权责任认定的问题。

四、相关司法意见的启示

关于侵权事实的认定问题,最高人民法院、最高人民检察院、公安部印发了《〈关于办理侵犯知识产权刑事案件适用法律若干问题的意见〉的通知》(法发〔2011〕3号)。该《通知》十一、关于侵犯著作权犯罪案件"未经著作权人许可"的认定问题,适用了举证责任倒置原则推定侵权事实的存在。或许有人会说,连《刑法》都可以适用举证责任倒置原则认定侵权事实的存在,为何行政处罚不可以呢?

纵观该条规定,"在涉案作品种类众多且权利人分散的案件中,上述证据确实难以一一取得,但有证据证明涉案复制品系非法出版、复制发行的,且出版者、复制发行者不能提供获得著作权人许可的相关证明材料的,可以认定为'未经著作权人许可'。但是,有证据证明权利人放弃权利、涉案作品的著作权不受我国著作权法保护,或者著作权保护期限已经届满的除外。"适用此条,推定侵权事实的存在是有条件的。

对此,2012年时任国家版权局版权管理司副司长汤兆志曾撰文指出,适用上述推定,必须符合"四个条件"。一是"涉案作品种类众多且权利人分散";二是"上述证据确实难以逐一取得","但如果有可能取得上述三类人或机构出具的'未经著作权人许可'的证据,则不能推定涉案侵权复制品'未经著作权人许可'";三是"有证据证明涉案复制品系非法出版、复制发行的","即违反了行政管理法律法规,涉案作品或制品被有权机关认定为'非法出版'或'非法复制发行'";四是"出版者、复制发行者不能提供获得著作权人许可的相关证明材料的"。

从上述看,只有在满足前三个条件的情况下,当出版者、发行者不能证明自己有合法授权或者合法来源时,才认定其侵权事实。所以,认定当事人侵权事实的主要依据是前三个,而非最后一个。特别是条件二、三。条件二强调的是未经权利人许可的证据确定难以逐一取得,但还是要取得一部分,能取得还是要取得。条件三强调的是没有取得未经权利人许可证据的那部分涉案侵权物品要有证据是非法出版、复制发行,也就是非法出版物。从办案实际情况看,如果案件满足前三个条件,最后一个条件只是逻辑上存在,而事实上基本上是不存在的。法律之所以还把第四个作为一个条件写进去,笔者以为也是为了法律的严谨。所以,简单地把(法发〔2011〕3号)十一部分的规定理解为《刑法》可以适用举证责任倒置原则认定侵权事实的存在,并不准确。

五、关于制作者、信息网络传播者侵权责任的认定

(一)关于制作者

本文第一部分例二的当事人是印刷厂。案件中,当证明了涉案图书系侵权复制品的事实后,而印刷厂又不能提供著作权人的复制授权时,执法者认为,依据《著作权法》第五十九条,印刷厂作为复制品的制作者不能证明其制作有合法授权的,应当承担法律责任。

仅从表象上看,印刷厂确实是书的制作者,但,印刷厂是否是《著作权法》第五十九条所言的制作者?印刷厂印制图书是否要获得著作权人的授权?印刷厂如何承担侵权责任?

就图书的出版而言,上述案例的"合法授权"主要是复制权。一般来讲,复制权是授权出版社的。作为生产者的印刷厂不可能也无须直接取得权利人的授权。而且,这种复制权的授权一般来讲是独享的,不可能也不应该将一个复制权既授权出版社,又许可印刷厂。作为印刷厂来讲,其与出版社之间是印刷业务加工承揽关系,法律对印刷厂规定的义务主要的一是依法取得营业执照和印刷资质,二是验证印刷委托书和印刷合同。案例中,如果印刷厂不能提供合法委托印刷书,未尽到应尽的法律义务,或可能与委印者构成共同侵权,同样也要承担侵权责任。但如果印刷厂能够提供合法委托印刷

书,同时又没有证据证明印刷厂明知或者应知涉案图书系侵权复制品,则印刷厂不承担侵权责任。当然,如果根本没有委印者,印刷厂未经许可自行决定(也包括与他人合作)复制他人作品,则属于"出版者、制作者",构成直接侵权。

例如,近期北京知识产权法院判决的"《重返狼群》专有出版权纠纷案"。案中,作者龚某将自己的作品先授权长江出版社专有出版权出版了《重返狼群》,后又授权安徽少儿出版社出版了《让我陪你重返狼群》。法院判决,龚某和安徽少儿出版社侵犯了长江出版社的专有出版权。本案中,显然《让我陪你重返狼群》是侵权复制品,印刷厂印制涉案书也没有获得作者的直接授权,那我们能以制作者没有获得授权而追究印刷厂的侵权责任吗? 显然不能。那印厂是否有责任呢? 回答这一点,关键看其在印制过程中是否有过错。一般来讲,印刷厂能提供安徽少儿出版社的合法委托印刷书,主张自己尽到了注意义务,没有过错,不承担侵权责任。此种情况,基本上可以采信。但如果有证据证明印厂明知或应知是侵权复制品,还给予印刷,则即使有合法委托书,也要承担责任。

那么,《著作权法》第五十九条所言"制作者"又是指谁呢?

对此,国家版权局出版的《著作权法执行实务指南》给出了答案。《指南》指出,"这里的出版者、制作者是有区别的。根据《著作权法》第58条(笔者注:2011年版)规定:'本法第二条所称的出版,指作品的复制、发行。'也就是说,'出版'应包括复制与发行两种行为。而'制作'只涉及复制行为。如果实践中的'出版'不包含'发行'(由于我国的出版体制,有部分出版社不负责发行工作),这时的'出版'虽然名为'出版',实际等同于'制作'。"[①]显然,这里的"制作者"指的是出版者、委托印制者,而非仅仅从事了复制品的直接生产者、加工者。笔者以为,关于制作者,应不仅仅限于图书印刷、光盘复制等生产加工企业,还应扩大到例如玩具生产企业,布料印制加工企业、等等。

---

① 国家版权局管理司编;许超、刘波林、王迁等撰稿;于慈珂审定《著作权法执行实务指南》,"版权执法工作培训教材",法律出版社,2013,第286页。

(二)关于信息网络传播者

《著作权法》第五十九条也好,《证据认定审查通知》第9项也好,其涉及的主体仅仅是出版者、制作者、发行者、出租者,对于信息网络传播者(本文第一部分例三)以及《著作权法》第五十三条涉及的广播者、放映者、表演者等是否适用呢?

华东政法大学陈绍玲观点,"'合法授权申辩'规则将其适用范围局限于复制和发行行为,这一限制并不符合法理。这一制度来源于 TRIPs 第43、45条,但 TRIPs 第43、45条并未限制合法来源或合法授权申辩规则的适用范围。""法理上,只要侵权人尽到了合理的注意义务,进而对侵权行为的发生不具备过错,就不应该追究其赔偿责任。至于侵权人侵害的是何种著作权,则在所不论。进言之,'合法授权申辩'规则对侵权行为种类的限制并无民事法律上的依据。事实上,包括参与立法的专家也都认为,不应该对合法来源或合法授权申辩适用的权利范围做出限制。甚至有专家认为,2001 年作品的主要利用方式是出版,信息网络传播等传播行为较为少见,当时的立法者着重解决了主要问题,但后续修订过程中未及时更新,导致了实践中的问题并未解决。"(《著作权法"合法来源申辩"条款的理解与适用》作者:朱雨薇)笔者同意上述观点。

参考文献

1. 马原编. 著作权法分解适用集成[M]. 北京:人民法院出版社,2003.

2. 汤兆志. 版权执法实践中怎样证明"未经著作权人许可"[N/OL]. 中国新闻出版报,2012-01-19. https://www.chinanews.com.cn/cul/2012/01-19/3617519.shtml.

3. 国家版权局. 国家版权局著作权法执行实务指南[M]. 北京:法律出版社,2013.

4. 朱雨薇. 著作权法"合法来源申辩"条款的理解与适用.

2022 年 4 月 30 日　发表于网舆勘策院

案说图书独家销售权是否等同专有发行权？

摘　要

独家销售权是基于民事买卖合同确立的权利,属于合同法调整的范畴。专有发行权是著作权法的范畴,是作者依据著作权法对其发行权的一种授权。获得图书的独家销售权不等于获得图书的专有发行权。以获得独家销售权向行政执法机关主张他人侵犯其专有发行权,既无法律依据,也无事实依据。合法出版的书在二次销售以及后续销售乃至旧书交易适用发行权一次用尽原则,权利人不能再主张发行权。盗版书的结论不宜由出版社单方面来认定,应该是执法者综合当事双方所有证据的认定。在办理著作权案件中,案件涉及投诉者和被投诉者,执法者在认定盗版事实方面,要听取双方意见,不能偏听偏信,更不宜先入为主,更忌被误导。

一、问题的提出

案例一:滨海市 C 公司向执法者投诉,同城的甲公司经营的网店未经其许可,销售图书《考试秘籍》,侵犯其专有发行权。经查,《考试秘籍》为 A 出版社出版,A 出版社发出禁止网上销售的《严正声明》。C 公司获得在滨海市独家销售权。甲公司从合法的实体店和网上书店购进涉案图书(提供了合法购销单据),再通过其网店销售,共销售 500 本,不能提供网上销售授权许可证明。执法者认为,当事人的行为构成未经著作权人许可,发行其图书的行为,扰乱了图书市场经济秩序,损害了公共利益。依据《著作权法》等,责令甲公司停止侵权,并对其做出没收违法所得和罚款的行政处罚。

案例二:临湖市 M 公司享有图书《电》在所在城市的独家销售权。M 公司向执法者投诉,同城的丙公司经营的网店未经许可销售《电》,侵犯了图书的专有发行权。经查,《电》为 H 出版社出版,授权 M 公司在临湖市独家销售,未授权任何网络书店销售。丙公司提供了合法进货单据,证明其从其他合法渠道购进涉案图书并在网店销售。经 H 出版社鉴定,丙公司销售的涉案图书系正版。执法者另发现,丙公司通过网店销售图书未向管理部门备案。执法者认为,丙公司进货来源合法,涉案书系正版,M 公司主张的独家销售权并非著作权法的专有发行权,属于民事纠纷,不属行政部门管理。另外,丙公司在互联网销售图书未向管理部门备案的行为违反了《出版物市场管理规定》,执法者依法给予了处罚。

案例三:靠山市 Q 公司享有图书《抗疫》在所在城市的独家销售权。Q 公司向执法者投诉,同城的丁公司未经许可销售《抗疫》,侵犯了图书的专有发行权。经查,《抗疫》为 Y 出版社出版,授权 Q 公司在靠山市独家销售,未授权丁公司销售。经 Y 出版社鉴定,丁公司销售的涉案图书系盗版(但未说明理由,未提供样书)。丁公司提供了合法进货单据,证明其从外省合法渠道购进涉案图书并销售,丁公司同时指证并经执法者确认,其销售的涉案图书与 Q 公司销售的所谓正版图书在外观上、内文上并无差异。执法者认为,丁公司的行为构成未经著作权人许可,发行其作品的行为,同时损害社会公共利益,依据《著作权法》,责令停止侵权,并对丁公司做出没收违法所得和罚款的行政处罚。

上述三个案例,投诉人主张的事由基本相同,被投诉人的行为也基本相同,其他事实略有差异,但执法者处理的结果并不完全相同。为什么? 孰对孰错? 想要搞清这些,涉及独家销售权、专有发行权、发行权一次用尽原则、盗版书的认定、涉著作权案件的办理思路和原则等问题。

二、以独家销售权主张专有发行权于法无据

上述三个案例的投诉者都获得所在城市的独家销售权,都主张被投诉者侵犯了专有发行权。案例一中的执法者调查后,基本接受了投诉者的观点,认定被投诉者未经许可发行作品,依据《著作权法》第四十八条(笔者注:2010 版)第一款第一项对当事人予以了处罚。案例二执法者在确认涉案书是正版后,认定侵犯独家销售权属于民事纠纷,不构成《著作权法》第四十八条第一款第一项应予处罚的情形,对其他违法行为予以了处罚。这两个案件在几乎一样的情况下,两地的执法者做出迥异的处理,那谁的处理更有道理呢?

(一)独家销售权

独家销售权是基于民事买卖合同关系所确立的权利,属于合同法调整的范畴。独家销售权即生产商给予有限的几家经销商在他们所在的地域之内销售该生产商的产品的权利。独家销售权主要是上游商家与下游商家之间签署的在某特定区域独家销售协议。如果出现另有销售者,下游商家可查清货物来源,如果是上游商家提供货物,可追究供货商的违约责任。如果是另有供货渠道,也可通过民事诉讼来解决问题。独家销售合同约定的标的主要是商品。伴随着标的物的交付,会发生物权的转移。

值得注意的是,在网络时代,即使某主体获得某地独家销售的授权,以此向网店主张独家销售权也有问题。虽然网店的注册地与独家销售者同城,但网店销售的不确定地域性,也很难证明其侵犯独家销售权。而且,如果其销往其他领域,也并不侵犯投诉者的独家销售权。

(二)专有发行权

发行权,即以出售或者赠与方式向公众提供作品的原件或者复制件的权

利。专有发行权属于著作权法的范畴,是作者基于《著作权法》对其发行权的一种授权。《著作权法》第二十四条规定"使用他人作品应当同著作权人订立许可使用合同""许可使用的权利是专有使用权或者非专有使用权"。专有发行权就是作者授权使用者按合同约定在一定区域、一定时间使用发行权的权利。专有发行权合同约定的交易标的是发行权,不是物,故而不存在物权的转移。

另外,一旦签订专有发行权的合同,则除了被授权者,包括权利人在内的所有人都不得在合同约定的区域、时间等内行使该权利。

再有一点,就图书而言,一般来讲,复制权和发行权合并使用,单独授权复制权或者发行权,对于被授权者而言没有经济意义。复制是为了销售,仅仅授予复制权,被授权者复制后不能销售,则没有经济意义。仅仅授权发行权,被授权者不能复制,如果无人提供作为商品的书,空有发行权还是不能实现利益,那发行权也就没有了经济意义,还不如直接签订购销合同,获得销售的权利来得实惠和有意义。因此,在一般情况下,都是授予专有出版权,很少就单独授权专有发行权。

(三)独家销售权和专有发行权的区别以及案件的定性

比较上述可以看出,独家销售权和专有发行权有几点不同。一是适用法律不同,前者是《合同法》,后者是《著作权法》;二是适用主体不同,前者是商家对商家,后者是作者对任何主体;三是交易标的不同,前者是物(就本文而言是书),且伴随物权的转移,后者是权利,与物的所有权无关;四是维权渠道不同。前者原则上仅仅是民事渠道,后者兼有民事、行政甚至刑事等渠道。

显然,在查清了投诉者获得的是独家销售权而非专有发行权的情况下,案例二执法者认定侵犯独家销售权属于民事纠纷,不构成《著作权法》第四十八条第一款第一项应予处罚的情形,只对其他违法行为予以了处罚。笔者认为是正确的。

另外,三个案例的投诉者都以独家销售权主张专有发行权,既无法律依据,也无事实证据。

三、合法出版的书二次销售适用发行权一次用尽原则

本文讨论的三个案例,作为投诉者,仅获得独家销售权,不是发行权,作为被投诉者,既无独家销售授权,也无专有发行授权。换句话说,无论是投诉者,还是被投诉者,都没有获得发行权。那商家的销售行为是否构成未经著作权人许可发行其作品,侵犯发行权呢? 有执法者认为,当然要获得授权,没有授权就是侵犯发行权。

这里涉及著作权法中的一个重要原则——发行权一次用尽原则。

"发行权一次用尽原则",又称"首次销售原则"(英美法系的提法)或"权利穷竭原则"(大陆法系的提法),是著作权法中一条限制著作权人专有权利的重要原则,其含义是:作品原件或经授权合法制作的复制件经著作权人许可,首次向公众销售或赠与之后,著作权人就无权控制该特定原件或复制件的再次销售或赠与了。

"发行权一次用尽原则",与作为作品(原件或复制件)载体的书籍或唱片等所具有的双重性密不可分。首先,书籍或唱片等是物权法意义上的有体物,是受物权法调整的客体,其所有权归物权人享有;其次,书籍或唱片等是作品的载体,而作品的使用行为受《著作权法》调整,其使用权(此处即著作财产权)归著作权人享有。通常,对书籍或唱片等的物权法意义上的处分行为,比如销售、赠与等,同时又具有著作权法意义的发行等性质,而物权人和著作权人往往又不是同一个人,这就造成了所有权和发行权的冲突。鉴于此,为了平衡物权人和著作权人的利益,既保护著作权人对其作品的各种使用方式的专有权利,又保护物权人对其拥有的作品原件或合法复制件的处分权,司法实践就确立了发行权一次用尽原则。

"发行权一次用尽原则"的适用主要有两个条件:一是作品复制件必须是经著作权人授权或根据法律规定合法制作。对于非法制作的作品复制件,如盗版书等,不适用"发行权一次用尽原则"。二是作品原件或合法制作的

复制件已经经过著作权人许可或根据法律规定向公众销售或赠与。也即对于特定的作品原件或合法复制件,著作权人已经行使过发行权了。否则,即便是作品原件或合法复制件,擅自向公众销售或赠与,以及购买或受赠后再次向公众转售或转赠均构成侵犯发行权。如在未经某美术作品作者本人同意的条件下,将其委托保存的画作,擅自在市场上销售,以及购买者再次转售,都构成对作者发行权的侵犯。

根据上述分析,本文讨论的三个案例,无论是投诉者,还是被投诉者,在确定了涉案图书系正版(也即合法复制品)的情况下,不论商家从何处进货,销往何处,作者和出版社都不能再主张发行权。从这个意义讲,本文案例中的投诉者主张发行权,执法者以侵犯发行权而处罚,不符合著作权法理的"发行权一次用尽原则"。

四、两点启示

启示一,盗版书的结论不宜以出版社单方面的鉴定来认定,应该是执法者综合当事双方所有证据的认定。这是本文特别想指出的一点。

案例三认定被投诉者卖盗版书,其核心证据是 Y 出版社的鉴定意见,但并没有具体说明理由,也没有提供样书供执法者比对。而且丁公司提供了合法进货单据,证明其从外省合法渠道购进涉案图书并销售,丁公司同时指证并经执法者确认,其销售的涉案图书与 Q 公司销售的所谓正版图书在外观上、内文上并无差异。在这种情况下,存在两种可能。一是投诉者为了挤走被投诉者,勾结出版社,由出版社做假证,出具盗版的鉴定意见,从而使被投诉者被处罚。二是丁公司虽然能证明合法进货渠道,但不能保证货源一定是合法复制。虽然所谓盗版书和正版书外观上完全一致,也还存在着印刷厂盗印和加印的可能。这就需要执法者追根溯源,查清真相。在尚未彻底查清真相,存在诸多疑点的情况下作出结论,为时尚早,事实不清,证据不足。

由此启示,在办理著作权案件中,案件涉及投诉者和被投诉者,执法者要一碗水端平,这是公平正义的需要,也是查清事实的需要,也是量罚的需要,也是归责的需要。要查清盗版的事实,仅凭投诉者或者与投诉者利益相关的出版社一面之言,忽略被投诉者的举证是不妥当的。

启示二,执法者切忌被投诉者主张权利以及投诉事由而误导。本文的三个案例,投诉者都获得所在城市的独家销售权,都主张被投诉者侵犯了专有发行权。执法者应该学习案例二的执法者,不被误导,准确适用法律,做出正确的处罚,切不可先入为主。

2020 年 12 月 15 日　发表于网舆勘策院

著作权行政保护涉及的权利和内容的思考

摘　要

　　我国《著作权法》自始就设置了行政法律责任,针对的是同时损害公共利益的行为。但是,并非所有侵权行为都损害公共利益。原则上,只有在市场领域的经济活动中,出于营利的目的,公开直接传播作品才有可能损害公共利益。以演绎的方式使用已有作品,原则上不大可能损害公共利益,不宜承担行政责任。对于侵犯出租权、展览权的直接传播作品的行为宜调整到承担行政责任的条款,对于侵犯汇编权的以演绎方式使用已有作品的行为宜调整到只承担民事责任的条款。

一、问题的提出

　　2006 年 5 月,长治市中级人民法院对"董某某诉长治市赵某某文学研究会侵犯著作权案"作出判决。

　　法院查明:原告董某某为山西省作家协会专业作家、中国赵某某研究会会长,多年从事赵某某研究工作,在其所著书中,曾著有《"能说":赵某某的一笔精神遗产》和《从对"太行"的批评和建议说到赵某某 1937 年夏的行踪》两篇文章。该两篇文章曾在被告编辑的"赵某某研究"的刊物中进行过刊登发表。2005 年 1 月,被告未经原告许可,在被告出版的《独特的文艺风格——赵某某研究文集》一书中收录了原告所著的上述两篇文章。原告称被告擅自编录他人作品的行为构成侵权。被告认为该两篇文章曾发表过,编录该文章属合理使用范畴,且出版前曾电话征求过原告意见,故不构成侵权。被告就其电话征求原告意见,未提供证据。法院认为:原告为《"能说":赵某某的一笔精神遗产》和《从对"太行"的批评和建议说到赵某某 1937 年夏的行踪》两篇文章的著作权人。被告未经原告许可,又无法律上规定,擅自汇编原告作品,其行为构成侵权。依照《中华人民共和国著作权法》第四十七条之规定,判决被告停止对《独特的文艺风格——赵某某研究文集》一书的出版发行,并在其所编刊物中公开道歉。①

上述案件涉及的行为和权利,是被告未经许可汇编了原告的作品,涉及汇编权,即"将作品或者作品的片段通过选择或者编排,汇集成新作品的权利"。依据《著作权法》,未经许可汇编他人作品,同时损害公共利益的,应承担行政法律责任。假如本案的原告向版权行政执法部门投诉维权,版权行政执法部门是否要受理、立案调查,乃至做出行政处罚呢?

汇编权属于演绎权,汇编他人作品属于以演绎的方式使用他人已有作品,并产生新的作品,而并非像复制发行等一样,直接向公众传播已有作品。在著作权中,同属于演绎权的还有改编权、翻译权、摄制权。未经许可,改编、翻译、摄制的行为,依据《著作权法》仅需要承担民事法律责任,为何汇编要可能承担行政法律责任呢?汇编的作品,如案例中的《独特的文艺风格——赵某某研究文集》是合法出版的图书,仅是在汇编收录他人已有作品时,未经董某某的许可,该行为主要侵犯的是董某某的著作权,与市场秩序、公共利益等并无明显的、直接的联系和损害,这种书需要没收吗?

二、《著作权法》设定行政保护及其发展变化

从 1990 年新中国颁布《著作权法》,对于侵权行为就规定了相应的行政

---

① 长治市中级人民法院民事判决书(2006)长民初字第 007 号。

法律责任。从 1990 年至今,经过 2001、2010、2020 年三次修订,行政法律责任无论是涉及的权利、侵权行为,还是处罚内容,都发生了变化。为方便说明问题,笔者完整摘录如下:

1990 年版、2001 年版《著作权法》关于侵权法律责任的对比

1990 年版	2001 年版
第四十五条　有下列侵权行为的,应当根据情况,承担停止侵害、消除影响、公开赔礼道歉、赔偿损失等民事责任: (一)未经著作权人许可,发表其作品的; (二)未经合作作者许可,将与他人合作创作的作品当作自己单独创作的作品发表的; (三)没有参加创作,为谋取个人名利,在他人作品上署名的; (四)歪曲、篡改他人作品的; (五)未经著作权人许可,以表演、播放、展览、发行、摄制电影、电视、录像或者改编、注释、翻译、编辑等方式使用作品的,本法另有规定的除外; (六)使用他人作品,未按照规定支付报酬的; (七)未经表演者许可,从现场直播其表演的; (八)其他侵犯著作权以及与著作权有关的权益的行为。	第四十六条　【侵权著作权的民事责任】有下列侵权行为的,应当根据情况,承担停止侵害、消除影响、赔礼道歉、赔偿损失等民事责任: (一)未经著作权人许可,发表其作品的; (二)未经合作作者许可,将与他人合作创作的作品当作自己单独创作的作品发表的; (三)没有参加创作,为谋取个人名利,在他人作品上署名的; (四)歪曲、篡改他人作品的; (五)剽窃他人作品的; (六)未经著作权人许可,以展览、摄制电影和以类似摄制电影的方法使用作品,或者以改编、翻译、注释等方式使用作品的,本法另有规定的除外; (七)使用他人作品,应当支付报酬而未支付的; (八)未经电影作品和以类似摄制电影的方法创作的作品、计算机软件、录音录像制品的著作权人或者与著作权有关的权利人许可,出租其作品或者录音录像制品的,本法另有规定的除外; (九)未经出版者许可,使用其出版的图书、期刊的版式设计的; (十)未经表演者许可,从现场直播或者公开传送其现场表演,或者录制其表演的; (十一)其他侵犯著作权以及与著作权有关的权益的行为。

1990年版	2001年版
第四十六条　有下列侵权行为的,应当根据情况,承担停止侵害、消除影响、公开赔礼道歉、赔偿损失等民事责任,并可以由著作权行政管理部门给予没收非法所得、罚款等行政处罚: (一)剽窃、抄袭他人作品的; (二)未经著作权人许可,以营利为目的,复制发行其作品的; (三)出版他人享有专有出版权的图书的; (四)未经表演者许可,对其表演制作录音录像出版的; (五)未经录音录像制作者许可,复制发行其制作的录音录像的; (六)未经广播电台、电视台许可,复制发行其制作的广播、电视节目的; (七)制作、出售假冒他人署名的美术作品的。	第四十七条　【民事、行政、刑事责任】有下列侵权行为的,应当根据情况,承担停止侵害、消除影响、赔礼道歉、赔偿损失等民事责任;同时损害公共利益的,可以由著作权行政管理部门责令停止侵权行为,没收违法所得,没收、销毁侵权复制品,并可处以罚款;情节严重的,著作权行政管理部门还可以没收主要用于制作侵权复制品的材料、工具、设备等;构成犯罪的,依法追究刑事责任: (一)未经著作权人许可,复制、发行、表演、放映、广播、汇编、通过信息网络向公众传播其作品的,本法另有规定的除外; (二)出版他人享有专有出版权的图书的; (三)未经表演者许可,复制、发行录有其表演的录音录像制品,或者通过信息网络向公众传播其表演的,本法另有规定的除外; (四)未经录音录像制作者许可,复制、发行、通过信息网络向公众传播其制作的录音录像制品的,本法另有规定的除外; (五)未经许可,播放或者复制广播、电视的,本法另有规定的除外; (六)未经著作权人或者与著作权有关的权利人许可,故意避开或者破坏权利人为其作品、录音录像制品等采取的保护著作权或者与著作权有关的权利的技术措施的,法律、行政法规另有规定的除外; (七)未经著作权人或者与著作权有关的权利人许可,故意删除或者改变作品、录音录像制品等的权利管理电子信息的,法律、行政法规另有规定的除外; (八)制作、出售假冒他人署名的作品的。

2010 年版、2020 年版《著作权法》关于侵权法律责任的对比

2010 年版	2020 年版
第四十七条 有下列侵权行为的,应当根据情况,承担停止侵害、消除影响、赔礼道歉、赔偿损失等民事责任: (一)未经著作权人许可,发表其作品的; (二)未经合作作者许可,将与他人合作创作的作品当作自己单独创作的作品发表的; (三)没有参加创作,为谋取个人名利,在他人作品上署名的; (四)歪曲、篡改他人作品的; (五)剽窃他人作品的; (六)未经著作权人许可,以展览、摄制电影和以类似摄制电影的方法使用作品,或者以改编、翻译、注释等方式使用作品的,本法另有规定的除外; (七)使用他人作品,应当支付报酬而未支付的; (八)未经电影作品和以类似摄制电影的方法创作的作品、计算机软件、录音录像制品的著作权人或者与著作权有关的权利人许可,出租其作品或者录音录像制品的,本法另有规定的除外; (九)未经出版者许可,使用其出版的图书、期刊的版式设计的; (十)未经表演者许可,从现场直播或者公开传送其现场表演,或者录制其表演的; (十一)其他侵犯著作权以及与著作权有关的权益的行为。	第五十二条 有下列侵权行为的,应当根据情况,承担停止侵害、消除影响、赔礼道歉、赔偿损失等民事责任: (一)未经著作权人许可,发表其作品的; (二)未经合作作者许可,将与他人合作创作的作品当作自己单独创作的作品发表的; (三)没有参加创作,为谋取个人名利,在他人作品上署名的; (四)歪曲、篡改他人作品的; (五)剽窃他人作品的; (六)未经著作权人许可,以展览、摄制视听作品的方法使用作品,或者以改编、翻译、注释等方式使用作品的,本法另有规定的除外; (七)使用他人作品,应当支付报酬而未支付的; (八)未经视听作品、计算机软件、录音录像制品的著作权人、表演者或者录音录像制作者许可,出租其作品或者录音录像制品的原件或者复制件的,本法另有规定的除外; (九)未经出版者许可,使用其出版的图书、期刊的版式设计的; (十)未经表演者许可,从现场直播或者公开传送其现场表演,或者录制其表演的; (十一)其他侵犯著作权以及与著作权有关的权利的行为。

2010 年版	2020 年版
第四十八条　有下列侵权行为的,应当根据情况,承担停止侵害、消除影响、赔礼道歉、赔偿损失等民事责任;同时损害公共利益的,可以由著作权行政管理部门责令停止侵权行为,没收违法所得,没收、销毁侵权复制品,并可处以罚款;情节严重的,著作权行政管理部门还可以没收主要用于制作侵权复制品的材料、工具、设备等;构成犯罪的,依法追究刑事责任: (一)未经著作权人许可,复制、发行、表演、放映、广播、汇编、通过信息网络向公众传播其作品的,本法另有规定的除外; (二)出版他人享有专有出版权的图书的; (三)未经表演者许可,复制、发行录有其表演的录音录像制品,或者通过信息网络向公众传播其表演的,本法另有规定的除外; (四)未经录音录像制作者许可,复制、发行、通过信息网络向公众传播其制作的录音录像制品的,本法另有规定的除外; (五)未经许可,播放或者复制广播、电视的,本法另有规定的除外; (六)未经著作权人或者与著作权有关的权利人许可,故意避开或者破坏权利人为其作品、录音录像制品等采取的保护著作权或者与著作权有关的权利的技术措施的,法律、行政法规另有规定的除外; (七)未经著作权人或者与著作权有关的权利人许可,故意删除或者改变作品、录音录像制品等的权利管理电子信息的,法律、行政法规另有规定的除外; (八)制作、出售假冒他人署名的作品的。	第五十三条　有下列侵权行为的,应当根据情况,承担本法第五十二条规定的民事责任;侵权行为同时损害公共利益的,由主管著作权的部门责令停止侵权行为,予以警告,没收违法所得,没收、无害化销毁处理侵权复制品以及主要用于制作侵权复制品的材料、工具、设备等,违法经营额五万元以上的,可以并处违法经营额一倍以上五倍以下的罚款;没有违法经营额、违法经营额难以计算或者不足五万元的,可以并处二十五万元以下的罚款;构成犯罪的,依法追究刑事责任: (一)未经著作权人许可,复制、发行、表演、放映、广播、汇编、通过信息网络向公众传播其作品的,本法另有规定的除外; (二)出版他人享有专有出版权的图书的; (三)未经表演者许可,复制、发行录有其表演的录音录像制品,或者通过信息网络向公众传播其表演的,本法另有规定的除外; (四)未经录音录像制作者许可,复制、发行、通过信息网络向公众传播其制作的录音录像制品的,本法另有规定的除外; (五)未经许可,播放、复制或者通过信息网络向公众传播广播、电视的,本法另有规定的除外; (六)未经著作权人或者与著作权有关的权利人许可,故意避开或者破坏技术措施的,故意制造、进口或者向他人提供主要用于避开、破坏技术措施的装置或者部件的,或者故意为他人避开或者破坏技术措施提供技术服务的,法律、行政法规另有规定的除外; (七)未经著作权人或者与著作权有关的权利人许可,故意删除或者改变作品、版式设计、表演、录音录像制品或者广播、电视上的权利管理信息的,知道或者应当知道作品、版式设计、表演、录音录像制品或者广播、电视上的权利管理信息未经许可被删除或者改变,仍然向公众提供的,法律、行政法规另有规定的除外; (八)制作、出售假冒他人署名的作品的。

从上述梳理的情况看,2001年版的修订幅度最大,基本上奠定了行政保护涉及的权利和内容的框架,后续的修订基本上都是在2001年版的基础上修补、增添。

三、2001年版《著作权法》划定了行政保护的基本框架

2001年版《著作权法》的修订有一个大背景,就是适应我国加入世界贸易组织的进程。那几年,"侵权盗版、盗播屡禁不止,活动猖獗,不仅严重侵犯了著作权人的合法权益,而且严重损害社会公共利益,根据国家关于加大打击力度,端掉侵权制假'黑窝子'的精神,《草案》加大了对社会危害较大的著作权侵权行为的行政处罚力度"。① 因此,在行政保护方面也体现了这一宗旨。"从本条(笔者注:2001年版著作权法第四十七条)规定的责任种类上看,与修改前的条文相比较,一是增加了行政责任的手段,增加规定,著作权行政管理部门可以责令停止侵权行为;没收、销毁侵权复制品;对情节严重的,可以没收主要用于制作侵权复制品的材料、工具和设备等。大大加大了制裁侵权行为的力度。二是与刑法相衔接,增加了追究刑事责任的规定,将有效地打击和制止侵犯著作权的行为。"② 同时,这一版的修订还增加了行政权力介入著作权纠纷的前提条件——同时损害公共利益。

(一)2001年版《著作权法》在侵权行为需要承担的民事责任和行政责任方面划出了一道基本界限,搭建了行政保护的基本框架

此版《著作权法》,将原可以被行政处罚的"剽窃、抄袭他人作品的"侵权行为调整成只需承担民事责任的条款。将原无须承担行政责任的未经著作

---

① 石宗源:《关于中华人民共和国著作权法修正案(草案)的说明》,载马原编《著作权法分解适用集成》,人民法院出版社,2003。

② 胡康生主编《中华人民共和国著作权法释义》,法律出版社,2011。

权人许可,以表演、播放、发行电影电视和以编辑等方式使用作品的行为,调整成需要承担行政责任的条款。

笔者认为,仅就侵犯著作权财产权的行为而言,大致可以分为两大类。一类是未经许可,以演绎方式使用作品的行为。在这里,使用作品是为了创作新作品,主要使用的是作品本身的文学艺术价值——智力成果,而不是为了直接传播作品,例如未经许可,改编、翻译、汇编、摄制;一类是未经许可,公开直接传播作品的行为,在这里,使用作品主要是为了传播作品,如果是营利性使用,则主要使用的是作品的经济价值,例如复制发行、表演、放映、广播、信息网络传播。调整后的第四十六条,主要涉及著作权的人身权和以演绎方式使用作品的财产权。调整后的第四十七条,主要涉及的是以公开直接传播作品或者制品为目的的侵权行为。"本条(笔者注:2001 年版《著作权法》第四十七条)规定的侵权行为从性质和后果上看,与第四十六条规定的侵权行为相比,要严重一些。本条规定的侵权行为不仅侵害了著作权人的权利以及与著作权有关的权益,同时,扰乱了文化市场的秩序,损害了社会公共利益。"①

调整后的两个条款,体现了未经许可使用作品的目的不同,侵权的情节严重程度不同,危害结果不同,法律责任也应不同的精神。

(二)演绎作品及其特点

演绎作品(也称派生作品、衍生作品、再创作)是指相对原始作品而言的,是指基于已有作品产生的作品;具体地说,是指改编、翻译、汇编已有作品或对已有作品进行其他形式的再创作而产生的作品。②

演绎行为是演绎者的创造性劳动,也是一种创作方式,并形成演绎作品,演绎作品的著作权归演绎者所有。演绎作品虽然是原作品的派生作品,但并不是简单的复制原作品,而是以新的思想表达形式来表现原作品,需要演绎

---

① 胡康生主编《中华人民共和国著作权法释义》,法律出版社,2011。
② 国家版权局版权管理司编;许超、刘波林、王迁等撰稿;于慈珂审定《著作权法执行实务指南》,"版权执法工作培训教材",法律出版社,2013。

327

者在正确理解、把握原作品的基础上,通过创造性的劳动产生新作品。因此,演绎作品的著作权由演绎作品的作者享有。

由于演绎作品是以原作品为基础,因此,除法律规定的"合理使用"的范围外,在著作权保护期内,演绎原作品,需要征得原作者以及其他对原作品享有著作权的权利人的同意。演绎作品的作者在行使其演绎作品的著作权时,不得侵犯原作者的著作权中的其他权利,包括尊重原作者的署名权,演绎作者应当在演绎作品上注明原作品的名称、原作者的姓名;尊重原作品的内容,不得歪曲、篡改原作品等,否则可能导致对原作品的侵权而承担民事责任。

(三)以演绎的方式使用已有作品宜承担民事责任,原则上 不大可能损害公共利益,不宜承担行政责任

以直接传播作品的方式使用作品,可能损害公共利益,应承担行政责任甚至刑事责任。

笔者以为,以演绎的方式使用已有作品,强调的是使用(而非传播),目的是创作新作品,此时的使用,尚未进行到传播阶段,当然也未进入市场领域,尚未构成商业性使用,此阶段的使用只涉及已有作品的权利,未经许可使用已有作品原则上只侵害相关著作权人的著作权。按照对损害公共利益的普遍理解,"向公众传播侵权作品,构成不正当竞争,损害经济秩序就是损害公共利益的具体表现"主要针对的是商业性使用作品的行为,换句话说,只有未经许可商业性使用(笔者以为主要是直接传播行为)已有作品,才有可能构成损害公共利益。因此,以演绎方式使用作品原则上对公共利益不构成损害,不宜承担行政责任。

而以直接传播作品的方式使用作品,是在作品的传播阶段,很可能进入市场领域,构成商业性使用,因此,此阶段的未经许可使用作品不仅侵害作品的著作权,还有可能构成不正当竞争,损害经济秩序,对公共利益构成损害。因此,该行为不仅要承担民事责任,还应承担行政责任,严重的还要承担刑事责任。

四、《著作权法》关于行政责任的不足及完善建议

关于著作权行政保护,2001 年版的修订向前迈了一大步,后续也与时俱进做了修订、补充和完善,但从版权行政执法者的角度讲,觉得还存有遗憾、不足。

(一)对于侵犯出租权、展览权、汇编权的条目还可以进一步优化

笔者以为,对于侵犯出租权、展览权的直接传播作品的行为宜调整为承担行政责任的条款,对于侵犯汇编权的以演绎方式使用已有作品的行为宜调整为只承担民事责任的条款。

出租权、展览权都是财产权,而且都是直接公开传播作品的行为。出租权涉及的影视作品,在 20 世纪 90 年代,大大小小的出租电影光盘的店铺满足了刚刚进入小康的人民群众的精神追求,但也严重侵犯了影视作品的著作权,严重冲击了影视作品出版发行市场,对公共利益造成损害。对于这种行为,著作权法行政执法部门却因缺乏法律授权而无能为力,不免有些滑稽。目前,由于网络的发展,影视光盘以及相关产品、产业的发展江河日下,与之相关的影视光盘出租业也早已销声匿迹,但事物的发展往往不以人的意志为转移,或许未来又出现一个新的品种、业态,就与出租权有关,著作权法不可不未雨绸缪。

至于展览权,即公开陈列美术作品、摄影作品的原件或者复制件的权利。展览活动在日常生活中并不鲜见,除了传统的摄影展、图片展、美术作品展,近年来,还出现以动漫形象为主题的综合活动。例如,某地文化综合执法机构处理的“张某某等未经许可发行奥特曼美术作品案”。2020 年 1 月,权利人投诉张三等人未经许可组织了奥特曼形象主题展览,侵犯奥特曼美术作品的著作权。经查,张三等人以售票方式组织了涉案展览活动。展览现场有奥

特曼展品,有真人装扮奥特曼打怪兽表演,有售卖奥特曼玩具。但最终对于当事人的若干行为,执法人员只能从销售奥特曼玩具的角度从侵犯美术作品发行权的角度,予以调查处理,而不能就展览的行为有所作为。假如,当事人对所售奥特曼玩具能说明合法来源,则执法人员只能要求其停止侵权,再难有其他作为。这种情况不利于对著作权的保护。

关于汇编权。以汇编的方式使用作品属于以演绎方式使用作品,目前还保留在涉及行政处罚的条款中。对于此,无论是从上述分析的"以演绎的形式使用已有作品宜承担民事责任",还是从实际案例中,基本没有以"未经许可,汇编他人作品,同时损害公共利益"的案由成案的案件,因此,笔者建议,再次修订著作权法时,将侵犯汇编权的行为调整为仅承担民事责任的第五十二条。

(二)"没收主要用于制作侵权复制品的设备、工具"存在 历史的局限性,可以将"制作"改为"传播", 即"没收主要用于传播侵权复制品的设备、工具"

2001年修订著作权法,正值盗版猖獗之时,盗版书特别是盗版影视光盘成为社会公害,而制作盗版书和盗版光盘都需要相应的机器和设备,没收这些物品,对于遏制盗版将起到釜底抽薪的作用,著作权法增加"没收主要用于制作侵权复制品的设备、工具"适应了形势的需要。但是,随着盗版光盘在新技术下的销声匿迹,未经许可通过网络传播影视作品成为突出问题,另外,传统的侵犯放映权的行为,例如歌厅、小影吧等通过放映的方式传播视听作品的行为仍然比较普遍。显然,对于这些侵权行为,特别是严重侵权行为,没收服务器、放映机等主要用于传播侵权复制品的设备、工具,对于遏制侵权,维护市场秩序,维护公共利益,也很有意义。

参考文献

1.长治市中级人民法院民事判决书,(2006)长民初字第007号。

2.胡康生等编著.中华人民共和国著作权法释义[M].北京:法律出版

社,2002.

3.国家版权局版权管理司编.著作权法执行实务指南[M].北京:法律出版社,2013.

4.马原编.著作权法分解适用集成[M].北京:人民法院出版社,2003.

2022 年 6 月 27 日　发表于网舆勘策院

酒店电视前端侵犯著作权案例分析

摘　要

以央视第 3、5、6、8 频道加密节目为例,电视台传播电视节目,节目中的作品享有广播权,节目中的录音录像制品享有邻接权,广播电视台对其传播的节目信号享有广播组织权。酒店安装电视前端,传播电视节目,若未经著作权人以及与著作权有关的权利人许可,或侵犯作品的广播权、录音录像制品的获得报酬权、电视台的广播组织权,若私自解码电视加密信号,或构成《著作权法》故意避开或者破坏权利人为其作品、录音录像制品等采取的保护著作权或者与著作权有关的权利的技术措施。酒店设置前端"转播"电视节目是否侵权,关键看是否得到授权,与是否按房间数量缴纳收视费无关,但如数缴纳收视费的,若无实质性侵害著作权的利益,可视为一种例外。

一、问题的由来

案子发生在 L 省 S 市 2019 年 6 月。

S 市电视广播网络股份有限公司向行政执法机关投诉,甲酒店搭建电视小前端,从 S 市电视广播网络股份有限公司购买了 2 台机顶盒后,未经许可,将包括央视第 3、5、6、8 套节目在内的电视信号进行解码,通过小前端向客房传播,进行商业用途收看。甲酒店的行为违反广播电视管理条例,并侵犯其著作权。

经查,甲酒店客房共有 41 个电视频道,其中含央视第 3、5、6、8 套节目。甲酒店建设小前端,花 576 元从广电网络公司购买了 2 个接收终端年度观看电视节目的权利,并获得 2 个机顶盒及有线电视智能卡,之后对电信信号进行解码,通过电视前端,传输到 80 间客房。

另查:1. 经中央电视台授权,中广影视卫星有限责任公司独家负责中央电视台拥有版权和其他权利的第 3、5、6、8 频道节目加密电视信号转播经营权。2. 中广影视卫星有限责任公司授权 L 省卫星有线电视收视服务中心在全省的加密信号转播权,3. L 省卫星有线电视收视服务中心再授权 S 市电视广播网络股份有限公司是全省通过有线电视转播央视第 3、5、6、8 套节目的机构。

执法人员认为,甲酒店以营利为目的,未经著作权人许可,广播其作品,侵犯了权利人的广播权,同时损害公共利益,依据《著作权法》第四十八条第(一)项,对当事人进行了处罚。

有线电视前端,俗称小前端,就是所谓的有线电视机房,是将有线数字电视信号、卫星电视信号、自办 DVD 信号(或者酒店广告宣传等自办节目)转换成模拟信号,再通过酒店电视信号传输分配网传送到终端电视机收看的系统。目前酒店安装使用的情况较多。从法律上讲,酒店上述行为涉嫌违反《广播电视管理条例》,截传、解扰、干扰电视信号,同时侵犯著作权。鉴于篇幅和电视节目所涉及的著作权比较复杂,本文仅就著作权侵权问题尝试着做点分析。

注:本文使用的定义、概念和引用法条,主要引用 2010 年版《著作权法》。

二、电视节目涉及的著作权以及权利人

按照《中华人民共和国著作权法》,笼统地讲,电视台播放的节目主要涉

及的著作权有广播权、录音录像者权和广播组织权。

（一）电视台播放节目的广播权及其客体
——电影作品和以类似摄制电影的方法创作的作品

电视台传播作品，主要是有画面的视听作品，主要分两种情况：

第一种情况，是播放已经制作完成的作品。主要是电影作品和以类似摄制电影的方法创作的作品（以下简称电影和类电作品）。在这些作品中，一部分是电视台自己创作的，一部分是他人创作的，电视台通过购买版权或者获得授权而播放。第二种情况，是直接通过电视屏幕传播文字、戏剧、音乐等作品。

电视台通过上述两种情况传播作品，主要涉及广播权。根据《著作权法》，广播权即以无线方式公开广播或者传播作品，以有线传播或者转播的方式向公众传播广播的作品，以及通过扩音器或者其他传送符号、声音、图像的类似工具向公众传播广播的作品的权利。因为电视台传播的作品都带有画面，所以传播的主要是电影和类电作品。

通过上述分析，我们可以基本得出结论。以央视第3、5、6、8套节目为例，在央视的节目中：1.由央视自己创作的电影和类电作品，著作权人是央视，央视可以主张广播权；2.由他人创作的电影和类电作品，他人是著作权人，央视通过购买版权或者获得授权而成为著作权人或与著作权人有关的权利人，可以主张广播权；3.央视直接通过电视屏幕传播的文字、戏剧、音乐等作品，这些作品的作者是著作权人，作者可以主张广播权。央视享有邻接权——广播组织权。例如央视戏剧频道现场直播话剧《茶馆》，老舍是著作权人，其可以主张广播权，央视享有邻接权——广播组织权。

电视台节目中还有一部分是不构成视听作品的报告会、演讲会、美食节目的录像等。根据《著作权法》，录音录像制品不享有广播权，但享有复制、发行、出租和信息网络传播权等。2020年版《著作权法》，与本案有关的内容还增加了"将录音制品用于有线或者无线公开传播""应当向录音制作者支付报酬"。

（二）广播组织权及其客体——信号或者节目

关于广播组织,法律并没有给出明确的概念。在我国《著作权法》中,直接使用的是广播电台、电视台。总体来说,广播电台、电视台通称广播组织。国家版权局的《著作权法执行实务指南》指出,广播组织是"将这一特定节目的声音、图像转换为可接收的有线、无线电信号发射出去的专业机构。"其产品是广播电视节目。有专著论述"广播组织是以无线、有线或其他法律承认的方式向公众传播广播电视节目的主体。"所谓广播组织权,"是广播组织所享有的对其向公众广播的节目信号所拥有的专有权利。"

广播组织权的客体。"广播电视节目只是一种技术活动的产物,而不是一种文学、艺术、科学创作的产物,因而不受著作权保护,而只受邻接权保护。""法律之所以给与广播电视节目一种邻接权保护,也是因为广播电视节目极大地扩展了作品的传播途径和范围。"但"严格说来,广播电视节目不是制作(摄制或录制)产生的,而是传送(发射)产生的。广播组织权的客体不能等同于广播组织制作的广播、电视节目"。目前,广播组织权的客体存在信号说和节目说两种情况。信号说越来越成为主流说法。上述文字出自国家版权局出版的《著作权法执行实务指南》,也基本是这个观点。

广播组织权的权利内容。根据《著作权法》第四十五条,广播电台、电视台有权禁止未经其许可的下列行为:1. 将其播放的广播、电视转播;2. 将其播放的广播、电视录制在音像载体上以及复制音像载体。

从以上分析可知,央视对其电视节目(主要是信号)享有广播组织权,有权禁止未经其许可"将其播放的广播、电视转播;将其播放的广播、电视录制在音像载体上以及复制音像载体。"例如,央视直接通过电视屏幕传播的文字、戏剧、音乐等作品、体育频道直接通过屏幕传播的赛事等,央视有权禁止他人转播、录制和复制等。

三、酒店电视前端对央视节目构成转播

(一)酒店电视前端基本工作原理

酒店、医院等电视机数量较多的单位,大多数会自己搭建有线电视前端机房。有线电视前端系统是接在接收天线或其他信号源与有线电视传输分配网之间各设备组成的系统。前端系统是有线电视系统的核心,是各种信号源采集处理中心,也是传输信号的各加工环节。

电视信号主要来自三个方面。一是来自天上的卫星传播的信号,二是来自地面的基站传播的信号,三是来自地下的有线电视广播网传播的信号,专网定向传播(IPTV)的信号。由于电视传播技术的进步,目前地面基站传播的信号已经很少。酒店有线电视前端就是通过机顶盒、调制解调器、放大器、分配器、混合器等相关设备,把上述信号解调再混合,再调制成模拟信号,再通过酒店已有的有线电视传输分配网,供客房等终端观看。

有人做过一个形象的比喻。上述的三路信号好比是不同的上游来水,酒店的电视前端好比一个水池,酒店原有的有线电视传输分配网就是下游水道,客房终端就是田地。电视前端的作用就是把上游来水混到一起,再传输到客房。

(二)电视前端构成转播,未经许可,可能侵犯广播权和
　　广播组织权

鉴于 IPTV 信号、卫星信号权利情况的复杂性,也为了集中笔墨讨论与本文案例直接相关的问题,本文只讨论转播来自有线电视的央视第 3、5、6、8 节目信号问题。

1. 对作品的转播,未经著作权人许可可能侵犯广播权

广播权,即以无线方式公开广播或者传播作品,以有线传播或者转播的

方式向公众传播广播的作品,以及通过扩音器或者其他传送符号、声音、图像的类似工具向公众传播广播的作品的权利。根据国家版权局《著作权法执行实务指南》对广播权的解释,"广播权包括三部分内容:第一,以无线方式公开广播,不包含有线广播,广播既指广播电台,也指电视台的广播;第二,对第一部分广播的内容的后续使用,即以有线传播或者无线转播的方式转播广播的作品,强调的是对首次无线广播的作品的转播;第三,通过扩音器、电视屏幕等设备公开传播通过收音机,电视机接受的作品。""广播权的另一个特点是,作者许可广播电台、电视台广播其作品,并不包含许可他人营利性或者非营利性公开传播广播的作品。""广播权的实际意义在于,法律赋予作者这项权利,意味着除法律、法规另有的规定外,下列传播行为须经作者许可:第一,通过广播电台电视台无线广播其作品;第二,有线或者无线传播或者转播广播电台电视台无线广播的作品;第三,在公开场所,特别是营利性机构,例如酒店、餐厅、卡拉 OK 厅、火车、飞机等,通过扩音器或者电视屏幕传播广播的作品。"

根据以上分析,笔者认为,酒店通过有线电视接收到央视第 3、5、6、8 信号传播的作品,通过电视前端将作品以有线传播的方式再传播的行为,构成"以有线传播或者转播的方式向公众传播广播的作品"。

2. 对电视节目信号的转播,未经许可侵犯广播组织权

正如前面分析,我国《著作权法》第四十五条规定,广播电台、电视台有权禁止未经其许可,将其播放的广播、电视转播。这里的转播包括无线方式和有线方式转播两种情形。酒店通过有线电视,接收到央视第 3、5、6、8 套节目信号,通过小前端将电视台的电视信号以有线的方式再传播的行为,构成"将其(电视台)播放的广播、电视转播"。未经许可侵犯广播组织权。

电视前端传播节目信号还可能构成其他侵权。如解密电视加密信号。央视第 3、5、6、8 套节目属于加密节目。用户只有购买含有解密码的"机顶盒"才能正常收看电视节目。这种加密技术措施是著作权人或者与著作权有关的权利人在数字时代保护自己利益的技术性手段。用户利用技术手段,对加密信号进行解码,构成"未经著作权人或者与著作权有关的权利人许

可,故意避开或者破坏权利人为其作品、录音录像制品等采取的保护著作权或者与著作权有关的权利的技术措施"的违法行为。

再如一些高级酒店使用的智慧酒店系统。酒店客房可以通过该系统交互式点播影视节目,则侵犯了影视作品的信息网络传播权。这方面的司法判例近年来多见。鉴于此方面内容并非本文重点讨论的问题,不再详述。

在2010版《著作权法》的背景下,酒店前端未经许可转播电视信号,不侵犯录音录像制品的邻接权,但在2020版《著作权法》的背景下,构成"将录音制品用于有线公开传播",还侵犯录音录像制品的获得报酬权。

四、酒店前端转播电视信号是否侵权关键看是否得到转播授权

对于上述分析,也许有人会提出疑问,酒店设置前端,一是为了让旅客看电视,满足公众关注时事政策、文化生活等需要。二是酒店业态的需要,设置电视前端几乎是酒店普遍的做法。酒店设置电视前端实质是进行有线电视系统改造。改造后,多路电视节目混成一路,在客房仅需要一台电视接收机,保留一个遥控器。如此,一是易于管理。二是方便使用,尤其是方便老年顾客。三是美观整洁。既然是公众收视和业态的需要,那么酒店电视前端转播电视信号是否一定侵犯著作权呢?笔者以为,也要具体问题具体分析,关键看是否得到转播权的授权。

(一)央视第3、5、6、8套节目电视信号转播权的授权路径

央视第3、5、6、8套电视节目的传送采用"卫星电视+有线电视网",即"星网结合"的方式。因此,在传输过程中,就存在先接受卫星电视信号、再通过地方电视台的前端机房经有线电视传输网转播电视信号的问题,也就存在转播权授权问题。

目前,目前央视第3、5、6、8套电视信号转播权的授权路径:一是中央电

视台通过授权书的形式授权中广影视卫星有限责任公司(中央卫星电视传播中心)负责中央电视台拥有版权及相关权利的央视第3、5、6、8套电视节目在中国大陆地区及港澳地区的加密电视信号转播经营权、信号授权管理、收视费收缴和知识产权、节目版权保护等工作,并授权中广影视公司可根据授权书许可第三方行使上述加密电视信号转播权。二是中广影视公司再授权省级有线网络公司(后者再向下授权)在相应辖区内、相应时间内,经营管理转播央视第3、5、6、8套电视节目的相应权利。

需要注意的是,中广影视公司在向省级有线电视公司授权时,有的明确了转播权授权(例如本文讨论的案例),有的未明确转播权授权,只明确了经营管理权。例如,"河南有线电视网络集团有限公司与商丘同方恒泰数字电视有限公司侵害广播组织权纠纷案"。法官指出:"中央电视台、中广影视公司(中央卫星电视传播中心)的授权文件均未授权河南有线公司或者河南广电公司有向他人许可转播中央电视台第3、5、6、8套电视节目的权利。"因此,"同方恒泰公司关于转播中央电视台第3、5、6、8套电视节目是经授权(笔者注:同方恒泰公司主张得到河南广电公司的授权)、且具有长期转播权的上诉理由缺乏事实依据,本院不予支持。"①

但是,笔者以为,鉴于央视传播加密信号采取的是"星网结合"的方式,如果省级有线电视公司未得到转播权授权,其根本无权通过有线网络进行转播。因此,笔者以为,尽管授权协议未明确转播权授权,但从业态的实际情况看,从上述央视"授权中广影视公司可根据授权书许可第三方行使上述加密电视信号转播权"看,应视为授权了转播权。当然,如果存在疑问,还可以通过后期央视或中广影视公司的追认来确认。但这一点很重要,关系到后续省级向地市州县授权的问题。

因此,看酒店前端转播电视信号是否侵权关键看酒店是否得到转播授权。正如本文讨论的案例,中广影视公司授权 L 省卫星有线电视收视服务中心在全省的加密信号转播权,后者再授权 S 市电视广播网络股份有限公司是

---

① 河南省高级人民法院民事判决书(2014)豫法知民终字第 249 号。

全省通过有线电视转播央视第 3、5、6、8 套节目的机构,那么如果 S 市电视广播网络股份有限公司再授权酒店转播权,则酒店就不侵权。

(二)酒店前端转播电视节目是否侵犯著作权与酒店缴纳收视费终端数量的关系

实际上,酒店为了省钱,常常是购买一两个有线电视机顶盒,在前端机房进行解调后,再混合调制传送到几十个甚至上百个房间的电视机。一般来讲,都认为这是侵权行为。例如本文讨论的案例。

酒店电视前端的行为是一种转播行为应不存在争议。例如知名学者管育鹰指出,"商业场所有时为了保障更多受众获得较好的视听效果,会通过分线器、电缆、显示屏、扩音器等技术设备将接收到的电视台正在播放的内容传送到不同的房间或地点供客人欣赏,这种情形在日常生活中也不鲜见,尤其是在大型场所。例如私人影院、旅馆里仅有一个或几个有线电视入户账号,但通过线路系统的改造,未经许可将有线电视信号延伸至每个房间和餐厅、走廊、多功能室等地方","这些行为显然超出了普通家用收视的范围,涉嫌侵害著作权人的广播权。"[1]

但是,笔者以为,商家按房间数如数缴纳了收视费,未经转播权授权而实施了转播活动,虽然是侵权行为,但应视为一种例外。

笔者以为,酒店按房间数如数缴纳了收视费,相当于给酒店里每个房间都安装了有线电视机顶盒,没有扩大收视范围,无论是广播权、录音录像者权、广播组织权的经济利益都得以实现,换句话说,没有实质性侵犯著作权的利益,应视为一种例外情形。事实上,这种情况也未见有争议。

知名学者管育鹰提出过商家"单纯开机将接收到的电视台播放内容提供观看"未侵害著作权人的广播权的观点。其指出"安装有线电视系统的小型商业场所,如果仅开机提供视听作品欣赏,并未加装任何转播、扩大播放范

---

[1] 管育鹰:《商业场所提供视听作品观看行为的著作权争议——对新著作权法中视听作品几种传播方式的思考》,《苏州大学学报(法学版)》2021 年,第 4 期。

围和增加播放效果的设备,例如旅馆里虽每个房间都安装了有线电视但属于单独付费账号的,这与房客在家看电视并无区别,就并未侵害著作权人的广播权,除非著作权人许可电视台广播权时明确有线方式对象只能是家庭用户、不得为商业场所。"①笔者以为,虽然酒店安装了电视前端,但如果酒店按房间数如数缴纳了收视费,则与"单纯开机将接收到的电视台播放内容提供观看"情况类似,虽然其转播行为未经授权,是侵权行为,但应视为一种例外。

五、本文案例侵权问题的具体分析

(一)本案查清的事实主要有两点

一是投诉者的权利及其来源。1. 经中央电视台授权,中广影视卫星有限责任公司独家负责中央电视台拥有版权和其他权利的央视第 3、5、6、8 频道节目加密电视信号转播经营权。2. 中广影视卫星有限责任公司授权 L 省卫星有线电视收视服务中心在全省的加密信号转播权。3. L 省卫星有线电视收视服务中心再授权 S 市电视广播网络股份有限公司在全省通过有线电视提供央视第 3、5、6、8 套节目转播服务。

也就是 S 市电视广播网络股份有限公司获得了授权,在全省通过有线电视提供央视第 3、5、6、8 套节目转播经营服务。

二是酒店的行为。其对包括央视第 3、5、6、8 套节目在内的电视信号进行解码,并通过内部的有线电视传输分配网进行了商业性的转播。

三是酒店只缴纳了 2 个接收终端的年度收视费。

(二)本案的侵权分析(基于 2010 年版《著作权法》)

一是依据《著作权法》第四十八条第(一)项,本案涉嫌未经著作权人许

① 管育鹰:《商业场所提供视听作品观看行为的著作权争议——对新著作权法中视听作品几种传播方式的思考》,《苏州大学学报(法学版)》2021 年第 4 期。

可,广播其作品。正如前文分析,在央视节目中:1. 由央视自己创作电影和类电作品,著作权人是电视台,可以主张广播权;2. 由他人创作的电影和类电作品,他人是著作权人,央视通过购买版权或者获得授权而成为著作权人或与著作权人有关的权利人,可以主张广播权。本案当事人转播的央视节目,内含大量作品。酒店涉嫌未经许可侵犯广播权。

之所以说是涉嫌,缘于在案证据尚不完全支持。主张广播权,或者执法人员以侵犯广播权定案,要先确定作品,继而确定著作权人,再调查是否有授权,是否合理使用,等等。本案在未完成上述调查的情况下,以侵犯广播权定案处罚显得证据不足。

二是依据《著作权法》第四十八条第(五)项,本案构成未经许可,播放广播、电视。

正如前文分析,央视对其节目信号享有广播组织权。有权禁止未经其许可"将其播放的广播、电视转播。"本案查明的事实,一是证明 S 市电视广播网络股份有限公司获得在当地的转播权,授权酒店 2 个终端收视央视第 3、5、6、8 套节目,并未授权酒店进行转播。二是甲酒店获得了 2 个终端的收视权,但其未经许可,擅自通过电视前端转播至 80 个终端。因此,本案以"构成未经许可,播放广播、电视"进行处罚更为准确。

三是依据《著作权法》第四十八条第(六)项,本案当事人对接收央视第3、5、6、8套节目机顶盒的解密信号进行解码的行为,构成"未经著作权人或者与著作权有关的权利人许可,故意避开或者破坏权利人为其作品、录音录像制品等采取的保护著作权或者与著作权有关的权利的技术措施"的行为,也可据此予以处罚。

参考文献

1. 胡开忠,陈娜,相靖. 广播组织权保护研究:网络环境下广播组织知识产权保护研究[M]. 武汉:华中科技大学出版社,2011.

2. 国家版权局版权管理司编. 著作权法执行实务指南[M]. 北京:法律出版社,2013.

3. 王迁.广播组织权的客体[J].法学研究,2017,39(1):100-122.

4. 郑直.广播电视业务中的版权.

5. 李平,陈卿舒,付强.论破坏技术措施的法律性质和法律救济——由"《宫锁连城》信息网络传播权纠纷案"谈起[J].中国版权,2016(2):35-38.

6. 管育鹰.商业场所提供视听作品观看行为的著作权争议——对新著作权法中视听作品几种传播方式的思考[J].苏州大学学报(法学版),2021,8(4):97-109.

2020 年 12 月 28 日　发表于网舆勘策院

广播影视

广播影视

《电影产业促进法》与《电影管理条例》
罚则的抵触与适用

——从放映国产电影不足国家规定的
三分之二被处罚说起

摘　要

《中华人民共和国电影产业促进法》于 2017 年开始实行,而现行有效的《电影管理条例》颁布于 1996 年、修订于 2001 年,二者构成上位法和下位法的关系。前者总结吸收了后者的内容,也删除了部分不合时宜的规定,并做了与时俱进的更新,于是,新上位法与旧下位法部分条款产生了冲突。在具体案件中,上位法与下位法发生冲突时,原则上应当适用上位法。《电影管理条例》的罚则,有的与上位法相抵触,应该删除;有的虽然与上位法相抵触,但仍有适用价值,需要修订予以明确;有的只是在文字表述上,或者是条款的安排上,与上位法不一致,但本质上一致,需要分析、解释后在上位法找到合适的罚则继续适用。

一、问题的提出

2019 年,执法人员对土地电影院(化名)进行检查。经查,2018 年,土地电影院全年放映国产影片时长比例为 51.15%,占年总放映时间的 1.535/3,

不足国家规定的三分之二。外国影片年放映时长比例为 48.85%,占年总放映时间的 1.465/3,超过国家规定的三分之一。执法人员认为,该行为违反了《中华人民共和国电影产业促进法》(以下简称《促进法》)第二十九条,《电影管理条例》(以下简称《条例》)第四十四条的规定,依据《条例》第五十九条,对当事人责令改正违法行为,罚款 10 万元。

《条例》第五十九条规定,对于"未按照规定的时间比例放映电影片的",由电影行政部门责令停止违法行为,没收违法经营的电影片和违法所得;违法所得 5 万元以上的,并处违法所得 5 倍以上 10 倍以下的罚款;没有违法所得或者违法所得不足 5 万元的,并处 10 万元以上 30 万元以下的罚款;情节严重的,并责令停业整顿或者由原发证机关吊销许可证。本案事实清楚,证据确凿,以 10 万元起罚点罚款,量罚不能说重,但也令笔者唏嘘。

据笔者观察,《促进法》虽规定了放映国产片的时间比例,但未规定罚则。《条例》制定颁布于 20 世纪 90 年代、修订于 2001 年,而作为上位法的《促进法》颁布于 2017 年,在法与条例就同一个问题规定不一致时,应该如何适用?法与条例之间又是怎样一个关系?法与条例之间,还有哪些规定不一致,应做怎样的理解和适用?

作为一个执法者,本文试着做些分析和思考。

二、本案法律冲突的特点与适用法律原则

本案最大的争议,是作为新颁布的上位法《促进法》与在先颁布的下位法《条例》在出现冲突时如何适用的问题。

(一)新上位法与旧下位法出现冲突的原因

在我国多级多元立法体制下,上、下位法的制定、修改、废止在时间上有空白地带,并由此产生上、下位法律冲突。具体可分为两类:一是旧上位法与新下位法之间的冲突,这是由于下位立法违反了上位法的结果。二是新上位

法与旧下位法之间的冲突。这是我国立法制度自然引发的结果。本案涉及的《条例》和《促进法》既是这种情况。《条例》制定颁布于 1996 年、修订于 2001 年,而作为上位法的《促进法》颁布于 2017 年。这些年中,国际、国内形势发生了很大变化,中国的电影市场也发生了很大变化,二者因立法时所处的形势不同,目的任务不同,体现在法律文本中自然就有不同,就会不一致。

关于"新上位法与旧下位法"的冲突,南京师范大学法学院教授,博士生导师杨登峰指出,"这种法律冲突是法律发展不可避免的。""先由下级立法主体制定下位法律规范,待积累经验、时机成熟后,再由上级立法主体制定上位法律规范"的立法模式,"由于上位法与下位法在制定时间上的区隔性,在法律的立改废过程中,新上位法与旧下位法发生冲突,便成为法律发展的必然结局。"①

(二)上位法优于下位法是普遍原则

行政执法,经常遇到上、下位法的适用难题,对此《中华人民共和国立法法》制定了普遍原则,即"法律的效力高于行政法规、地方性法规、规章。行政法规的效力高于地方性法规、规章。"但该原则在具体实践中仍有操作性不够的问题。对此,2003 年最高人民法院《关于审理行政案件适用法律规范问题的座谈会纪要》为进一步解决法律冲突提供了依据。

就本案而言,《促进法》是法律,《条例》是行政法规,二者构成上位法与下位法的关系。"《促进法》是基础性的、纲领性的制度规范,它是确定促进电影产业发展的基本制度、措施。条例是从电影产业促进法派生出来由国务院颁布的配套行政法规,是对法律制度的进一步细化。"②

按照法律适用的一般原则,当法律发生冲突时,"一般情况下应当按照立法法规定的上位法优于下位法、后法优于前法以及特别法优于一般法等法

---

① 杨登峰:《下位法尾大不掉问题的解决机制——"新上位法优于旧下位法"规则之论》,《政治与法律》2014 年第 9 期。

② 柳斌杰、聂辰席、袁曙宏主编《中华人民共和国电影产业促进法学习问答》,中国法制出版社,2018。

律适用规则,判断和选择所应适用的法律规范。"①具体到上位法与下位法发生冲突时,"下位法的规定不符合上位法的,人民法院原则上应当适用上位法。"对于"具体行政行为是依据下位法作出的,并未援引和适用上位法"的情况,法院"经判断下位法与上位法相抵触的,应当依据上位法认定被诉具体行政行为的合法性。"②

对此,无锡市两级法院审理的"无锡 M 食品科技有限公司诉无锡质量技术监督局高新技术产业开发区分局质监行政处罚案"(以下简称 M 公司案),根据"上位法优于下位法"规则优先适用了作为上位法的法律,可作为本案的参照。

无锡质量技术监督局高新技术产业开发区分局(以下称质监局)检查发现,无锡 M 食品科技有限公司(以下称 M 公司)未经许可生产货值近 20 万元的某类肉制品。质监局依据《中华人民共和国食品安全法》第 84 条做出处罚决定。M 公司认为处罚决定适用法律错误,提起诉讼。M 公司认为,《食品安全法》是普通法,《工业产品生产许可证管理条例》(以下称《条例》)和《食品生产加工企业质量安全监督管理实施细则》(以下称《细则》)是特别法,按特别法优于普通法规则,应适用《条例》和《细则》。质监局则认为,《食品安全法》是法律,是上位法,《条例》和《细则》是行政法规和部门规章,是下位法,按上位法优于下位法规则,应适用《食品安全法》。双方争执的焦点在于,2009 年颁布的《食品安全法》与 2005 年颁布的《条例》《细则》对未经行政许可生产经营食品行为都有处罚条款,但存在冲突。《食品安全法》处罚较重,《条例》《细则》处罚较轻。

无锡高新技术开发区人民法院和无锡市中级人民法院认为:《食品安全法》制定于 2009 年,而《条例》和《细则》制定于 2005 年。因此,《食品安全法》不仅法律位阶高,也属于新法。按上位法优于下位法的规定,应优先适用《食品安全法》,遂做出维持判决。《最高人民法院公报》2013 年第 7 期刊

---

① 《关于审理行政案件适用法律规范问题的座谈会纪要》,人民法院报,2004。
② 《关于审理行政案件适用法律规范问题的座谈会纪要》,人民法院报,2004。

登了该案,体现了最高院对此案适用法律的支持。

(三)关于放映时长等问题,《条例》与《促进法》是否抵触?

也有观点认为,关于放映时长的问题,《条例》与《促进法》都作出了禁止性规定,《条例》颁布在先,设置了罚则,《促进法》颁布在后,未设置罚则。但是,作为贯彻落实《促进法》的《条例》原先设置的罚则,与《促进法》的精神并不抵触,在《条例》尚未宣布废止的情况下,应该可以适用。

这里涉及的第一个问题是如何理解"抵触"?

关于此问题,中央党校胡建淼教授曾发文指出,"抵触"和"不一致"是"法律冲突"的两种情形。从语义上说,"抵触"或"不一致",都是指两个规范在内容上的"非同一性";而且它们有程度上的差别,可以说"抵触"是极端的"不一致","不一致"是轻微的"抵触"。但是,《立法法》将"纵向"法与法之间的法律冲突称为"抵触",把"横向"法与法之间的冲突称为"不一致"。这样,在《立法法》的意义上,"抵触"与"不一致"不是一种法律冲突程度上的区别,而是一种法律冲突情景上和性质上的区别:下位法与上位法冲突称"抵触",同位法之间的冲突称为"不一致"。[1]

第二个问题是如何"抵触"?

关于下位法不符合上位法的情形,《关于审理行政案件适用法律规范问题的座谈会纪要》列举了10项。其中与本文所讨论案例有关的是:"下位法扩大或者限缩上位法规定的给予行政处罚的行为、种类和幅度的范围"。笔者以为,《条例》关于对放映时长违反规定的处罚,对上位的《促进法》应属于扩大了"上位法规定的给予行政处罚的行为"。

第三个问题是《条例》与《促进法》关于放映比例时长的规定并不一致。

比较《条例》第四十四条"放映电影片,应当符合国家规定的国产电影片与进口电影片放映的时间比例。放映单位年放映国产电影片的时间不得低于年放映电影片时间总和的三分之二。"与《促进法》第二十九条"电影院应

---

[1] 胡建淼:《如何认识"法律冲突"》,《新华日报》2020年第21期。

当合理安排由境内法人、其他组织所摄制电影的放映场次和时段,并且放映的时长不得低于年放映电影时长总和的三分之二。电影院以及从事电影流动放映活动的企业、个人应当保障电影放映质量。"我们可以看出,对于国产电影的保护,后者不仅保留了前者关于放映比例时长的规定,还增加了针对所谓"幽灵场"的"合理安排由境内法人、其他组织所摄制电影的放映场次和时段"和"保障电影放映质量"的措施,使得这种保护更加完善。因此,《促进法》对于违反第二十九条的行为是否要设置处罚条款,不仅仅要考虑放映比例和时长,还应考虑场次和时段,这需要后续修订《条例》来解决。

2021版《行政处罚法》增加了补充设定行政处罚制度。新《行政处罚法》第十一条第二款规定,"法律对违法行为未作出行政处罚规定,行政法规为实施法律,可以补充设定行政处罚。拟补充设定行政处罚的,应当通过听证会、论证会等形式广泛听取意见,并向制定机关作出书面说明。行政法规报送备案时,应当说明补充设定行政处罚的情况。""补充设定行政处罚制度的核心含义是:违法与否由上位法规定,行政法规、地方性法规不能增加规定;上位法规定了违法但未规定相应行政处罚的,行政法规、地方性法规可以补充设定行政处罚。"①

笔者以为,《条例》如要保留诸如对放映时长不足三分之二等行为的处罚,可通过修订《条例》,补充设定相关行政处罚,在履行"通过听证会、论证会等形式广泛听取意见,并向制定机关作出书面说明"后颁布实施。在此之间的处罚要服从上位的《促进法》。所以,笔者以为,本案讨论的案例,执法者依据《条例》对电影院放映国产影片时长不足三分之二的行为予以处罚,适用法律错误。

三、《条例》与《促进法》罚则的比对分析

2017年颁布的《促进法》保留、完善了《条例》的一些制度,也取消了一些

---

① 黄海华:《新行政处罚法的若干制度发展》,《中国法律评论》2021年第3期。

制度,如取消了电影单片许可制等行政审批项目,同时,《促进法》还需要条例细化、补充,主要是在电影进出口管理问题和电影海外推广问题需要拾遗补缺。就罚则而言,《条例》涉及电影行政部门的罚则共有 7 条,《促进法》涉及电影行政部门的罚则共有 6 条。《促进法》保留了《条例》的大部分罚则,删除了对擅自改建、拆除电影院处罚等不合时宜的条款,同时增加了两条,涉及买卖许可批文和虚假票房,弥补了《条例》的不足。同时,《促进法》还对某些违法行为的罚款重新进行了安排。一是有的条款由原来的"并处"罚款调整为"可处"罚款。二是有的罚款区间取消《条例》10 万元、20 万元的下限,同时对上限也向下做了调整。三是《促进法》取消了非法经营罪的刑事责任。当然,《促进法》也有"强势"的一面,例如增加了对"用于违法行为的财物"的查封扣押的强制手段。例如对发行放映未取得公映证影片的行为、对虚假票房的行为设置了 50 万的上限处罚。因此,比较《条例》和《促进法》的罚则,《促进法》与时俱进,适应了形势的变化,总体上比《条例》更加体现了简政放权,放管结合,宽严相济,注重末端管理,加强后续监管的精神,一方面包容克制有温度,一方面严肃严厉有力度。

《促进法》颁布后,《条例》一直未修订。一方面《条例》的罚则有些与《促进法》相抵触。有的属于由于形势的变化,有的条款不合时宜,需要根本性删除,有的属于仍有适用价值,需要在后续修订《条例》时予以明确。另一方面,《条例》中有的罚则在文字表述上,或者是条款的安排上,与《促进法》看似不一致,但本质上是一致的,需要分析解释后在《促进法》找到合适的罚则继续适用。本文通过比较做些粗浅分析。

(一)关于《条例》第五十五条对"违反本条例规定,擅自
　　设立电影片的制片、发行、放映单位,或者擅自
　　从事电影制片、进口、发行、放映活动的"处罚

分析:

1.《条例》对"擅自设立电影片的制片、发行、放映单位"的处罚,与《促进法》相抵触,不宜继续适用。

《促进法》关于行政审批的内容主要涉及如下几条:第十三条,重大题材剧本需要审批。第十四条,合作拍片(境外机构不能在境内独立拍片)需要审批(个人不能在境内拍片)。第二十五条,发行、放映电影需要审批。

另外,许安标主编的《中华人民共和国电影产业促进法释义》认为,对于电影剧本梗概未备案、未取得备案证明而拍摄电影的,属于擅自摄制电影的行为。对于未备案从事流动电影放映活动的,属于擅自从事电影放映活动。上述行为可依据《促进法》第四十七条处罚。

2. 对擅自从事进口电影活动的处罚,与《促进法》相抵触,不宜继续适用。后续需要通过修订《条例》实施。

(二)关于《条例》第五十六条对"摄制含有本条例第二十五条禁止内容的电影片,或者洗印加工、进口、发行、放映明知或者应知含有本条例第二十五条禁止内容的电影片的"处罚

分析:

1. 关于禁止内容,《促进法》明确了电影不得含有禁止内容,但只对洗印、加工、后期制作境外含有禁止内容(仅包括危害国家尊严、荣誉和利益,危害社会稳定,伤害民族感情)的境外电影设置了处罚条款。因此,《条例》对摄制、进口、发行、放映含有禁止内容电影的处罚,与《促进法》有抵触,不宜继续适用,后续需要通过修订《条例》实施。

笔者分析其原因:一是剧本梗概需要报备,重大体裁影片剧本需要审批,所以能够进入拍摄环节的电影原则上不会含有禁止内容。二是所有影片公映都要经过审查、审批,取得公映许可,因此原则上不会出现拍摄、进口、发行、放映含有禁止内容的电影。

2. 笔者以为,现实中与电影有关的活动应该还会出现涉及禁止内容的问题,尽管是极个别的问题。例如,私自拍摄、进口以及通过网络下载的影片、用于内部观摩的电影资料片等,都有可能存在法律禁止的内容。对于此情形,法律不可以是空白的。因此,建议尽快修订《条例》来解决。但在《条例》

未修订之前,暂不宜适用此法条处罚。但鉴于此类影片大概率无法获得公映证,放映单位大概率无放映资质,可适用擅自发行放映、发行放映无公映证的影片等处罚。

(三)关于《条例》第五十八条对"出口、发行、放映未取得《电影片公映许可证》的电影片的"处罚

分析:

1. 关于影片出口问题,《促进法》未设置出口影片的相关条款,更无处罚条款。那么出口未取得公映证的影片是否违法行为?是否应该被处罚呢?

"电影的发行是电影作品有效进入市场的流通环节,是联通电影生产端和放映端的中间阶段。"[1]据此,笔者以为,从严格意义上讲,电影的商业性出口实质上是电影的发行活动。因此,笔者理解,《条例》第五十八条对"出口未取得《电影片公映许可证》的电影片"的处罚与《促进法》并不完全抵触。对于商业性出口未取得公映证影片的行为,可视具体情况依据《促进法》第四十九条第一项"发行未取得电影公映许可证的电影的"处罚。

(四)关于《条例》第五十九条对"未经批准,擅自与境外组织或者个人合作摄制电影,或者擅自到境外从事电影摄制活动的"等六项行为的处罚

分析:

1. 关于《条例》"未经批准,擅自与境外组织或者个人合作摄制电影,或者擅自到境外从事电影摄制活动的"处罚。

(1)《条例》"未经批准,擅自与境外组织或者个人合作摄制电影"与《促进法》不抵触,可依据《促进法》第四十七条处罚。

(2)《条例》对"未经批准,擅自到境外从事电影摄制活动的"处罚,因《促进法》未禁止"到境外从事电影摄制活动",所以该内容与《促进法》相抵

---

① 柳斌杰,聂辰席,袁曙宏主编《电影产业促进法释义》,中国法制出版社,第109页。

触,不宜继续实施。

2.关于"擅自到境外进行电影底片、样片的冲洗或者后期制作,或者未按照批准文件载明的要求执行的"。

《促进法》未禁止此行为,《条例》此项处罚与《促进法》相抵触,不宜继续实施。

3.关于"洗印加工未取得《摄制电影许可证》《摄制电影片许可证(单片)》的单位摄制的电影底片、样片,或者洗印加工未取得《电影片公映许可证》的电影片拷贝的"。

根据《促进法》,一般情况下拍摄电影不再审批,所以《摄制电影许可证》《摄制电影片许可证(单片)》不复存在,同时《促进法》未禁止"洗印加工未取得《电影片公映许可证》的电影片拷贝"。因此,《条例》此项处罚与《促进法》相抵触,不宜继续实施。

4.关于"未经批准,接受委托洗印加工境外电影底片、样片或者电影片拷贝,或者未将洗印加工的境外电影底片、样片或者电影片拷贝全部运输出境的"。

《促进法》第五十条只对"承接含有损害我国国家尊严、荣誉和利益,危害社会稳定,伤害民族感情等内容的境外电影的洗印、加工、后期制作等业务的"予以处罚,未禁止其他洗印加工行为,因此,《条例》此项处罚与《促进法》相抵触,不宜继续实施。

5.关于"利用电影资料片从事或者变相从事经营性的发行、放映活动的"。

《促进法》未涉及此内容。一般情况下,电影资料片均未取得公映许可证,因此,该行为可结合具体案情,依据《促进法》第四十九条"发行、放映未取得电影公映许可证的电影"处罚。

6.关于"未按照规定的时间比例放映电影片,或者不执行国务院广播电影电视行政部门停止发行、放映决定的"。

《条例》此项处罚与《促进法》相抵触,不宜继续实施。

（五）关于《条例》第六十条对"境外组织、个人在中华人民
共和国境内独立从事电影片摄制活动的"处罚

分析：

关于本条，《条例》与《促进法》并不抵触，《促进法》规定，境外组织不得
在境内独立从事电影摄制活动，但可经审批在境内合作拍片，境外个人不得
在境内拍片。因此，境外组织独立在我国境内拍片，境外个人在我国境内拍
片，都属于擅自从事电影摄制活动的行为，可适用《促进法》第四十七条
处罚。

（六）关于《条例》第六十一条对"未经批准，擅自举办中外
电影展、国际电影节，或者擅自提供电影片参加境外
电影展、电影节的"处罚

分析：

1. 关于举办电影展、电影节展，《促进法》只规定"在境内举办涉外电影
节（展）"需要审批，并在第五十二条设置了罚则。因此，《条例》"未经批准，
擅自举办中外电影展、国际电影节的"处罚，只有对擅自举办境外电影节展
的处罚与促进法不抵触，可依据《促进法》第五十二条处罚，其他不宜继续
实施。

2. 关于"擅自提供电影片参加境外电影展、电影节的"。

《促进法》不再限制国产影片参加境外电影节，只是要求参展影片需要
取得公映证，并履行参展备案。对于"提供未取得电影公映许可证的电影参
加电影节（展）的"，依据《促进法》四十九条第（三）项处罚。

（七）关于《条例》第六十二条对"未经批准,擅自改建、拆除
电影院或者放映设施的"处罚

分析:

《促进法》未禁止此行为。因此,《条例》该条与《促进法》相抵触,不宜继续实施。

参考文献

1. 杨登峰. 下位法尾大不掉问题的解决机制——"新上位法优于旧下位法"规则之论[J]. 政治与法律,2014(9):60-69.

2. 柳斌杰,聂辰席,袁曙宏主编. 中华人民共和国电影产业促进法学习问答[M]. 北京:中国法制出版社,2018.

3. 关于审理行政案件适用法律规范问题的座谈会纪要[N]. 人民法院报,2004-06-01.

4. 胡建淼. 如何认识"法律冲突"[N/OL]. 学习时报,2020-10-14. http://www.71.cn/2020/1014/1103749.shtml.

5. 黄海华. 新行政处罚法的若干制度发展[J]. 中国法律评论,2021(3):48-61.

6. 许安标. 中华人民共和国电影产业促进法释义[M]. 北京:法律出版社,2017.

2022 年 7 月 12 日　发表于网舆勘策院

案说"制造虚假交易,虚报瞒报销售收入,扰乱电影市场秩序"的定性与违法所得

摘 要

《中华人民共和国电影产业促进法》对"制造虚假交易,虚报瞒报销售收入,扰乱电影市场秩序"行为的处罚,所规范行为有两类,一类是通过制造"幽灵场"等虚假交易,虚报电影票房的不正当竞争行为,一类是侵犯电影作品著作权人和电影发行方等相关合同主体合法权益的侵权违约行为。关于"制造虚假交易、虚报瞒报销售收入等行为,扰乱电影市场秩序"的构成,不仅要满足虚报瞒报票房之实,还要达到破坏电影市场秩序之度。此类案件违法所得的计算和没收与其他案件有所不同,在没收违法所得时,涉及国家税收,应遵循税款优先的原则,涉及国家专项资金,应保证中央一级财政的收入,同时,还涉及院线分账,应体现民事赔偿优先的原则。

2017 年 3 月 1 日,《电影产业促进法》开始实行,虚报瞒报票房被认定为违法行为。3 月 23 日,北京市文化市场行政执法总队依法查办了全国电影院虚报瞒报销售收入第一案。经查,北京 M 电影院日坛店通过第三方电子商务售票平台和影院计算机售票系统销售收入合计为 111,533 元,但实际上报国家专项办销售收入为 63,983 元,未上报销售收入 47,550 元,瞒报销售收入 47,550 元,违法所得 23,299.5 元。北京文化执法总队依据《中华人民共和国电影产业促进法》第三十四条、第五十一条第一款之规定,对当事人

予以罚没款 20 余万元。随后,全国各地文化执法部门对制造虚假交易、虚报瞒报销售收入,扰乱电影市场秩序的行为进行了打击,办理了一批案件。近期,笔者有幸学习了业界同行办理的几起案件,通过重温电影产业促进法,研读专家学者的释义文章,发现各地在查办此类案件时,在案件定性、违法所得认定和计算、罚没裁量等方面存在不同理解和做法,既有成功的经验,也有不足之处,甚至还有个别案件形成行政诉讼而败诉的教训。

一、关于"制造虚假交易、虚报瞒报销售收入等行为,扰乱电影市场秩序"的构成

《电影产业促进法》第五十一条指出,"电影发行企业、电影院等有制造虚假交易、虚报瞒报销售收入等行为,扰乱电影市场秩序的,由县级以上人民政府电影主管部门责令改正,没收违法所得,处五万元以上五十万元以下的罚款;违法所得五十万元以上的,处违法所得一倍以上五倍以下的罚款。情节严重的,责令停业整顿;情节特别严重的,由原发证机关吊销许可证。"

关于何为"制造虚假交易、虚报瞒报销售收入等行为,扰乱电影市场秩序"以及构成,多部《中华人民共和国和电影产业促进法释义》都有不同程度的论述,但以全国人大常委会法工委副主任许安标主编的《释义》较为详细,笔者以为其也具有相当的权威性,可作为具体案件中认定相关事实的参考依据。现全文引述如下:

(一)关于制造虚假交易的构成

制造虚假交易,一般是指电影发行方、放映方以及制片方等相关方面,制造虚假的影片票房,欺骗、误导公众,以达到提升电影票房成绩或者在资本市场牟利等目的。制造虚假交易不但扰乱电影市场秩序,还可能对资本市场秩序造成混乱。因此,电影发行企业、电影院等经营主体有上述行为的,即构成本条规定的违法行为。

（二）关于虚报销售收入的构成

虚报销售收入与制造虚假交易有相似之处，一般是指制片方和发行方为了宣传营销，联合放映方，通过大量自购电影票、虚假排场等方式虚报票房，制造虚高票房成绩，推动影院提升电影的排片率，带动观众买票观影，提高票房收入。虚报销售收入一般来看没有造成国家或者企业损失，但这种行为欺骗、误导了观众，挤压了中小制作影片的市场.扰乱了电影市场秩序。因此，电影发行企业、电影院等经营主体有上述行为的，即构成本条规定的违法行为。

（三）关于瞒报销售收入的构成

瞒报销售收入，一般是指电影的放映方隐瞒实际的票房收入，把原本应该按比例与发行方、制片方分账的部分票房转移到自己手中，并偷逃需要上缴相关税收和国家电影事业发展专项资金。电影放映方瞒报销售收入不但损害了电影发行方、制片方的利益，而且偷逃了国家税收和专项资金，严重扰乱了电影市场秩序。因此，电影发行企业、电影院等经营主体有上述行为的，即构成本条规定的违法行为。

需要说明的是，本条(《电影产业促进法》第五十一条)规定的扰乱电影市场秩序，是指电影发行企业、电影院等经营主体构成本条规定的违法行为，所要达到的程度。如果只是上述经营主体与电影制片方、发行方等其他相关方在电影票房统计方面的一般争议，而未达到扰乱电影市场秩序的程度，就可以作为上述经营主体与电影制片方、发行方等其他相关方的民事纠纷，不应视为构成本条规定的违法行为。如何认定是否扰乱电影市场秩序需要有关方面在制定本法的配套性法规时，根据实际情况，予以进一步的明确。[①]

---

① 许安标主编《中华人民共和国和电影产业促进法释义》，法律出版社，2017。

二、免费观影不一定属于瞒报销售收入

案例一　甲影城瞒报销售收入，扰乱电影市场秩序案

2019 年 12 月 31 日，甲影城在自己的影迷微信群发起跨年抽奖活动，抽取当天 19 时上映的电影《ABC》影票 30 张给中奖观众，实际有 11 人中奖并到现场观影。执法者现场检查发现，影厅现场观众人数为 40 人，售票系统显示出售影票 29 张，其余 11 名是中奖观众，中奖观众直接进场观影，影厅未为其换取影票。经执法者检查后，甲影城及时整改，在售票系统重新打印了 11 张影票，每张影票 25 元，合计 275 元。执法者认为，甲影城的行为违反了《电影产业促进法》第三十四条，无违法所得，依据《电影产业促进法》第五十一条第一款，责令当事人改正违法行为，给予当事人罚款 5 万元。

案例二　乙影院瞒报销售收入，扰乱电影市场秩序案

经查，乙影院制作了员工免费观影券作为福利发给职工，员工家属亲友可持该券换取正式影票后观影，影票费用由影院承担，每张按 25 元最低票价计算。执法者对乙影院检查时发现，放映厅内观众数量与实际售票数量不等，共有 12 人使用员工免费观影券，影院未出正式电影票，涉及票房金额 300 元。经查，该影院与院线的票房分成比例是院线 46%，影院 54%，税收 3.8%，专资费 5%。关于违法所得，执法者进行了如下计算。违法总收入 = 应缴专资费（300 元×5% = 15 元）+应缴税额（300 元×3.8% = 11.4 元）+院线所得[（300 元-15 元-11.4 元）×46% = 126 元] = 152.4 元。

执法者认为，乙影城的行为违反了《电影产业促进法》第三十四条，违法所得 152.4 元，依据《电影产业促进法》第五十一条第一款，责令当事人改正

违法行为,没收违法所得 152.4 元,罚款 5 万元。

问题:案例一、案例二是否构成瞒报销售收入,破坏电影市场秩序?

关于案例一。影城安排抽奖观影,一般来讲,这是电影院正常的经营促销活动。关于该行为是否构成瞒报销售收入,有两种意见。第一种意见认为,影院搞促销活动,实际上是一种让利促销,让出的这部分利益原则上应当由影院付出,换句话说,中奖观众观影费用应当由影院支付。影院的做法实际上是慷国家专资和税收之慨,慷院线分账之慨,拿国家和别人的钱谋影院之私利,所以构成瞒报销售收入,破坏电影市场秩序的违法行为。第二种意见认为:其一,中奖者免费观影,影院没有销售收入、因此影院也没有瞒报销售收入,更没有"把原本应该按比例与发行方、制片方分账的部分票房转移到自己手中,并偷逃需要上缴相关税收和国家电影事业发展专项资金"。其二,影院在微信群搞抽奖活动,其目的或许主要是回馈影迷、留住观众,从整体而言,该行为也是对电影市场有利,同时也对涉案影片有宣传推介的作用。另外,当事人主观上也没有瞒报销售收入的故意。因此,不宜认定当事人的行为构成瞒报销售收入。其三,即使有瞒报之疑,区区 11 张 200 多块钱的电影票也谈不上破坏电影市场秩序。

笔者支持第二种意见。同时笔者认为,关于影院搞抽奖促销活动是否构成瞒报,还要结合案情具体问题具体分析。例如,有的促销活动是为了促进票房销售,其对于票房收入不一定有损失,还可能提高票房收入。当然,如果影院的促销活动并非为了促销影片,而是另有图谋,则另当别论,但这需要调查,需要证据,在未查清之前,以瞒报定性并处罚,显得过于武断。

关于案例二。案例二与案例一有相似之处,也有不同之处。相同的是,观众持员工免费观影券免费观影,影院没有实质性的销售收入。因此影院也没有瞒报销售收入,更没有"把原本应该按比例与发行方、制片方分账的部分票房转移到自己手中,并偷逃需要上缴相关税收和国家电影事业发展专项资金"。不同的是,当事人发放福利,并非促销观影,观影费用应由影院支付,不能慷国家专资、税金和院线分账之慨。但是,12 张票的 300 元票房,虽对票房有影响,但毕竟轻微,其结果不足以构成对电影市场秩序的损害。因此,笔者以为,该案件的定性有些勉强,处罚也过于严苛,责令改正,补齐票房或许更加适宜。

三、以租片放映或者买断地区发行权组织放映未使用售票系统出票不一定破坏电影市场秩序

案例三 丙影城瞒报销售收入,扰乱电影市场秩序案

《特别追踪》是由最高人民法院影视中心、青岛市中级人民法院、即墨区人民法院联合摄制的犯罪普法主旋律电影。该片于 2018 年 9 月 19 日在中国大陆上映。有关部门还下发文件要求组织观看。2019 年 12 月,鲁某获得《特别追踪》在 A 市发行放映授权,鲁某联系 A 市丙影院进行放映。鲁某与丙影院签署了场地租赁合同。合同约定:丙影城提供场地及放映设备,鲁某负责组织观众,租场费 3 千元。2020 年 1 月 10 日,影片如期放映。观众持鲁某制作的观影券入场。影城未核准人数,未使用计算机售票系统出票,影城的理由是涉案影片不是院线影片。执法者认为,丙影城的行为违反了《电影产业促进法》第三十四条,构成瞒报销售收入的情形,扰乱电影市场秩序,依据《电影产业促进法》第五十一条第一款,罚款 30 万元。

关于本案当事人的行为是否构成瞒报销售收入、扰乱电影市场秩序,笔者有不同意见。

（一）关于瞒报销售收入

本案涉案影片的发行放映近似于二级市场的发行放映,也就是“全国城镇一级市场以外的电影市场,包括社区、学校、厂矿、部队等能够放映电影的礼堂、俱乐部、这些单位没有加入院线,也没有安装计算机售票系统、以租片

放映或者买断地区发行权组织放映"。① 此类形式的发行放映,作为电影的制片方、发行方和放映方,各自关于影片的收益是通过影片的租金、发行放映权买断等方式来实现,并不完全靠计算机售票系统统计票房,再以票房为基数分账。例如本案,鲁某从上家买到发行放映权,支付了对价,上家的收益已经获得。丙影城拿到场租费,丙影城的收益也已经获得。鲁某拿着官方文件组织机关企业观影,从这些单位获得观影费,鲁某的利益也已经获得。因此,即使丙影城没有按规定使用计算机售票系统售票,或者未将所谓的场租费作为票房计入计算机售票系统,也不影响各方利益的实现,也不存在"把原本应该按比例与发行方、制片方分账的部分票房转移到自己手中"的情况。从这个角度说,该行为难以构成对电影市场秩序的破坏。

关于《电影产业促进法》第三十四条、第五十一条,从立法背景分析,主要针对的是电影市场的不正当竞争行为。由柳斌杰、聂辰席、袁曙宏主编,许安标、闫晓宏、董刚、张宏森副主编的《中华人民共和国电影产业促进法释义》指出,第三十四条、第五十一条"所规范行为有两类,一类是通过制造'幽灵场'等虚假交易,虚报电影票房的不正当竞争行为,一类是侵犯电影作品著作权人和电影发行方等相关合同主体合法权益的侵权违约行为。两类行为都向社会提供了不真实的电影票房数字、向市场传递了虚假的商品价值表现,从而在客观或者主观上具有欺骗、误导观众的效果,并且对电影市场秩序造成扰乱,应当予以明确禁止。"因此,笔者以为,案例三的行为应该不属于瞒报票房,即使属于瞒报票房,也尚未达到破坏电影市场秩序的程度。

(二)关于税费和专资收入

当然,当事人确实少报了票房收入,对于以票房为基数上缴的税收和国家电影专项资金造成一定损失。但,仅仅少量影响国家税收和专资收入的行为是否能认定为构成对电影市场秩序的破坏呢? 笔者以为,这是两回事。换句话说,偷、漏税款和专资与破坏电影市场秩序不能完全等同而论。造成国

---

① 李春利:《电影市场将规范票房统计》,《光明日报》2009 年 11 月 20 日,第 02 版。

家税收损失的,适用国家税收方面的法律规制。造成专资损失的,也自有《国家电影事业发展专项资金征收使用管理办法》"经营性电影放映单位不按规定及时足额缴纳电影专项资金的,取消对其安排电影专项资金奖励或资助"来规制,还可以适用《电影管理条例》第六十五条来管理,催缴甚至追究法律责任。而作为《电影产业促进法》,本条主要还是针对电影市场秩序。"违法行为侵害的客体为电影管理秩序。此点应当着重注意,如果电影发行企业、电影院等主体虽有制造虚假交易、虚报瞒报销售收入等行为,但其仅为偷税、上市前满足财务数据需要等目的而实施,并未实际干扰电影管理领域的数据统计工作的,则只能依据其他法律规范予以制裁,不属于本条第一款规定的应受行政处罚的范畴"①

四、制造虚假交易、虚报瞒报销售收入,扰乱电影市场秩序案违法所得计算涉及的几个问题

案例四　丁影城瞒报销售收入、扰乱电影市场秩序案

经查,2019年5月22日,丁影城接到电影包场业务,包场费1800元。电影放映前未出票时,工作人员打开检票闸门,包场观众直接入场,未清点人数,影院为观众赠送食品,价值为880元。截至当月27日执法人员检查时,影城未将该场票房录入票务系统。经调取录像核对,有成人观众88人。执法人员检查后,影城立即整改,按最低票价每人25元上报票房2200元(超出包场费的400元由影城负担),并以2200元为基数上交专资费110元,院线分成968元。

关于本案违法所得,执法者认为,此次包场,影城总收入1800元。成本

---

① 刘承韪、刘毅、武玉辉编著《中华人民共和国电影产业促进法释义》。

支出 1958 元,其中专资费 110 元,院线分成 968 元,赠送食品 880 元。收支相抵,总收入−158 元,视同无违法所得。最后处理结果为罚款 5 万元。

本案当事人组织包场观影,影城不出票,直接开闸放人,这是典型的瞒报票房的行为,事实清楚,证据确凿。但关于违法所得计算方式,笔者以为值得商榷。

(一)关于违法所得的计算方式

一般来讲,影院接受包场业务时正常的做法是,包场者享受最低票价(比如本案的 25 元),然后影院先与包场者约定一笔保底费用(一般按座位数的60%计算),比如本案中的 1800 元。观众入场时,影院清点人数,如果人数×最低票价>1,800 元,则不足的票款由包场者补齐,影院按实际费用上报票房。如果数值低于 1800 元,影院不再退还包场者多付的款项,则按 1800 元上报票房。

本案的影院没有按照上述规范的做法操作,故而产生了违法行为,如果该行为未被执法者发现并制止,则1800 元全部落入影院腰包。但是,这 1800 元并非全部是违法所得。假如规范经营,影院按 1800 元上报票房,专资费和税费(案例中执法者未计算税费)大约为 $1800×8.3\%(5\%+3.3\%)=149.4$ 元,需要给院线分账约为 $(1800−149.4)×46\%=760.7$ 元,剩下的是影院合理合法的收入891.3 元。换句话说,如果影院没有如实上报 1800 元的票房,影院实际获得的非法利益是:1. 专资费 2. 税费 3. 院线分账费,合计 910.1 元。笔者以为,这910.1 元才是本案当事人的违法所得。本文中的案例二也是这样计算的。

(二)本案计算违法所得是否要扣除:1. 后来补报票房
而上缴的专资费(应该还有税费)2. 给院线的
分账费 3. 赠送的食品费?

笔者的意见,上述三项都不宜扣除。

违法所得的认定标准一直是颇具争议性的话题。实践中存在"总额说"

和"差额说",在新《行政处罚法》颁布之前,笔者以为"差额说"占主流地位,至少在文化执法领域是如此。因此,计算违法所得扣除必要的成本是合理的。但什么是成本?一般认为"成本是生产和销售一定种类与数量产品以耗费资源用货币计量的经济价值。企业进行产品生产需要消耗生产资料和劳动力,这些消耗在成本中用货币计量,就表现为材料费用、折旧费用、工资费用等。"例如原材料、设备、人工等费用。而本案涉及的专资费、税费和院线分账费绝非影院经营活动具有成本性质的投入,恰恰是收入的分配,因此不宜作为成本扣除。再有是关于赠送的食品费用。此费用系当事人为招徕包场生意的自愿付出,应从其自身合法收益中支出,即从其理论上合法获得的 891.3 元中支出,而不宜从违法所得的 910.1 元中扣除。

(三)如果补缴的专资费、税费和院线分账不宜作为成本扣除,难道还要没收吗?

笔者以为:一是仍然认定违法所得是 910.1 元,并以此为基数裁量罚款。二是税费应优先保证国家的税收,专资费应优先考虑专款专用和中央财政的收入。三是在新《行政处罚法》之后应优先考虑民事赔偿。

首先,国家税收应优先缴纳。

税款优先原则体现了国家的政治权力优先于一部分经济权力,在一定程度上体现了税收的强制性。《中华人民共和国税收征收管理法》①第四十五条第二款规定,"纳税人欠缴税款,同时又被行政机关决定处以罚款、没收违法所得的,税收优先于罚款、没收违法所得。"这里的税收优先于罚款、没收非法所得。一是纳税人欠缴税款,同时要被税务机关处以罚款、没收非法所得的,税收优先于罚款、没收非法所得。二是纳税人欠缴税款,同时又被税务机关以外的其他行政部门处以罚款、没收非法所得的,税款优先于罚款、没收非法所得。

瞒报票房而产生的与税有关的违法所得,其实质是偷税、漏税。依据

---

① 本篇文章中所涉及的《中华人民共和国税收征收管理法》指 2015 年版。

《税收征收管理法》，从职责讲，应由税务部门负责查缴和处罚。从结果讲，首先应保证税收颗粒归仓。因此笔者以为，对于这部分款项，文化执法者不宜没收。

其次，电影专项资金应专款专用，执法者同时将专资费按"违法所得"没收将侵蚀中央一级财政收入。

根据《国家电影事业发展专项资金征收使用管理办法》，"电影专项资金属于政府性基金"。根据《政府非税收入管理办法》，其与"罚没收入"一样，都属于非税收入。因此，在收入国库这一环节与上述税收不同，无所谓谁优先谁在后。但是，"国家建立电影事业发展专项资金，并采取其他优惠措施，支持电影事业的发展。"因此，应专款专用于电影事业。如果被没收了，就难以保证专款专用。同时《电影管理条例》规定，电影专项资金"全额上缴中央和地方国库，纳入中央和地方政府性基金预算管理。""电影专项资金按照4：6比例分别缴入中央和省级国库。"而根据《政府非税收入管理法》①第二十七条规定，"非税收入应当依照法律、法规规定或者按照管理权限确定的收入归属和缴库要求，缴入相应级次国库。"作为行政处罚中的违法所得，一旦没收，所得款项直接进入地方财政。所以，在上述案件中，如果没收未缴纳的专项资金，没收资金将直接进入地方财政，中央财政将无法获得40%比例的份额，无疑也是对中央财政的侵占。

同时，对于应缴纳而未缴纳的电影专项资金，国家有专门的部门负责，也有专门的法律监管。《电影管理条例》第六十五条"未按照国家有关规定履行电影事业发展专项资金缴纳义务的，由省级以上人民政府电影行政部门责令限期补交，并自欠缴之日起按日加收所欠缴金额万分之五的滞纳金。"所以文化市场行政执法部门不宜越俎代庖。

再次，遵循民事赔偿优先，应优先保证院线分账得以实现。

新《行政处罚法》指出，"当事人有违法所得，除依法应当退赔的外，应当予以没收。"关于依法应当退赔，《民法典》第187条规定，民事主体因同一行

---

① 本篇文章中所涉及的《政府非税收入管理办法》指2016年版。

为应当承担民事责任、行政责任和刑事责任的,承担行政责任或者刑事责任不影响承担民事责任;民事主体的财产不足以支付的,优先用于承担民事责任。"需要说明的是,'依法应当退赔'规定遵循了民事赔偿优先的原则,并进一步明确在没收违法所得环节先行依法退赔,目的是适当降低当事人维权成本,解决事后退赔难的问题。"①

新《行政处罚法》之前,部分行政处罚领域已经将退赔作为没收违法所得的前置程序。例如价格领域就要求经营者限期退还消费者或者其他经营者多付的价款。"从价值衡量的角度分析,公平价值要优位于效率价值。虽然退赔违法所得在一定程度上会影响执法实践中的执法效率,但是相比于补偿受害人的合法权益而言,后者则更为重要。"②

(四)对影院违法所得的专资费、税费和院线分账的后续处理

一是补录票房,继而保证补缴专资费、税费和院线分账。据笔者了解,每部院线电影都有上映期。在上映期内,影院可以通过对该影片重排场次的方法将应报而未报票房补录进计算机售票系统。由于售票系统与专资管理部门和院线方都是平台联网,税务部门也对影院的销售收入有自己的监管措施,所以,有关三方能够掌握影院的票房或者说销售收入,从而能够保证上缴专资费、税费和院线分账。

二是通知有关部门追缴专资和税费。票房的补录也受到一些因素限制,例如由于票房的补录要补录到相应影片头上,影片下线后,因技术原因,影院将无法实现重新排场,也就无法补录。如此,有关各方无从掌握影院票房情况,在这种情况下,需要执法者将有关情况通知有关部门,由有关部门追缴专资和税费。院线分账部分可要求影院退赔,也可通知院线方追讨。

---

① 许安标主编《中华人民共和国行政处罚法释义》,"中华人民共和国法律释义丛书",中国民主法制出版社,2021。

② 郑琳:《行政处罚上违法所得的认定和处置研究》,《财经法学》2022 年第 3 期。

参考文献

1. 许安标主编. 中华人民共和国和电影产业促进法释义[M]. 北京:法律出版社,2017.

2. 李春利. 电影市场将规范票房统计[N]. 光明日报,2009-11-20(2).

3. 柳斌杰,聂辰席,袁曙宏主编. 中华人民共和国电影产业促进法释义[M]. 北京:中国法制出版社,2017.

4. 刘承韪,刘毅,武玉辉编著. 中华人民共和国电影产业促进法释义[M]. 北京:中国电影出版社,2017.

5. 郑琳. 行政处罚上违法所得的认定和处置研究[J]. 财经法学,2022(3):179-192.

2022 年 8 月 30 日　发表于网舆勘策院

案说电影流动放映的过与罚

摘　要

放映电影有两种形式,即固定场所放映和流动放映。只有在电影院等固定放映场所放映电影才需要行政许可。流动放映是相对于固定场所放映的一种概念。从目的上看,主要是解决农村、社区以及边远分散地区看电影难的问题。从放映主体上看,主要包括企业和个人。固定放映电影院也可以从事流动放映。从地域、场所以及人群看,主要是农村居民、工人、军人、学生、老人、孩子等特定群体及其所在场所。电影流动放映与农村电影放映之间是交叉而非包含关系。农村电影放映是相对于城镇电影放映的一种放映区域概念。从营利性上看,流动放映是让利放映,主要以公益形式为主,但法律未禁止收费。流动放映行政执法重点宜放在影片的著作权和影片公映证方面,即放映活动是否侵犯影片的著作权,放映的影片是否取得公映证。

一、问题的提出

A市的文化执法者接到举报,称有人擅自从事电影放映活动。经查,甲社区为庆祝国庆节,营造良好的社区生活,在社区的活动室组织放映电影。乙老年用品公司承办了放映活动。乙公司从网络下载了影片《建国大业》,

安排了放映人员,使用自带的放映设备(电脑、音箱、投影仪、幕布等)进行了放映活动。乙公司放映《建国大业》未取得版权授权。乙公司在放映现场放置了自己的产品和广告,在观影期间进行了产品宣传。另查,乙公司曾在甲社区多次放映,而且放映活动不限于甲社区。乙公司未进行电影流动放映备案。

执法者认为,乙公司放映电影的行为涉嫌两个违法行为,一是侵犯电影的放映权。二是擅自从事电影放映活动。对于前者,执法者基本没有异议。对于后者,执法者有两种看法。

第一种看法是,不属于擅自从事电影放映活动。当事人构成流动放映,应履行备案手续。此看法认为,放映电影需要办理《电影放映经营许可证》,这主要针对的是固定放映场所。社区活动室并非固定放映场所,因此当事人的放映行为符合流动放映的特点。

第二种看法是,构成擅自从事电影放映活动,其理由是:(一)当事人放映电影活动有牟利行为,虽然没有证据证明当事人获利,但其宣传产品的活动应视为营销行为,是以营利为目的。(二)当事人的行为不属于流动放映,流动放映主要是公益性放映。(三)当事人放映场所相对固定。社区活动室为社区固定的活动场所,当事人在此多次放映电影,且以营利为目的,已经形成相对固定的放映活动。

第二种看法还认为,对放映电影设置许可,其核心目的是对经营活动的限制,或者说主要针对的是以放映电影为手段的经营活动,这一点从许可证的名称《电影放映经营许可证》即可证明。假如对涉案的行为不加限制,那么任何一个主体都可以在任何地方从事以放映电影而牟利的活动。本案当事人的行为在牟利方面还仅仅是宣传产品,那如果是收取了一定费用呢?本案的影片还在版权保护期,还可以以侵犯著作权同时损害公共利益进行处理,但如果放映过了保护期的影片,执法者还能监管吗?

再扩展一下。假如在社区的活动室,社区的同志利用自身的电脑、投影、功放设备定期放映电影,这能算固定场所放映电影吗?需要许可吗?如果不算,那么,如果乙公司与社区合作,为活动室购买了上述放映设备,乙公司定期在此放映影片,同时借机宣传和销售自己的产品,这算固定电影放映还是流动电影放映?需要获得《电影放映经营许可证》吗?在 2015 年发生的济南市"L 影城诉济南历城区政府、市场监管局行政处罚及行政复议案"中,国家电影主管部门就认定,"电影主管部门对申请设立电影放映单位的市场主体颁发行政许可书面文书的时候,应当在《电影放映许可证》上载明电影放映单位的营业地址。放映单位只能在此地址从事电影放映活动。"法院经过三次审理,2020 年终审时,山东高院认定 L 影城(具有《电影放映经营许可证》)在电影院以外的某大学礼堂设置放映点属于擅自从事电影放映活动。

笔者以为,上述两种说法看上去都有一定道理。上述争议涉及在《中华人民共和国电影产业促进法》颁布的背景下,何为固定电影放映场所,何为流动放映,我国对放映电影的行政许可主要针对哪些行为,等等。厘清这些争议对办理此类案件具有意义。

二、关于固定放映场所电影放映活动

关于放映电影的形式,《中华人民共和国电影产业促进法释义》提到了两种形式,即"电影院等固定放映场所电影放映活动"和"电影流动放映活动"。

《电影产业促进法》第二十四条第二款对固定电影放映活动规定如下:

"企业、个体工商户具有与所从事的电影放映活动相适应的人员、场所、技术和设备等条件的,经所在地县级人民政府电影主管部门批准,可以从事电影院等固定放映场所电影放映活动。"

(一)只有在电影院等固定放映场所从事电影放映活动 才需要获得行政许可

关于第二十四条第二款,许安标主编的《中华人民共和国电影产业促进法释义》指出,"本条第二款所说的从事电影放映活动是指在电影院等固定放映场所从事的电影放映活动,而不是所有的电影放映活动。也就是说,只有在电影院等固定放映场所从事电影放映活动才需要获得行政许可。"

上述表达有两个重点。一是放映电影有两种形式。即固定放映场所形式、流动放映形式。二是行政许可只针对固定放映场所形式。

如何理解"固定放映场所"?

许安标主编的《中华人民共和国电影产业促进法释义》继续指出,"本条所说的电影院等固定放映场所,既包括专门从事电影放映活动的电影院,也包括从事电影放映活动的少年宫、文化宫、儿童活动中心、影剧院、礼堂等场所。"①

从上述看,固定电影放映场所的定义相对好理解,也较为清晰。一是大家所熟知的专门从事电影放映活动,并收取放映费用的院线影院。二是"从事电影放映活动的少年宫、文化宫、儿童活动中心、影剧院、礼堂等场所"。笔者理解,这类场所肯定是固定的,肯定也是经营性的,换句话说放电影的目的是挣钱,但在专业性上不如院线影院,这些场所还可能从事其他文化活动如举行会议等。这一点从《国家电影事业发展专项资金征收使用管理办法》中也可以得到印证。该办法第七条指出,"办理工商注册登记的经营性电影放映单位,应当按其电影票房收入的5%缴纳电影专项资金。经营性电影放映单位包括对外营业出售电影票的影院、影城、影剧院、礼堂、开放俱乐部,以及环幕、穹幕、水幕、动感、立体、超大银幕等特殊形式电影院。"

(二)只把放映电影的行政许可限定在固定放映场所是 "简政放权,进一步激发电影市场活力"

柳斌杰等主编的《中华人民共和国电影产业促进法释义》指出,电影产业促进法的"立法过程中,有建议在电影放映活动主体中增加'其他组织',主要是考虑除了企业、个体工商户外,还有其他类型主体从事电影放映活动,例如博物馆、图书馆(含大学图书馆)、天文馆等事业单位以及某些社会团体

---

① 许安标主编《中华人民共和国行政处罚法释义》,"中华人民共和国法律释义丛书",中国民主法制出版社,2017,第123页。

等。""实践中确实也存在企业、个体工商户之外的主体从事电影放映活动的情形。经过研究,维持了原有的规定方式,主要考虑是:电影放映领域是产业投资最活跃、市场竞争最激烈的电影产业环节,也是电影行政监管的重点和难点,宜通过行政许可方式予以管理;企业、个体户之外的主体也有从事固定放映场所电影放映活动的,但市场化程度较低,在参与市场竞争时处于劣势地位,难以维系市场存在,往往以满足所在单位、社区或特定群体精神文化需求为经营目的,具有较强的封闭或者公益属性,宜视同流动电影放映活动,由电影主管部门予以备案管理。"①"流动放映模式并非当今电影的主要放映模式,其服务群体具有一定的针对性。其技术手段、人员要求、资金需求等均低于固定场所放映模式,而且,电影流动放映行为本身的商业性也远低于电影的固定放映模式。因此,对于电影流动放映行为并不需要如固定场所放映般的行政许可制,采用备案制度即可。"②

从上述分析看,本文讨论的案例基本符合市场程度化低、服务社区、可视为流动放映的情况。

三、关于流动电影放映

《电影产业促进法》第二十六条,对流动电影放映活动规定如下:

企业、个人从事电影流动放映活动,应当将企业名称或者经营者姓名、地址、联系方式、放映设备等向经营区域所在地县级人民政府电影主管部门备案。

如何理解流动放映?

---

① 柳斌杰、聂辰席、袁曙宏主编,《中华人民共和国电影产业促进法释义》,中国法制出版社,2017。

② 刘承韪,刘毅,武玉辉编著《中华人民共和国电影产业促进法释义》,中国电影出版社,2017。

"电影流动放映是相对于固定场所放映的一种放映模式概念"。① 流动放映的概念和内涵不像"固定场所放映"那样清晰明确。柳斌杰、聂辰席、袁曙宏主编的《中华人民共和国电影产业促进法释义》和许安标主编的《中华人民共和国电影产业促进法释义》中都有一些论述,将它们综合比较,大致有以下几个特点:

从目的上看,"是基于我国国情设立的一种电影放映形式,主要目的是解决农村、社区以及边远分散地区看电影难的问题。"②,是"丰富群体文化、活跃群体生活、凝聚群体人心,"③。

从放映主体上看,综合《电影产业促进法》(以下简称《促进法》)第二十六条"企业、个人从事电影流动放映活动"和第二十八条"国家鼓励电影院以及从事电影流动放映活动的企业、个人""设立社区放映点"等表述,流动放映的主体主要包括企业和个人。这里的企业是一个相对宽泛的表述,其中就包括取得放映许可的电影固定放映场所——电影院。换句话说,固定放映电影的电影院也可以从事流动放映工作。

从地域、场所以及人群看,主要服务的是"农村居民、工人、学生等特定群体""军营、厂矿、学校、养老院、儿童福利院等特定群体所在场所以及社区等居民点"④。1. "电影流动放映与农村电影放映之间的关系,二者之间是交叉而非包含关系。"2. "农村电影放映是相对于城镇电影放映的一种放映区域概念,目前正由流动放映向固定场所放映、室外放映向室内放映转变。"3. 国家把"公益放映从覆盖农村扩大到工厂、社区、学校"。⑤

---

① 柳斌杰、聂辰席、袁曙宏主编,《中华人民共和国电影产业促进法释义》,中国法制出版社,2017。

② 许安标主编《中华人民共和国电影产业促进法释义》,法律出版社,2017。

③ 柳斌杰,聂辰席,袁曙宏主编《中华人民共和国电影产业促进法释义》,中国法制出版社,2017。

④ 柳斌杰,聂辰席,袁曙宏主编《中华人民共和国电影产业促进法释义》,中国法制出版社,2017。

⑤ 柳斌杰,聂辰席,袁曙宏主编《中华人民共和国电影产业促进法释义》,中国法制出版社,2017。

从以上内容可以看出,流动放映既可以在农村,也可以在城镇;既可以在社会面,也可以在厂矿、军营、学校内;既可以在广场,也可以在室内。农村也可能在室内,城镇也可以在广场。

从营利性上看,主要以公益形式为主,国家给予一定补贴,但未禁止营利性放映。关于流动放映补贴,主要在《促进法》1. 第二十七条"县级以上人民政府应当将农村电影公益放映纳入农村公共文化服务体系建设,按照国家有关规定对农村电影公益放映活动给予补贴"。2. 第二十八条"电影院以及从事电影流动放映活动的企业、个人所在地人民政府可以对其发放奖励性补贴。"分析上述有关补贴的表述,有几点不同。一是对象不同。农村放映的补贴只针对农村放映,流动放映的补贴没有限定;二是公益程度不同。农村放映只能是公益性的,流动放映在一定程度上是公益性的;三是补贴程度不同。农村放映应是全额补贴,流动放映是奖励性补贴;四是应然性和或然性的区别。农村放映是"按照国家有关规定"应该补贴,流动放映是视情况"可以"补贴。所以,笔者理解,农村放映一定是百分之百公益性的,不能收费。流动放映是放映者让利放映,可以是完全公益,也可以是一定程度上的公益,法律未禁止收费。

从备案管理角度看,一是"本条所提及的'备案'属于事前备案。"[1]但也有观点认为,与《电影管理条例》关于16毫米放映把备案作为前置条件不同,《促进法》取消了"'先备案、再从事'的表述模式和管理模式""体现出鼓励和支持流动放映工作的立法思路"[2]。笔者支持后者的意见。二是流动放映应当备案,但不备案或许会承担一些行政管理方面的法律责任,但法律目前没有规定行政处罚条款。"履行备案手续与否并不影响该备案事项的合法性,但不备案也会有相应的法律责任。在具体实践中,某些地区将备案作为对电影流动放映活动给予政府补贴的前提条件,如不按照有关要求及时履行备案手续,将无法纳入农村电影放映工程管理体制内,也就无法获得相应

---

① 柳斌杰等主编《中华人民共和国电影产业促进法释义》。
② 刘承韪、刘毅、武玉辉编著《中华人民共和国电影产业促进法释义》,第151页

的政府补贴。"①。还有观点指出,"相关从业主体未予备案的,不能根据本法第四十七条规定以擅自从事电影放映活动为由予以行政处罚,但该问题应如何规范和管理,尚需日后的立法加以完善。"②

四、流动放映的监管重点

(一)流动放映电影,无论是否营利,不以擅自放映电影论处

通过上述分析,笔者以为,本文开头所引案例中的涉案行为宜认定为流动放映,从《电影产业促进法》的角度讲,当事人只是存在一个未备案的情形,由于未备案行为不是一种可处罚行为,执法者可追究当事人侵犯电影放映权的行为。

对于本文开头引用的案例中,执法者"对放映电影设置许可,其核心目的是对经营活动的限制,或者说主要针对的是以放映电影为手段的经营活动"的意见,笔者认为,如果说在《电影产业促进法》颁布之前,就《电影管理条例》的规定而言,还可以如此理解。但在《电影产业促进法》颁布之后,就未免过时了。正如本文第一部分所分析的,《电影产业促进法》开宗明义是"促进法",其核心目的是"促进电影产业健康繁荣发展""丰富人民群众精神文化生活",方式是"简政放权,进一步激发电影市场活力",因此,在放映环节,《电影产业促进法》只把行政许可限定在固定放映场所这一"产业投资最活跃、市场竞争最激烈的电影产业环节",对于流动放映等,尽管存在以放映影片牟利的行为,但未设置行政许可,所以不以擅自放映电影论处。

(二)流动放映监管的重点宜放在影片的著作权和公映证上

其实,流动放映在片源方面很受限制,因此,社会上的主体如果不加入国

---

① 柳斌杰等主编《中华人民共和国电影产业促进法释义》。
② 刘承韪、刘毅、武玉辉编著《中华人民共和国电影产业促进法释义》,第150页。

家电影流动放映的主流,做到合法放映并不容易。关于流动放映的片源问题:一是农村电影公益放映,国家组建了专门公司,统一购买版权。广电总局每年选定不低于60故事片和30部科教片,委托中影新农村数字电影发行有限公司购买版权发行,仅供农村流动放映。二是国家出台政策鼓励制片方把最新、最好的影片送到农村。三是教育部、电影主管部门定期向全国中小学推荐优秀影片,并给予经费保障。当然,这里不排除流动放映者通过购买版权或者放映过了版权保护期的影片达到合法放映的目的。

　　流动放映可能的违法行为,一是可能侵犯电影的放映权,例如本文讨论的案例。无论是从网络下载,还是使用光盘播放等任何方式,只要未取得著作权人放映权的许可,就是侵权行为,如果是营利性放映,则可以认定为同时损害公共利益,则构成著作权法可行政处罚的行为。当然,影片过了保护期除外。二是可能放映无公映证的影片,构成违法行为。《电影产业促进法》规定"未取得电影公映许可证的电影,不得发行、放映"。其第四十九条规定"发行、放映未取得电影公映许可证的电影的""由原发证机关吊销许可证",由县级以上电影主管部门没收电影片和违法所得、罚款。

　　实践中可以遇到,某主体租用会议室、礼堂等,放映进口片、观摩片、电影节参展片,收取费用,具有流动放映的特征,这些片子没有取得在我国境内的公映许可。对此行为,仍然可以适用《电影产业促进法》第四十九条予以处罚。换句话说,不论是有资质的固定放映还是只需备案的流动放映,都不得放映无公映证的影片。"因为开展电影流动放映仅需备案而不用取得电影放映经营许可证,电影流动放映主体放映未取得电影公映许可证的电影的,仅适用没收电影片和违法所得、罚款的行政处罚。"①当然,无公映许可证的影片可以特定方式放映,如用于科学研究、教学参考等的内部放映。

---

① 柳斌杰、聂辰席、袁曙宏主编《中华人民共和国电影产业促进法释义》,第249页。

五、一点体会——《电影产业促进法》较之《电影管理条例》给流动放映电影"松绑"

《电影产业促进法》实施前的《电影管理条例》未提及流动放映。涉及流动放映的条款主要是《电影管理条例》的第四十条和第五十一条关于"农村16毫米电影片发行放映业务,并要求办理登记手续和备案。国家予以优惠政策和扶持。"这些条款中虽有流动放映之意,但未使用流动放映的表述。因此,在《电影产业促进法》之前,某些具有流动放映特征的放映活动被以擅自从事电影放映而被处罚。笔者以为,本文开头提到的"L影城诉济南历城区政府、市场监管局行政处罚及行政复议案"就比较典型。

2015年某日,历城区市场监管局发现,原告公司所在地为济南市历城区某文化广场五楼,却在山东某大学三楼影音厅擅自从事放映活动。其认为原告构成擅自设立放映单位,擅自从事放映活动,依据《电影管理条例》对当事人进行了处罚。当事人不服,认为自己已经取得了放映许可,就可以在许可机关所在辖区内从事放映活动,而不受场所限制,遂提起复议。复议机关维持了执法者的处罚决定。原告不服,诉至法院。一审支持了执法者,二审支持了原告,再审认定原告违法,但维持了二审判决结果。

该案虽历经复议、三次审理,但争议的焦点始终围绕在:在影城住所外的山东某大学从事放映活动是否需要许可?此案,国家新闻出版广电总局电影局还专门作出《关于电影院在住所以外从事电影放映活动有关问题的回复》,指出"电影主管部门对申请设立电影放映单位的市场主体颁发行政许可书面文书的时候,应当在《电影放映许可证》上载明电影放映单位的营业地址。放映单位只能在此地址从事电影放映活动。"

最终,山东省高级人民法院认定,"L影城的放映行为系基于其与某大学之间的校企文化建设合作项目,主要为校园师生和群团活动提供服务,带有丰富校园文化生活的公益性质。"行政执法者"在职权范围内,严格执法,作出被诉行政处罚的行为虽无不当之处,但有违行政处罚过罚相当的原则精神,也不符合当前大力优化营商环境的价值导向,原二审法院判决撤销被诉行政处罚决定的结果恰当,理应得到支持。"[①]显然,山东高院还是认为,L影城的行为构成擅自从事电影放映活动。

笔者以为,《电影产业促进法》出台后的今天,流动放映的概念和外延更加宽泛,已给流动放映电影"松绑",L影城案被处罚的情况应该改变。此案若发生在今天,即使是固定电影放映场所,也可以从事流动放映,L影院的行为可以认定为流动放映,即使是有营利行为,也不构成擅自从事电影放映活动。

参考文献

1. 柳斌杰,聂辰席,袁曙宏主编. 中华人民共和国电影产业促进法释义[M]. 北京:中国法制出版社,2017.

2. 许安标主编. 中华人民共和国电影产业促进法释义[M]. 北京:法律出版社,2017.

3. 刘承韪,刘毅,武玉辉编著. 中华人民共和国电影产业促进法释义[M]. 北京:中国电影出版社,2017.

4. 山东省高级人民法院行政判决书,(2020)鲁行再27号。

2022年9月6日　发表于网舆勘策院

---

① 山东省高级人民法院行政判决书(2020)鲁行再27号

案说《专网及定向传播视听节目服务管理规定》的规制范畴

摘　要

随着三网融合全面推广,网络基础设施建设飞速发展,各种视听新业务如交互式网络电视(IPTV)、专网手机电视、互联网电视等发展迅速,这些视听新业务在提供传播广播电视节目等视听节目时出现了传播不良内容等违法违规行为,原有的《互联网等信息网络传播视听节目管理办法》(39号令)已不适应发展和管理的需要,《专网及定向传播视听节目服务管理规定》①应运而生。"专网及定向传播视听节目服务"定义的是向公众提供广播电视节目等视听节目的行为。《专网及定向传播视听节目服务管理规定》主要是加强对视听新业务提供传播广播电视节目的监管,是规范广播电视等视听节目"提供环节"的行为。传统文化场所或其他经营业态利用局域网等专网及定向传播视听节目技术进行改造升级,或是在原有业态基础上增加新的服务内容,并不改变原有业态的性质,原则上不宜适用《专网及定向传播视听节目服务管理规定》予以规制。

---

① 本篇文章中所涉及的《专网及定向传播视听节目服务管理规定》指2016年版。

一、问题的提出

2021 年 1 月，C 市文化执法人员对甲宾馆进行检查。在宾馆门口，发现写有"住宿、电影、电竞"的广告牌，在宾馆客房内，发现设有投影幕布、投影仪、互联网电视机等影音播放设备，其投影仪内安装有一名为"点播"的软件，可实现电影点播功能，其提供的部分电影涉嫌含有血腥、暴力、色情内容。再细查发现，当事人一是购买了视频播控系统、电脑主机、交换机、硬盘等设备架设了局域网；二是通过局域网向客房提供影视剧等视听节目，三是通过美团等团购网站以观影为噱头招揽顾客。

执法者认为，本案当事人通过架设服务器、组建局域网等手段提供视听节目至宾馆客房，并通过投影仪、电视机等终端设备播放影视剧等视听节目，消费者为当事人通过美团等团购网站招揽的不特定人员，因此可以认定当事人从事了专网及定向传播视听节目服务。当事人未取得《信息网络传播许可证》，因此构成擅自从事专网及定向传播视听节目服务活动，且所提供的视听节目含有禁止内容，依法应予处罚。最终，依据《专网及定向传播视听节目服务管理规定》，给予当事人警告，罚款 3 万元的行政处罚。

《专网及定向传播视听节目服务管理规定》颁布后，依据此规章进行处罚的案件并不多见，本案的办结并处罚难能可贵，但依笔者之见，也有值得总结和商榷的地方，例如，此规章规制的范畴是哪些？如何理解其中的概念的内涵外延？本案当事人到底从事了什么行为？适用《专网及定向传播视听节目服务管理规定》是否合适？

本文试着做些分析。

二、专网及定向传播视听节目服务及立法本意的探究

(一)"专网及定向传播视听节目服务"定义的是利用"专网"等向公众"提供"广播电视节目等视听节目的行为

《专网及定向传播视听节目服务管理规定》第二条指出,"本规定所称专网及定向传播视听节目服务,是指以电视机、各类手持电子设备等为接收终端,通过局域网络及利用互联网架设虚拟专网或者以互联网等信息网络为定向传输通道,向公众定向提供广播电视节目等视听节目服务活动,包括以交互式网络电视(IPTV)、专网手机电视、互联网电视等形式从事内容提供、集成播控、传输分发等活动。"

由此可以看出,专网及定向传播视听节目服务包括四个方面:一是终端,是电视机、手持电子设备等,电脑台式机等不属于该范畴;二是通道,是定向的网络传输通道(局域网、虚拟专网、互联网),不能利用其他传输通道,例如广电有线网络;三是受众,为公众(不特定人群);四是行为,是提供广播电视节目等视听节目(直播的广播电视节目和点播的电影、电视剧等)。另外,从形式上看,目前主要有交互式网络电视(IPTV)、专网手机电视、互联网电视(OTT TV);从具体行为上看,又分为内容提供、集成播控、传输分发。

(二)《专网及定向传播视听节目服务管理规定》是规范三网融合背景下的"新业务"——专网及定向传播视听节目

《专网及定向传播视听节目服务管理规定》第一条开宗明义,"为规范专网及定向传播视听节目服务秩序,促进行业健康有序发展,保护公众和从业机构的合法权益,维护国家利益和公共利益,根据国家有关规定,制定本规定。"在2016年国家新闻出版广电总局新闻发言人就《专网及定向传播视听节目服务管理规定》答记者问中指出,"近年来,随着三网融合全面推广,网

络基础设施建设飞速发展,各种视听新业务发展迅速,39 号令(笔者注:《互联网等信息网络传播视听节目管理办法》,已废止)的内容已不适应发展和管理的需要。为促进交互式网络电视(IPTV)、专网手机电视、互联网电视等新业务健康繁荣规范发展,为人民群众提供丰富多彩、弘扬主旋律、传播正能量的视听节目,防范不良内容传播,加大对违法违规行为的查处力度,根据人民群众的呼声和业界的要求,国家新闻出版广电总局在对 39 号令进行修订的基础上,近日发布了《规定》。"

分析解读上述内容,笔者以为可以梳理出《专网及定向传播视听节目服务管理规定》出台的形势和背景。一是"三网融合"新业务。随着网络基础设施建设飞速发展,各种视听新业务,如交互式网络电视(IPTV)、专网手机电视、互联网电视等发展迅速;二是新业务出现问题。这些视听新业务在提供传播广播电视节目等视听节目时出现了不良内容传播等违法违规行为;三是法律规范不适应新业务。原有的《互联网等信息网络传播视听节目管理办法》(39 号令)已不适应发展和管理的需要,制定《传网及定向传播视听节目服务管理规定》的主要目的就是加强对视听新业务,如交互式网络电视(IPTV)、专网手机电视、互联网电视的监管,是对视听新业务提供传播广播电视节目的监管。

三、案件的定性或混淆了网络提供和
终端放映视听节目的行为

从上述分析可知,本案似乎符合上述专网及定向传播视听节目服务的四个方面。一是终端是电视机,二是通道是局域网,三是受众是观影的不特定人群,四是行为是提供了视听节目(电影电视剧)。

但仔细分析后,又有一点值得商榷之处,即"提供广播电视节目等视听节目"。关于专网及定向传播视听节目服务的定义,其最后一句话是"提供广播电视节目等视听节目"。这里的广播电视等视听节目尚可理解,那么如何理解"提供"呢?

(一)《专网及定向传播视听节目服务管理规定》规制的是 网络"提供环节"的行为,且提供的客体主要是广播 电视节目

在专网及定向传播视听节目服务过程中,从终端消费者的角度看,无论是内容提供、集成播控、传输分发,都是在向公众提供广播电视节目,各个环节的核心任务和目的是生产广播电视节目,并安全地把广播电视节目信号送达千家万户。笔者称之为"提供环节"。在整个过程中,内容提供、集成播控、传输分发等各个阶段都有相应的经营主体,这些主体投入人、财、物力,为社会提供了服务,也在市场中分了一杯羹,获得了自己那份利益。例如广播电视台、有线电视网络公司、三大电信运营商、互联网平台和电视机厂家,等等。这是一个庞大的市场,需要监管,因此国家制定《专网及定向传播视听节目服务管理规定》,强调的就是对其内容提供、集成播控、传输分发环节的监管,是对网络"提供环节"的监管。

在广播电视节目"提供环节",只要广播电视节目信号入户,各主体就算提供了服务,消费者无论看不看电视都要付钱,因此在这个阶段,消费者消费的是广播电视节目信号从播出端入户到用户接收终端的服务。

(二)案例行为的实质是放映电影牟利,是终端"放映 环节"的行为

从案例证据看,无论是当事人通过美团网站招揽观影观众,还是在宾馆门口打出"住宿、电影、电竞"的广告,以及购置放映电影设备和实际提供观影服务,都是在向消费者提供看电影的服务。消费者来消费,看了电影才付钱,并不享受局域网聚合、播控、传输电影节目的服务。换句话说,消费者不关心电影信号从哪里来,不关心是通过网络点播,还是现场用设备放映。曾几何时,点播影院就是现场用DVD光盘或者U盘加放映设备放映。所以,笔者以为,本案当事人经营的是点播影院的业态,应适用《点播影院、点播院线

管理规定》予以规制。另外,从当事人主观目的看,不是想开展专网传播视听节目服务的活动,也不挣那份钱,而是从事小影吧的经营活动,挣的是放电影的钱,只是从技术方式上使用了局域网传播视听节目的模式,与专网及定向传播视听节目服务活动相似。

(三) 从著作权角度看,专网及定向传播视听节目服务是信息网络传播行为,受信息网络传播权控制,案例中当事人的行为是放映行为,受放映权控制,这也可以帮助我们理解上述的"提供环节"和"放映环节"

1. 专网及定向传播视听节目,不论是通过局域网络,还是利用互联网架设虚拟专网,或是以互联网为定向传输通道,都使用的是现代网络技术,都属于信息网络传播行为。因此,6 号令《专网及定向传播视听节目服务管理规定》之前的 39 号令就称为《互联网等信息网络传播视听节目管理办法》,"《专网及定向传播视听节目服务管理规定》实际上是对《互联网等信息网络传播视听节目管理办法》(国家广播电影电视总局令第 39 号)的修订。"(国家新闻出版广电总局新闻发言人就《专网及定向传播视听节目服务管理规定》答记者问)而 39 号令《互联网等信息网络传播视听节目管理办法》的适用范围就是"以互联网协议(IP)作为主要技术形态,以计算机、电视机、手机等各类电子设备为接收终端,通过移动通信网、固定通信网、微波通信网、有线电视网、卫星或其他城域网、广域网、局域网等信息网络,从事开办、播放(含点播、转播、直播)、集成、传输、下载视听节目服务等活动。"(《互联网等信息网络传播视听节目管理办法》第二条)因此,从事 6 号令专网传播视听节目的行为才需要取得《信息网络传播视听节目许可证》。

2. 酒店或点播影院提供电影点播服务主要是利用播放设备,通过向公众再现影视作品而牟利,符合《著作权法》放映权规制的范畴。

国家新闻出版广电总局出台并于 2018 年施行的《点播影院、点播院线管理规定》第二条第二款规定"本规定所称点播影院,是指在电影院和流动放映活动场所之外,为观众观看自选影片提供放映服务经营活动的文化娱乐场所"，第十七条第一款规定"点播院线发行的影片，应当依法取得著作权人许可其在点播影院放映的授权"。根据上述规定，无论是通过广域网还是通过局域网或本地存储，点播影院为观众观看自选影片提供放映服务，都应当依法取得著作权人许可其在点播影院放映的授权。

四、案例的启示

本案的执法者通过办理此案，还延伸出一个新概念，即"专网及定向传播视听节目服务场所"。其认为，通过局域网服务器实现视听节目服务的都可以定义为此类场所，主要有两类：一是传统文化场所的改造升级。如 KTV、主题影院等。这些场所通过原来的包厢和局域网络，为消费者提供专网及定向视听节目服务。KTV 等使用的点歌系统，传输特点与专网及定向传输基本一致，若在点歌系统中传播视听节目服务，就可以列入《专网及定向传播视听节目服务管理规定》的监管范围。二是在原有业态基础上增加新的服务内容的场所。如宾馆、足浴店等。这些场所为了吸引客源，在场所包厢内架设局域网，提供视听节目服务。

（一）追问立法本意，不扩大概念

笔者以为，不存在"专网及定向传播视听节目服务场所"。一，所谓场所，即活动的处所。市场监管语境下的场所，主要是指为公众提供消费的处所。正如上述分析，专网及定向传播视听节目服务是"提供环节"的行为，提供该服务的大多是相关广播电视机构和企业，这些主体都不是公众消费场所。二，本案执法者定义的所谓"专网及定向传播视听节目服务场所"，实质是专网及定向传播视听节目+场所，也就是利用专网及定向传播视听节目这一技术服务于场所的情况。其实，无论是传统文化场所的改造升级，还是在原有业态基础上增加新的服务内容，都不改变原有业态的性质，歌厅还是歌厅，足疗店还是足疗店。当然，为了逃避监管而挂羊头卖狗肉、以经营不需要许可的业态为名经营需要许可的业态为实的情况除外。

(二)正确认识业态,不延及技术

技术是服务于社会和经济的。一个新技术或可以产生一个新业态,也可以助力传统业态升级换代。行业监管是对业态的监管,不应延及技术。本案执法者之所以把当事人的行为纳入《专网及定向传播视听节目服务管理规定》,主要是因为当事人使用了局域网传播视听节目,在播控、传输的技术模式上被纳入了《专网及定向传播视听节目服务管理规定》的范畴。这一思路并不可取。

一般来讲,实体行政法律规范大多是出于行业监管需要而制定的,大部分是对某一行业、某一业态的监管。正如上述提到的 KTV,众所周知对该业态监管的法规是《娱乐场所管理条例》。但是如果 KTV 取得了经营资质,合法经营,只是利用局域网的技术传播了视听节目,难道也需要办理信息网络传播许可证吗?如果没有此证,也要处罚吗?如果按照本案执法者的思路一直处罚下去,恐怕很多行业的技术改造、产业升级都将无法进行。

(三)坚持实事求是,不一味求新

当前,网络执法是重点,也一直是难点,对于网络视听的案件大多和传统的网站或者手机 APP 有关,在专网定向传播视听节目服务方面少有触及。《专网及定向传播视听节目服务管理规定》颁布以来,放眼全国,几乎未见特别典型、成熟的案例,即使是办成的案例也存在不同程度的问题,最主要的原因恐怕还是网络执法涉及的网络技术复杂、名词概念众多,如局域网、专网、虚拟专网、IPTV、互联网电视、OTT TV,还有大量的英文词汇等等。本案的执法者明知山有虎,偏向虎山行,积极探索的精神值得敬佩,但恐怕也存在一味求新、急于求成的心态,这是应该避免的。

参考文献

1.国家新闻出版广电总局新闻发言人就《专网及定向传播视听节目服

务管理规定》答记者问［EB/OL］.（2016-06-21）. http://www. scio. gov. cn/ m/xwfbh/gbwxwfbh/xwfbh/36253/Document/1541992/1541992. htm.

2023 年 1 月 31 日　发表于网舆勘策院

浅析私设前端非法传播电视节目的
定性与处罚

摘　要

有线广播电视传输覆盖网包括有线广播电视传输网和有线广播电视分配网,通常指的是 HFC(混合光纤同轴电缆网)。通过有线广播电视传输覆盖网传输广播电视节目,要取得《广播电视节目传送业务经营许可证》,适用《广播电视管理条例》①以及相关法规规章监管;IPTV 即交互式网络电视,主要是在电信宽带网架设虚拟专网传输电视节目,其适用《专网及定向传播视听节目服务管理规定》监管,要取得《信息网络传播许可证》,但无须取得《广播电视节目传送业务经营许可证》;有线广播电视网和电信网是两种网络。电信网由电信部门运营,为公用电信网络。有线广播电视网由有线电视网络公司运营,提供广播电视业务;持有《增值电信业务经营许可证》的互联网接入服务商(IAP),从事宽带接入服务行为合法;《专网及定向传播视听节目服务管理规定》规定,对于擅自从事专网及定向传播视听节目服务、情节严重的,根据《广播电视管理条例》第四十七条予以处罚,但并不意味着将 IPTV 专网认定为有线广播电视传输覆盖网,这应是一种法律拟制,即把"专网"视为"有线广播电视传输覆盖网"。

---

① 本篇文章中所涉及的《广播电视管理条例》指 2020 年版。

一、问题的提出

经查,甲市 F 网络有限公司擅自建立有线电视前端,非法发展电视用户。情况如下:

2018 年某日,执法人员对 F 网络有限公司进行检查,发现该公司建有广播电视节目传送机房,现场发现机房屋顶设置 4 套卫星天线,机房内有卫星接收机 4 台,卫星码流机 4 台,编码器 3 台,光放设备 2 个,光发设备 2 个,OLT(宽带用)1 台,软路由(宽带用)1 个,交换机(宽带用)6 个,OLT 网关(宽带用)2 个,机房 UPS 电源和 UPS 主机 1 台,电脑显示器 1 台,电脑主机 3 台(其中宽带用的 OLT 电脑主机 1 台),甲市广电网络公司机顶盒 16 个。

在机房,发现当事人对外传播电视节目 61 套,其中 26 套电视节目信号是通过甲市电信公司宽带网络接收,12 套电视节目信号通过甲市广电网络公司的机顶盒接收,23 套电视节目信号通过卫星地面接收设施接收,其中含有《凤凰卫视台》《凤凰资讯台》《星空卫视台》3 套节目。

经查,2016 年 3 月,当事人购买了甲市广电网络公司的机顶盒接收电视节目进行解码,再把甲市电信公司网络中的电视信号、卫星电视信号与解码后的广电网络公司电视信号进行混合,通过编码器进行编码,再通过光发设备进入光放设备,把信号数据放大,再通过光缆传送到电视收视用户。

经查,当事人持有《中华人民共和国增值电信业务经营许可证》,可以从事第一类增值电信业务中的互联网接入服务业务,可以从事第二类增值电信业务中的信息服务业务(不含互联网信息服务),服务范围覆盖全省。当事人自称是电信宽带接入服务商。同时称从甲市电信公司获得了传输电视信号的合法授权(但没有提供授权协议)。而后执法者调查了甲市电信公司,甲市电信公司否认授权当事人传播电视节目。

执法者认定,当事人有四个违法行为:一是"擅自从事广播电视节目传送业务"违反《广播电视节目传送业务管理办法》;二是擅自安装使用卫星地面接收设施,违反《卫星电视广播地面接收设施管理规定》;三是截传电视信号,违反《广播电视管理条例》;四是擅自设立广播电视传输覆盖网,违反《广播电视管理条例》。

最终,执法者对于当事人"擅自从事广播电视节目传送业务"的行为,没收违法所得4.1万元,并处罚款1.5万元;对于擅自安装使用卫星地面接收设施的行为,没收相关设施,罚款1.5万元;对擅自截传电视信号的行为,没收相关设备,罚款1.5万元;对于擅自设立广播电视传输覆盖网的行为,没收相关设备,罚款相关设备总投入48,530元的1.3倍63,089元,以上合并执行,处以警告、没收违法所得4.1万余元,没收相关设备和设施,罚款108,089元。

广播电视方面的案子本不多见,此案涉及广播电视业务诸多领域,则更为稀罕。案件涉及了广播电视"播放、传输"两大核心业务,涉及了传输机房及其设备、卫星地面接收设施等。从本案执法者的适用法律角度看,涉及《广播电视管理条例》《卫星电视广播地面接收设施管理规定》和《广播电视节目传送业务管理办法》两部法规、一部规章,案件时间长达两年多,案值近百万,罚没近15万,案情不可谓不重大、不复杂。案件能办成功,可喜可贺。

但是,越是重大、复杂的案件,涉及的问题就越容易多,本案也是如此。本案认定当事人四个违法行为,其中"擅自从事广播电视节目传送业务"和"擅自设立广播电视传输覆盖网"是否合适? 第一,当事人是通过有线广播电视网络,还是通过电信宽带网络,抑或是公共互联网传播电视信号? 第二,有线广播电视网络、电信宽带网络、公共互联网络是一种网,还是三种网? 第三,有线广播电视网络、电信宽带网络、公共互联网络都是广播电视传输覆盖网吗?

二、广播电视传输覆盖网、有线广播电视传输覆盖网

（一）何为广播电视传输覆盖网？

依据《广播电视管理条例》，"本条例所称广播电视传输覆盖网，由广播电视发射台、转播台（包括差转台、收转台，下同）、广播电视卫星、卫星上行站、卫星收转站、微波站、监测台（站）及有线广播电视传输覆盖网等构成。"

从上述可以看出，广播电视传输覆盖网分三大部分，一是天上的，即卫星电视广播，利用地球同步卫星对电视信号进行发送，从而实现长距离的传输和大面积的覆盖，涉及的设施主要有广播电视卫星、卫星上行站、卫星收转站。二是地面的，即地面电视广播，是指电视信号经调制后，以无线电波形式沿地表进行传输覆盖，涉及的主要设施有广播电视发射台、转播台（包括差转台、收转台）微波站。三是地下的，即有线电视广播，是指利用有线网络进行电视信号的传输和分配，主要的设施是有线广播电视传输覆盖网。

（二）何为有线广播电视传输覆盖网？

依据《有线广播电视传输覆盖网安全管理办法》，"本办法所称有线广播电视传输覆盖网包括有线广播电视传输网和有线广播电视分配网。"通常指的是 HFC，即混合光纤同轴电缆网。HFC 通常由光纤干线、同轴电缆支线和用户配线网络三部分组成。第一，从有线电视台出来的节目信号先变成光信号在干线（有线广播电视传输网）上传输；第二，到用户区域后，进入有线广播电视分配网，在这里把光信号转换成电信号；第三，经分配器分配后通过同轴电缆送到用户终端。

依据《有线广播电视传输覆盖网安全管理办法》，通过有线广播电视传输覆盖网从事广播电视传输业务，运营单位须经广播电视行政部门批准，并取得《广播电视节目传送业务经营许可证》，按照许可证规定的范围传输和

转播节目。通过有线广播电视传输覆盖网(有线电视网络)传输广播电视信号适用《广播电视管理条例》和《有线广播电视传输覆盖网安全管理办法》。这一点,IPTV 与此不同。

(三)IPTV

IPTV 即交互式网络电视,是一种利用宽带网,集互联网、多媒体、通信等技术于一体,向家庭用户提供包括数字电视在内的多种交互式服务的技术。目前,IPTV 业务主要是在电信宽带网架设虚拟专网进行传输。电信部门与当地广播部门合作,广播部门提供 IPTV 集成播控平台的建设和管理,电信部门利用互联网架设虚拟专网提供信息传输和技术保障。有线广播电视网,电信网是两张网。电信网由电信部门运营,为公用电信网络,包括电话网、电报网等。有线广播电视网由有线电视公司运营,提供广播电视业务。

通过互联网架设虚拟专网传输广播电视信号适用《专网及定向传播视听节目服务管理规定》,需要取得《信息网络传播许可证》,无须取得《广播电视节目传送业务经营许可证》。

三、本案当事人到底从事了什么行为?

(一)从事了互联网接入服务

从证据看,当事人取得了营业执照和《增值电信业务经营许可证》,属于互联网接入服务商(IAP),可以从事互联网接入服务业务,因此其从事宽带接入服务是合法的。

互联网接入服务商是指专门从事接入服务的服务提供商,它为终端用户提供接入互联网的服务及有限的信息服务。一个 IAP 服务提供商的基本条件是拥有区域性用户接入网络,能够向用户提供专线、拨号上网或其他接入服务。接入服务商 IAP 分为两个层次,一是物理网络提供商,也就是负责建设网络的,如中国公用计算机互联网(CHINACET),二是网络接口的提供商,也就是为终端用户提供网络接入服务的。网络接口提供商的业务是基于物理网络提供商的,他们是通过租用中继线,设置拨号路由器,一端连接物理网络提供商的 Intemet 接口,另一端连接众多的终端用户。

笔者以为,本案的当事人就是后者——网络接口的提供商。因此,笔者臆测,当事人是基于物理网络提供商已经建设好的物理网络传播广播电视节目,并未投资建设有线广播电视传输覆盖网。在这一点上,笔者臆测,当事人应与甲市电信公司有业务合作关系,应是甲市电信的下线服务商,尽管甲市电信出具函件否认了与当事人的合作关系,但也仅否认了委托当事人传播广播电视节目。

(二)从事了专网传播广播电视节目(播控、传输)

从本案案卷记载的从当事人机房查获的设备(不一定是全部)看,主要分三部分:一是信号来源部分。典型的设备如卫星接收天线,卫星接收机,卫星码流机,甲市广电网络公司机顶盒;二是信号处理部分,典型的设备如编码器、混合器;三是传输分发部分。典型的设备如光放机、光发机。四是宽带接入网服务商的机房设备,如 UPS 电源、OLT(光线路终端)、交换机等。

从上述来看,笔者以为,当事人大概率是建设了有线电视前端,并利用电信宽带网络传输广播电视信号。结合当事人设置机房、安装使用卫星地面接收设施、盗取广播电视节目信号等行为看,当事人应该从事了通过虚拟专网传播(播控、传输)广播电视信号的行为,应适用《专网及定向传播广播电视视听节目服务管理规定》予以规制。

(三)当事人存在哪些违法行为?

从以上分析看,一是擅自截传广播电视信号的,即从电信网络、有线广播电视网络截取广播电视信号并再传播的行为;二是擅自安装使用卫星地面接收设施;三是擅自从事专网及定向传播广播电视视听节目;四是著作权侵权。

《著作权法》①第四十七条规定,广播电台、电视台有权禁止未经其许可"将其播放的广播、电视以有线或者无线方式转播"。当事人盗取广播电视信号并私自传播的行为同时侵犯了广播电视台的广播电视者权。

四、关于案件的处罚

笔者以为,本案当事人擅自截传广播电视、擅自安装使用卫星地面接收设施、擅自从事专网及定向传播广播电视视听节目,各行为之间并非单摆浮搁,而是相互联系,截取电视信号和安装使用卫星地面接收设施,其目的是通过其私设的专网传播电视节目,因此,笔者以为,应适用《专网及定向传播视听节目服务管理规定》第二十五条,并认定构成情节严重,继续适用《广播电视管理条例》第四十七条予以处罚。

《专网及定向传播视听节目服务管理规定》第二十五条规定,擅自从事专网及定向传播广播电视视听节目,可以给予警告、责令改正,并处3万元以下罚款。对于情节严重的,根据《广播电视管理条例》第四十七条的规定予以处罚。关于适用《广播电视管理条例》第四十七条,也存在两种意见。

第一种意见认为存在风险。该观点认为,《广播电视管理条例》第四十七条与本案相关的案由是擅自设立有线广播电视传输覆盖网。那么,适用《广播电视管理条例》第四十七条予以处罚,就意味着承认或认定了专网IPTV属于有线广播电视传输覆盖网。该意见指出,在现有广播电视法律法规框架内,专网IPTV是否可以定义为有线广播电视传输覆盖网并不明确。《广播电视管理条例》《有线广播电视传输覆盖网安全管理办法》定义的有线广播电视传输覆盖网,以及以《广播电视管理条例》为上位依据的广电方面的规章,在涉及有线广播电视传输覆盖网的概念时,应该专指有线电视网(CATV)。因此,尽管《专网及定向传播视听节目服务管理规定》规定了对于

---

① 本篇文章中所涉及的《著作权法》指2020年版。

情节严重的可以适用《广播电视管理条例》处罚,但由于《专网及定向传播视听节目服务管理规定》仅为规章层级的法律文件,还不足以确定将虚拟专网IPTV 纳入有线广播电视传输覆盖网的范畴,直接适用《广播电视管理条例》第四十七条予以处罚恐怕还是有法律风险。

第二种意见认为可以适用。该观点指出,适用《广播电视管理条例》第四十七条予以处罚,并不意味着将专网 IPTV 认定为有线广播电视传输覆盖网。《专网及定向传播视听节目服务管理规定》规定,情节严重的,根据《广播电视管理条例》第四十七条的规定予以处罚,应是一种法律拟制,即把"专网"视为"有线广播电视传输覆盖网"。"法律拟制,是指立法者基于某种价值目的的考虑,有意用已有的法律规范去解释和适用社会生活中出现的新情况、新问题,以将不同事物等同对待并赋予其相同法律效果,从而既适应社会需要又体现法律基本价值的立法技术。"①换句话说,三网融合是一个新鲜事物,法律尚没有来得及通过立法明确将"专网"纳入广播电视管理,当然也没有明确"专网"是"有线广播电视传输覆盖网",但是立法者基于对广播电视管理的需要,"有意用已有的法律规范去解释和适用"三网融合后出现的新情况、新问题,"以将不同事物等同对待并赋予其相同法律效果,从而既适应社会需要又体现法律基本价值"。

同时,我们可以看到,在《广播电视法(征求意见稿)》(2021 年 3 月 16 日国家广播电视总局发布)中,所有传播广播电视节目的行为以及机构都被纳入监管范畴。"本法所称广播电视活动,是指采取有线、无线等方式,通过固定、移动等终端,以单向、交互等形式向社会公众传播视频、音频等视听节目及其相关活动。" "广播电视节目传输覆盖机构,是指从事广播电视节目传输、分发和接入等活动,供用户收听收看的广播电视机构,包括广播电视发射台、转播台、广播电视卫星运营机构、卫星上行站、卫星收转站、微波站、有线广播电视运营服务提供机构,通过广域网、局域网传输广播电视节目的信息网络运营机构及其他从事广播电视节目传输覆盖活动的机构。"

---

① 蔡智玉:《从法律拟制与注意规定的区分看牵连犯的处理规则》,《人民法院报》2019年 6 月 20 日,第 06 版。

笔者支持第二种意见。

笔者同时认为,由于当事人同时还构成著作权侵权行为,并同时损害公共利益,由于著作权法对于违法行为的处罚力度更大,所以也可以适用著作权法,对当事人"予以警告,没收违法所得,没收、无害化销毁处理侵权复制品以及主要用于制作侵权复制品的材料、工具、设备等,违法经营额五万元以上的,可以并处违法经营额一倍以上五倍以下的罚款;没有违法经营额、违法经营额难以计算或者不足五万元的,可以并处二十五万元以下的罚款。"

参考文献

1. 蔡智玉. 从法律拟制与注意规定的区分看牵连犯的处理规则[N]. 人民法院报,2019-06-20(6).

2. 广播电视法(征求意见稿)[EB/OL]. 2021-03-19. http://gdj. fujian. gov. cn/xw/sjgz/202103/t20210319_5552105. htm.

企业变更股东何以需要行政管理部门许可

——从一起互联网企业变更股东被处罚案说起

摘　要

股权交易乃至变更股东属于民事活动,民事主体从事民事活动,应当遵循自愿和意思自治原则,按照自己的意思设立、变更、终止民事法律关系,无须行政机关审批。《互联网视听节目服务管理规定》①明确以国有资本为主导开展互联网视听节目服务。互联网视听节目服务单位变更股东、股权结构应按《互联网视听节目服务管理规定》办理审批手续,指的是办理《信息网络传播视听节目许可证》,而非对变更股东、股权结构的审批。

一、案情概要

A 市甲公司系一家影视公司,取得《信息网络传播视听节目许可证》(2018 年 4 月 11 日到期)。甲公司的股东乙公司拥有其 100%股权。2018 年 2 月 5 日,乙公司将自己拥有的 100%股权转让给丙公司。2018 年 3 月 8 日,甲公司经 A 市新闻出版局向所在省新闻出版局提出申请:1. 到期续证;2. 变更股东股权,由乙公司持股 100%变为丙公司持股 100%。

---

① 本篇文章中所涉及的《互联网视听节目服务管理规定》指 2015 年版。

省新闻出版局接甲公司申请后,回函 A 市新闻出版局。回函认为,甲公司"未经批准,擅自变更公司股东和股权结构,严重违反《互联网视听节目服务管理规定》第十二条的有关要求,现将其申请材料退回,请你局依据《互联网视听节目服务管理规定》第二十三条的有关规定,依法作出处罚"。

A 市新闻出版局在基本确认上述事实后,认定甲公司"在未按规定办理审批手续的情况下",作出了变更股东的决定,违反了《互联网视听节目服务管理规定》第十二条的规定,依据《互联网视听节目服务管理规定》第二十三条,对甲公司提出警告,并罚款 6000 元。

二、与执法者斟酌处罚意见

(一)如何理解《互联网视听节目服务管理规定》第十二条、第二十三条的"审批手续"?

《互联网视听节目服务管理规定》第十二条规定"互联网视听节目服务单位变更注册资本、股东、股权结构,有重大资产变动或有上市等重大融资行为的,以及业务项目超出《许可证》载明范围的,应按本规定办理审批手续。"第二十三条规定"违反本规定有下列行为之一的,由县级以上广播电影电视主管部门予以警告、责令改正,可并处 3 万元以下罚款;同时,可对其主要出资者和经营者予以警告,可并处 2 万元以下罚款:……(二)变更注册资本、股东、股权结构,或上市融资,或重大资产变动时,未办理审批手续的;……"那么,如何理解这里的"审批手续"呢?

在上述案件的处理过程中,省新闻出版局在回函中认为,甲公司"未经批准,擅自变更公司股东和股权结构",A 市新闻出版局在处罚决定书中认定,甲公司"在未按规定办理审批手续的情况下",作出了变更股东的决定。显然,这两种基本一致的表述都认为企业变更股东、股权结构是需要得到行政机关审批的,并对此作出了处罚。

对此,笔者不敢苟同。

理由一:股权交易乃至变更股东属于民事活动,民事主体从事民事活动,应当遵循自愿原则,按照自己的意思设立、变更、终止民事法律关系,无须行政机关审批。虽然,《中华人民共和国公司法》《中华人民共和国公司登记管理条例》等法律、法规已明确,股权转让变更需要向公司登记机关登记,以保护股权变更前后的所有股东合法权益以及公司外部债权人等相应民事主体的合法权益。未经登记或者变更登记的,不得对抗第三人。但,对于股权变更登记的性质,通说还是属于行政确认,目的是向社会公示,以维护相关民事主体的合法权益。因此,不存在变更股权或股东的行政审批,当然也不存在"未经批准,擅自变更公司股东和股权结构"的违法行为。另外,即使"变更注册资本、股东、股权结构,或上市融资,或重大资产变动"需要行政机关实施监管,也是工商、金融等部门的职责。

理由二:股东、股权结构变更后,要重新办理《信息网络传播视听节目许可证》。《互联网视听节目服务管理规定》第八条规定"申请从事互联网视听节目服务的,应当同时具备以下条件:(一)具备法人资格,为国有独资或国有控股单位,且在申请之日前三年内无违法违规记录;……"这就是说,法律对设立互联网视听节目服务单位的主体资格提出了要求,特别是要求主体的国有独资或国有控股。这就意味着,任何个人、非国有独资或非国有控股企业都不具备申请《许可证》的条件。"互联网视听节目服务单位变更注册资本、股东、股权结构,有重大资产变动或有上市等重大融资行为的",必然涉及变更后的股东能否"国有独资或国有控股",也自然涉及变更后的主体是否符合《互联网视听节目服务管理规定》第八条规定的主体条件问题。

之所以要强调主体的国有独资或国有控股,是因为"互联网视听节目服务是向社会公众提供的内容服务,具有大众传媒的性质,与公共利益密切相关。依据《国务院对确需保留的行政审批项目设定行政许可的决定》,国家对互联网等信息网络视听节目服务实行许可制度。制作、编辑、集成并通过互联网向公众提供视音频节目,以及为他人提供上载传播视听节目服务的网站(不含网民),须获得许可证。《规定》明确以国有资本为主导开展互联网视听节目服务,有利于发展中国特色网络文化,加强网上思想文化阵地建设,有利于维护公共利益,推动互联网视听节目服务的健康发展,也符合《国务院关于非公有资本进入文化产业的若干决定》的要求。"①

(二)甲公司是否违法?又是否当罚?

首先,未重新办理审批手续是否当罚?

鉴于上述分析,甲公司变更股东后,应该重新办理审批手续——许可证。未办理审批属于违法行为。但,法律并未规定具体的办理期限,即公司变更股东后、要在多长时间内去重新办理审批手续未做规定。在未做规定的情况下,原则上应按照常理或者比照其他规定去推断合适的时间。例如,比照许可证延期申请的一个月,等等。本案中,当事公司2月5日转让股权,3月8日就提出申请(延期许可证效力,同时报告股权变更情况),基本上满足一个月左右条件。尽管当事人由于对法律规定不熟悉提出了延期许可证效力的申请,但从客观上讲一个月左右的时间并无不当。因此,笔者认为,本案当事人不构成违法。即使违法,也属轻微,错不当罚。同时,鉴于股权变更并非像许可证到期延期一样可以提前预知办理期限,所以无法在变更前若干时间向管理部门提出重新办证的申请。

其次,是否构成无证经营?

既然变更股权需要重新办证,这里又牵扯出新的问题。一是旧证是否作废?何时作废?如何作废?是否在变更股权那一刻起,原许可证就自动失去效力?二是如果旧证作废,则在旧证作废之后到新证颁发之前,当事人是否能理解为无证?此期间企业从事许可事项是否应按无证处罚呢?

笔者虽然提出了问题,但毕竟才疏学浅,随着对许可法以及相关释法文章的学习,越来越觉得这真不是一个轻易可以回答的问题。尝试回答如下:

1.认定许可证无效应该依法。依据普遍适用的《中华人民共和国行政许可法》第八条第二款、第六十九条、第七十条,当出现上述三条所规定的法定

---

① 摘自《广电总局、信息产业部负责人就〈互联网视听节目服务管理规定〉答记者问》

情形时,许可证可以被撤回、撤销、吊销和注销。但,本案所涉及的情形不在上述三条之列,该行政许可无法撤回、撤销、吊销和注销。换句话说,依据《许可法》现有规定,无法认定该许可证无效。依据单行法律法规规章的《互联网视听节目服务管理规定》,针对本案情形,只是要求"应按本规定办理审批手续",否则"由县级以上广播电影电视主管部门予以警告、责令改正,可并处 3 万元以下罚款;同时,可对其主要出资者和经营者予以警告,可并处 2 万元以下罚款",并无对原许可证效力的规定。

2. 中止行政许可或许是合适的处理方式。但,《行政许可法》并无"中止"一说。行政许可中止是行政机关对不再符合法定许可条件的被许可人所作的一种处理。按照业界通说,依据《行政许可法》,撤销、撤回、注销,或者变更行政行为有各自的适用条件,当不适宜适用以上方式处理、又不适合继续执行原来的行政许可时,可以暂时中止行政许可的执行力,即行政许可中止。本案当事人变更股东,新股东是否符合国有独资或国有控股单位的这一法定许可条件,为审查主要内容。因此,适用中止行政许可更为适合。中止行政许可同样会使行政许可效力中断,但是这种中断具有暂时性,即只要被许可人重新具备了许可条件,原则上许可便可以恢复。尤其是对于行政许可有数量限制的,"中止—恢复"的模式更符合法律所追求的目的。

3. 在废旧立新之间,无论是重新审批,还是中止行政许可,原则上原行政许可都处于一种待定状态,此时按无证处罚,并无明确法律依据,在此情况下,按照有利于行政相对人的原则,从维护法的安定性出发,不按无证处罚或许是合适的选择。

三、案件引发的一点思考

依法行政是行政执法者的圭臬。但是人非圣贤,在办案过程中,执法者总是会受到来自各个方面的影响,或是积极的,或是消极的,影响着执法者对法律的认知、对事实的判断、对处罚的裁量。积极的影响我们接受,但消极的影响应该排除。但无论如何,执法者要学独立思考、独立办案,因为我们要独立担责。

一是要正确看待上级交办的案件。这里强调的是不要因是上级转来或者交办的案件就先入为主,一定认为当事人违法或者以一定要把案件拿下来的心态去处理案件。相对于行政管理而言,行政执法和行政处罚具有一定的专业性,任何一个案件都要同时符合实体法和程序法的规定。上级交办的,无论是线索,还是案件,都要经过执法者依法调查核实,形成有效的证据,并从主体、主观、客体、客观等方面予以认定,合理合法进行处罚裁量。还是那句老话,要以事实为依据,法律为准绳。既可以查实,也可以查否。而非将上级的指示奉为圭臬,先入为主。从本文所讨论的案例来看,在案件定性上,执法者显然是受到了上级的影响。从笔者接触到的案件来看,这种情况并非个案。二是正确看待同级移送的案件。这里主要指来自兄弟部门特别是公检法部门移送的案件。部门之间移送案件都是建立在各自对法律的理解以及查证的事实上的。特别是在专业法的理解上,执法者对自己所从事的专业要有自信。三是正确对待举报、投诉案件。举报、投诉的案件特别是由有关部门(如纪检监察、信访)转交的举报、投诉案件往往对执法者构成压力。执法者往往因担心被追责不作为而为,容易产生倾向性执法,影响执法者的判断。例如涉及旅游的举报、投诉案件,举报、投诉者往往因旅行社不能满足其并非合理的诉求而举报、投诉,执法者或忌惮于投诉举报者的纠缠,或天然认为游客是弱者,自觉或不自觉地带着倾向性执法。四是排除功利等自身因素的影响。主要防止两个极端。既要防止过分谨慎的不作为,更要防止急功近利的争作为。从尽可能少地损害行政相对人利益的角度讲、从维护行政处罚谦抑性的角度讲、从减少败诉和错案的角度讲,急功近利的争作为往往因执法者的不理智、不克制而出现问题,不甚可取。

2020 年 8 月 23 日　发表于网舆勘策院

旅游执法

旅游执法

从司法判例谈组织旅游者到
非旅游目的地国家旅游的理解

摘　要

旅行社的主要业务是指组织旅游活动,即招徕、组织、接待旅游者。仅接受委托,代订机票和酒店并非组织旅游活动。《旅行社条例》第二十五条的立法本意应是禁止旅行社经营到非旅游目的地国家和地区的旅游活动,但并不禁止因公因私到非旅游目的地国家和地区,也未禁止旅行社为之提供代订机票加酒店等的服务。判定旅行社是否组织旅行者到非旅游目的地国家和地区旅游,还需考量旅行社的主观因素,是被动地接受游客的委托,还是主动或者主导地安排了游客旅游活动。

一、案情与争议焦点

(一)基本案情

2017 年 4 月 19 日,省国旅公司下属部门员工熊某某以省国旅公司名义分别与甲国际商务服务有限公司、乙科技有限公司签订《单项委托服务协议》,通过该两家公司为四名游客订购了目的地为国务院旅游行政主管部门公布的、中国公民出境旅游目的地之外的国家和地区的机票以及目的地入住酒店,后该四名游客持购买的上述机票出游并入住提前预订酒店。行政执法者认定,省国旅公司组织旅游者到国务院旅游行政主管部门公布的中国公民出境旅游目的地之外的国家和地区旅游,对当事人作出行政处罚决定。省国旅公司不服,诉至法院。案件经一审、二审,最终认定省国旅公司违法事实存在,法院支持了处罚决定。

(二)争议焦点

当事人的行为是否构成《旅行社条例》①第二十五条规定的"组织旅游者到国务院旅游行政主管部门公布的中国公民出境旅游目的地之外的国家和地区旅游"。

一审期间,省国旅公司认为,其行为仅为游客代订机票、住宿,不构成组织旅游者旅游的行为,且国家并未禁止公民不能到国务院旅游行政主管部门公布的中国公民出境旅游目的地之外的国家和地区旅游。

一审法院认为,根据《旅行社条例》第二条关于"本条例所称旅行社,是指从事招徕、组织、接待旅游者等活动,为旅游者提供相关旅游服务,开展国内旅游业务、入境旅游业务或者出境旅游业务的企业法人"的规定、《旅行社条例实施细则》②第二条关于"《条例》第二条所称招徕、组织、接待旅游者提供的相关旅游服务,主要包括:(一)安排交通服务;(二)安排住宿服务;……"。"旅行社还可以接受委托,提供下列旅游服务:(一)接受旅游者的委托,代订交通客票、代订住宿和代办出境、入境、签证手续等;……"的规定,本案中,省国旅公司所属员工熊某某根据四名游客提供的护照信息,以省国旅公司的名义与甲国际商务服务有限公司、乙科技有限公司签订委托合同,建立了委托关系,通过该两家公司为四名游客订购了旅游目的地往返机票、旅游目的地酒店,系属招徕、组织、接待游客,并为其安排交通、住宿,符合《旅行社条例》第二条、《旅行社条例实施细则》第二条规定的情形,属于为旅

---

① 本篇文章所涉及的《旅行社条例》指 2020 年版。
② 本篇文章所涉及的《旅行社条例实施细则》指 2016 年版。

游者提供相关旅游服务,安排交通、住宿,组织旅游者旅游的行为,且省国旅公司组织旅游者旅游的目的地为国务院旅游行政主管部门公布的中国公民出境旅游目的地之外的国家和地区,违反了《旅行社条例》第二十五条的规定。法院认为,为游客代订机票、住宿,系指接受游客委托,旅行社为游客提供旅游服务的一种,而《旅行社条例》第二十五条规定恰是针对专门从事出境旅游业务的旅行社所做的禁止性规定。该条规定关于禁止经营出境旅游业务的旅行社组织旅游者当然包括禁止其为游客赴国务院旅游行政主管部门公布的、中国公民出境旅游目的地之外的国家和地区提供一定旅游服务的意思。交通、住宿作为旅程中最基本的要素,亦属于禁止提供的旅游服务范围。

宣判后,省国旅公司不服,向二审法院提起上诉:1.原审法院将旅行社旅游经营业务范围完全等同于组织旅游,混淆了组织旅游和单项委托概念,属错误裁判;2.原审法院把组织旅游中的提供交通服务、住宿服务与单项委托中的代订交通和代订住宿混淆,属常识性错误;3.法律、法规没有规定旅行社不得为旅客代订非国家旅游行政部门许可的旅游目的地国家和地区的机票、酒店,原审判决理由缺乏法律依据,同时加重了旅行社的法律责任。请求依法改判,撤销武侯行政执法局作出的行政处罚决定。

二审维持了原判。

省国旅公司的行为真的构成"组织旅游者到国务院旅游行政主管部门公布的中国公民出境旅游目的地之外的国家和地区旅游"?法官的释法真的无懈可击吗?

二、如何理解组织旅游?

《旅行社条例》第二十五条规定,"经营出境旅游业务的旅行社不得组织旅游者到国务院旅游行政主管部门公布的中国公民出境旅游目的地之外的国家和地区旅游。"

第二十五条有四个构成要件:一是主体是经营出境旅游业务的旅行社,

二是行为是"组织旅游",三是对象是"旅游者",四是目的地是"国务院旅游行政主管部门公布的中国公民出境旅游目的地之外的国家和地区"。仅就本案而言,第一、第三、第四条基本没有争议,核心的争议是第二条,"组织旅游"应该如何理解?当事人的行为是否属于"组织旅游"。当事人二审主张法官混淆了"组织旅游和单项委托"的概念,混淆了组织旅游中的提供交通服务、住宿服务与单项委托中的代订交通和代订住宿,是否有道理呢?

(一)旅行社的业务

《旅行社条例》第二条规定,"本条例所称旅行社,是指从事招徕、组织、接待旅游者等活动,为旅游者提供相关旅游服务,开展国内旅游业务、入境旅游业务或者出境旅游业务的企业法人。"笔者以为,上述第二条实际上讲了旅行社业务的两大方面。一是招徕、组织、接待旅游者,在《旅行社条例实施细则》中又被细化为六个服务(交通、住宿、餐饮、游览、导游、咨询),具体有三种业务,即国内游、入境游、出境游。二是为旅游者提供相关旅游服务,主要是接受委托的代办业务。在《旅行社条例实施细则》中又被细化为三种:一是接受个人委托的代订交通客票、代订住宿等,二是接受机关、事业单位和社会团体委托,为公务活动代办事务,三是接受企业委托,为商务活动的代办事务。

(二)如何理解组织?

从概念上看,所谓组织,是指"安排分散的人或事物使具有一定系统性或整体。"(《现代汉语词典》修订本)所谓安排,一是指"有条理、分先后的处理(事物)",二是指"规划"。(《现代汉语词典》修订本)。这里有一个基本特征,就是行为主体的主动性、主导性。换句话说,所谓组织,就是某主体主动的、有计划地安排安置人和处理事物,该主体处于主动地位、主导地位,被安排的人和事物处于被动的、服从的地位。具体到组织旅游而言,就是旅行社安排行程、安排旅游的吃、住、行、游、娱、购,就是《旅行社条例实施细则》第二条,安排交通服务、安排住宿服务、安排餐饮服务、安排观光游览、休闲度假、安排导游、领队服务,等等,就是上述分析的旅行社第一类业务"招徕、组织、接待旅游者"。在整个过程中,游客处于被动接受的地位。

(三)组织旅游的广义与狭义

有观点认为,组织旅游有广义与狭义之分。广义的组织旅游,即《旅行社条例》的"招徕、组织、接待旅游者"。因此,宣传推介销售旅游产品的行为也属于组织旅游。狭义的组织旅游是介于招徕、接待之间的阶段。"旅行社业务涉及招徕、组织、接待等范围,组织是介于招徕、接待之间的阶段,包括设计、规划行程,是将吃、住、行、游、娱、购等诸多要素联系成一个系统或整体并安排落实的过程。从时间上讲,组织更侧重于招徕之后、接待前的过程,三者相互联系又有一定的区别,组织工作同样也为招徕服务,设计规划好旅游产品方能用于销售(定制旅游除外),均是为旅游活动的顺利开展服务。"笔者以为上述观点都值得尊重。

(四)包价旅游合同是旅行社组织旅游的形式

《旅游法》[①]第五十七条"旅行社组织和安排旅游活动,应当和旅游者订立合同"。第五十八条"包价旅游合同应当采用书面形式"。在关于旅游的法律、法规中,除了特别说明的之外,提到的合同均指包价旅游合同,因此包价旅游合同是旅行社组织安排旅游活动的表现形式。《旅游法》第一百一十一条第(三)项"包价旅游合同,是指旅行社预先安排行程,提供或者通过履行辅助人提供交通、住宿、餐饮、游览、导游或者领队等两项以上旅游服务,旅游者以总价支付旅游费用的合同。"从包价旅游合同的定义可以看出,一是旅行社安排行程,二是包含两项以上服务,三是由旅行社对服务统一收费。如果不具备以上三个条件,即不能构成旅行社业务活动。如当事人虽然提供了交通、住宿等多项与旅游服务相关的代订服务,但是并未参与行程安排,其行为应当认定为委托代订。

―――――――――――

① 本篇文章中所涉及的《旅游法》指 2018 年版。

三、如何理解《旅行社条例》第二十五条

（一）第二十五条的立法本意应是禁止旅行社经营 非旅游目的地的旅游活动。

被批准的旅游目的地国家（Approved Destination Status，英文缩写为 ADS）是 20 世纪 90 年代中期才出现的一个新词汇，是指经过与我国政府有关部门协商，签订《旅游目的地国地位谅解备忘录》，向中国游客开放旅游签证的国家。该国家同意接受中国公民作为旅游者入境，给予旅游签证，不是旅游目的地国家则不能办旅游签证，只能以商务考察或其他方式出游。中国境内的旅行社只能组团到我国政府正式确定的目的地国家旅游。因此，《旅行社条例》第二十五条立法本意，其目的应该是禁止旅行社经营非公民出境旅游目的地的旅游活动。

（二）判定"组织旅游者到国务院旅游行政主管部门公布的 中国公民出境旅游目的地之外的国家和地区旅游"

一是看"旅行社与旅游者签订的旅游合同、行程单、出团通知书载明非旅游目的地行程，说明旅行社开展了招徕工作，同时亦发生了组织行为，即设计旅游行程。"二是看"旅行社与地接社签订的合同、确认单也载明了非旅游目的地行程，表明旅行社与地接社安排了非旅游目的地接待服务，具备组织行为"。三是实际有没有进入非旅游目的地游览，不影响该违法行为的认定。

（三）法官的两处不足

一是对组织旅游的误解。本案法官认为，"本案中，省国旅公司……为四名游客订购了旅游目的地往返机票、旅游目的地酒店，系属招徕、组织、接待游客。"根据上述关于组织旅游的分析，法官是混淆了组织旅游和提供代办服务的概念，本案当事人仅为游客代订机票、住宿的行为不宜认定为组织旅游。

二是对《旅行社条例》第二十五条的解读不符合立法本意。本案法院认为,"该条规定关于禁止经营出境旅游业务的旅行社组织旅游者当然包括禁止其为游客赴国务院旅游行政主管部门公布的中国公民出境旅游目的地之外的国家和地区提供一定旅游服务的意思。"这显然不符合《旅行社条例》第二十五条的立法本意,属于扩大解释。其根源恐怕还是混淆了组织旅游和提供代办服务的概念。

(四)判定旅行社是否组织旅行者到非旅游
目的地国家旅游还需考量主观因素

在判定旅行社是否组织旅行者到非旅游目的地国家旅游时,还需考量旅行社的主观因素,即旅行社是被动接受游客的委托,还是主动或者主导的安排了游客旅游活动。如果是旅行社主动或者主导安排,则构成对《旅行社条例》第二十五条的违法。案例中,从原审法院查明的事实看,省国旅公司仅仅是"为四名游客订购了目的地为国务院旅游行政主管部门公布的中国公民出境旅游目的地之外的国家和地区的机票以及目的地入住酒店,后该四名游客持上述购买的机票出游并入住订购酒店",对于其是主动安排还是被动接受委托,是否主导安排了游客的行程等并不确定。

现实中,的确存在旅行社与游客签署订机票加酒店的单项委托合同,以机票加酒店的形式组织游客到非旅游目的地国家和地区旅游,但真正建立的是包价旅游合同关系的情况,其目的是以合法的形式掩盖非法行为。但要证明这一点,还需要更加充实的证据。

参考文献

1. 四川省成都市中级人民法院行政判决书,(2018)川 01 行终 490 号。

2. 黄恢月. 旅游行政执法实务基础[M]. 北京:中国旅游出版社,2015.

3. 范文文. 关于组织到非旅游目的地国家和地区旅游的法律风险及防范建议[OL]. https://www.sohu.com/a/238179011_99951723

2023 年 1 月 28 日　发布于网舆勘策院

旅游行政处罚涉诉案件实体问题刍议

　　三年疫情使文旅行业特别是旅游业受到很大影响。新型冠状病毒"乙类乙管"后,旅游业复苏并迎来新的发展,旅游执法也将恢复常态。旅游执法一直是文化综合执法的热点、难点,为做好工作,笔者近期登录"裁判文书网",浏览并学习了近年来关于旅游行政处罚涉诉案件的判决书。在判决书中,全国的同仁和法官在生动的案例中进行了大量的说理释法活动,对相关法律、法规进行阐释。这些说法释法活动,笔者读后既有"得",也有"失"。"得"即"阐明法律规范或不确定法律概念的含义,""论证不变的法律规范如何适用于变化和发展中的法律事实"①;"失"也可以说有值得商榷的地方。但无论如何,这些论述对于我们深刻理解旅游法律、法规都有重要的学习借鉴意义。限于篇幅,笔者仅就涉及的几个实体问题进行梳理、总结和分享。

一、关于"在旅游行程中擅自变更旅游行程安排,严重损害旅游者权益"

　　《旅游法》②第六十九条规定,"旅行社应当按照包价旅游合同的约定履行义务,不得擅自变更旅游行程安排"。第一百条规定,"旅行社违反本法规

---

　　① 叶必丰:《法院在行政诉讼个案中对法律的解释———以行政诉讼的受案范围为视角》,《华东政法学院学报》2007 年第 2 期。
　　② 本篇文章中所涉及的《旅游法》指 2018 年版。

定,在旅游行程中擅自变更旅游行程安排,严重损害旅游者权益的,由旅游主管部门责令改正,处……罚款,并责令停业整顿;造成旅游者滞留等严重后果的,吊销旅行社业务经营许可证;对直接负责的主管人员和其他直接责任人员,处……罚款,并暂扣或者吊销导游证"。

案情概要:

G公司等组织了"欧洲德法荷比卢五国-莱茵河游轮之旅"。出发之日,G公司在上午收到法国船方信息:德国境内游轮由于不可抗力无法及时抵达阿姆斯特丹,故在阿姆斯特丹登船的游轮行程取消。但G公司未告知旅游者,私自与法国船方协商,将行程的6晚7天减少为4晚5天,造成游览活动减少、游览时间缩短。上述变更情况,G公司直至旅游者已到法国、旅游行程已经开始的情况下才告知旅游者。

主要争议:

当事人的行为是否构成擅自变更旅游行程安排,严重损害旅游者权益?G公司主张,"旅游活动存在不可抗力","遇紧急突发事件改变行程是被迫的并得到多数游客同意。"

法官释法:

第一,关于是否擅自变更了旅游行程安排?

所谓"变更了旅游行程安排",主要指更改合同事先约定的旅游项目安排,情形主要包括减少游览活动、缩短游览时间、增加旅游购物活动、另行付费旅游项目等。所谓"擅自",主要指超越权限自作主张。经双方协商一致变更的,不属于"擅自"情形。G公司的行为属于超越权限自作主张的行为。

第二,关于是否严重损害了旅游者权益?

作为普通消费者,选定某项旅游产品,一般取决于该项旅游产品包括旅游目的地等游览地点、游览方式以及相应的交通、住宿等核心内容。上述核心内容如果未经旅游者同意进行变更,势必造成旅游活动的品质降低、旅游者的旅游目的和价值无法实现,构成严重损害旅游者权益。G公司上述核心行程安排的变更,使得旅游者预想通过此次旅游获得的旅游目的无法实现,构成了严重损害旅游者权益的行为。①

简要评析：

本案的"法官释法"对三个概念予以阐明。一是何为变更旅游行程安排。二是"擅自"，即超越权限自作主张的行为，而不论旅行社事后是否做了弥补。三是旅游者权益的主要内容是旅游品质、目的和价值的实现。以上解释丰富了我们对相关法条的认识，也妥善解决了争议。

但是，在"Y 商务国际旅行社有限公司、K 市文化和旅游局旅游行政管理案"中，当事人商务旅行社组织的"新马泰游"，出行时，商务旅行社因与其他旅行社有经济纠纷，故意不支付机票尾款，导致机票被取消，游客滞留机场 2日，迫使原定行程无法完成。经文旅局协调，旅行社与游客协商，将原定 10天的行程缩短 2 天。行政执法者认定该行为构成擅自变更游客行程。而商务旅行社强调，旅游行程的变更是经游客同意的，不属于擅自变更游客行程。

一二审法官都支持了行政机关的意见。二审法官认为，旅行社所谓"经过游客同意变更行程"，实质是在违法行为及后果已经出现后，游客在不可能按照原计划出行的情况下做出的"被动"选择。正常而言，"旅游行程变更"的协商应当在原计划出行时间到来之前进行，游客应当有充分的选择余地，协商的选项当然也包含"可以按照原计划出行"。本案中，27 名游客实际已经按原计划到达出发机场，因上诉人商务旅行社未及时付清机票款，导致 27 名游客"客观上"已经无法按原计划出行，后因游客投诉相关执法部门出面协调，游客最终选择推迟两日出行，可以看出，上诉人商务旅行社所谓的协商并非在游客出行前进行且客观上游客也无法按原计划出行，已经实际造成游客滞留机场 2 日的严重后果。故对上诉人商务旅行社声称"旅游行程的变更是经游客同意的，并不属于擅自变更游客行程，也未造成严重后果"的主张，本院不予支持。

上述两个案例还是有比较大的不同之处的。笔者以为，第一个案例更加典型。第二个值得商榷。

---

① 《北京市第三中级人民法院行政判决书(2020)京 03 行终 409 号》

首先,仅以判决书所能展示的案情来看,笔者臆测第二个案例的行为更符合《旅游法》第一百条第(二)项"拒绝履行合同",特别是更符合《旅行社条例》第五十九条第(一)项"拒不履行旅游合同约定的义务"。笔者以为,一般情况下,旅行社与游客的包价旅游合同肯定约定了交通的安排,旅行社有义务支付机票票款,以保证游客按时出行。本案当事人故意不支付机票钱,致使游客不能出行,应属于"拒不履行旅游合同约定的义务"。至于后面的改变行程,只是"拒不履行旅游合同约定的义务"导致的结果。

其次,本案的改变行程,当事人确是与游客协商过,并没有超越权限替游客做主(这是"擅自"的关键理解),尽管游客是不得已的,但游客此时的选择并非只有改变行程,由于这情况属于旅行社违约,游客还可以选择中止合同或按合同选择其他解决方式,例如索赔等。《旅游法》第七十条规定,"旅行社不履行包价旅游合同义务或者履行合同义务不符合约定的,应当依法承担继续履行、采取补救措施或者赔偿损失等违约责任……旅行社具备履行条件,经旅游者要求仍拒绝履行合同,造成旅游者人身损害、滞留等严重后果的,旅游者还可以要求旅行社支付旅游费用一倍以上三倍以下的赔偿金。"

行政机关和法官的释法主要是曲解了"擅自"的含义。

二、关于"发生危及旅游者人身安全的情形, 未采取必要的处置措施并及时报告"

《旅行社条例》[①]第三十九条规定,"发生危及旅游者人身安全的情形的,旅行社及其委派的导游人员、领队人员应当采取必要的处置措施并及时报告旅游行政管理部门"。第六十三条,违反本条例的规定,发生危及旅游者人身安全的情形,未采取必要的处置措施并及时报告的,由旅游行政管理部门责令改正,对旅行社处……罚款;对导游人员、领队人员处……罚款;情节严

① 本篇文章所涉及的《旅行社条例》指 2020 年版。

重的,责令旅行社停业整顿,或者吊销旅行社业务经营许可证、导游证。

案情概要:

2015年4月18日,C公司组织旅游团队参加越南下龙湾三天2晚游。2015年4月19日发生事故。事故发生后,C公司的工作人员采取了必要的救助和处置措施,并第一时间向C公司领导报告。C公司法定代表人龙某某于事故发生当日即向防城港市安全生产监督管理局的工作人员梁某某致电咨询事故处理方法,梁某某告知龙某某此事不属于其职权管理范围,应向旅游局报告。2015年4月20日,C公司与受伤的游某决定回国后再协商治疗费用问题,并于当日回到中国东兴。2015年4月21日,C公司向东兴旅游局电话报告此事,同日,受伤旅客黄某某因对治疗费用和赔偿问题不满向东兴旅游局投诉C公司,东兴旅游局当日即立案受理黄某某的投诉案。2015年4月22日,C公司向东兴旅游局、防港旅委书面报告此事。

主要争议:

一、C公司是否已经履行及时向旅游主管部门报告的义务;二、本案旅游安全事故是否属于"危及旅游者人身安全的情形"。

法官释法:

关于是否报告。"C公司的法定代表人龙某某向梁某某致电的目的是咨询事故的处理办法,而不是向市安监局报告此事。且梁某某已告知龙某某该事故不属于其职权管理的范围,C公司应向旅游局报告。"

关于是否"及时报告"。2015年4月19日,C公司已具备向梁某某致电的条件,亦应具备向东旅局履行报告义务的条件。但C公司在历经回国与受伤游某协商不成的情况下,才于2015年4月21日向东旅局报告此事。在时间、条件均已具备的情况下,C公司却拖延三天才报告,故本院认定C公司的报告行为不符合"及时报告"的情形。

关于是否属于"危及旅游者人身安全的情形"。《旅行社条例》第六十三条的适用并不以造成某种程度的后果为依据,本案事故涉及旅客的人身安全,并造成三名旅客受伤,属于危及旅游者人身安全的情形。①

简要评析:

本案"法官的释法",解释了什么是"报告",什么是"及时",什么是"危及旅游者人身安全的情形"。法律解释的任务之一是"论证不变的法律规范如何适用于变化和发展中的法律事实"。执法实践中,一件案子一个样,但法官针对个案的释法对于同类案件处理具有普遍借鉴、启示意义。

三、关于旅行社为招徕、组织旅游者发布信息 "进行虚假宣传,误导旅游者"

《旅游法》第三十二条规定,"旅行社为招徕、组织旅游者发布信息,必须真实、准确,不得进行虚假宣传,误导旅游者"。第九十七条规定,"旅行社违反本法规定,进行虚假宣传,误导旅游者的,由旅游主管部门或者有关部门责令改正,没收违法所得,并处……罚款;情节严重的,责令停业整顿或者吊销旅行社业务经营许可证;对直接负责的主管人员和其他直接责任人员,处……罚款"。

案情概要:

苏州市七里山塘景点有两种游览方式。一是作为单独景点游览并收费,二是不作为单独景点不收费、游船中途经过的水上游。K 旅行社为吸引游客,宣传并与游客签订旅游合同,未明示上述游览方式,笼统、含糊地约定参观狮子林、七里山塘和姑苏水上游等项目,但在实际操作中,却对七里山塘景点采用水上游、走马观花式不进景区游览的形式。

主要争议:

当事人的行为是否构成虚假宣传,误导旅游者?

---

① 广西壮族自治区防城港市港口区人民法院行政判决书(2015)港行初字第 26 号。

法官释法：

法官认为，"涉案旅游合同中，七里山塘和苏州水上游系独立的旅游项目，游船游览七里山塘的方式及其与苏州水上游的区分，均未在合同中予以明确说明和标注，结合张某某在调查笔录中关于'不单独游览七里山塘景点，在合同和宣传中却单独列明，是为了增加游客的兴趣，增加游客报团数量'的相关陈述，该种宣传方式极易误导游客，使游客产生错误认识。""七里山塘存在两种游览方式，为避免误导游客，上诉人应在具体的旅游活动中明确告知游客七里山塘的游览方式。"①

简要评析：

本案的释法是"论证不变的法律规范如何适用于变化和发展中的法律事实"，丰富了《旅游法》有关欺骗、误导游客的认识。旅游的招徕宣传不仅要明示游览地区，还要明示游览方式，特别是在存在两种以上游览方式的情况下，"为了增加游客的兴趣，增加游客报团数量"有意隐瞒或者含糊其词游览方式，应视为一种欺骗和误导。

四、关于旅行社服务网点从事招徕、咨询以外的旅行社业务经营活动

《旅行社条例》第十一条规定，"旅行社设立专门招徕旅游者、提供旅游咨询的服务网点（以下简称旅行社服务网点）应当依法……登记手续，并……备案。旅行社服务网点应当接受旅行社的统一管理，不得从事招徕、咨询以外的活动"。第四十六条规定，旅行社服务网点从事招徕、咨询以外的旅行社业务经营活动的，由旅游行政管理部门或者工商行政管理部门责令改正，没收违法所得，……罚款。

---

① 苏州市中级人民法院行政判决书(2016)苏05行终271号。

案情概要:

由 H 旅行社设立的旅行社网店习水网点开展包车运送客人的业务,通过"贵州境内顺风车群""习水便民拼车包车群"等微信群组织将不属于旅游者的散客从习水送至遵义,并收取一定费用。

争议焦点:

旅行社服务网点为非旅游者安排交通服务,并收取一定费用,是否为超出了招徕、咨询业务范围以外的活动?

法官释法:

法官认为,"法律对从事招徕、咨询以外的旅行社业务经营活动(包括交通安排服务)都要限制,那超出招徕、咨询业务范围安排其他交通服务当然更应当是法律禁止的。且原告 H 旅行社经营范围其中有'散客服务',习水网点的行为就有'散客服务'的性质,故原告诉称是对事实及法律、法规适用的理解认识错误,不予采纳。"①

简要评析:

法官扩大解释了"从事招徕、咨询以外的旅行社业务经营活动"。《旅游法》规定"在中华人民共和国境内的和在中华人民共和国境内组织到境外的游览、度假、休闲等形式的旅游活动以及为旅游活动提供相关服务的经营活动,适用本法。"其核心是,旅游活动才归《旅游法》管。尽管旅游专属业务中含有"安排交通服务",但前提是为旅游者提供服务的活动,为非旅游者提供交通服务不属于旅游活动,因此不适用旅游法律法规调整。即使按照法官所言"超出招徕、咨询业务范围安排其他交通服务当然更应当是法律禁止的范围",那也是归其他法律法规调整。本案的法官混淆了旅游客运和包车客运这两种行为。

在该地另一起同类案件中,专门的旅游包车"在旅游包车线路结束后,于道路旅客运输站外私自通过议价、电话联系的方式招揽乘客,私自拉运乘客进行道路运行线路的载客",法官却作出了不同的定性和判决。"包车客

---

① 贵州省遵义市中级人民法院行政判决书(2020)黔 03 行终 481 号。

运是指以运送团体旅客为目的,将客车包租给用户安排使用,提供驾驶劳务,按照约定的起始地、目的地和路线行驶,按行驶里程或者包用时间计费并统一支付费用的一种客运方式。""旅游客运是指以运送旅游观光的旅客为目的,在旅游景区内运营或者其线路至少有一端在旅游景区(点)的一种客运方式""道路旅客运输的专营线路规定是为了规范道路旅客运输及道路旅客运输站的行为规范化、维护道路旅客运输市场的秩序,保障道路旅客运输的安全和旅客与经营者的合法权益。B 旅游公司的主要运营线路系旅游包车等,在不具有道路、专线运输旅客的行政许可下,在旅游包车线路结束后,于道路旅客运输站外私自通过议价、电话联系的方式招揽乘客,私自拉运乘客进行道路运行线路的载客行为,系违反了《道路旅客运输及客运站管理规定》的行为"。①

五、关于"经营出境旅游业务的旅行社组织旅游者到国务院旅游行政主管部门公布的中国公民出境旅游目的地之外的国家和地区旅游"

法律规定:《旅行社条例》第二十五条规定,"经营出境旅游业务的旅行社不得组织旅游者到国务院旅游行政主管部门公布的中国公民出境旅游目的地之外的国家和地区旅游。"第五十一条规定,"违反本条例的规定,……经营出境旅游业务的旅行社组织旅游者到国务院旅游行政主管部门公布的中国公民出境旅游目的地之外的国家和地区旅游的,由旅游行政管理部门责令改正,没收违法所得,……罚款;情节严重的,吊销旅行社业务经营许可证。"

案情概要:

某旅游公司为四名游客订购了目的地为国务院旅游行政主管部门公布

---

① 贵州省遵义市中级人民法院行政判决书(2020)黔 03 行终 166 号。

的中国公民出境旅游目的地之外的国家和地区的机票以及目的地入住酒店,后该四名游客持上述购买的机票出行并入住订购酒店。

主要争议:

仅为游客代订机票、住宿,是否构成组织旅游者旅游的行为?

法官释法:

法官认为,《旅行社条例》第二十五条"关于禁止经营出境旅游业务的旅行社组织旅游者当然包括禁止其为游客赴国务院旅游行政主管部门公布的中国公民出境旅游目的地之外的国家和地区提供一定旅游服务的意思。交通、住宿作为旅程中最基本的要素,亦属于禁止提供的旅游服务范围。"①

简要评析:

《旅行社条例》第二十五条的立法本意应是禁止旅行社经营非旅游目的地的旅游活动,但并不禁止因公、因私到非旅游目的地国家和地区,也未禁止旅行社为之提供代订机票加酒店等的服务。旅行社的主要业务是指组织旅游活动,即招徕、组织、接待旅游者。仅接受委托,代订机票和酒店并非组织旅游活动。法官扩大解释了"组织旅游"的含义,曲解了第二十五条。

结 语

无论是司法工作,还是行政执法工作,经常要进行法律解释活动。法律解释一是要遵循合法性规则,要在成文法的框架内解释法律。二是要遵循合理性规则,要合乎法理、人伦常理。三是要遵循目的性规则,应结合立法时具体的历史环境以确定法律解释的价值取向。四是要遵循客观性原则,应符合社会正义的要求,包括公序良俗、公平正义、普遍价值观等。这些释法规则在上述案例的释法活动中都有所体现,其中的得失也在于对规则的认识和把握。

---

① 四川省成都市中级人民法院行政判决书(2018)川 01 行终 490 号。

参考文献

1. 北京市第三中级人民法院行政判决书,(2020)京 03 行终 409 号。

2. 云南省昆明市中级人民法院行政判决书,(2020)云 01 行终 199 号。

3. 广西壮族自治区防城港市港口区人民法院行政判决书,(2015)港行初字第 26 号。

4. 苏州市中级人民法院行政判决书,(2016)苏 05 行终 271 号。

5. 贵州省遵义市中级人民法院行政判决书,(2020)黔 03 行终 481 号。

6. 贵州省遵义市中级人民法院行政判决书,(2020)黔 03 行终 166 号。

7. 四川省成都市中级人民法院行政判决书,(2018)川 01 行终 490 号。

8. 叶必丰. 法院在行政诉讼个案中对法律的解释———以行政诉讼的受案范围为视角[J]. 华东政法学院学报,2007(2):3-9.

9. 苏江峰. 浅析法官的法律解释[OL]. (2013-12-18). http://ssqfy. hb-fy. gov. cn/DocManage/ViewDoc? docId = 6ab38768 - ed1e - 48a5 - a91e - e5c9860241de&wd = &eqid = e3ba0b280001d1730000000264425243.

2023 年 2 月 14 日　发布于网舆勘策院

后 记

2010 年,组织上安排我任天津市文化市场行政执法总队政策法规处处长,从而开启了我职业生涯的最后一程,屈指算来,已有十几年光景。我喜欢这份工作。这些年,关于文化执法业务工作,我写了一些文字,今将其中的 48 篇集结成册,算是对这些年的工作学习做个总结,算是对组织、领导、同仁、老师、父母、亲友及一切关心我的人做个汇报,算是为我热爱的文化执法工作做一份贡献。

感谢组织,此生还能与法律工作结缘,让我活的更有价值。这十几年,我主要做了三件事儿,归纳起来就是学法、执法与说法。

一是学法。行政执法是一项专业性很强的工作。法规处长的工作更是如此,使命光荣,责任重大,不容有失。刚入行时,在执法业务上,我是个白丁。但,毕竟外行是不能胜任工作的。要想做好工作,不负组织的信任,不负亲友的期望,不负自己的年华,唯有学习,学习,再学习! 早日成为行家里手。书本是我的老师,图书馆是公开的课堂,我成为常客。女儿是学法律的,她的课本也成为我的教科书。同仁是我的老师,总队的、全国的文化执法同仁给我很多帮助。网络是我的老师,信息时代,大量网课是学习的好资源。十几年来,我自学法理学、刑法、民法、行政法、侵权责任法、著作权法等课程达几百集。实践是我的老师。这些年,参与了文旅部(原文化部)、国家出版总局(版权局)的案卷评查、教材编写、法律修编、师资巡讲等很多工作,部局的领导们给予我很多机会、指导、鼓励和肯定。

二是执法。我的主要工作之一就是案卷审核（当然不止于此），我看过最多的东西就是执法案卷。我的执法工作也主要体现在此。任法规处长期间，作为文旅部和国家新闻出版总局案卷评查的评委，作为文旅部的特聘师资，我审阅、评阅、浏览的包括天津总队在内的全国的执法案卷，十几年来估计有大几千个。2017年任副总队长，无论是负责统筹指挥执法工作，还是分管有关执法队，这期间，与同志们一起办了一些案子，有的案子获得了国家部委办局的表彰。执法之难，并不在于照着法条所谓的依法办案，难的是在依法办案过程中，让每个行政相对人和第三人，都能在案件中感受到公平正义，这是我这些年追求的目标。

三是说法。十几年间，文旅部、国家新闻出版总局（国家版权局）给了我很多在全国学习交流的机会，文旅部师资库为我搭建了学习交流提高的平台。十几年间，我参与国家部局组织的政策法律制定、教材编写、课件制作、案件案卷评阅评比、师资巡讲等活动，足迹几乎遍布全国31个省市自治区。

这十几年，还能做一点儿事情，第一感谢组织，感谢文旅部、国家新闻出版总局（国家版权局）、市委宣传部、市文旅局、总队和各级领导（恕我不一一具名）。感谢给我平台和机会，支持和帮助。每一个男人都有一个"达则兼济天下"的情怀。这里的"达"，在现代语境中我理解就是获得了一个平台、岗位和机会。第二感谢父母和家人。是父母和家人的支持、奉献和理解，自己才在这个年龄段还能在工作中投入更多的精力。第三感谢同仁。感谢天津总队同仁支持帮助，才使我能做成点儿事情。感谢全国的同仁，承蒙你们厚爱和邀请，我得以开阔视野，增长见识。

感谢文旅部综合执法局创建的师资库。师资库集合了全国文化执法骨干。作为一群志同道合者，大家一起探讨问题，宣讲法律，执法办案，使师资库成为文化执法战线的"训练营""宣传队""播种机""战斗队"。我有幸从第二届开始,连续三届被聘为特聘师资,受益匪浅。感谢中宣部版权局于慈珂局长的鼓励支持,我的文章《谈〈著作权法〉中"同时损害公共利益"的含义——学习〈关于查处著作权侵权案件如何理解适用损害公共利益有关问题的复函〉的体会》拜他所荐,得以在国家版权局主管的《版权理论与实务》发表。感谢杨勇同志为本书作序。我的文章得到他的指导和帮助,并拜"网舆勘策院"发表,得以传播而发挥作用。

　　正如前文所说,我非法律专业出身,且入行较晚,功底尚浅,能力有限,因此文章不乏鹦鹉学舌,也难免错误,有些文章或许提出了一些观点,也仅为个人观点,很有局限,也欢迎大家批评指正。此番结集出版,在对文章梳理修订过程中,愈发觉得文章写的越多,越觉得底子薄和力不从心,越觉得还有很多问题尚待解决,越觉得包括文化执法在内的行政执法实践总结和理论研究大有可为。因此,真诚的希望长江后浪推前浪,事业代有才人出。

　　谨以此书向老师、领导、同仁、朋友及一切有恩于我的人致敬!谨以此书告慰我的父母和家人!谨以此书为自己的职业生涯画个句号。

杨　明

2023 年初夏于津